KB117059

생각이란
무엇인가

생각이란 무엇인가

인간의
생각감각에
대하여

마르쿠스 가브리엘 지음
전대호 옮김

DER SINN DES DENKENS
by MARKUS GABRIEL

Copyright (C) by Ullstein Buchverlage GmbH, Berlin. Published in 2018 by Ullstein Verlag.
Korean Translation Copyright (C) by The Open Books Co., 2021.

Korean edition published by arrangement with Ullstein Buchverlage GmbH, Berlin through BC Agency, Seoul.

일러두기

- 〈Sinn〉과 〈Bedeutung〉을 구별할 필요가 있다고 판단한 경우, 각각 〈뜻〉과 〈의미〉로 옮기고 정확한 전달을 위해 원문을 병기했다. 그러나 저자의 전작들에서도 등장한 주요 용어 〈Sinnfeld〉는 예외적으로 기존의 번역대로 〈의미장〉으로 옮겼다. 프레게 철학을 번역할 때는 〈Sinn〉과 〈Bedeutung〉을 〈뜻〉과 〈지시체〉로 옮기는 것이 일반적이지만, 〈지시체〉라는 전문 용어는 이 책에 어울리지 않는다고 판단했다.
- 〈Denken〉은 〈생각하기〉로, 〈Gedanke〉는 〈생각〉으로 옮겼다.
- 무수히 등장하는 〈실재〉 혹은 〈실재성〉은 〈Wirklichkeit〉의 번역이다. 칸트 철학을 번역할 때는 이 독일어를 〈현실(성)〉으로 옮기는 것이 일반적이지만, 이 책에서는 〈실재(성)〉가 더 적합하다고 판단했다.
- 〈의지하다〉는 〈의지(意志)〉의 동사형으로 썼다.
- 이 책의 각주에서, 원주는 설명 뒤에 〈원주〉로 표시했고, 옮긴이주는 따로 표시하지 않았다.

이 책은 실로 꿰매어 제본하는 정통적인 사철 방식으로 만들어졌습니다.
사철 방식으로 제본된 책은 오랫동안 보관해도 손상되지 않습니다.

기술, 그 작고 거대한 오류는 인간을 인간 자신으로부터 떼어놓는 무(無)다.

— 두르스 그륀바인

들어가기 전에

이 책은 『왜 세계는 존재하지 않는가*Warum es die Welt nicht gibt*』와 『나는 뇌가 아니다*Ich ist nicht Gehirn*』를 포함한 3부작의 마지막 작품이다. 하지만 앞선 두 작품을 전혀 모르더라도 이 책을 이해할 수 있다. 그 책들과 마찬가지로 이 책도 철학적으로 생각하기를 즐기는 모든 사람들을 겨냥한 교양 철학서의 범주에 든다. 그리고 바로 그 생각하기가 이 책의 주제다. 이어지는 본문에서 나는 일반인이 알아듣고 이해할 수 있는 방식으로 (인간의) 생각하기에 관한 이론을 펼칠 것이다.

생각하기는 어쩌면 철학의 제일가는 핵심 개념일 것이다. 플라톤과 아리스토텔레스 이래로 철학은 숙고하기에 대하여 숙고하는 학문으로 자처해 왔다. 이 같은 숙고하기에 대한 숙고하기는 논리학의 원천이다. 그리고 논리학은 우리가 속한 디지털 문명의 토대다. 19세기에 철학적 논리학에서 이루어진 진보들이 없었다면, 정보학Informatik*은 결코 생겨나지 않았을 테니까 말이다. 이 맥락에서 특히 큰 영향력을 발휘한 두 사람은 수학자 겸 논리학자 겸 철학자 조지 불과 고틀로프 프레게였다. 이들은 생각하기에 관한 이론을 내놓았고 그것에 기초하여 최초의 형식 논리학 시스템들을 개발했다. 오늘날의 정보학은 그 시스템들을 토대로 삼는다. 이로써 그들은 우리 시대의 컴퓨터 혁명과 디지털화를 결정적으로 예비했다.

당신 앞에 놓인 이 책은 난해한 전문 용어 없이 서술된 철학 책이다. 이 책을 이해하기 위해서 논리학의 전문적 측면들에 몰두할 필요는 없다. 왜냐하면 (이것이 이 책에서 보여 주려는 바인데) 인간의 생각하기는 하나의 감각 기능이기 때문이다. 생각하기는 감각적인 무언가(최선의 경우에는 쾌감을 주는 무언가)이지, 인간이 자기에게 강제력을 행사하여 창조적 생각들의 흐름을 금지하는 과정이 아니다. 오히려 정반대다. 철학적 생각하기는 창조적 과정이다. 그렇기 때문에 낭만주의자들이나 프리드리히 빌헬름 니체 같은 철학자들은 철학적으로 생각하기를 시(詩) 쓰기와 유사한 것으로 간주하기까지 했다.

따지고 보면 철학은 정확히 수학과 유사하지도 않고 정확히 서정시(또는 그 밖에 예술 장르)와 유사하지도 않다.

* 영어식 표현은 〈컴퓨터 과학computer science〉.

철학은 그 두 영역 사이에서 일종의 인터페이스를 이룬다. 요컨대 철학이란 우리의 숙고하기에 대해서 숙고하는 가장 일반적인 방식이다. 수학은 자연과학들과 기술과학들의 토대로 구실하는 언어와 사유*의 형식을 이루는데, 철학은 그런 수학보다 더 일반적이다. 그러면서도 철학은 우리 일상의 구체적 현상들에 수학보다 더 가까이 접근한다. 철학은 우리의 체험과 지각을 탐구하려 한다. 다시 말해 철학은, 자연의 익명적 사건이나 우리 인간을 비롯한 생물의 행동을 예측하고 조종하는 수단으로서의 모형을 설계하려 하는 것에 머물지 않는다. 오히려 철학은 실재와 우리의 실재 체험에 대한 앎을 추구한다. 철학의 목표는 지혜다. 바꿔 말해 결국 철학의 목표는 우리가 실은 모르는 모든 것에 대한 더 정확한 앎이다. 그래서 예컨대 소크라테스는 철학을 우리의 무지에 대한 앎으로, 지혜에 도달하는 데 반드시 필요한 앎으로 이해했다.

생각하기는 자연적 실재와 심리적 실재 사이의 인터페이스다. 이런 의미에서 생각하기는 앞선 책들에서 다룬 주제들 — 세계(당연한 말이지만, 세계는 실은 전혀 존재하지 않는다)와 〈나〉(〈나〉는 뇌와 동일하지 않다) — 을 연결하기에 적합하다. 생각하기란 여러 의미를 지니지만, 그중 하나는 연결을 형성하기와 알아채기다. 생각할 때 우리는

* 이 번역서에서 〈사유〉와 〈생각하기〉는 동의어다.

서로 멀리 떨어진 실재들을 결합하고 그럼으로써 새로운 실재를 생산한다.

이 모든 것에도 불구하고 생각하기는 현실과 동떨어진 상아탑 안의 과정이 아니다. 그러므로 철학도 학술적 유리알 유희로, 곧 직업 철학자들이 복잡한 논증과 생각의 사슬에 대하여 상세한 개별 분석을 제시함으로써 자신의 입장을 표명하는 그런 유리알 유희로 쪼그라들지 않는 것이 바람직하다.

철학의 〈강단 개념Schulbegriff〉과 〈세계 개념Weltbegriff〉을 자신의 논리학 강의에서 구분한 인물은 시시한 철학자가 아니라 위대한 이마누엘 칸트다.[1] 강단 개념의 철학은 체계적 이론 구조이며, 그것을 다루는 솜씨는 철학 연구소들과 대학들의 철학과에서 훈련되고 전승된다. 여기에서 관건은 우리 자신의 합리성을 이해하는 데 필수적인 근본 개념들의 시스템을 마치 하나의 건축물처럼 탐구하는 것이다. 칸트는 이 작업을 그의 유명한 저서의 제목과 마찬가지로 〈순수 이성 비판〉이라고 부른다. 반면에 세계 개념의 철학은 〈인간 이성의 최종 목적들〉[2]을 다룬다. 이 철학의 주요 요소 하나는 이런 질문이다. 우리는 무엇 혹은 누구이며, 우리의 생각하기 능력은 정확히 무엇일까? 우리는 자연의 일부에 불과할까? 어쩌면 유난히 영리한 동물, 영리한 탓에 오히려 미망(迷妄)에 빠진 동물일 따름일까? 아니면 놀랍게도 인간은 비감각적 실재의 증인일까?

이 높은 개념이 철학에 존엄 곧 절대적 가치를 부여한다. 실제로 철학은 오로지 내적 가치만을 지닌 유일한 앎이며 다른 모든 앎에 비로소 가치를 제공한다.[3]

이제껏 존재한 모든 위대한 철학자들 — 다소 임의로 거명하면, 플라톤, 아리스토텔레스, 이마누엘 칸트, 게오르크 빌헬름 프리드리히 헤겔, 프리드리히 빌헬름 니체, 장폴 사르트르, 미셸 푸코, 에디트 슈타인*, 해나 아렌트, 위르겐 하버마스, 마사 누스바움 — 은 세계 개념의 철학에 기여함으로써 문화적 기억 속에 이름을 남겼다. 플라톤은 학술 논문을 단 한 편도 남기지 않았다. 그러나 그가 남긴 대화편들에는 역사를 통틀어 제시된 철학적 생각들 가운데 가장 심오한 몇 가지 생각이 간단한 언어와 대화의 형태로 들어 있다.

안타깝게도 지난 몇 십 년 동안 독일에서는 공론장에서의 철학적 논쟁 문화가 부분적으로 쇠퇴했다. 그렇게 된 주요 원인은 내가 보기에 자연주의에 있다. 자연주의에 따르면, 모든 참된 앎과 진보는 한편으로 자연과학과 다른 한편으로 인간의 생존 조건에 대한 기술적 지배의 조합으로 환

* 아우슈비츠에서 사망한 유대계 독일인 철학자, 가톨릭 성녀.

원될 수 있다. 그러나 이것은 근본적인 착각, 심지어 위험한 미망이다. 그 미망은 오늘날 이데올로기적 위기의 형태로 우리를 덮친다. 또한 (당연한 말이지만) 정말로 사라진 적이 결코 없는, 실재에 대한 거창한 설명 패턴으로서의 종교가 귀환하는 형태로, 실은 존재한 적이 없는 과거의 민족적 정체성을 호출하는 이른바 〈포퓰리스트Populist〉의 선동적 유혹으로, 또한 인터넷이라는 새로운 주도(主導) 매체를 통해 발생한 공론장의 위기로 우리를 덮친다. 이 모든 위기들을 사상적으로 극복하려면 새로운 철학적 사유의 노력이 반드시 필요하다. 자연과학들과 기술과학들의 진보는 윤리적 숙고 없이 자동으로 인간 삶의 개선에 기여하지 못한다. 오히려 우리는 지금 고삐 풀린 진보를 통해 우리의 행성을 파괴하고 있다. 이 상황은 숙고와 진로 수정의 계기가 되어야 마땅하다.

우리가 존재한 모든 시대에 그랬듯이, 오늘날 인간은, 그리고 인간과 더불어 우리 행성의 온 생명은 인간의 기술적 권력 발휘로 인해 위험에 처해 있다. 이 도전 앞에서 철학이 할 수 있는 유일한 일은 새로운 도구들과 사유 모형들을 개발하여 우리가 실재를 더 잘 이해할 수 있게 하는 것이다. 오늘날 철학은 탈사실적postfaktisch 시대의 거짓말에 맞선 저항이다. 철학은 대안적 사실에 관한 터무니없는 주장에 반발하고, 음모론과 근거 없는 종말론 시나리오에 반발한다. 이는 이 모든 것들이 최종적으로 우위를 점하고 정말로 가까운 장래에 인류가 종말에 이르는 것을 막기 위해서다.

이런 연유로 나는 이 책에서도 시대에 적합한, 계몽된 인본주의를 펼들 것이다. 그 인본주의는 우리를 업신여기는 탈인본주의자posthumanist와 초인본주의자transhumnist에 맞서 인류의 지적·윤리적 능력들을 옹호한다.

이 책으로 마무리될 3부작을 통해 대학 사회 너머의 대중에게 그 개요가 소개된 신실재론(새로운 리얼리즘Neuer Realismus)은 근본적인 사유 오류들의 극복을 위한 나의 제안이다. 우리는 여전히 그 오류들에 빠져 사회적·인간적 손해를 자초한다. 구체적으로, 오늘날 만연한 (헤겔의 표현을 빌리면) 〈진실에 대한 두려움〉, 혹은 (미국 철학자 폴 보고시안의 표현을 빌리면) 〈앎에 대한 두려움〉을 그런 오류의 하나로 언급할 만하다. 폴 보고시안은 탈근대의 바탕에 깔린 사유 오류들을 이미 많이 비판했다. 특히 중요한 것은, 진실 혹은 객관적 사실 혹은 실재란 존재하지 않는다는 주장에 대한 그의 비판이다.[4]

이 책에서 나는 3부작의 앞선 두 편에 대한 독자의 앎을 전제하지 않을 것이다. 3부작의 각 편은 대체로 독립적이다. 그렇기 때문에 나는 다른 두 편에서 이미 제시한 생각들을 여기저기에서 되풀이할 것이다. 이는 모든 독자가

3부작 중 일부만 읽더라도 일관된 논제에 대하여 자기 나름의 그림을 그릴 수 있게 하기 위해서다.

철학 책의 임무는 독자를 나름의 숙고로 이끄는 것이다. 우리가 철학에서 배울 수 있는 것은, 〈인간은 과연 무엇 혹은 누구일까?〉, 〈다른 동물들과 우리는 어떻게 구별될까?〉, 〈컴퓨터가 생각할 수 있을까?〉와 같은 본질적 질문들에 대한 우리 자신의 선입견들을 반성하고 더 일목요연하게 정리하는 법이다.

결국 내가 당신을 설득하여 나의 견해들을 받아들이게 만들었는가는 가장 중요한 문제가 아니다. 중요한 것은 오로지 진실이다. 인간적 사유의 독자적 탐구에서 진실은 그리 쉽게 확정될 수 없으므로, 철학적 견해의 차이는 항상 존재할 것이다. 그러므로 우리가 이런저런 질문들에 최종적인 정답을 내놓을 수 있다고 생각한다면, 그것은 근본적인 오류다. 오히려 중요한 것은, 이런 식으로 새로운 사유의 형태와 장(場)을 개척하기 위하여 사유를 움직이게 하는 것이다. 차차 보겠지만, 나는 우리가 그것에 대하여 착각할 수 있다는 점을 실재의 결정적 기준으로 간주한다. 생각하기는 실재하는 무언가이므로, 〈생각하기란 정확히 어떤 것인가〉라는 질문 앞에서 우리는 충분히 오류를 범할 수 있다. 그러나 당연히 나는 나의 이론이 옳다고 본다. 그렇지 않다면 나는 그 이론을 이 책으로 제시하지 않았을 것이다.

이 책의 제목*은 의도적으로 이중 의미를 갖도록 지어졌다. 책의 주요 주장은 우리의 생각이 시각, 청각, 촉각, 미각과 다를 바 없는 하나의 감각Sinn이라는 것이다. 우리는 생각하면서 모종의 실재를 더듬는데, 그 실재는 궁극적으로 오직 생각을 통해서만 접근 가능하다. 이는 일반적으로 색깔이 오직 시각을 통해서만 접근 가능하고, 소리가 오직 청각을 통해서만 접근 가능한 것과 마찬가지다. 또한 나는 생각하기에 어떤 새로운 뜻Sinn을, 우리 시대의 길 찾기를 위하여 어떤 방향을 부여하는 것을 옹호한다. 왜냐하면 늘 그렇듯이 지금도 생각하기는 온갖 이데올로기적 교란과 선전에 의해 혼란에 빠지기 때문이다. 당장 최근에 당신이 도널드 트럼프에 대해서 한 모든 생각들을 돌이켜 보라! 그 모든 생각들을 하는 것이 과연 유의미할까? 바로 그렇게 우리가 트럼프를 둘러싼 모든 스캔들에 대하여 너무 많이 떠들게 만드는 것이 그 인물의 닳고 닳은 매체 전략에 포함된 음흉한 의도들 중 하나가 아닐까?

정보권(圈)Infosphäre ── 우리의 디지털 환경 ── 안에 사는 우리를 끊임없이 휩쓰는 정보 홍수로 인해 철학적 사유는 새로운 도전들에 직면했다. 이 책은 〈생각하기란 과연 무엇인가〉에 대하여 숙고함으로써, 오늘날 실리콘밸리의 의심스러운 마법사들과 기술을 찬양하는 도제들이 진정한

* 이 책의 원제는 〈생각의 감각〉이다.

인공지능을 만든다고 주장하면서 차지하려 드는 한 영역을 가능하다면 되찾으려는 시도다. 디지털화의 희생자가 되어 희망 없는 정보 중독자나 기술 좀비가 되지 않으려면, 우리는 우리의 기술적 도구들을 탈마법화하고 그것들이 전능하다는 믿음을 떨쳐 내야 한다.

차례

머리말

 인간은 동물이 아니기를 의지(意志)하는 동물이다. 무슨 말이냐면, 언제부턴가 인간은 자기가 과연 누구 혹은 무엇인지에 대하여 숙고하기 시작했다.[5] 우리는 암묵적이거나 명시적으로 하나의 인간상을 보유했기 때문에, 좋은 삶이란 무엇인가에 대해서도 나름의 견해를 지녔다고 자부한다. 〈어떤 삶이 좋은 삶이냐〉라는 질문을 주요 화두로 삼는 학문 분야인 **윤리학**은, 〈인간은 다른 생물들 및 우주의 생명 없는 영역과 정확히 어떻게 구별되는가〉라는 질문을 다루는 분야인 **인간학**Anthropologie에서 유래했다.[6]

 우리의 인간상과 우리의 가치들은 밀접한 관련이 있다. **도덕적 가치**는 인간 행동을 위한 기준선이다. 그 가치는 행위들을 마땅한 행위, 곧 좋은(도덕적으로 옳은) 행위와 마땅하지 않은 행위, 곧 나쁜(도덕적으로 그른) 행위로 구분한다. 이때 모든 가치 시스템은, 절대로 허용할 수 없는 행

위들, 곧 악한 행위들(예컨대 아동 학대, 민간인에 대한 독
가스 공격)을 위한 공간뿐 아니라 일반적으로 좋지도 않고
나쁘지도 않은 행위들(산책로에서 우측통행이 아니라 좌
측통행 하기, 엄지손가락 돌리기, 심호흡하기, 빵에 버터
바르기 등)을 위한 공간도 마련해야 할 것이다. 도덕적으로
그른 행위가 모두 악한 것은 아니다. 왜냐하면 친구를 보호
하기 위해 어쩔 수 없이 하는 거짓말이나 사교 모임에서 슬
며시 빠져나가기와 같은 도덕적으로 그른 행위들이 모두
다 가치 시스템 자체를 중대하게 손상시키지는 않기 때문
이다. 반면에 악은 가치 시스템의 토대를 허문다. 예컨대
지난 몇 백 년 동안 너무 많이 등장한 전형적인 사디스트
적·전체주의적 독재자들은 자신이 속한 가치 시스템을 갈
아엎었다. 그들은 전체주의적 감시 장치를 만들어 내야 했
는데, 그 무엇도, 그 누구도 신뢰할 수 없었기 때문이다.

인간이란 누구 혹은 무엇인가에 대해서 우리가 심층적
인 불확실성을 품고 있다면, 우리는 우리의 가치 시스템을
제대로 안정화할 수 없다. 그러면 인간과 더불어 윤리학도
위험에 처한다. 강조해 두지만, 그렇다고 다른 생물(식물
포함)이나 심지어 무생물이 도덕과 무관하다는 뜻은 아니
다. 오히려 정반대다. 그러나 우리가 우리 자신에게, 또한
우리가 건드린 나머지 실재에 입힌 피해를 가늠하기 위하
여 우리는 이런 질문들을 마주해야 한다. 우리는 과연 누구

인가? 우리에 관한 진실을 감안할 때, 우리는 미래에 누구로 되기를 의지하는가?[7]

인간이란 누구인지를 중립적 관점에서 규정하기는 매우 어려우며 엄밀히 말하면 불가능하기까지 하다. 왜냐하면 인간에 대한 모든 규정은 자기규정이기 때문이다. 이 자기규정은 단순히 자연적 사실들만 열거할 수 없다. 왜냐하면 인간은 정신적 생물이기 때문이다. **정신**이란 〈인간은 누구인가〉에 관한 표상에 비추어 삶을 꾸려 가는 능력이다. 이 능력은 우리가 우리 자신의 삶에 관한 그림을 그리는 방식으로 구체적으로 표출된다. 그 그림을 그릴 때 우리는 우리 자신의 삶을 성공적인 삶으로 간주하기 위한 조건들을 꼽는다. 이때 우리 모두는 행복하기를 바라지만, 대체 행복이 무엇인지를 보편타당하게 말할 수는 없다. 철학적으로 볼 때 **행복**이란 성공적인 삶을 가리키는 표현일 따름이며, 목록으로 정리할 만한 행복의 보편타당한 기준들은 존재하지 않는다. 기껏해야 우리는 성공적인 행복 추구를 위한 기본 조건들을 댈 수 있을 뿐이며, 그 조건들은 다름 아니라 인권들이다.

그런데 오늘날 인간의 개념은 위험에 처했다. 디지털 시대는 한때 인간의 특권이었던 지능적인 방식의 문제 해결이 많은 분야에서 기계들에 의해 더 잘 수행되는 상황을 빚어 낸다. 하지만 그 기계들은 인간이 삶과 생존을 단순화하기 위해 제작한 것들이다.

철학적 사유는 아테네에서 최초의 민주주의와 더불어 최초의 전성기를 맞이했다. 그 시기 이래로 철학적 사유의 핵심 과제 하나는 사상들의 시장에서 벌어지는 혼란의 정체를 드러내는 것이다. 오늘날 사상들이 거래되는 시장은 디지털 시대의 중심 매체인 인터넷이다. 그러므로 이 책의 구호는 다음과 같다. 〈숙고가 먼저고, 디지털은 나중이다.〉 이 구호는 칸트의 유명한 계몽 구호 〈너 자신의 지성을 사용할 용기를 가져라!〉를 우리 시대에 맞게 고친 것이다. 지구적 선전 시스템들이 디지털 연결망을 이룬 우리의 사유를 단 1분도 쉼 없이 날아오는 긴급 통지와 게시물로 혼란시키고 흥분시키는 이 시대에 〈숙고가 먼저고, 디지털은 나중이다〉는 절실히 필요한 구호다.

이 책의 첫째 주요 주장은 이것이다. 〈우리 인간의 생각하기는 청각, 촉각, 미각, 평형 감각, 기타 오늘날 인간의 감각 시스템의 일부로 간주되는 다양한 능력과 마찬가지로 하나의 감각이다.〉 이 주장은, 우리의 생각하기는 본질적으로 실리콘이나 기타 무생물에서도 모방할 수 있는 정보처리 과정이라는 오늘날 만연한 견해와 맞선다. 간단히 말하겠다. 궁극적으로 컴퓨터는 우리의 아날로그 관료 체제에서 애용되었던, 좋았던 옛날의 서류철이 생각하지 못하는 것과 마찬가지로 생각하지 못한다. 프로그램은 단지 데이터 관리 시스템일 따름이며, 우리는 프로그램의 도움이 없으면 절대로 이토록 신속하게 처리할 수 없었을 과제들을 해결하기 위해서 프로그램을 사용한다. 항공권 예약하기, 방정식 풀기, (그런 대로 수용할 만한 수준으로) 외국어 번역하기, 책 쓰기, 또는 이메일 보내기 같은 과제들을 해결하기 위해서 말이다.

다른 한편으로 나는 우리 인간의 지능 자체가 인공지능의 한 사례라고 주장할 것이다. 인간의 생각하기는, 태양에서 일어나는 과정들이나 지구 주위를 도는 달의 운동, 우주의 팽창, 모래 폭풍처럼 자연적으로 주어졌으며 정신적 측면을 고려하지 않아도 이해할 수 있는 그런 과정이 아니다. 정신적 측면을 지닌 모든 것은 인간이라는 생물에 의해 산출된다.

인간은 이 사정을 의식하고 따라서 자신의 삶을 그 사정에 맞추는 그런 생물, 목표를 품고 삶의 조건들에 개입할 수 있는 생물이다. 그렇기 때문에 인간은 잘 다듬어진 기술을, 곧 생활 형편을 개선하고 단순화하는 시스템을 보유하고 있다. 인간 자신의 자기이해에서 인간과 기술은 연결되어 있다. 이 연결의 깊은 뿌리는, 내가 보기에, 우리가 우리 자신의 지능을 생산한 장본인이라는 사실까지 거슬러 올라간다. 우리가 생각하는 방식은 수천 년 전부터 고도 문화들에서 발달하고 끊임없이 변화해 온 사회경제적 기본 조건들의 영향을 강하게 받는다. 그렇게 하나의 인공지능이 발생한다. 그 인공지능은 우리의 정신이다.[8] 우리의 정신, 바꿔 말해 우리가 우리 자신을 인간으로 규정할 때의 그 자기규정은 수천 년 전에 처음으로 글의 형태로 기록되었다. 그 전에는 가능한 자기규정들이 다른 매체들(구어, 미술 작품, 예식 등)을 통해 전승되었다. 이 전승은 우리에게 중요하다. 왜냐하면 이 전승은 우리로 하여금 〈미래에 우리가 누구로 되고자 하는가〉라는 질문을 마주하게 하기 때문이다.

수천 년 전부터 인간의 삶은 〈인간은 과연 누구 혹은 무엇인가〉라는 질문을 중심으로 펼쳐져 왔다. 알려진 매우 오래된 대답 하나는, 인간은 이성을 지닌 생물이라는 것이다. 이에 상응하는, 아리스토텔레스에게서 유래한 인간의 정의는 로고스를 지닌 동물zoon logon echon이다. 즉 번역하고 이해하기에 따라서, 인간은 언어, 또는 사유, 또는 이성을 지닌 생물이라는 것이다.

그러나 그렇게 인간의 특권으로 여겨져 온 로고스가 우리의 디지털 시대에 위험에 처했다. 옥스퍼드 대학교에서 가르치는 이탈리아인 교수 루치아노 플로리디는 우리 시대의 인공지능에서 인간에 대한 심각한 모욕을 보기까지 한다. 인공지능은 태양 중심 세계상, 찰스 다윈의 진화론, 지그문트 프로이트의 무의식 탐구와 대등한 수준의 세계상 및 인간상의 대혁명이라는 것이다.[9]

실제로 우리가 늘 가지고 다니는 컴퓨터 — 예컨대 스마트폰, 스마트와치, 태블릿 — 는 시뮬레이션된 상황에서 거의 모든 인간의 지능을 이미 오래전에 훨씬 능가했다. 프로그램들은 인간보다 체스와 바둑을 더 잘 두고 좋았던 옛날의 비디오 게임들도 우리보다 더 잘한다. 여행사 업무도 마찬가지다. 프로그램들은 순식간에 인터넷 전체를 뒤지고, 우리 행성의 모든 구석과 오지의 온도를 알며, 거대한 데이터뱅크에서 어떤 인간도 그렇게 빨리 찾아낼 수 없는 패턴을 발견한다. 또한 수학적 증명도 해낸다. 그런 증명은 나중에 최고의 인간 수학자들에 의해 아주 어렵게 검증되곤 한다.

이런 발전들 앞에서 과학자, 미래학자, 철학자, 정치학자들은, 정보권(플로리디가 우리의 디지털 환경을 가리키기 위해 고안한 단어)이 일종의 지구적 의식을 획득하여 인간으로부터 독립할 날이 얼마나 남았을지에 대해서 사변한다. 한쪽에서는 그리 멀지 않은 미래에 특이점 또는 초지능으로 불리는 디지털 대참사Super-GAU가 발생하리라는 우려가 제기된다. 이 입장의 대표자인 레이먼드 커즈와일은 인공지능 연구의 개척자 마빈 민스키의 후예라고 할 만하다. 빌 게이츠, 스티븐 호킹 등의 명사들도 머지않아 지능을 갖춘 기계들이 주도권을 쥐고 인류를 멸종시키는 지능폭발Intelligenzexplosion이 일어날지도 모른다고 경고했다.

반대쪽 사람들은 이 시나리오를 사기로 간주하면서 정보권이 보유한 지능은 우리의 신발이 보유한 지능과 똑같다고 선언한다. 미국 철학자 존 설은 인공지능을 다루는 철학의 개척자들 중 한 명으로서 오래전부터 일관되게, 인간이 만든 컴퓨터는 진짜 생각을 할 수 없으며 그런 컴퓨터가 언젠가 의식을 획득할 확률은 정확히 0퍼센트라고 주장한다.

진실은 틀림없이 양극단 사이 어딘가에 있다. 정보권과 디지털 혁명은 영화 「터미네이터The Terminator」시리즈나 미셸 우엘베크의 소설 『어느 섬의 가능성 La possibilité d'une île』이 묘사하는 것과 같은 디스토피아적 미래를 가져오지 않을 것이다. 또한 최근 들어 일어나는 기술 발전의 가속이, 예컨대 프랑크 텔렌이 「철학 매거진Philosophie Magazin」에서 나와 대담하며 밝힌 희망대로, 인류의 모든 문제를 해결해주지도 않을 것이다.[10] 인류의 물 부족 문제와 기아 문제는 더 나은 알고리즘과 더 빠른 컴퓨터에 의해 제거되지 않을 것이다. 정반대로 디지털 산업의 기술 발전 — 더 효율적인 하드웨어를 통한 계산 성능의 향상 — 은 물 부족 문제와 기아 문제를 악화시킨다. 여러 이유를 댈 수 있겠지만, 당장 우리의 스마트폰 교체 행태를 생각해 보라. 계산 성능의 향상이 일어날 때마다 우리는 스마트폰과 태블릿을 너무 자주 폐기하고 새것을 구입한다. 컴퓨터는 우리의 도덕적 문제들을 해결하지 못하고 도리어 심화한다. 우리는 세계의 상대적 빈곤 지역들에서 희토류를 채굴하여 스마트폰을 생산하고 우리의 하드웨어를 위해 플라스틱을 사용하고 디지털 실재(가상 현실)를 유지하기 위하여 엄청난 에너지를 낭비한다. 모든 각각의 클릭과 이메일이 에너지를 소비한다. 그 사실이 우리 눈에 곧바로 띄지 않을 뿐이다. 그러나 눈에 띄지 않는다고 실상이 개선되는 것은 아니다.

물론 기술 발전을 통해 산업사회들의 의료와 생활 형편이 신속하게 향상될 수 있는 것은 맞다. 그러나 다른 한편으로 우리는 사회기반설비 디지털화의 부수적 피해로서, 사이버 전쟁, 가짜 뉴스, 디지털 사회기반설비에 대한 대규모 사이버 공격, 지속적 연락 가능성과 소셜미디어 내부의 새로운 공론장으로 인한 사회적 소외 현상을 오래전부터 겪고 있다. (오바마 시대의) 도청 스캔들과 같은 매우 현실성 있게 보이는 사건들을 제쳐 두더라도, (트럼프 시대의) 트위터 선전, 민주주의의 토대를 허무는 투표봇votebot, 인터넷에서 준비된 테러, 중국에서 인민의 사회적 행동을 실시간으로 파악하고 규제하는 데 쓰이는 광범위한 감시 장치, 기타 수많은 유사 사례들을 생각해 보라.

얽히고설킨 개념적 실 뭉치를 풀기 위하여 나는 두 개의 주요 문장을 출발점으로 삼을 것이다. 우리는 그 주요 문장들을 계속 다시 만나게 될 것이다. **첫째 인간학적 주요 문장**은 이것이다. 〈인간은 동물이 아니기를 의지하는 동물이다.) 이 주요 문장은 오늘날 탈인본주의와 초인본주의의 깃발 아래 널리 퍼진 혼란을 해명해 준다. 탈인본주의와 초인본주의의 기초는 인간과의 결별, 그리고 동물적-인간적 요소와 기술적 요소로 구성된 사이보그에 대한 환영이다.

요새 특히 캘리포니아에서 득세한 탈인본주의와 초인본주의에 따르면, 인간은 극복될 수 있다. 요컨대 인간의 자리에, 니체가 최초로 호출한 좋았던 옛날의 초인이 들어선다. 미국의 기술과 과학이 초인에 몰두하는 것은 우연이 아니다. 미국은 슈퍼맨을 비롯한 슈퍼 영웅들이 대중문화 속에 확고히 자리 잡은 나라다. 할리우드를 통해 확산되는 그 슈퍼 영웅들은, 우리를 죽을 수밖에 없는 평범한 놈으로서 지상에 묶어 두는 사슬을 끊어 버리고 무한히 더 나은 미래를 향해 출발하는 것이 가능하다고 넌지시 이야기해 준다.

이런 맥락에서 일찍이 프랑스 사회학자 겸 철학자 장 보드리야르는 다름 아니라 월트 디즈니가 자신의 시체를 냉동시키게 했다는 점을 지적했다. 디즈니는 기술이 대폭 향상된 먼 미래에 죽은 자들 가운데서 다시 부활하기 위하여 그렇게 자신을 냉동시키게 했다.[11] 동물들이 직면한 주요 문제 하나는 죽는다는 것이다. 죽을 수밖에 없는 생물의 모든 활동은 근본적으로 삶과 죽음을 축으로 삼아 돌아간다. 그리고 우리는 삶은 대개 좋고 죽음은 대개 나쁘다고 느낀다. 오래전부터 기술은 지상에서 죽음을 극복한다는 환상과 결합해 왔다. 오늘날 이 (병적인) 바람은 우리가 동물성을 마침내 떨쳐 내고 모든 층위에서 **인포그**Inforg ― 오로지 디지털 정보로만 이루어진 사이보그 ― 로 되는 것을 추구한다.

우리가 우리 자신을 우리에 관한 정보들로 분해하면, 우리의 정신을 어떤 향상된 하드웨어에서 작동시키는 것이 가능할 듯하다. 이 생각은 지금 미국의 멋진 텔레비전 시리즈 「웨스트월드Westworld」에서 대담하게 극화(劇化)되고 있다. 이 연속극에 등장하는 〈웨스트월드〉라는 미래주의적 테마파크에서는 인간과 구별할 수 없는 로봇과 진짜 인간들이 서로 만난다. 그 인간들은 로봇과의 만남을 순전히 자신의 즐거움을 위해 이용할 수 있다. 연속극의 둘째 시즌에서(스포일러 주의!) 밝혀지지만, 테마파크 운영사는 관람객의 행동 데이터를 수집하여 자사의 로봇들을 개량하는 데 사용한다. 이 회사 전체의 배후에는, 웨스트월드를 만든 사람들 중 한 명의 정신이 서버에 업로드된 형태로 있다. 그 정신은 완벽한 로봇 신체에 깃듦으로써 인포그와 사이보그의 융합을 이뤄 내는 것을 계획한다.

그러나 이 모든 환상은 영영 실현되지 않을 것이다. 그러므로 이런 현실 도피에 맞서서 나는 **계몽된 인본주의**를 옹호한다. 계몽된 인본주의가 기반으로 삼는 인간상은, 외국인이든 내국인이든 친구든 이웃이든 여자든 아동이든 남자든 혼수(昏睡) 환자든 트랜스젠더든 간에, 모든 인간이 온전한 의미에서 인간의 지위를 지녔음을 애당초 확고하게 못 박는다. 이것은 반드시 강조해야 할 점이다. 왜냐하면 근대 초기에 유럽에서 주로 르네상스 이래로 발달한 고전적 인본주의는 통상적으로 백인, 유럽인, 성인, 정치적으로 중요한 인물, 부유한 남성을 암묵적이거나 심지어 명시적으로 인간의 표준으로 간주했기 때문이다. 안타깝지만 심지어 칸트의 글도 인종주의적 견해와 여성혐오적 견해로 가득 차 있다. 그렇기 때문에 칸트는 자신에게 몹시 낯설었던 남반구 거주자 등에 대해서는 그들의 인간성을 부정하다시피 했다. 예컨대 그는 〈검둥이Neger〉 인종을 명시적으로 〈동물들의 왕성한 발육〉에 기초하여 설명했다.[12] 하지만 칸트는 결코 유명한 인종주의자에 불과하지 않았다. 무엇보다도 그는 보편적 인간존엄을 논한 이론가였다. 그가 어떻게 이런 양면을 조화시킬 수 있었는지 궁금하지 않을 수 없다.

나의 **둘째 인간학적 주요 문장**은 이러하다. 〈인간은 자유로운 정신적 생물이다.〉 즉, 우리 인간은 우리의 인간상을 스스로 수정함으로써 우리 자신을 변화시킬 수 있다. 우리의 정신적 자유는 인간의 삶꼴Lebensform이 스스로 자신을 규정한다는 점에 있다. 우리는 우리의 인간임Menschsein을 정의하고, 그 정의에 기초하여 도덕적 가치들을 찾아내며,

우리의 행위를 그 가치들에 맞춘다.

그렇다고 사람들이 항상 도덕적 가치들에 맞게 행위한 다거나 그렇게 행위할 개연성이 매우 높다는 뜻은 아니다. 자유란 이렇게 또는 저렇게 — 도덕적으로 또는 비도덕적 으로 — 행위할 수 있음을 의미한다. 그러나 우리의 정신 적 자유에 담긴 또 하나의 의미는, 우리는 우리의 행동을 규범화하고 행동의 방향을 정하지 않고서는 도무지 아무 것도 할 수 없다는 것이다. 이때 우리 자기규정의 최후 지 평, 곧 최고의 가치는 근대에는 인간상을 통해 제시된다. 최고의 가치는 더이상 인간 바깥의 신적인 영역에서 탐색 되지 않고 우리 자신 안에서 탐색된다. 그렇다고 어떤 양심 의 목소리가 우리를 조종한다는 뜻은 아니다. 오히려 우리 모두가 인간임을 우리 스스로 인정함으로써 우리 자신을 조종하고 통제할 수 있다는 뜻이다. 이런 식으로 근대는 이 성을 보유한 놈으로서의 인간을 기준으로 삼으며 최종 귀 결에서는 당연히 비인간 동물들의 생명의 가치도 인정한 다. 그렇기 때문에 계몽된 인본주의는 또한 동물권의 인정 을 촉구하고 우리의 행성에 사는 인간과 기타 동물들의 생 활 조건을 향상시키기 위한 환경보호를 촉구한다.

여담이지만, 이미 호모 사피엔스라는 명칭에 이 모든 이 야기가 고스란히 담겨 있다. 그 명칭은 스웨덴 자연학자 칼 폰 린네가 저서 『자연의 체계Systema Naturae』에서 도입한 것이다. 〈호모 사피엔스〉라는 명칭에 따르면, 다른 모든 생물과 달리 인간은 스스로에게 〈너 자신을 알라〉라고 요구하는 생물이다.[13] 그 명칭이 말하는 〈지혜(사피엔티아sapientia)〉는 스스로 자기를 규정하는 능력이다. 문제는 그런 지혜를 지녔다고 해서 자동으로 옳게 행동하는 것은 아니라는 점이다. 그렇기 때문에 린네가 인용한 저 요구의 출처라고 하는 고대 그리스 델포이의 신탁은 소크라테스를 모든 인간 가운데 가장 지혜로운 자로 지목한다.[14] 소크라테스는 저 요구의 구조를 이해했고 따라서 정말로 지혜로우니까 말이다. 〈인간은 무엇인가〉라는 질문의 답은 유일신이나 신들이나 우주가 정한 어떤 규범을 지적함으로써 확립되지 않는다. 오히려 그 답은 오로지 우리가 우리 자신을 규정함으로써만 확립된다. 장폴 사르트르가 약간 오해를 유발할 만한 표현으로 말했듯이, 우리는 자유롭도록 저주받았다.[15]

그러므로 이 책은 하나의 자기규정 활동이다. 인간의 자기규정은 두 층위에서 이루어진다. 한 층위에서 중요한 것은 ─ 우리가 그러하기를 의지하건 말건 간에 ─ 인간이 생물이라는 점, 특정 종의 동물이라는 점이다. 오로지 그런 동물로서만 우리는 실재를 알 수 있다. 얇은 진공에서 일어나는 과정이 아니라 생물학적 변수들과 뗄 수 없게 결합되어 있다. 우리는 신도 아니고 천사도 아니며, 우리의 신경계를 이루는 축축한 물질(이른바 **웨트웨어**wetware)에서 작동하는 컴퓨터 프로그램도 아니다. 그러나 또 다른 층위에서 우리는 특정 종의 동물에 불과하지 않다. 왜냐하면 두르스 그륀바인의 말마따나 〈진화에서 인간보다 먼저 등장한 가장 나중의 포유동물들〉과 달리 우리는 〈인간과 나머지 동물들 사이의 길을 반쯤 거친 생물〉이 아니기 때문이다.[16] 생각이라는 감각이 반성과 언어를 통해 유난히 발달한 정신적 생물로서 우리 인간은 무한히 많은 정신적 실재들과 접촉한다.

미국 철학자 솔 에런 크립키가 옳게 지적하듯이, 실재를 〈우리를 둘러싼 …… 거대하고 어수선한 객체〉[17]와 혼동하지 말아야 한다. 우리가 아는 실재는 우주라는 총체적 물질-에너지 시스템과 전혀 동일하지 않다. 실재하는 놈이란, 우리가 그놈에 대해서 착각할 수 있고 바로 그렇기 때문에 일단 이러이러한 놈으로서 파악할 수 있는 그런 놈이다. 우리의 생각하기는 실재의 일부, 그 자체로 실재하는 놈이다. 이는 우리의 감정, (애니메이션 「마지막 유니콘」 등에 등장하는) 유니콘, (카니발과 요한 볼프강 폰 괴테의 『파우스트Faust』에 등장하는) 마녀, 복통, 나폴레옹, 변기, 마이크로소프트, 미래가 실재하는 놈인 것과 마찬가지다. 이 부분은 나의 저서 『왜 세계는 존재하지 않는가』에서 상세하게 논의되었다.

상품 생산의 지구화와 뉴스 서비스들의 디지털 연결로

인해 우리는 위험한 이데올로기적 충격을 체험하고 있다. 내가 말하는 **이데올로기**란 일반적으로, 사회경제적 기능을 수행하는 인간에 대한 일그러진 견해를 뜻한다. 대체로 이 데올로기는 궁극적으로 부당한 자원 분배를 암묵적으로 정 당화한다. 오늘날 우리는 실재가 우리의 견해와 전혀 다를 수도 있다는 말을 귀에 못이 박히게 듣는다. 거기에 더하여 가짜 뉴스와 대안적 사실부터 탈진실post-truth까지 다양한 형태로 〈탈사실적 시대〉의 정치적 표어들이 울려 퍼진다.

이런 식으로 우리는 새롭고 멋진 **형이상학**의 시대에 도달 했다. 이때 형이상학이란 실재하는 세계(곧 존재)를 (우리 인간이 빠진다고들 하는) 가상 및 기만과 구별하는, 실재 전체에 관한 이론을 뜻한다. 우리 시대는 속속들이 형이상 학적이다. 우리 시대의 기반은, 우리의 삶 전체에서 정말 중요한 측면들은 우리가 꿰뚫어 보기 어렵거나 아예 꿰뚫 어 볼 수 없는 환상이라는, 환상이다.

실재가 환상이라는 이 환상은 실제로 일어나고 있는 일 을 외면하게 만든다. 지난 몇 십 년에 걸친 디지털 혁명은 근대 지식 사회의 귀결이다. 계몽 시대에는 여전히 모든 지 식 형태들이 〈인류를 교육함〉이라는 목표 아래 결합하는 양상이 우세했다.[18] 그 후 19세기 후반기에 실증주의가 등 장하면서, 인간의 모든 유의미한 정신적 성취는 오로지 기 술과학과 자연과학에서만 이루어질 수 있고 그러해야 한다는 가르침이 득세한다. 그리하여 오늘날의 주도적 형이상학은 **유물론**이다. 내가 말하는 유물론이란, 존재하는 모든 것은 물질로 이루어졌다는 가르침일 뿐 아니라, 우리 인생의 궁극적 의미는 재화(자동차, 집, 일시적인 섹스파트너나 반려자, 스마트폰)를 축적하고 그 재화를 만끽하며 없애기(화석연료 소비, 화려한 사치, 유명 식당에서의 외식)에 있다는 윤리적 견해이기도 하다.

사회철학의 맥락에서 유물론에 대응하는 것은, 가능하면 모든 시민이 소비를 향유할 수 있도록 물질적 자원의 분배를 향상시키기 위하여 경제가 나아갈 방향을 제시하는 것이 정부의 주요 임무라는 생각이다. 이 생각은 다시금 우리의 유물론적 인간상에 힘을 실어 준다.

디지털 혁명은 근대의 감시 장치들과 밀접한 관련이 있다. 널리 알려져 있듯이 그 혁명은 냉전 시대의 군사 연구 프로젝트들에서 기원했다. 텔레비전 시리즈 「디 아메리칸스The Americans」는 그 역사를 생생하게 보여 준다. 오늘날의 거대한 인터넷 기업집단들은 광고 플랫폼이며, 근대의 전통적 매체 지형은 그들로 인해 압박을 받는다. 왜냐하면 그 기업집단들은 충격적인 논평과 추문으로 대중의 관심을 사로잡을 수 있기 때문이다.

하지만 이 책이 추구하는 바는 사회학적 서술이라기보다, 오늘날의 유물론적 이데올로기의 바탕에 깔린 사유 오류들에 대한 철학적 논의다. 특히 우리는 우리 자신의 생각하기를 주목할 것이다. 이데올로기는 말하자면 정신적 바이러스다. 그 바이러스는 사유의 혈관을 통해 돌아다니며 여기저기에서 건강의 토대를 처음엔 눈에 띄지 않게 공격하다가 결국 감염자를 압도한다. 페터 슬로터다이크의 표현을 빌리면, 나는 일종의 〈공면역 Ko-Immunismus〉을 추구할 것이다. 즉, 우리의 정신적 면역계의 향상을 도모할 것이다.[19] 우리는 진실을 알 수 없으며 이 인터넷 시대에 실재는 어쩌면 아예 존재하지 않는다는 견해가 유포되고 있다. 그 그릇된 견해에 감염되지 않기 위하여 우리는 예방 접종을 받아야 한다.

그러므로 우리는 이 책에서 사상가의 마음가짐으로 호랑이 굴에 들어갈 것이다. 호랑이 굴이란 리얼리티 쇼의 시대와 성큼성큼 전진하는 인터넷 사회다. 우리의 과제는 우리 자신의 생각하기를 포착하는 감각을 되찾는 것이다. 그 감각은, 인간이 폐지되고 낙원 같은 총체적 디지털화의 시대가 도래할 날이 코앞에 다가왔다는 착각으로부터 우리를 보호할 것이다.

이미 언급했듯이 이 책의 첫째 주요 주장은 우리의 생각이 하나의 감각이라는 것이다. 우리는 오늘날 알려진 감각 양태들 — 청각, 시각, 촉각, 미각, 후각, 또한 평형 감각과 기타 몇몇 감각들 —과 더불어 생각이라는 감각도 지녔다.

나는 이 주장을 다음과 같은 **누스콥 논제**Nooskopthese로 발전시킬 것이다. 즉 우리의 생각은 하나의 감각이며 우리는 그 감각을 통해 무한을 탐사하면서 수학을 비롯한 여러 방식으로 표현할 수 있다. 요컨대 우리의 생각은 다른 감각들처럼 한계가 있거나 가까운 환경에 국한되어 있지 않다. 오히려 생각은 — 이를테면 양자역학의 형태로 — 심지어 다른 우주들과도 관련 맺을 수 있고 우리 우주의 수학적 기본 구조를 이론 물리학의 언어로 파악할 수도 있다. 그러므로 우리의 누스콥Nooskop은 신체적 실재를 넘어서 우리를 무한과 연결한다.

이 주요 주장은 우리의 정신적 장치가 오로지 지각perception과 인지cognition로 이루어졌다는 통상적인 견해에 맞선다. 즉, 한편으로 외부 세계가 우리 안에서 일으키는 상태와 다른 한편으로 우리 안에서 지각들의 결합을 통해 발생하는 상태가 우리의 정신적 장치를 구성한다는 견해에 맞선다. 많은 사람들은 우리 의식에 대하여 독립적인 외부 세계가 우리의 신경 말단을 건드리고 이어서 내적 과정들이 작동한 끝에 외부 세계와 아무 상관없는 그림이 생겨난다고 생각하지만, 이 생각은 궁극적으로 틀렸다. 우리의 정신적 삶은 두개골 속에서 발생하는 환각이 아니다. 오히려 우리의 생각감각Denksinn 덕분에 우리는 얼핏 상상할 수 있을 법한 견해보다 훨씬 더 많은 실재들과 접촉한다.

이 책은 근대 초기 인식론의 근본 오류인 **주체-객체 분열**을 제거할 것이다. 이 분열의 정체는, 우리가 실재 속에 편입되어 있는 것이 아니라 생각하는 주체로서 실재의 맞은편에 위치한다는 그릇된 견해다. 이 오류 때문에, 우리는 실재를 전혀 알 수 없거나 설령 알더라도 있는 그대로의 실재(실재 그 자체)는 근사적으로도 결코 알 수 없다는 인상이 근대에 널리 퍼졌다. 그러나 생각하고 지각하는 생물로서 우리는 우리로부터 분리된 실재의 맞은편에 위치해 있지 않다. 주체와 객체는 어떤 더 높은 전체의 맞선 부분들이 아니다. 오히려 우리는 실재의 일부이며, 우리의 감각들은 우리 자신인 실재하는 놈과 우리 자신이 아닌 실재하는 놈 사이의 접촉을 이뤄 내는 매체다. 이 매체들에 대하여 독립적인 어떤 실재가 있고, 이 매체들이 그 실재를 왜곡하는 것이 아니다. 오히려 이 매체들 자체가 실재하는 놈, 바로 인터페이스다. 그렇기 때문에 생각도 다른 감각들과 마찬가지로 그 정체가 인터페이스다.

인터페이스는 다양한 의미장Sinnfeld들을 넘나드는 소통을 가능케 한다. 우리의 시각 체험을 예로 들어 보자. 지금 나는 내가 어느 포르투갈 미술관 기념품점에서 산 베를루스코니 인형을 보고 있다. 나는 이 인형을 나의 관점에서 본다. 만약에 나의 뇌가 온전하지 않다면, 혹은 내가 지금 잠들었다면, 혹은 내가 이 인형을 기억하지 못한다면, 나는 이 관점을 채택하지 못했을 것이다. 그러나 지금 나의 관점은 내가 이 인형을 아무튼 알아볼 수 있다는 사실도 포함한다. 이때 이 인형이 여기에 실재함은 나의 정신적 지각 상태를 위해 나의 뇌에 못지않게 본질적이다.

나는 색깔들을 지각한다. 나는 의식할 수 있는 색깔들의 집합을 보유하고 있는데, 이는 오로지 내가 생물이고 그 생물의 색깔 수용체들이 까마득한 세월에 걸쳐 진화의 틀 안에서 선별되었기 때문이다. 그렇게 진화한 인간적 시각은 (특정한 전자기 복사들이 탐구될 수 있는 장소들인) 물리학의 장들과 (내가 베를루스코니 인형을 사고 의식적으로 볼 수 있는 장소인) 나의 의식적 삶의 장 사이의 소통을 가능케 하는 인터페이스다. 이때 우리의 시각과 주관적 관점은 전자기 복사, 베를루스코니 인형, 그 인형의 존재를 위해 반드시 있어야 하는 기본 입자들에 털끝만큼도 뒤지지 않게 실재한다.

곧 보겠지만, 우리의 생각도 마찬가지다. 생각은 실재하는 인터페이스이며, 부분적으로 그 인터페이스는 우리를 비물질적 실재들 — 수(數), 정의(正義), 사랑, 국회의원 선거, 예술의 아름다움, 진실, 사실, 기타 수많은 것들 — 과 연결시킨다. 그러나 생각은 물질-에너지 시스템들과도 직접 접촉한다. 그렇기 때문에 우리는 그 시스템들에 대해서도 숙고할 수 있다.

이 맥락에서 제기할 또 하나의 주장은, 우리가 생각하는 바(곧, 우리의 생각Gedanke)는 비물질적이라는 것이다. 단 하나의 에너지 시스템(물리적 우주)만 존재하는 것이 아니라는 주장을 나는 **비유물론** Immaterialismus이라고 부른다. 생각하기란 생각을 붙잡기다. 생각은 뇌의 상태도 아니고 물리적으로 측정 가능한 모종의 정보처리도 아니다. 물론 인간은 살아 있고 뇌의 상태(더 일반적으로 신체 상태)가 적당해야만 생각을 보유할 수 있지만 말이다.

이제껏 제시한 주장들을 조합하면 이 책의 **둘째 주요 주장**인 **생물학적 외재주의** biologischer Externalismus가 나온다. 생물학적 외재주의에 따르면, 우리가 우리의 사유 과정을 서술하고 파악할 때 수단으로 삼는 표현들은 본질적으로, 생물학적인 무언가를 가리킨다(296면 이하 참조). 이로부터 내가 끌어내는 결론은, 통상적인 의미의 진짜 인공지능은 존재할 수 없다는 것이다. 우리의 최신 데이터 처리 시스템들은(어디에나 있는 인터넷도 당연히 포함해서) 실은 생각하지 못한다. 왜냐하면 그것들은 의식이 없으니까 말이다. 물론 그렇다고 해서 그것들이 덜 위험하다거나 디지털화에 대한 토론이 덜 긴급하다는 뜻은 아니다.

우리는 생각하기라는 감각을 되찾고, 우리의 생각하기는 두개골 속 뇌 컴퓨터가 수행하는 — 원리적으로 똑같이 모방하고 시뮬레이션할 수 있는 — 계산 과정이라는 그릇된 견해에 맞서 그 감각을 방어해야 한다. 프랑스 지도가 프랑스와 동일하지 않은 것과 마찬가지로 생각하기의 시뮬레이션들은 생각하기가 아니다(131면 이하 참조). 그럼에도 우리가 〈인공지능〉이라고 부르는 놈은 엄연히 실재한다. 다만, 그놈은 지능이 없고 바로 그렇기 때문에 위험하다.

이제껏 과소평가된 디지털화의 잠재적 위험 하나는 우리가 인간으로서의 우리 자신에 대한 이해를 그릇된 사유 모형에 맞추게 되는 것이다. 발전한 데이터 기술이 인간의 생각하기 영역을 자동으로 정복한다고 여김으로써 우리는 그릇된 자화상을 그린다. 그리고 그런 식으로 우리는 인간성의 핵심을 공격한다.

인류가 기술의 획기적 진보를 이뤄 낸 시대에는 언제나 인공물이 지배권을 쥘 수도 있다는 상상이 득세했다. **물활론(애니미즘)**이란 자연의 모든 것에 영혼이 깃들어 있다는 믿음을 말한다. 오늘날 이 믿음은 **범심론**으로도 불린다. 하지만 인공지능은 인간이 직면한 외부의 공격이 아니라 내부의 공격이다. 우리가 만든 인공물들이 아니라 우리 자신이 우리를 공격하고 있다. 왜냐하면 바로 우리가 그 인공물들에 대해서 그릇된 물활론적 그림을 그리고 있기 때문이다.

예로부터 인간은 자신의 생각을 외부에서 온 무언가로, 신들이나 유일한 신이나 「2001 스페이스 오디세이2001: A Space Odyssey」 풍의 영화들에서처럼 외계 존재(혹은 어설

픈「프로메테우스Prometheus」[이 영화에서는 우리의 창조주가 외계 존재로 명시됨])가 인간에게 준 무언가로 여겨왔다. 그렇기 때문에 우리는 오랜 문화사적 훈련의 결과로, 우리 자신의 사유 과정이 생명 없는 시스템들에서도 일어나는 것을 쉽게 상상할 수 있다. 그러나 이것은 우리가 극복해야 할 미신이다. 많은 이들은 문어나 비둘기의 지능보다 스마트폰의 지능을 더 기꺼이 인정할지도 모른다. 하지만 이것은 오류일뿐더러 치명적인 도덕적 귀결들을 가진다. 인간에게, 기타 생물들에게, 또한 우리의 환경에 치명적인 귀결들을 말이다. 그러므로 지금은 과학허구를 통해 일그러진 방식이 아니라 실재론의 방식으로, 우리의 인간적인 너무나 인간적인 생각감각과의 접촉을 긴급히 재건할 때다.

1장

생각하기에 관한 진실

한없는 복잡성

생각하기에 접근하는 첫걸음은 생각하기는 복잡성 줄이기와 관련 있다는 깨달음이다. 생각할 때 우리는 본질적인 것과 비본질적인 것을 구별함으로써 미가공 데이터를 정보로 가공한다. 이를 통해 우리는 실재에서 패턴을 파악할 수 있다. 이런 유형의 복잡성 줄이기는 우리가 생각하기의 도움으로 실재 안에서 방향을 잡는 능력의 전제 조건이다.

생각하기는 말 그대로 무한을 가로지르는 여행이라고 할 만하다. 우리가 끊임없이 무한에 노출되고 그렇기 때문에 실재를 생각하기 안에서 단순화한다는 점을, 일상에서 늘 겪을 만한 다음과 같은 상황을 통해 아주 간단하게 증명할 수 있다. 쾰른 중앙역은 대개 퍽 붐빈다. 당신이 어느 월요일 아침에 9번 선로를 향해 이동한다고 상상해 보라. 당신은 거기에서 새 열차로 갈아타야 한다. 이동 중에 당신은 다른 목적지들을 피하려 애쓴다. 어쩌면 시간 여유가 조금 있고 배도 고파서 당신은 두리번거리며 먹을거리를 찾을 수도 있다. 경우에 따라 누군가에게 줄 간소한 선물을 물색할 수도 있다.

당신이 행인들을 피하고 당신 자신의 위장(胃腸) 상태를 점검하고 선물거리를 둘러보는 동안, 당신은 특정 대상들과 사건들을 주목한다. 행인들을 피하려면, 그들을 주시하면서 그들의 다음 동작을 순식간에 예측해야 한다. 먹을거리를 찾으려면, 역 안의 슈퍼마켓과 소시지 매점을 알아보아야 한다. 선물거리를 물색하는 중이라면, 취향에 따라 꽃가게나 장난감 가게가 나타나기를 바랄 것이다. 또한 당신은 역 안에서 벌어지는 사건들에 주의를 기울인다. 마지막으로, 인파 속에서 소매치기도 조심해야 하고 특히 걸음을 재촉하는 행인들을 잘 피해야 한다. 이 모든 것은 당신이 이 장면 전체를 월요일 아침의 중앙역 내부로 알아채고 개별 사건들을 그 전체 장면 안에 끼워 넣는 것을 전제한다.

첫 번째 장면 전환: 이번에는 어느 물리학자와 공학자가 중앙역에서 멀찌감치 떨어진 곳에 있다고 상상해 보자. 그들은 〈아침에 중앙역 시스템이 소모하는 에너지가 얼마나 많을까?〉라는 질문을 던진다. 그러면서 중앙역 시스템에 속한 행인들의 에너지 수급도 고려한다. 그러나 행인들의 모든 관심과 체험은 그들의 계산에 등장하지 않는다. 어쩌

면 물리학자는 인간이라는 개념이 전혀 등장하지 않는 방식으로 상황을 서술할 것이다. 오로지 우주라는 물질-에너지적 실재에 적합한 개념들만 사용함으로써 말이다. 이때 물리학자는 오늘날의 지식 수준에 맞춰 전자기 복사와 더불어 이른바 바리온적 물질baryonic matter, 곧 원자들로 이루어진 물질에 초점을 맞출 것이다. 암흑물질과 암흑에너지는 ― 벌써 그 명칭들이 암시하듯이 ― 우리에게 충분히 알려져 있지 않기 때문에 이런 계산에서 고려할 수 없다.

두 번째 장면 전환: 한 무리의 외계 존재들이 우리가 〈쾰른 중앙역〉이라고 부르는 지구의 한 구역을 우리가 모르는 기술로 살펴본다. 인간들은 지구상의 모든 것이 인간을 중심으로 돌아간다고 여기지만, 그 외계 존재들은 이 사실을 모른다. 그들은 인간이 아니며 우리의 관심이나 불안을 공유하지도 않았다. 따라서 그들은, 쾰른 중앙역에 있는 인간들이 무엇보다도 먼저 타인들의 행동을 주시하고 거기에 자신의 행동을 맞춘다는 점도 모른다. 그 외계 존재들은 인간들이나 화물들을 탐구하지도 않고 인간들이 제어하는 에너지 수급을 탐구하지도 않는다. 대신에 어떤 전혀 다른 물리량을 기준으로 대상들과 사건들을 다룬다.

어쩌면 그 외계 존재들의 장비는 대단히 정밀해서 우리 인간 과학자들은 가늠할 수조차 없을 만큼 작은 양도 측정할 수 있을 것이다. 어쩌면 그 외계 존재들은 (우리의 크기를 기준으로 볼 때) 워낙 작아서, 우리가 아는 물리 법칙들을 적용할 수 없는 영역인 플랑크 규모에서 활동할지도 모른다. 어쩌면 그들이 중시하는 측정 단위들도 우리의 것들과 전혀 다를 것이다. 예컨대 그들 자신이 곤충들이 관찰할 수 있는 규모의 실재 안에서 활동한다면, 그들에게는 1세제곱미터 안에 들어 있는 곤충의 개수가 결정적으로 중요할 수도 있지 않겠는가.

이 대목에서 장면 전환을 얼마든지 계속할 수도 있을 것이다. 그러면 당신은 이내 따분해서 책을 덮어 버리고 나는 계속해서 새로운 장면들을 서술하다가 완전히 늙어 버릴 터이다. 왜냐하면 월요일 아침 쾰른 중앙역과 같은 단 하나의 장면을 파악하는 방식의 가능성들이 무한히 많기 때문이다. 그리고 그 가능성들 각각이 고유한 법칙들과 사건 계열을 지닌 하나의 실재와 대응한다.

나는 이 무한히 많은 실재들을 〈의미장들〉이라고 부른다.[20] **의미장***이란 대상들의 배열이며, 그 배열 안에서 대상들은 특정한 방식으로 연결된다. 나는 대상들의 연결 방식을 **뜻(감각)**Sinn이라고 부른다. 감각들(예컨대 시각, 청각, 미각)은 실재한다(291면 이하 참조). 보이는 장면은 본질적으로 시각과 관련되어 있다. 우리의 시각은 보이는 장면

---

* Sinnfeld. 이 책의 번역 원칙에 맞추려면 〈뜻장〉으로 옮겨야 옳다. 일러두기 참조.

의 뜻(감각)이다. 우리가 듣는 대상에 대해서도 똑같은 이야기를 할 수 있다. 내가 문 두드리는 소리를 들을 때, 나의 청각은 문 두드림과 전혀 다를 바 없이 실재한다. 우리의 감각들은 마치 열쇠 구멍을 통해 문 너머를 들여다보듯이 실재를 들여다보지 않는다. 오히려 우리의 감각들 자체가 실재 안에서 벌어지는 일에 참여한다.

어떤 생각하는 놈도 알지 못하는 의미장들도 당연히 존재한다. 적어도 그런 의미장들을 배제할 정당한 근거를 우리는 가지고 있지 않다. 모든 의미장들이 인식 가능하려면, 모든 것을 아는 신이 존재해야 할 것이다. 그러나 모든 것을 아는 신조차도 무한한 의미장들 앞에서는 어려움을 겪을 성싶다. 왜냐하면 정말로 모든 것을 알려면 신은 자기 고유의 의미장 바깥에 놓인 모든 의미장들을 알아야 할 뿐 아니라 자기 고유의 의미장도 알아야 할 터이기 때문이다. 그래서 난점들이 발생하는데, 그것들은 철학적 신학의 영역에 속하는 문제들이어서 이 책에서는 다루지 않겠다.

(대신에 간단한 사고 실험 하나만 덧붙이겠다. 신이 자기 외부의 모든 것을 알고 또한 자기 자신을 안다면, 신이 아는 전체 영역이 존재한다. 그렇다면 그 영역에는 신도 속하고 세계[신이 아닌 모든 것]도 속한다. 그런데 신이 끊임없이 신과 세계를 다룬다면, 신은 자기가 끊임없이 신과 세계를 다룬다는 점도 다룰까? 더 나아가 신은 자기가 끊임없

이 신과 세계를 다룬다는 점을 끊임없이 다룬다는 점도 다룰까? 신은 신과 세계를 숙고하면서 동시에 자기가 신과 세계를 숙고한다는 것도 숙고할까? 이 상황은 밑 빠진 독을 연상시킨다.)

무한한 장면 전환에 관한 이 논의 전체의 요점은 특권적 실재가 존재하지 않는다는 것이다. 즉, 특권적 의미장은 존재하지 않는다. 그런 의미장이 있다면, 거기에 입각하여 모든 의미장들을 유의미한 방식으로 파악하고 인식할 수 있을 테지만 말이다. 설령 방금 건드린 신 문제를 해결할 수 있다 하더라도, 인간의 입장은 거의 달라지지 않을 것이다. 우리는 신이 아니고 따라서 모든 것을 알지 못하니까 말이다. 그리하여 하나의 세계 또는 하나의 실재를 밀어내고 의미장들의 무한이 등장한다. 실재는 단수(單數)가 아니다. 오히려 실재는 줄일 수 없으며 절대로 단순화할 수 없는 복잡성이다.

한마디 보태면, 우리가 〈실재〉나 〈복잡성〉 같은 단수형 명사를 사용한다고 해서 이 복잡성을 다스릴 수 있게 되는 것도 아니다. 이를 이해하려면 우리가 친숙하게 느끼는 장면을 단 하나만 떠올리는 것으로 충분하다. 그런 장면에 대한 어떤 탐구도 그 장면에 속한 모든 것을 파악할 수 없다. 어떻게 파악하든 간에, 장면 전환의 가능성이 항상 열려 있지 않은가. 어느 누구도 월요일 아침 쾰른 중앙역 같은 장면을 모든 가능한 장면 전환들까지 포함해서 파악할 수는 없다.

생각하기? 생각하기란 대체 뭐지?

이로써 우리는 이 책의 주인공인 생각하기에 이르렀다. 생각하기에 다가가는 잠정적 첫걸음으로서 우리는 이렇게 말할 수 있다. 생각하기란 의미장들을 가로지르는 여행이며, 생각하기의 목표는 사실들을 파악함으로써 우리가 무한 안에서 방향을 잡을 수 있게 하는 것이다. **생각하기**Denken는 생각Gedanke을 붙잡기Fassen다. 생각은 말 그대로 생각하기의 내용이다. 생각할 때 우리가 붙잡는 것이 바로 생각이다. 생각은 한 의미장 안에서 벌어지는 일을 — 예컨대 데이비드 호크니의 한 회화가 묘사하는 바를 — 다룬다. 생각은 형태Form를 지닌다. 그 형태 덕분에 대상 — 예컨대 방금 풀에 뛰어든 사람 — 은 생각하는 놈에게 특정한 방식으로 나타난다. 이를 철학에서는 통상적으로 〈무언가가 무언가로서 파악된다〉라고 표현한다. 예컨대 나는 방금 풀에 뛰어든 사람을 수영 선수로서 파악한다. 그렇기 때문에 나는 그 사람을 구하려 애쓰는 대신에 그 장면을 다소 무관심하게 바라본다. 요컨대 생각은 대상을 가진다. 생각의 **대상**은 생각이 다루는 놈이다. 반면에 생각의 **내용**은 생각이 대상을 (생각하는 놈에게 대상이 무엇으로 또는 어떠하게 나타난다면, 대상을 그 무엇 또는 그 어떠함으로서) 다루는 방식이다. 나중에 설명하겠지만(449면 이하 참조), 우리는 생각을 생산할 수 없고 수용할 수만 있다. 생각이 우리 안으로 들어온다. 우리는 단지 수용자일 수만 있다. 즉, 우리의 생각하기를 적당한 주파수에 맞출 수만 있다. 이런 맥락에서 미국 철학자 마크 존스턴은, 생각할 때 우리는 〈현존의 생산자producer of presence〉가 아니라 〈현존의 표본 수집자sampler of presence〉[21]라고 말한다. 요컨대 우리는 데이터를 수용하지만, 우리가 그 데이터를 사전에 가공함으로써 그 수용 과정을 조종하지는 않는다.

생각하기는 길 표지들을 설정하고 그것들을 기준으로 방향을 잡는다. 쾰른 중앙역에서의 방향 잡기를 위한 길 표지 하나는 행인의 개념, 또 하나는 선로의 개념이다. 개념은 같지 않은 놈을 같게 놓는 기능을 한다. 영국 철학자 힐러리 로슨은 같지 않은 놈을 같게 놓기를 통틀어 생각하기로 규정한다. 이 아이디어는 로슨에게서 유래한 것이 아니다. 오히려 이 아이디어는 플라톤부터 테오도어 비젠그룬트 아도르노까지의 철학사를 규정한다. 아도르노는 1966년에 저서 『부정변증법Negative Dialektik』에서 그 철학사를 근본적으로 비판했다.[22] 하지만 〈생각하기 = 왜곡하기〉라는 견해는 이 책에서 그 정체가 폭로될 무수한 사유 오류들의 원천이다.

진정한 관건이 무엇인지 이해하기 위하여 나는 생생한

예를 들고자 한다. 쾰른 중앙역의 1번 선로와 9번 선로는 개별적 측면을 보면 꽤 다르다. 계단들이 오염된 정도가 다르고, 선로들에 멈추는 열차들이 다르며, 물리학적으로 따지면 선로들 자체도 똑같지 않다. 선로들이 마모된 정도가 다르니까 말이다. 게다가 1번 선로와 9번 선로는 위치가 다르다. 즉, 철학적으로 말하면, 1번 선로와 9번 선로는 개별적 측면에서 서로 다른 속성들을 지녔으므로 서로 구별된다. 다른 면에서는 혼동될 만한 무언가와 또 다른 무언가가 어떤 것을 통하여 구별된다면, 그 어떤 것을 일컬어 **속성**이라고 한다.

1번 선로와 9번 선로는 물론 서로 다른 속성들 때문에 동일하지 않지만 서로 견줄 만하다. 그것들의 견줄 만함은 그것들이 담당하는 기능을 통해 성립한다. 1번 선로에나 9번 선로에나 열차들이 머무른다. 열차 시간표는 정확히 언제 어떤 열차가 어디로 출발하는지 (혹은 최소한 예정된 바는 어떠한지) 알려 준다. 따라서 1번 선로와 9번 선로는 동일하지는 않지만 몇몇 측면에서 유사하다. 이 같은 1번 선로와 9번 선로의 유사성들은 선로의 개념 안에 뭉뚱그려져 있다. 개념은 흔히 같지 않은 놈을 같게 놓는 기능을 담당한다. 그렇기 때문에 개념은 꽤 유용하다. 개념이 없다면 우리는 방향을 잡지 못할 것이다. 개념은 길 표지이며, 우리가 아무튼 무언가를 알 수 있는 것은 그 길 표지들, 곧 개념들 덕분이다.

생각하기는 하나의 매체이며, 우리는 그 매체 안에서 무한을 가로질러 여행하며 방향을 잡는다. 생각하기는 우리가 특정 목적을 위해 중요한 대상들과 사건들을 찾기 위해 바라볼 방향을 지정해 준다. 이때 특정 목적이란 이를테면 타려는 열차에 도달하기, 또는 중앙역 내부를 가로지르며 사과 주스를 구입하기 등이다. 물론 당신은 중앙역 내부에서 전혀 다른 방식으로 방향을 잡을 수도 있다. 예컨대 당신이 거기에서 마약을 팔고 싶거나 정반대로 경찰관으로서 마약상을 검거하려 한다면 말이다. 쾰른 중앙역에서 활동하는 스파이들도 틀림없이 있을 테고, 오직 극소수만 그들의 활동을 알아챌 것이다. 왜냐하면 스파이 활동을 알아채려면, 스파이들과 비밀 요원들이 — 이미 그들의 명칭에서 드러나듯이 — 극구 비밀로 감추려 하는 개념들이 필요하니까 말이다.

인간만 생각할 수 있는 것은 아니다

생각하지 않는다면 우리는 무한 안에서 방향을 잡지 못할 것이다. 내가 여기에서 쾰른 중앙역에 관하여 서술한 바를 당신이 이해할 수 있는 것도 당신의 생각하기 덕분이다. 틀림없이 당신은 내가 묘사한 장면들을 이런저런 방식으로 떠올린다. 당신이 장면을 어떻게 떠올리는가는 당신의 상상력의 소관이며, 당신의 상상하기는 당신의 생각하기의 일부다. 상상력으로 무언가를 그리기는 생각을 붙잡기의 한 방식이다. 즉, 생각하기의 한 방식이다.

생각하기는 인간만의 특권이 아니다. 다른 생물들도 방향을 잡는다. 그들도 개념을 보유하고 있으며 생각할 때 개념을 길 표지로 활용한다. 예컨대 돼지는 자기가 먹이를 받을 것이라고 생각한다. 그런데 인간이 도끼를 쳐들고 위협적으로 달려들면, 돼지는 위험이 닥친다고 생각한다. 돼지는 이밖에도 많은 생각들을 할 것이 틀림없으나, 우리는 그 생각들을 전혀 모른다. 왜냐하면 돼지의 삶에서는 다른 길 표지들이 중요하니까 말이다. 슈퍼마리오가 누구인지, 왜 그가 버섯을 잡으면 그의 덩치가 커지는지를 돼지는 전혀 알 길이 없는 것과 마찬가지로, 돼지의 삶에서 온갖 일이 어떻게 벌어지고, 돼지가 자신에게 중요한 의미장들 안에서 활개 치기 위해 어떤 개념들을 사용하는지를 우리는 전혀 알 길이 없다.

이 대목에서, 20세기 철학에서 유래한 선입견 하나를 명시적으로 떨쳐 낼 필요가 있다. 그 선입견의 이름은 〈언어적 전환linguistic turn〉이다. **언어적 전환**이란 실재 탐구로부터 실재 탐구를 위한 우리의 언어적 도구들에 대한 탐구로의 전환을 뜻한다.

대개 이 전환은, 우리의 생각은 철저히 언어적이어서 우리가 다른 언어를 말하면 그야말로 다르게 생각하게 된다는 견해와 짝을 이룬다. 특히 과거에는 이 견해가, 오직 인간만 언어를 보유했기 때문에 오직 인간만 생각할 수 있다는 주장과 결합하곤 했다. 나는 이 주장이 처음부터 끝까지 틀렸다고 본다. 다른 생물들도 언어를 보유했다. 또한 생각하기가 인간의 특권이라는 것은 그릇된 전제다. 이 주장은 오직 생각하기의 특정 형태들을 생각하기 자체와 동일시할 때만 설득력을 얻는다. 고급 수학과 〈미로 게임Das verrückte Labyrinth〉*에 관한 합리적 생각들은 인간에게만 있다. 미로 게임을 할 수 있는 다른 생물은 내가 아는 한에서 없다. 하지만 내가 잘못 알고 있는 것일 가능성도 충분히 있다. 언어는 생각을 위한 코드로서 인간의 삶에 불가결하다. 언어는 말과 글의 형태로 우리 **문명**의 원천에 있다. 바꿔 말해, 게임 규칙의 명시를 통해 인간적 공동생활이 조직화된 기원에 언어가 있다.

언어적 전환이라는 함정에서 빠져나오기 위하여 우리는 개념과 단어를 구별할 수 있다. **단어**는 독일어, 힌디어, 아랍어 같은 한 자연 언어에서 쓰이는 게임용 칩이다. 단어를 뜻하는 독일어 〈Wort〉도 단어고, 독일어에서 아픔을 표현하는 감탄사 〈Aua〉와 〈그리고〉를 뜻하는 〈und〉도 단어다.

---

* 영어 명칭은 〈Labyrinth〉. 막스 코베르트가 개발하고 라벤스부르거 Ravensburger사가 출시한 보드 게임.

당연한 말이지만, 한 언어의 단어 단위들을 정확히 구별하고 분류하는 것은 그리 만만치 않은 작업이다. 그렇기 때문에 다양한 언어들과 언어 일반을 대상으로 그 작업을 하는 언어학이 하나의 학문 분야인 것이다. 언어학은 언어적 구조 형성을 다룬다. 이 학문은 과학적 모형 구성을 통하여 언어 행동을 단위들로 세분하고 그 단위들에 타당한 규칙들을 확립한다. 이때 언어학이 봉착하는 난관은, 예컨대 표준 중국어(이미 이것도 언어학적 범주지만)를 사용하는 모든 중국인의 실제 언어 행동을 한눈에 굽어보는 것은 궁극적으로 불가능하다는 점이다. 그럼에도 중국인들 사이의 유의미한 소통을 가능하게 하는, 반드시 필요한 특정 구조들을 지목할 수 있다. 유의미한 소통이 가능하기 위해 화자가 다른 화자의 언어 행동을 규칙에 맞는 것으로 알아챌 수 있음을 전제한다. 그렇기 때문에 언어학은 언어 행동에서 규칙들을 발견하고 음소 단위, 단어 단위, 문장 단위, 텍스트 단위를 구별하려 애쓴다.

반면에 개념은 단어와 달리 한 자연 언어에서 쓰이는 게 임용 칩이 아니다. 내가 지닌 선로의 개념은 이탈리아 여성이 지닌 〈binario〉의 개념과 완전히 똑같다. 바꿔 말해, 독일어 단어 〈Gleis〉*와 이탈리아어 단어 〈binario〉는 동일한 놈을 의미한다bedeuten. 이 단어들이 의미하는 놈이 선로의

* 선로를 뜻함.

개념이며, 그 개념은 다양한 선로들을 같게 놓음과 동시에 해당 의미장에 속하면서 선로가 아닌 다른 대상들과 구별한다. 당연한 말이지만, 다양한 언어들에 속한 단어들의 의미Bedeutung는 경우에 따라 부분적으로만 일치한다. 이 때문에 다른 언어를 사용하면 다르게 생각한다는 견해가 생겨난 것이다. 하지만 이렇게 말하는 편이 더 옳다. 즉, 다른 언어를 사용하는 사람은 다르게 생각하는 것이 아니라 다른 것을 생각한다.

똑같은 이야기를 단일 언어 내부의 문장들에 대해서도 할 수 있다. 이와 관련해서 지적해 둘 것이 있는데, 예컨대 유럽인의 생각하기와 동아시아인의 생각하기가 어떻게 다른지에 관한 제멋대로의 사변은 삼가야 한다. 미국 철학자 윌러드 밴 오먼 콰인이 옳게 강조했듯이, 근원번역radical translation의 문제, 곧 이제껏 해독된 적 없는 전혀 낯선 언어를 번역하려 할 때 언어학자들이 부딪히는 문제는 이미 집안에서부터 시작된다.[23] 생각해 보라. 우리와 말이 통하는 타인들이 생각하는 바를 우리가 이해하려 애쓸 때, 말하자면 우리와 타인들의 주파수가 달라서 그들이 그들의 단어들을 말하면서 생각하는 바가 우리에게는 전혀 낯설고 어쩌면 불가해하기까지 하다는 점을 우리는 충분히 자주 알아챈다.

요컨대 다음을 명확히 해두자. 생각하기는 침묵하면서

정신적으로 혼잣말하기와 다르다. 생각을 붙잡기로서의 생각하기는 개념적으로 코드화되어 있지만 언어적으로 코드화되어 있지는 않다. 우리는 우리가 생각하는 것을 언어로 번역할 수 있다. 그러나 그 번역 때문에 우리가 그것을 더 잘 붙잡거나 더 정확하게 붙잡게 되는 것은 아니다. 회화는 문장과 동등한 권리로 생각의 표현일 수 있다. 왜냐하면 회화는 (색들의 배열일 뿐인 표현주의 추상 미술의 회화라 하더라도) 무언가를 무언가로서 묘사하니까 말이다. 한 장면을 상상할 때 우리는 흔히 그림들을 가지고 생각한다. 우리가 생각할 때 사용하는 그림들은 문장들과 똑같이 생각을(참이거나 거짓일 수 있는 무언가를) 표현할 수 있다.

당연한 말이지만, 생각하기와 생각의 표현 사이에 되먹임 효과가 존재한다. 흔히 우리는 특정 생각을 언어로 표현함으로써 우리가 진정으로 생각하는 바에 대하여 새롭게 무언가를 알게 된다. 그럼에도 우리가 생각할 때 사용하는 코드 자체는 어떤 자연 언어도 아니다. 한 자연 언어의 문장은 오직 그 문장이 생각의 표현으로 이해될 때만 참이거나 거짓이다. 비언어적으로 코드화된 이해가 없다면, 문장은 아마포에 묻은 물감 얼룩과 마찬가지로 참도 아니고 거짓도 아니다. 문장과 회화는, 오직 누군가가 어떤 생각을 생각할 때만, 또한 이 생각하기의 형태가 문장이나 그림이 아닐 때만, 그 생각을 표현한다.

우주의 범위

언어적 전환을 확신하는 독자나 우리에 대하여 독립적인 실재를 인식하는 인간의 능력에 대한 기타 의심들에 감염된 독자는 여기까지 오기 전에 이미 책을 덮었거나 어쩌면 짜증을 내면서 이렇게 물을 것이다. 「당신이 이제껏 주장한 모든 것을 당신은 어떻게 알죠?」 이렇게 물을 수도 있겠다. 「돼지들이 어떻게 생각하는지, 과연 생각하기는 하는지 어떻게 안단 말입니까?」 이런 회의적 질문은 계속 이어질 것이다. 「마르쿠스 가브리엘 씨, 당신은 실재의 무한한 복잡성 따위를 운운하는데, 대체 어떻게 당신은 그런 무한한 복잡성을 알죠? 너무 오만하게 앎을 주장하는 것 아닙니까?」

이 문제를 다루기 위하여 나는 조금 더 깊이 내려가려 한다. 우리 의식 바깥에 실재가 있다는 것을 우리는 과연 어떻게 알까? 우리의 삶 전체가 긴 꿈일 수도 있지 않을까? 심지어 우리의 삶은 근본적 환상이고, 꿈이나 매트릭스 안에 외부 세계가 없는 것과 마찬가지로 그 근본적 환상 안에도 외부 세계는 없는 것이 아닐까?

이 당혹스러운 질문들에 답하는 철학 분야를 일컬어 인식론이라고 한다. **인식론**이 다루는 주요 질문은 이것이다. (인간적) 인식이란 무엇이며, 인식의 범위는 어디까지일까? 우리는 무엇을 알 수 있을까(혹은 인식할 수 있을까)?

꼭 전문 철학자가 아니라도 인식론적 질문들을 제기할

수 있다. 실재를 가짜 곧 환상과 구별하는 일이 점점 더 어려워진다는 점은 이미 오래전부터 우리가 일상적으로 맞닥뜨리는 문제다. 게다가 사회적·정치적 질문들과 관련해서는, 우리가 대개 각자의 가치관과 선입견을 안경처럼 쓰고 사물을 보면서 저마다 다르게 평가한다는 문제가 추가된다. 이런 맥락에서 우리는 각자의 견해에 속박되어 있으며 객관적 실재를 파악할 수 없는 것처럼 보인다.

정보 시대에 사는 우리는 늘 정보의 홍수에 휩쓸린다. 정보들이 어디에서 왔는지, 그 출처가 과연 신뢰할 만한지, 아무도 우리에게 알려 주지 않는다. 진짜 뉴스와 가짜 뉴스가 확산되는 속도와 우리가 클릭 몇 번으로 엄청나게 많은 정보를 손쉽게 입수할 수 있다는 점 때문에 사람들은 발 디딜 지반을 신속하게 잃는 중이다. 오늘날 우리의 생활세계는 거대한 현혹맥락Verblendungszusammenhang*이며 이제 아무도 그 맥락을 제대로 꿰뚫어 볼 수 없다고 많은 이들은 느낀다.

하지만 그것은 착각이다. 진실은 정반대다. 정보 시대는 앎이 급격히 증가하고 실재가 다양해지는 시대다. 새로운 것은 화면과 매체가 실재를 은폐한다는 점이 아니라, 우리가 우리의 매체들을 통해 우주에 개입함으로써 새로운 실재들을 창조하고 오래된 실재들을 변화시킨다는 점이다.

* 아도르노의 용어.

우리는 실재와의 접촉을 상실한 것이 아니라 무한히 더 복잡하게 만들었다. 조금 이상하게 들릴지 몰라도, 인간의 삶에 지금처럼 많은 실재가 있었던 적은 없다.

이 대목에서 나는 널리 퍼진 오류 하나를 지적하고 싶다. 그 오류의 이름은 〈경험주의〉다. **경험주의**란, 우리가 실재에 대해서 알 수 있는 모든 것은 궁극적으로 우리의 감각들이 우리에게 제공하는 데이터에 대한 해석이라는 주장이다. 이때 감각이란 환경의 자극을 수용한 다음에 변형하여, 우리가 그 자극 자체는 결코 직접 파악하지 못하고 결국 그 자극의 한 해석만 직접 파악할 수 있게 만드는 시스템으로 간주된다.

이 주장의 문제성을 알아챈 수많은 사람들 중 하나는 옥스퍼드 대학교의 물리학자 데이비드 도이치다. 그는 저서 『무한의 시작 *The Beginning of Infinity*』에서 경험주의는 근본적 오류라고, 틀렸을 뿐 아니라 과학적 지식의 진보를 방해하기까지 하는 나쁜 철학이라고 선언한다.[24] 그의 견해에 따르면, 현대 물리학(도이치가 말하는 현대 물리학은 주로 양자 이론이다)은 우주의 무한한 범위들을 탐구하지만 이를 위해 항상 관찰 데이터를 수집한 다음에 그 데이터를 이론으로 변형하기만 하는 것은 아니다. 도이치에 따르면, 물리학 지식의 기반은 〈추상적인 것들의 실재성〉이다.[25] 이와 관련해서 그는 물리학자 겸 정보학자 더글러스 리처드 호프스테터에게 기대어 선구적인 논증 하나를 제시한다.

우리가 도미노 계열 하나를 설치한다고 상상해 보자. 모든 도미노 패 각각은 끈을 통해 바닥과 연결되어 있다. 그래서 우리는 도미노 패를 언제든지 다시 일으켜 세울 수 있고 쓰러지지 않게 고정할 수도 있다. 그런데 그 끈들이 한 소프트웨어를 통해 조종된다고 가정해 보자. 그 소프트웨어는 이를테면 정수의 덧셈과 같은 간단한 수학 문제들을 푼다. 어떤 식으로 조종이 이루어지냐면, 예컨대 그 소프트웨어가 2 + 2를 계산하고자 하면, 도미노 계열에서 먼저 패 두 개가 쓰러지고 그다음에 또 두 개가 쓰러진다. 다섯 번째 패는 서 있는 상태를 유지한다. 그렇게 한 패가 서 있는 상태를 유지하는 것은 계산이 종료되었다는 표시다. 따라서 이제 우리는 얼마나 많은 패들이 쓰러졌는지 셀 수 있다. 그 개수는 함수 $x + y = z$에서 임의의 x, y 값에 대한 z 값이다. 이처럼 우리는 이 도미노 시스템으로 정수의 덧셈을 할 수 있다. 물론 전자계산기를 이용하면 훨씬 더 간편하겠지만, 이 도미노 시스템은 덧셈 도구가 아니라 철학적 논의를 위한 예라는 점을 상기하자.

핵심은 이것이다. 아무것도 모르는 채로 그냥 도미노 패들을 보는 사람은 〈왜 다섯 번째 패가 쓰러지지 않았는가〉라는 의문을 품을 만하다. 그 사람은 그 패를 살펴보다가 끈을 발견하고서, 그 패가 그 끈으로 고정되어 있어서 쓰러지지 않았음을 알아낼 수도 있을 것이다. 그러나 물리적 과정만 언급하는 설명이라면 그 어떤 설명도, 2 + 2 = 4이며 우리의 소프트웨어가 계산을 옳게 했기 때문에 그 패가 쓰러지지 않았다는 설명보다 더 우수할 수 없을 것이다. 이런 사정 때문에 다섯 번째 패는 여섯 번째(또는 일곱 번째) 패와 구별된다. 물리적으로 보면, 양쪽 다 끈을 통해 고정된 패일 따름이다. 그러나 다섯 번째 패와 다른 모든 패들 사이에는 중대한 차이가 있다. 왜냐하면 다섯 번째 패는 도미노 계열에서 서 있는 상태를 유지하는 첫 번째 패니까 말이다. 그렇기 때문에 우리는 이 도미노 시스템을 비록 무척 조악하지만 제대로 작동하는 계산기로 사용할 수 있다.

이 예를 통해서 도이치가 보여 주려는 바는, 물리학은 환원주의적 이론이 아니라는 것이다. 즉, 물리학은 모든 사건을 물질-에너지적 구조들로 환원하는 이론이 아니라는 것이다. 이 맥락에서 **환원주의**란, 물리학이 이론을 구성하면서 추구하는 바는 우주의 모든 사건들과 구조들을 하나의 근본적 패턴으로 (이를테면 우주의 근본적 층위에서는 기본 입자들의 분포로) 환원하는 것이라는 견해라고 할 수 있다. 가장 투박한 형태의 환원주의는 우주 안의 모든 사건들과 구조들은 물질-에너지 배열일 따름이라는 유물론적 주장으로 이어진다.

그러나 심지어 기초 산술의 법칙들도 물질-에너지적 구

조들이 아니다. 오히려 그 법칙들은, 다들 알다시피, 추상적 구조들이다. 예컨대 수 2는 어느 위치에도 있지 않으며 어느 때에도 생겨나지 않았다. 그 수는 속한 때와 장소가 없으며 따라서 추상적이다. 우리가 수, 기하학적 도형, 다차원 공간, 무한 집합 같은 수학적 대상들을 아는 능력을 지녔다면, 경험주의에서처럼 우리가 우주로부터 자극을 수용하여 해석한다는 것을 우리의 앎 전체의 기반으로 삼을 수는 없다. 왜냐하면 그 추상적 구조들은 우리의 해석을 통해 발생하지 않으며 많은 경우에 도리어 무엇이 실재인지를 우리에게 보여 주니까 말이다.

이 모든 것으로부터 도이치는 우리가 수학을 하는 능력에 기초하여 무한들과 접촉한다는 결론에 도달한다. 그에 따르면 이 접촉은 감각적이지도 않다. 이 접촉의 본질은 우리가 환경의 자극을 색깔이나 소리로 지각할 때 작동한다고 여겨지는 자극-반응 도식이 아니다. 우리는 감각 기관들에 들어오는 데이터를 해석하고 이에 기초하여 수학적 통찰에 이르지 않는다. 간단히 말해서 도이치는 경험주의가 참이라는 견해를 반박하고, 〈추상적인 것, 이를테면 한 유전자에 대한 앎이나 한 이론 같은 비물리적인 것이 물리적인 것을 변화시킴〉[26]을 인정해야만 양자 이론을 제대로 이해할 수 있다는 견해를 옹호하는 논증을 편다. 방금 언급한 도미노 시스템의 다섯 번째 패에서 우리가 본 것이 바로 그런 변화다.

도이치에 따르면, **우주** 곧 물리학의 대상 영역은 작은 구성부분들로 환원될 수도 없고 다른 모든 구조들을 아우르는 가장 큰 구조로서의 코스모스로 환원될 수도 없다. 그래서 그는 환원주의뿐 아니라 **총체주의**Holismus도 물리학적 이유에서 틀렸다고 본다. 총체주의(독일어 Holismus, 영어 holism은 전체를 뜻하는 희랍어 〈holon〉에서 유래했다)는 우주의 모든 사건들과 구조들을 우주 전체의 구조로 환원한다. 반대로 환원주의는 원칙적으로 모든 복잡한 구조들을 단순한 구조들의 상호 작용을 통해 설명하려 한다. 완벽하게 환원주의적인 이론에서의 궁극적 설명은 우주의 최소 구성 요소들에 대한 설명일 터이다(물론 우리는 그런 최소 구성 요소들을 아직 발견하지 못했지만).

환원주의도 총체주의도 오늘날의 물리학 지식에서 자연과학적으로 도출되지 않는다. 지금 우리는 물질의 최소 구성 요소들이 과연 있는지 모를뿐더러, 관찰 가능한 우주가 가장 큰 물리적 전체인지 여부도 모른다. 물리학 연구가 얼마나 진보하든 상관없이, 물리학은, 우리가 이해하기 어려운 방식으로 우리 우주와 연결된 다른 우주들이 있을 가능성이나 우리가 현재 최소라고 여기는 단위가 다시금 더 작은 구성 요소들로 이루어졌을 가능성을 결코 배제할 수 없다. 심지어 많은 이들이 지지하는 양자 이론의 한 해석에 따르면, 우리 우주 말고도 많은 우주들이 실제로 존재한다.

또한 컴퓨터 시뮬레이션을 통해 과거 어느 때보다 과학적으로 더 정확하게 이루어질 수 있게 된 복잡성 연구의 증가로 인해 다른 자연과학들에서도 고전적 경험주의가 배척당하고 있다. 우리가 일상에서 디지털 혁명으로 체감하는 격변 앞에서 근대 과학의 세계상은 급속도로 변화하는 중이다. 기술의 진보는 양자 이론의 발견 이래로 가속되고 있으며, 양자 이론은 논리학 및 정보학과 함께 강력한 팀을 이뤘다. 그 팀은 오늘날 우리의 자연과학적-기술적 문명의 토대다.

하지만 도이치를 비롯한 학자들은 또 하나의 선입견으로부터 아직 완전히 해방되지 못했다. 그 선입견은 생각하기를 우리의 감각들과 맞세운다. 그러면서 감각이란 과연 무엇인가에 대한 오래된 견해는 그대로 유지한다. 그렇기 때문에 나는 다음을 재차 강조하고 싶다. 생각하기란 단지 감각을 통해 주어진 데이터를 처리하기일 따름이라는 완고한 선입견을 극복해야 한다. 우리는 낡은 경험주의를 극복하는 것에서 한걸음 더 나아가 우리의 생각하기를 하나의 감각으로 이해할 수 있게 해주는 새로운 인식론과 지각론을 개발해야 한다. 그런 다음에 생각은 하나의 감각이라는 가설을 자연과학과 정신과학Geisteswissenschaft*의 방법으로

* 인문학과 대체로 같음.

철저히 탐구하고 검증해야 한다.

아리스토텔레스의 감각 연구

감각에 관한 세부적인 이론을 최초로 제시한 인물은 현재 존재하는 대다수 학문들의 원조인 아리스토텔레스다. 그의 글『영혼에 관하여』는 적어도 2,000년 동안 인간의 감각에 대한 이해에 결정적인 영향을 미쳤다. 영향력이 매우 큰 한 대목에서 아리스토텔레스는 인간은 아마도 다섯 가지 감각을 지녔다는 결론을 조심스럽게 내린다. 〈시각, 청각, 후각, 미각, 촉각.〉[27] 이 결론을 정당화하기 위해 아리스토텔레스가 제시하는 논증은 오늘날의 관점에서 보면 기상천외하다. 그 논증은 틀린 전제들로 점철되어 있다. 아리스토텔레스는 물, 흙, 불, 공기라는 네 가지 원소가 존재한다고 전제하는데, 우리는 이 전제가 틀렸음을 오래전에 깨달았다. 이런 수상쩍은 (현대 신경생물학과 물리학을 통해 극복된) 과거사에도 불구하고, 여전히 많은 사람들은 일상에서 우리의 다섯 가지 감각을 거론한다.

현대 감각생리학에 따르면, 감각의 양태들은 아리스토텔레스가 열거한 다섯 가지에 국한되지 않는다. 물론 감각생리학에서 다루는 감각 양태와 아리스토텔레스가 말한 감각이 근사적으로 일치하는 경우도 있다. 예컨대 시각이 그러하다. 그러나 우리의 평형 감각, 열 감각, 고유수용감각proprioception(자신의 신체 부위들의 위치를 느끼는 감각), 또한 아마도 시간 감각 역시 감각으로 간주할 수 있다. 시간 감각 때문에 우리는 출발하거나 깨어나야 할 때가 언제인지 알아챈다.

개별 감각 양태들은 우리에게 정보를 제공하고, 우리는 그 정보를 질(質)로 체험한다. 따라서 감각 양태들은 감각 질들과 대응한다. 우리는 빨강과 녹색의 차이, 다양한 색조의 차이, 음높이의 차이를 느낄뿐더러 방 안에서 우리의 자세가 변화하는지도 느낀다. 예컨대 비행기가 상승하면 승객들은 문득 자신이 위를 쳐다본다고 느낀다. 그들의 시야에서는 아무런 변화도 일어나지 않지만, 그들은 그렇게 반응한다. 우리는 비행기가 상승하거나 하강하는 것을 다양한 감각 양태들을 통해 느낀다. 낱낱의 질 체험(내 앞 선반 위에 놓인 커피의 향, 고속 열차 좌석의 파란색)을 일컬어 〈퀄레quale〉라고 한다. 복수는 〈퀄리아qualia〉다.

우리의 감각 양태들은 서로에게 영향을 미치는데, 이를 일컬어 〈인지 침투cognitive penetration〉라고 한다. 특히 우리가 실재에 관하여 학습한 바가 우리의 감각 체험들 곧 퀄리아를 변화시키는 듯하다. 똑같은 포도주에서 와인 전문가가 느끼는 맛은 문외한이 느끼는 맛과 다르다. 똑같은 교향곡도 서양 음악의 맥락을 모르거나 그 곡을 처음 듣기 때문에 낯선 멜로디에 당혹하는 사람은 전문가와는 다르게 듣는다.

아리스토텔레스는 감각 양태들과 질들을 분석함으로써 우리의 감각 기관들을 구별하고 그 감각 기관들을 우리의 생물학적 구조들과 짝짓는 작업을 최초로 시도했다. 이 분야를 밑바닥부터 개척한 인물이었으므로 그는 아직 많은 것을 알 수 없었고 따라서 대체로 오류를 범했지만, 그럼에도 우리는 여러 값진 통찰들을 아리스토텔레스로부터 얻었다. 아리스토텔레스가 영혼에 대해서 한 이야기가 모조리 폐기된 것은 아니다.

〈상식〉의 원래 의미

아리스토텔레스 감각생리학의 경험적 세부 사항에 대한 온갖 정당한 비판의 와중에 사람들은 안타깝게도 약간 불명확한 그의 공통감각Gemeinsinn 이론을 즐겨 간과한다. 하지만 지금도 우리는 공통감각 곧 상식common sense을 거론한다. 상식을 뜻하는 독일어 〈gesunder Menschenverstand〉는 라틴어 〈sensus communis〉에 해당하며, 아리스토텔레스의 글에서는 〈aisthêsis koinê〉라는 희랍어로 등장한다. 이 단어에 해당하는 영어는 〈common sense〉, 프랑스어는 〈bon sens〉다. 오늘날의 어법에서 이 단어는 널리 공유된 옳은 믿음들을 매우 막연하게 가리킨다. 대다수 사람들이 실제로 어떤 믿음들을 공유하고 있는지 알아낼 방법은 그리 명확하지 않지만 말이다. 하지만 원래 아리스토텔레스가 〈공통감각〉을 이야기하면서 염두에 둔 의미는 전혀 다른 것이었다.

잘 알려져 있듯이, 다섯 가지 감각을 열거하는 그 유명한 대목에서 아리스토텔레스는 〈공통감각이 존재하는가〉라는 질문에 명확히 답하지 않는다. 오히려 그는 인간의 행동을 볼 때 일단 다섯 가지 감각 양태들을 꼽는 것이 합당하다고 말한다. 그런 다음에 아리스토텔레스는 또 다른 감각 양태가 존재해야 한다는 반론을 스스로 제기하고, 그 감각 양태를 공통감각과 연결한다. 이로써 아리스토텔레스는 현재까지도 감각생리학적으로 전혀 해결되지 않은 한 문제를 건드리는데, 그 문제는 오늘날 **결합문제**binding problem로 불린다. 결합문제의 핵심은 우리가 이를테면 고립된 질을 지각하는 것이 아니라 오히려 하나로 통합된 경험을 한다는 것에 있다. 우리의 의식적 체험은 어느 정도 통일된 인상이다. 예컨대 방금 전에 나는 감각 데이터 잡탕을 마주한 것이 아니라 열차 역 장면을 마주했다. 물론 마약에 취하면 광경이 달라진다. 예컨대 환각성 약물은 우리의 퀄리아를 공감각적으로 번지게 만드니까 말이다. 그러나 그런 경우에도 어느 정도 안정적인 한 장면이 남는다.

이 때문에 칸트는 우리의 의식 전체를 인지 침투 구조로 이해하는 데까지 나아간다. 근대 인식론의 중심 작품인

『순수 이성 비판*Kritik der reinen Vernuft*』에서 칸트는 이렇게 말한다.

단지 하나의 경험이 있으며, 그 경험 안에서 모든 지각들은 일반적·합법칙적 맥락 안에 있는 놈들로 표상된다. 이는 하나의 공간과 시간이 있고, 그 안에서 현상의 온갖 형태들과 존재 혹은 비존재의 온갖 상황이 발생하는 것과 마찬가지다. 사람들이 다양한 경험들에 대해서 말할 때, 그것들은 오직 그런 하나이며 동일한 일반 경험에 속하는 한에서의 지각들이다. 무슨 말이냐면, 지각들의 일반적·종합적 통일이 바로 경험의 형식Form이며, 경험이란 다름 아니라 현상들을 개념들에 따라 종합하여 이루는 통일일 따름이다.

경험적 개념들에 따른 종합의 통일이 초월적 통일 근거에 기반을 두지 않는다면, 그 통일은 완전히 우연적일 테고, 따라서 현상들의 잡탕이 우리 영혼에 가득 찼는데 그 잡탕으로부터 경험이 영영 발생하지 못할 수도 있을 터이다. 그렇다면 인식이 대상들과 맺은 관련도 없어질 것이다. 왜냐하면 일반적·필연적 법칙들에 따른 결합이 인식에 결여되어 있기 때문이다. 따라서 인식은 생각 없는 직관이기는 하겠지만 결코 인식이 아닐 테고 따라서 우리에게는 전혀 아무것도 아닌 놈과 마찬가지일 터이다.[28]

우리는 잡탕Gewühl이 아니라 장면Szene을 체험한다. 그래서 나의 본 대학교 동료 볼프람 호그레베는 적절하게도 〈인간의 장면적 실존szenische Existenz〉을 거론한다.[29] 우리는 지각에 기초하여 하나의 실재와 접촉한다는 인상을 받는다. 빨간 안락의자, 프랑스인들, 열차들, 탁자들, 그 밖에 많은 것들이 그 안에 존재하는 하나의 실재와 말이다. 이런 체험은, 우리의 다양한 퀄리아가 우리가 보기에 하나의 맥락을 형성하지 않는다면, 불가능하다. 이 맥락은 장면으로 처리된다. 즉, 우리는 지금 벌어지는 일을 전형적인 일로 체험하게 해주는 상황 전개를 예상한다. 이런 식으로 우리는 지속적인 충격으로 얼어붙지 않을 수 있게 된다. 우리는 하나의 일상을 산출하고, 그 일상은 우리를 속여 실재가 실재의 진면목보다 훨씬 더 단순하다고 믿게 만든다. 하지만 실제로 우리 삶의 개별 장면들은 의미장들이며, 그 의미장들은 무한히 많은 다른 의미장들 안에 편입되어 있다. 실재 안에는 만물의 실재적 시작도 없고 실재적 끝도 없다. ― 모든 차원에서 무한이 우리를 기다리고 있을 따름이다.

칸트는 아리스토텔레스를 기반으로 삼아 나름의 결합문제 버전을 제시한다. 아리스토텔레스는 우리의 생각하기는 다양한 인상들을 종합하기라고 말한다. 〈종합Zusammenstellung〉은 희랍어로 〈신테시스 Syn-Thesis〉(syn = 함께, tithenai = 놓다)다. 아리스토텔레스와 마찬가지로 칸트는 생각하기를 개념들을 결합하기로, 곧 〈신테시스〉로 이해한다.

결합문제의 현대적 버전은, 다양한 감각 양태들이 신경학적으로 어떻게 결합되는지가 감각생리학에서 해명되지 않는 것에서 유래한다. 양태 내 결합(예컨대 다양한 빨강 색조들의 결합)도, 양태 간 결합(예컨대 촉각 지각과 색깔 지각의 결합)도 해명되지 않았다. 이 문제에 대해서만큼은 오늘날 우리의 감각생리학이 아리스토텔레스의 감각생리학보다 그리 발전하지 못했다.

더욱 놀라운 것은 아리스토텔레스가 향후의 방향을 알려주는 한 통찰을 제시했다는 점이다. 그 통찰은 오늘날 우리에게도 유효한 출발점이 될 수 있다. 무슨 말이냐면, 아리스토텔레스는 공통감각의 존재를 상정하면서 주목할 만한 논증 하나를 내놓는다. 논증의 첫걸음은 우리가 환경에 있는 개별 질들이나 사물들만 지각하는 것이 아니라 또한 〈우리가 보고 듣는다는 것을 지각한다〉는 지적이다.[30] 지금 나는 내 물병의 뚜껑만 지각하는 것이 아니라, — 이 문장이 증명하듯이 — 내가 내 물병의 뚜껑을 지각한다는 것도 의식한다. 나는 파리에서 돌아온 후에 이 문단을 쓰면서 어제 탈리스 열차* 좌석들의 빨간색(포도주 색깔)이 나에게 어떻게 느껴졌는지 회상하는 중이다.

* 쾰른과 파리를 왕복하는 고속 열차.

여기에서도 드러나듯이, 나는 아리스토텔레스가 지각에 대한 지각으로 규정한 더 높은 층위의 태도Einstellung, attitude를 보유하고 있다. 요새 사람들은 흔히 **메타 인지**meta cognition를 거론하는데, 전통적으로 철학에서는 이를 간단히 **자기의식**Selbstbewusstsein, 곧 의식에 대한 의식이라고 부른다. 주변이나 우리 몸 안에 있는 무언가에 대한 의식은 **객체 층위**의 의식이라고 할 수 있다. 반면에 이 의식에 대한 의식, 곧 자기의식은 **층위가 더 높다**.[31]

여기까지는 아무 문제가 없다. 그런데 우리가 보유한 감각들이 아리스토텔레스가 열거한 대로 다섯 가지뿐이라면, 우리는 예컨대 우리의 시각(보기 활동)을 어떤 다른 감각을 통해 파악할 수 있어야 할 것이다. 그러나 통상적으로 거론되는 다섯 가지 감각 가운데 어느 것도 다른 감각을 파악할 수 없다. 우리의 시각 자체는 색깔도 없고 냄새도 없다. 우리는 우리의 시각을 만져 볼 수도 없다.

그리하여 아리스토텔레스는 우리가 공통감각을 지녔다는 해결책을 제안한다. 그리고 그 공통감각을 생각하기(희랍어로 noein) 혹은 상상력phantasia과 연결한다.[32] 이때 결정적인 발상은 이것이다. 즉, 지각이 지각 자신을 의식할 수 있는 것, 바꿔 말해 지각 자신을 지각할 수 있는 것은, 지각에 객관적 구조가 내재하기 때문이라는 발상이 결정적이다. 그 객관적 구조를 희랍어에서 〈로고스logos〉라고 한다. 아리스토텔레스에 따르면 〈지각은 일종의 로고스다〉.[33] 이 대목에서 아리스토텔레스는 공통감각으로서의 생각하기를 지각의 구조 곧 로고스를 통찰하는 능력으로 간주한다. 그러나 그는 생각하기 자체를 하나의 감각 양태로 간주하는 데까지 나아가지 않고 주춤 물러난다.

〈감각〉의 뜻, 혹은 착각하기의 여러 방식

이 모든 이야기를 우리 시대에 어울리는 언어로 번역해 보자. 우리의 감각 기관들은 우리가 지각하는 자연의 일부이므로, 지각은 정보를 수용하기만 하는 것이 아니다. 지각은 또한 그 자체로 정보다. 무슨 말이냐면, 지각은 내적으로 구조화되어 있으며 차이(예컨대 빨간색과 파란색의 차이, 혹은 단맛과 신맛의 차이)를 만들어 낸다. 우리가 무언가를 지각할 때, 우리는 우리로부터 격리된 어떤 감각적 실재를 살펴보지 않는다, 우리는 바깥에서 실재를 들여다보거나 우주의 소리를 잠깐 들어 보지 않는다. 바꿔 말해 우리는 지각을 통해 어떤 낯선 외부 세계에 접근해야 하는 것이 아니다. 오히려 지각 덕분에 우리는 이미 실재와 접촉하고 있다. 휴버트 드레이퍼스와 찰스 테일러는 공저 『실재론 되찾기Retrieving Realism』에서 이를 **접촉 이론**Contact theory으로 명명한다. 이 명칭 속에도 아리스토텔레스의 유산이 들어 있다. 접촉하기 곧 촉각적 면모를 사유와 관련지은 철학자가 바로 아리스토텔레스니까 말이다. 우리는 끊임없이 실재와 접촉한다. 우리는 실재와 맞닿아 있다(접촉을 뜻하는 영어 〈contact〉는 라틴어 〈con＝함께〉와 〈tangere＝닿아 있다〉에서 유래했다).[34]

이 근본적 숙고의 결과로, 지각과 사유의 고전적 맞섬을 계승하여 오늘날 널리 퍼진 지각과 인지의 맞섬은 처음부터 효력을 잃는다. 많은 이들은 내적인 사유 과정을, 신체 말단의 자극을 통해(우리 몸 바깥의 실재가 끼치는 영향을 통해) 촉발되는 지각과 구별하는 것을 당연시한다. 그러나 이 구별은 그리 생산적이지 않다. 물론 때때로 사람들은 지각을 일종의 인지로 이해하기도 한다. 이때 인지란 가장 일반적인 의미에서 모든 정보처리를 뜻한다. 하지만 아리스토텔레스가 제안한 접촉 이론은 상황을 전혀 다르게 판단한다. 왜냐하면 그 이론은 우리의 사유를 지각의 한 형태로 간주하니까 말이다. 그 이론은 이를테면 우리의 지각을 사유의 한 형태로 간주하거나 하지 않는다. 상위 개념은 지각이다. 우리의 사유는 지각이라는 상위 개념 아래에 위치한다.

그렇다면 〈지각〉은, 혹은 지각의 양태인 〈감각〉은 과연 무엇을 의미할까? 일반적으로 **감각 양태**란 대상을 오류 가능하게 접촉하고 의식의 빈틈들에도 불구하고 다시 알아채는 능력이라고 한다.

수학 공식 같은 이 정의를 통상적인 시각의 사례를 들어 쉽게 이해할 수 있다. 나는 지금 다시 내 물병의 빨간색 뚜껑을 본다. 더 흥미로운 논의를 위해서 당신도 지금 보고 싶은 무언가를 상상해 보라(무엇을 상상할지 고민이라면, 내가 몇 가지를 제안할 수도 있다). 방금 전까지 나는 그 뚜껑을 거의 망각했다. 그러나 그 물병은 여전히 내 컴퓨터 근처에 놓여 있고 눈에 띄지 않기가 어렵다. 따라서 나는 그 뚜껑을 다시 알아본다. 하지만 어쩌면 바로 옆에서 일하는 동료 옌스가 나 몰래 물병을 바꿔 놓았을지도 모른다. 그렇다면 내가 지금 동일한 빨간색 뚜껑을 다시 본다고 믿을 때, 나는 착각하는 것일 터이다.

내가 착각할 수 있다는 점은 내가 착각하지 않을 수도 있다는 점과 짝을 이룬다. 이것이 **객관성**의 철학적 개념이다. 객관성이란 우리 자신이 착각할 수도 있고 옳을 수도 있다는 태도를 우리가 취할 때, 그 태도의 특징이다. 유의할 점은 객관성이란 우리가 〈어디에도 발 딛지 않은 관점view from nowhere〉을 채택하고 실재를 완전히 중립적으로 파악한다는 뜻이 아니라는 것이다. 정반대로 객관성의 본질은 객관성이 주관성과 짝을 이룬다는 것이다. **주관성**이란 우리가 착각할 수 있는 방식이다. 내가 언제 어떻게 착각하는지 알면, 나에 대해서 무언가 알 수 있다. 주관성이 없으면 객관성도 없으며, 객관성이 없으면 주관성도 없다. 객관성과 오류 가능성은 연결되어 있으므로, 비주관적 객관성은 존재하지 않는다.

그러나 우리가 사물을 그 자체대로 인식할 수 없다는 뜻은 전혀 아니다. 바꿔 말해, 지각은 객관적이다. 나는 지금 내 손가락을 특정한 관점에서 본다. 이 말이 옳다면, 나는 나의 지각 덕분에 내가 손가락을 지녔음을 알 수 있다. 물론 내가 착각하는 것일 수도 있을 텐데, 나로서는 그런 상황을 상상하기 어렵다. 어쩌면 내가 지금 꿈꾸는 것일지도 모른다. 만약에 내가 손가락을 잃었다면, 나는 손가락을 되찾고 싶은 바람을 지금 꿈속에서 실현하는 것일 수도 있다(정신 분석에서 이 꿈을 어떻게 해석할지는 별개의 문제다).

객관성이란 주관성을 떨쳐 내고 최대한 중립적으로 판단한다는 것을 뜻하지 않는다. 오히려 객관성은 우리가 대상을 맞출 수도 있고 빗나갈 수도 있는 능력 — 예컨대 감각 — 을 지녔을 때 성립한다. 따라서 우리의 지각은 명백히 객관적이다. 또한 우리의 지각은 주관적이다. 즉, 내가 복잡한 유기체이자 내 환경의 일부로서 지각 과정에 참여한다는 의미에서, 나의 지각은 주관적이다. 나는 나의 생물학적 특징을 통해 자연적 환경에 정보를 제공한다. 그렇기 때문에 당신은 나를 만날 때 나를 볼 수 있고 나와 전화할 때 내 목소리를 들을 수 있다. 내가 환경에 기여하는 바의 또 다른 부분은 내가 물리적 장들과 상호 작용하는 것이다.

물리학에서는 그 장들을 복사로서 탐구할 수 있다. 유기체로서 나는 물리적 상호 작용들에 참여한다. 그것들이 없으면 나는 빨간색 뚜껑 같은 물질-에너지적 대상과 접촉할 수 없을 것이다. 그렇기 때문에 지각은 나의 신경 말단과 물병 사이의 물리적 상호 작용만으로 환원되지 않는다. 만약에 그렇게 환원된다면, 주관성을 설명할 길이 없을 것이다. 물리적 상호 작용은 내가 착각하든 말든 상관없이 일어날 테니까 말이다.

그릇되게도 많은 이들은 우리의 지각이 객관적이지 않다고 믿는다. 왜냐하면 객관성이라는 개념을 어떤 도달 불가능한 키메라Chimera와 혼동하기 때문이다. 이 키메라는 미국 철학자 토머스 네이글이 능숙하게 물리친 **어디에도 발 딛지 않은 관점**과 짝을 이룬다.[35] 방금 논한 대로, 객관성이란 실재를 바깥에서 관찰한다는 뜻이 아니다. 그런 관찰은 물리학적으로도 불가능하다. 예컨대 지각은(지각만 이러한 것이 아니다!) 환경과 유기체 사이에서 일어나는, 물리적으로 탐구 가능한 정보 교환이니까 말이다. 또한 당연히 지각은 대단히 개인적이고 자서전적인 면모들에서도 주관적이다. 그렇기 때문에 내가 착각하는 방식과 착각할 수 있는 방식은 나에 대해서 무언가 말해 준다. 똑같은 얘기를 당신에 대해서도 할 수 있음을 유념하라.

우주로 망명한 자의 관점?

안타깝게도 어디에도 발 딛지 않은 관점에 대한 네이글의 비판은 흔히 오해된다. 어디에도 발 딛지 않은 관점, 입장으로부터 자유로운 절대적 객관성이란 없다는 것은 우리가 실재를 그 자체대로 혹은 실재하는 대로 인식할 수 없다는 것을 의미하지 않는다. 네이글은 우리가 우리의 정신적 감옥이나 매체들에서 탈출할 수 없고 따라서 순수한 사실들을 파악할 수 없다는 주장을 전혀 하지 않았다. 정반대로 객관성이란 우리가 우리의 정신적 능력들 덕분에 실재를 파악할 수도 있고 놓칠 수도 있음을 의미한다는 점을 지적했을 따름이다. 그런데 실재를 파악하거나 놓치는 일은 항상 한 관점에서만 일어날 수 있다. 콰인은 주저 『단어와 대상Word and Object』의 끝에서 똑같은 생각을 이렇게 표현한다. 〈우주로의 망명cosmic exile은 없다.〉[36]

하지만 이 대목에서 다음을 명백히 해두어야 한다. 인류는 앞으로도 계속해서 그런 우주로의 망명이라는 환상에 매달릴 것이다. 인류의 문화적 자기이해를 둘러보면, 사유와 지각과 기술에서 우리를 훨씬 능가하는 외계 존재라는 주제는 오늘날 과학허구 장르에서 핵심적이다. 또한 종교적 근본주의자들은 신을 우주로 망명한 존재로 오용한다. 즉, 신은 관점으로부터 자유로운 절대적 관찰자이며, 우리는 우리의 유한한 이성으로 신의 사유를 절대로 꿰뚫어 볼 수 없다고 그들은 주장한다. 나는 이 주장에 얽힌 문제를 앞서 간략히 다룬 바 있다(51~52면 참조).

이 사정은 중국 과학허구 작가 류츠신의 대단히 성공적인 〈지구의 과거(三體)〉 3부작에서 유난히 암울하지만 정확하게 묘사된다.[37] 류츠신은 마오쩌둥의 문화 혁명기에 인류가 어느 발달한 외계 문명과 접촉하는 상황을 서술한다. 한 중국 연구 팀은 외계 생명을 탐사하다가 한 외계 제보자로부터 부탁이니 당장 탐사를 그만두라는 경고를 받는다. 탐사를 계속할 경우 그 머나먼 문명이 지구로 와서 300년 안에 지구를 파괴할 것이라고 그 외계 존재는 경고한다. 안타깝게도 인간들은 그 우호적 이방인의 경고를 따르지 않아 실제로 외계 존재들의 지구 원정을 유발한다. 그러는 사이에 지구에서는 다양한 파벌들의 싸움이 벌어진다. 왜냐하면 일부 사람들은 저항하려 하는 반면, 다른 사람들은 인류의 종말이 임박한 것을 축하하고 외계 존재들을 신처럼 숭배하기 때문이다.

중요한 상을 받은 동시대 과학허구 문학의 이 걸작이 지닌 많은 흥미로운 세부 사항 중 하나는 외계 존재들이 거짓말하는 능력이 없다는 점이다. 그들은 완전히 중립적이며 순전히 사실들만을 따르는 지능처럼 오로지 자기 종의 최적화와 자신들의 생존 확률의 최대화만을 추구한다. 이것은 그들의 강점일 뿐 아니라 약점이기도 하며, 지구의 저항

군은 이 약점을 이용하려 애쓴다. 이 상황은 오해된 객관성 개념을 생생하게 보여 준다.

잠시 우주로 확장되었던 시야를 좁혀 다시 감각으로 돌아가자. 나는 당신에게 다음과 같은 통찰을 명심하라고 부탁한다. 어떤 정신적 능력 덕분에 우리가 대상을 파악하거나 놓칠 수 있을 때, 그 정신적 능력은 객관적이다. 우리가 객관적이라 함은, 우리가 평가하지 않거나 어떤 관점도 채택하지 않는다는 것이 아니라, 우리가 실재를 그 자체대로 인식할 수 있으며 똑같은 이유에서 실재를 놓칠 수도 있다는 것이다.

인식론은 우리의 지각도 다룬다. 지각은 풍부한 인식 원천이니까 말이다.[38] 오늘날의 인식론적 용어를 사용하면, 이렇게 말할 수 있을 것이다. 지각에서 중요한 것은 무릇 오류와 대비되는 성공 사례이며, 성공적인 지각은 **사실성**을 지닌다. 지각의 사실성이란, 누군가가 무언가를 지각함으로부터 실재가 그 지각의 내용과 일치함이 도출된다는 것이다. 내가 내 앞의 빨간색 뚜껑을 본다면, 그로부터 내 앞에 빨간색 뚜껑이 있다는 것이 도출된다. 내 딸이 자다가 깜짝 놀라며 깨어나 나를 부르는 소리를 내가 듣는다면, 그로부터 내 딸이 나를 부른다는 것이 도출된다. 객관성과 사실성은 연결되어 있다. 사물들이 실제로 어떠한지 우리가 인식할 수 있는 모든 상황에서 우리는 또한 착각할 수도 있다.

모든 대상이 사물인 것은 아니다

감각생리학을 거론할 때 사람들은 대개 특정 유형의 대상을 염두에 둔다. 그것은 우리가 감각적으로 파악할 수 있는 대상, 곧 지각할 수 있는 대상이다. 나는 이 대상을 〈사물Ding〉이라고 부른다. **사물**은 시공간(時空間)적으로 펼쳐져 있는 중(中)시적mesoscopic 혹은 거시적macroscopic 대상이다. 우리가 신경 말단을 통해 접촉하는 대상들이 바로 사물이다. 통상적인 의미에서 그 대상들은 우리가 그것들을 지각하는 원인이다.

이 대목에서 한 지각 이론을 언급하지 않을 수 없다. 너무 편협한 그 이론의 명칭은 **지각에 관한 인과 이론**이다. 이 이론에 따르면, 우리 의식 바깥에, 혹은 신체 표면 바깥에 위치한 외부 세계에 우리의 감각 기관들을 자극하는 사물들이 있다. 감각 자극들은 유기체 내부에서 가공되며 뇌에서 이루어지는 정보처리 덕분에 인상들로 변환된다.

이 이론에서는 공통감각이 존재할 수 없다. 이 이론은 인과 관계를 통해 외부에서 우리 내부로 들어오는 정보를 유기체 내부에서 후속 처리하는 것이 생각하기의 기능이라고 간주할 수밖에 없다. 그리하여 지각과 사유(인지)는 문제적인 방식으로 구별된다. 이 때문에 감각에 관한 인과 이론은 전혀 제구실을 하지 못한다. 이 이론은 이러저런 형태로 오늘날 감각생리학적 세계관의 토대를 이루며 일말의 진실을 포함하고 있는 것도 사실이지만 말이다.

다시 빨간색 뚜껑으로 돌아가자. 내가 그 뚜껑을 지각하는 것의 원인이 그 뚜껑이 아니라면, 내가 내 앞에 놓인 사물인 그 빨간색 뚜껑을 지각할 수 없을 터라는 것은 옳다. 이를 간단히 다음 사실에서 확인할 수 있다. 지금 내 물병이 있는 자리에 당신이 다른 무언가를 놓는다면, 나는 그 무언가를 지각할 것이다. 내가 내 물병을 내 녹색 커피 잔으로 바꾼다면, 내가 빨간색 뚜껑을 더는 지각하지 않고 이제 그 커피 잔을 지각하는 것의 원인은 그 커피 잔이며, 그렇기 때문에 나는 이제 빨간색 뚜껑이 아니라 녹색 커피 잔을 지각한다. 간단히 말해서, 빨간색 뚜껑이 없으면 빨간색 뚜껑을 지각함이 없고, 녹색 커피 잔이 없으면 녹색 커피 잔을 지각함이 없다. 당연한 말이지만, 빨간색 뚜껑은 내가 빨간색 뚜껑을 지각하기 위한 충분조건이 아니다. 이를 위해서는 첫째, 내가 눈을 뜨고 빨간색 뚜껑을 바라보아야 한다. 둘째, 내가 빨간색 뚜껑의 개념을 전혀 보유하지 않았다면, 나는 빨간색 뚜껑을 지각하지 못할 터이다. 이 말은 옳다. 왜냐하면 나의 빨간색 뚜껑 지각은 의식적이고, 더 나아가 자기의식적이기 때문이다. 지금 나는 내가 빨간색 뚜껑을 보는 것의 원인인 빨간색 뚜껑이 내 앞에 있음을 안다. 만일 빨간색 뚜껑의 개념을 전혀 보유하지 않은(게다가 어쩌면 빨간색 스펙트럼의 색깔들을 전혀 지각하지 못하는) 다른 생물이 지금 그 뚜껑을 바라본다면, 나의 언어로 표현하자면 그 생물도 그 빨간색 뚜껑을 지각하겠지만, 그 생물은 그것을 나와는 다른 방식으로 지각할 것이다.

우리는 이 생각을 매우 조심스럽게 표현해야 한다. 그래야만 비를 피하려다가 웅덩이에 빠지는 꼴을 면할 수 있다. 무슨 말이냐면, 우리가 우리의 빨간색 뚜껑 개념과 녹색 커피 잔 개념을 우리가 지각하는 실재에 덮어씌운다는 믿음은 가능한 한 피해야 한다. 이 믿음도 우리를 막다른 곳으로 몰아가기 때문이다.

사물과 대상을 구별하는 것이 중요하다. 앞서 언급한 대로 사물은 말하자면 손에 잡히는 사항이다. 사물은 우리가 의식적으로 식별할 수 있는 시공간적 실재, 예컨대 탁자나 달이다. 우리의 체험은 사물들에 대한 시각에 특히 많이 의존한다. 그래서 시각을 과대평가하면, 실재를 순수한 사물 세계로 간주할 수도 있을 것이다. 우리가 보거나 부딪힐 수 있는 온갖 것들이 널려 있는 사물 세계로 말이다.

현재 가장 중요한 지각 이론가들 중 하나인 미국인 겸 포르투갈인 철학자 찰스 트래비스는 우리가 2017년과 2018년에 본에서 함께 주관한 세미나에서 사물을 간단히 무사통과를 막는 장애물, 즉 걸림돌로 규정했다. 트래비스가 지적하듯이, 이런 의미의 사물은 실재의 모범이 전혀 아니다. 실재하는 모든 놈이 사물인 것은 아니다. 당장, 눈에 보이지 않는 복사Strahlung, radiation를 생각해 보라. 그런 복사는 우리 주위에 넘쳐 나지만 사물이 아니다.

사물과 달리 **대상**은, 우리가 대상에 대해서 진실 능력을 갖춘 생각을 품을 수 있다는 점을 통해 특징지어진다. **진실 능력을 갖춘**wahrheitsfähig 생각이란 참일 수도 있고 거짓일 수도 있는 생각이다. 루트비히 비트겐슈타인에 기대어 추가로 뜻 있는 생각과 뜻 없는 생각을 구별할 수 있다. **뜻 있는 생각**이란 필연적으로 참도 아니고 필연적으로 거짓도 아닌 생각이다. 반면에 **뜻 없는 생각**이란 필연적으로 참인 생각, 곧 **동어반복**(예컨대, 고양이는 고양이다), 또는 필연적으로 거짓인 생각, 곧 **모순**(예컨대, 여기 이 고양이는 고양이가 아니다)이다. 진실 능력을 갖춘 생각은 무언가를 다룬다. 뜻 있는 생각이 다루는 놈은, 앞서 말했듯이, 그 생각의 대상이며, 뜻 있는 생각이 그놈을 다루는 방식은 그 생각의 내용이다(53면 참조).

우리는 사물이 아닌 많은 것을 숙고할 수 있으므로, 우리의 사유는 사물 세계의 지평 너머로 멀리 뻗어 나간다. 우리는 수(數), 고통, 정의(正義)를, 또한 기본 입자들이나 암흑물질을 숙고할 수 있다. 또한 우리는 적어도 사물 세계에서는 아직 일어나지 않은 미래 사건들을 숙고할 수 있다.

빨간 뚜껑이 실재할까?

내 앞에 무언가가 놓여 있고, 나는 그것을 지각한다. 그것이 무엇이냐고 당신이 물으면, 나는 대답을 내놓는다. 그런데 그 대답은 내가 지금 특정 위치에서 의식적으로 지각할 수 있는 모든 것 가운데 일부를 선별한다. 그렇게 선별할 수 있으려면 나는 개념들을 보유해야 한다. 예컨대 나는 빨간 뚜껑의 개념을 보유하고 있다. 그렇기 때문에 나는 빨간 뚜껑을 의식적으로 지각할 수 있고, 단지 둥글고 빨간 무언가를 지각하면서 그것을 뚜껑으로 알아채지 못하는 상태에 머물지 않는다. 요컨대 내가 선별해서 내놓을 수 있는 대답은 내가 보유한 개념들과 연결되어 있다.

하지만 그렇다고 내가 나의 개념들을 통해 빨간 뚜껑을 구성하거나 빨간 뚜껑을 외부 세계에 투사한다는 뜻은 아니다.

이 대목에서 나의 신실재론 주문(呪文)을 거듭 읊는 것을 양해해 주기 바란다. 〈구성주의는 틀렸다.〉[39] 신실재론의 주장에 따르면, 존재하는 모든 대상들 혹은 사실들을 포괄하는 단 하나의 세계 혹은 실재는 존재하지 않지만, 그럼에도 우리는 실재를 있는 그대로 인식할 수 있다. 이렇게 주장하는 실재론은 특히 구성주의에 반발한다. 일반적으로 실재론자는 우리가 실재를 인식하려는 노력을 통해 실재를 산출하는 것이 아니라 실재를 발견한다고 믿는다. 반면에 구성주의자는 우리가 실재를 구성하며 따라서 있는 그 대로의 실재(실재 그 자체)를 결코 파악할 수 없다고 여긴다. 바꿔 말해 구성주의자는 우리의 매체들이 실재를 늘 이러저러하게 위조한다고 믿는다.

방금 거론한 사례로 돌아가면, **온건 지각구성주의**는 우리의 개념이 우리의 지각을 변화시킨다고 지적한다. 〈빨간 뚜껑의 개념 덕분에 나는 지금 빨간 뚜껑을 지각한다. 그 개념이 없다면 나는 무언가 다른 것을 지각할 터이다〉라는 것이 온건 지각구성주의의 주장이다. **급진 지각구성주의**는 한 걸음 더 나아가, 우리가 보유한 개념이 우리의 지각을 변화시킬 뿐 아니라 실사(實事)Sache 자체에도 관여한다고 주장한다. 즉, 나는 지금 빨간 뚜껑을 지각하지만, 실제로 내 앞에는 뚜껑도 없고 둥근 놈도 없고 빨간 놈도 없다고 주장한다.

급진 지각구성주의는 두 가지 형태를 띤다. 한편에는 **과학적 급진 구성주의**가 있다. 이 입장에 따르면, 색깔들과 기하학적 형태들은 실은 존재하지 않으며 오로지 물리학이 외부 세계의 대상들에 대해서 가르쳐 주는 바만 존재한다. 예컨대 빨간색은 존재하지 않고 오직 우리에게 빨간색으로 나타나는 특정 파장의 전자기 복사만 존재한다. 더 정확히 말하면, 실제로는 특정 파장의 전자기 복사인 놈이 우리 인간의 생리학적 장비 때문에 우리에게 빨간색으로 체험된다고 과학적 급진 구성주의는 가르친다. 또한 엄밀하게 따지면 실재 자체가 우리의 색깔 인상에 대응하는 것도 아니다. 왜냐하면 한 표면이 전체적으로 빨간색으로 체험된다 하더라도, 물리학적으로 볼 때 그 표면에서는 다양한 과정들이 뒤섞여 일어나고 있을 수 있으며, 그 과정들의 뒤섞임이 우리 눈에 포착되는 것은 결코 아니기 때문이다.

다른 한편에는 초급진 구성주의superradikaler Konstruktivismus가 있다. 그야말로 화끈한 이 입장에 따르면, 물리학이나 자연과학들의 시스템도 실재 자체를 서술하지 못한다. 왜냐하면 이 과학들도 인간 정신이나 뇌의 구성물, 혹은 (가끔 들려오는 주장에 따르면) 특정한 사회적 (학문) 시스템의 구성물에 불과하기 때문이다.[40]

온갖 구성주의의 오류가 솟아나는 원천을 식별하기는 비교적 쉽지만 제거하기는 어렵다. 그 원천은 선별과 구성의 혼동이다. 당연히 나는 모든 주어진 순간에 무언가를 지각하면서 다른 무언가를 배제한다. 내가 지각할 수 있는 것은 개념의 형태로 표현되고, 우리 인간은 개념을 언어로 코드화할 수 있다. 나는 지금 내가 보고 듣는 바(예컨대 거리의 소음, 휘파람을 부는 행인들, 헬기, 전차, 다가오는 승용차, 내 선풍기의 소음)를 당신에게 글로 전달할 수 있다. 내가 그렇게 할 수 있는 것은, 내가 보유한 개념들과 언어 능력 덕분에 사람들이 그런 개념들을 어떻게 소통하는지 알기 때문이다. 추측하건대 괴테라면 더 잘 전달할 수 있을 것이다. 그는 자신이 보유한 개념들과 언어적으로 접촉하는 능력이 더 발달했으니까 말이다. 물론 나의 지각을 괴테가 전달하려면 우선 승용차와 전차의 개념을 배워야 할 텐데, 이것은 괴테에게 그리 어려운 일이 아닐 성싶다.

요컨대 우리는 (그릇된) 구성주의와 (옳은) 선별주의를 구별할 수 있다. **지각선별주의**Wahrnehmungsselektionismus란, 우리가 기존에 획득하여 보유한 개념들과 기타 (고등 영장류로서 우리의 감각생리학적 장비를 포함한) 장비들 덕분에 항상 이러저러한 것을 다른 것과 구별하면서만 지각한다는 견해다. 우리의 장비와 기타 조건 때문에 우리는 실재의 특정 측면들에만 접근할 수 있고, 다른 인간들과 비인간 생물들에게는 그 측면들이 은폐되어 있다. 이것은 우리가 우리의 개념들과 장비들을 통해 실재를 위조하거나 변형한다는 것을 의미하지 않는다. 정반대로 지각선별주의가 의미하는 바는 우리가 실재를 있는 그대로 파악한다는 것, 그러나 부분적으로만 그렇게 한다는 것이다.

생각하기는 신경 자극의 처리가 아니다

생각하기의 뜻(생각하기라는 감각)에 도달하려면 아직 갈 길이 멀다. 그 길에서 다음으로 살펴볼 선입견은, 우리가 오로지 우리의 신경 말단을 자극하는 사물들만 지각할 수 있다는 것이다. 우리의 사유 세계는, 뇌에서 후속 처리되는 신경 자극으로만 구성되지 않는다.

이를 이해하려면, 우리가 인류의 성숙한 구성원으로서 단순한 사물 혹은 파편만 파악하는 경우는 극히 드물다는 점을 상기할 필요가 있다. 우리는 결코 빨간 뚜껑만 지각하지 않는다. 변을 비롯한 형태들과 운동들만 파악하는 경우도 결코 없다. 형태와 운동만 파악하는 과제는 얼굴 인식 소프트웨어가 우리 못지않게 잘 해낼 수 있다. 우리의 실제 지각은 오늘날의 감각생리학에서 흔히 등장하고 자연과학적·심리학적 실험으로 탐구할 수 있는 심하게 단순화된 모형들과 사뭇 다르다.

간단한 예 하나면 충분할 듯하다. 나는 지금 전차 한 대를 지각한다. 방금 앞 문장을 쓸 때 나는 전차가 다가오는 소리만 들었는데, 그 다음에 나는 창가로 가서 전차가 오는 것을 눈으로도 확인했다. 그것은 내가 틀린 문장을 쓰지 않았음을 입증하기 위한 행동이었다. 그런데 전차의 단순한 기하학적 형태는 존재하지 않는다. 전차의 모양은 도시마다 다르다. 게다가 전차는 교통수단이다. 교통수단은 법 (예컨대 교통법)의 규제를 받는 대상이다. 내가 교통법을 지각하는 방식은, 내가 모니터의 변과 귀퉁이를 지각하는 방식이나 신생아가 우호적인 얼굴을 지각하는 방식과 전혀 다르다. 즉, 나는 교통법을 단순화된 패턴을 통해 지각하지 않는다. 우리는 아주 어린 아이들을 가짜 미소로 속일 수 있다. 풍선에 웃는 얼굴을 그려서 아기에게 보여 주면, 아기는 진짜 미소를 볼 때처럼 반응한다. 반면에 우리는 전혀 그렇게 반응하지 않는다. 왜냐하면 우리와 달리 아기가 환경을 지각하는 방식은 단순화된 심리학 실험들에서 전제되는 지각의 방식과 비교적 유사하기 때문이다. 신생아는 단순한 패턴 인식 능력만 보유하고 있다. 그 능력은 인간 종의 진화 역사 덕분에 아기에게 장착된 것이다. 신생아는 아직 전차를 전차로 지각하지 못한다.

이 대목에서 신실재론의 기초를 이루는 통찰 하나를 짚어 두어야 한다. 그 통찰에 따르면, 단 하나의 실재 ─ 모든 것을 포괄하는 유일무이한 세계, 유일무이한 우주 ─만 존재하는 것이 아니라 무한히 많은 실재들이 존재한다. 그렇기 때문에 우리는 한편으로 전차를 지각하고 다른 한편으로 다른 무언가를(예컨대 꼭짓점들, 변들, 색깔들) 지각할 수 있다. 전차를 우리가 시각적으로 처리하는 꼭짓점들, 변들, 색깔들로 환원해야 하는 것도 아니고, 이것들을 전차로 환원해야 하는 것도 아니다. 따라서 우리가 예컨대 박쥐와 함께 있다면, 우리가 전차를 지각할 때 박쥐는 전차와 털끝만큼도 상관없는 전혀 다른 것을 지각한다고 우리는 말할 수 있다.

내가 보기에 전차가 있는 그 자리에 정말로 전차가 있든지 아니면 다른 무언가가 있든지 둘 중 하나인 것이 결코 아니다. 모든 지각들이 단 하나의 실재 안에 수용되어야 하는 것은 아니다. 다양한 생물들이, 또한 한 종의 다양한 개체들이 지각하는 다수의 실재들을 허용하는 것이 가능하다. 내가 낯선 도시를 돌아다닐 때, 나는 그 도시의 주민이 지각하는 것과 다른 것을 지각한다.

이를 잘 보여 주는 익숙한 사례로 미각을 통해 만나는 실재가 있다. 우리는 포도주들을 구별하는 법을 (터득하고 싶다면) 학습해야 한다. 적포도주와 백포도주를 구별하는 것은 기초 단계이며 당연히 대단한 능력은 아니다. 소믈리에가 되려면 여러 해에 걸친 경험과 훈련이 필요하다. 감각을 훈련할 때 우리는 과거에 우리에게 은폐되어 있었던 것을 알아채는 법을 배운다. 그러면 우리는 과거에 우리가 전혀 파악하지 못했던 무언가에 주의를 집중할 수 있다. 우리의 다양한 감각들과 그것들의 다양한 훈련 수준, 또한 감각들의 다양한 조합과 그것의 다양한 훈련 수준 각각이 우리에게 실재에 이르는 직접 통로를 제공한다.

이런 의미에서 나는 이른바 **직접 실재론**dierkter Realismus의 한 버전을 옹호한다. 일반적으로 직접 실재론이란 우리의 감각들이 실재를 변형 없이 포착한다는 견해다. 바꿔 말해, 우리의 감각들은 우리가 실재에 도달하는 방식들이라는 견해가 직접 실재론이다. 우리가 도달하는 종착점은 감각들 자체가 아니다. 우리는 목소리를 듣지만, 우리가 목소리를 듣는다는 것을 듣지는 않는다. 우리가 실재에 도달하는 통로는 실재를 변형시키지 않지만 항상 특정한 형태(감각 양태)를 지니며, 실재는 그 형태를 매개로 우리에게 나타난다.

현재 학계의 인식론에서 직접 실재론은 표준 견해지만, 전문가 집단들을 벗어난 곳에서는 이 견해가 순박하다는 naiv 나쁜 평판을 듣는다. 그러나 직접 실재론과 순박한 실재론은 한 켤레의 신발과 같다. **순박한 실재론**이란, 우리가 어떤 매개도 없이 실재를 고스란히 받아들인다는 견해다. 이 견해가 순박하다는 평가를 받는 것은, 어떤 이론적 정식화도 거부하고 구성주의를 옹호하는 논증들과의 대결도 거부하기 때문이다. 순박한 실재론자는 자신의 실재론을 입증하기 위해서 예컨대 돌을 걷어차면 발이 아프다는 사실을 증거로 들이댄다. 그러니 돌이 존재하는 것이 틀림없다는 것이다. 그러나 이것은 충분한 논증이 아니며 단지 공허한 주장일 뿐이다. 왜냐하면 구성주의도 우리가 돌의 감각 인상들을 가진다는 것을 부정하지 않기 때문이다. 구성주의가 주장하는 바는, 우리가 우리 발의 통증을 유발하는 돌이 존재한다고 여기는 상황에서 실재가 우리에게 나타나는 방식과 실재 자체는 전혀 다르다는(또는 다를 수 있다는) 것뿐이다.

실재론은 구성주의와 마찬가지로 하나의 이론이다. 두 이론은 특정 데이터 — 이를테면, 돌을 걷어차면 발이 아프다는 것 — 를 공유하면서 그 데이터를 다르게 해석한다. 순박한 실재론은 충분히 정당화되지 않은 이론이다. 반면에 구성주의는 자신의 지위가 이론임을 알지만 몇 가지 오류를 범한다. 그렇기 때문에 더 나은 이론, 이를테면 직접 실재론이 필요하다.

오직 진실

모든 형태의 실재론은 하나의 이론이지만, 내가 보기에 구성주의보다 더 나은 이론이다. 이 견해를 설득력 있게 옹호하는 논증이 하나 있다. 이 논증은 미국 철학자 도널드 데이비드슨이 〈호의의 원칙principle of charity〉[41]이라고 부른 것의 한 변형이다. 하지만 이 논증을 성급하게 한스게오르크 가다머의 해석학(해석학을 뜻하는 독일어 〈Hermeneutik〉의 어원은 희랍어 hermeneia =이해하다)과 관련짓는 사람들이 많은데, 이것은 전적으로 옳은 관련짓기가 아니다. 왜냐하면 가다머의 관심사는 문화적·역사적 증거들(특히 텍스트)의 이해에 관한 이론이지, 지각을 다루는 이론, 혹은 타인이 자신의 감각적 상태를 언어로 발설할 때 그 감각적 상태를 어떻게 해석할지를 다루는 이론이 아니기 때문이다.

내가 말하려는 논증을 **진실 논증** Wahrheitsargument이라고 부를 수 있다. 논증의 출발점은 우리가 무언가를 실재로 여길 경우 그 무언가를 문장들로 표현할 수 있다는 것이다. 우리가 어떤 문장을 발설함으로써 실재를 확언한다고 주장할 때, 그 문장을 **진술**Aussage*이라고 부를 수 있다.

진술은 대개 참이거나 거짓이거나 둘 중 하나다(무의미한sinnlos 진술은 일단 제쳐 두자). 아무튼 진술에서 관건은 진실인가(참인가) 여부다. 아래는 대다수 사람들이 진실로 간주할 것이 틀림없는 진술의 예들이다.

- 중국에는 사람들이 산다.
- 일부 인도인은 뉴델리에 가본 적이 있다.
- 건강한 손가락 열 개를 가진 사람은 일반적으로 손톱 열 개를 가졌다.
- 많은 은하들이 존재한다.
- 내가 살기 전에 이미 많은 타인들이 살았다.
- 고양이는 동물이다.
- 도널드 트럼프는 현재 (유감스럽게도) 미국 대통령이다.

이 목록에 다른 진술들을 무한히 많이 추가하는 것은 어려운 일이 아니다. 논리적 관점에서 그 일은 누워서 떡 먹기다. 왜냐하면 〈선언disjunction〉의 한 항이 참이면 선언 전

* 논리학에서 익숙한 명칭은 〈명제〉.

체도 참이라는 것만 알면 충분하기 때문이다. **선언**이란 (A 와 B가 진술일 때) 〈A 또는 B〉라는 형태의 진술이다. 만일 A가 참이면, 〈A 또는 B〉라는 또 하나의 참 진술을 만들어 낼 수 있다. 이때 B가 참인지 여부는 전혀 중요하지 않다. 선언의 한 항이 참이라는 것에서 선언 전체가 참이라는 것이 도출된다. 즉, 〈A〉에서 〈A 또는 B〉가 도출된다.

논리적으로는 다음이 성립한다. 중국에 사람들이 산다는 것이 참이라면, 중국에 사람이 살거나 쾰른 대성당은 소시지로 이루어졌다는 것도 참이다. 내가 한 진술을 참으로 간주하고 몇 가지 단순한 논리적 원리들을 인정한다면, 나는 단번에 무한히 많은 진술들을 참으로 간주할 수 있다. 왜냐하면 모든 각각의 최소 형태 진술, 곧 〈무엇은 어떠하다〉라고 주장하는 진술로부터 내가 참으로 간주하는 다른 진술들이 무한히 많이 도출되기 때문이다. 당연한 말이지만, 중국에 사람들이 산다는 것을 내가 참으로 간주할 경우, 나는 그 진술로부터 쾰른 대성당이 소시지로 이루어졌음을 추론하면 안 되고, 오직 그 진술이 쾰른 대성당이 소시지로 이루어졌음을 배제하지 않는다는 것만 추론해야 한다.

뭐 그리 대단한 이야기는 아니다. 그러나 〈우리 인간이 실재를 인식할 수 있는가〉라는 철학적으로 중대한 질문을 탐구하려면, 이 이야기를 잊지 말아야 한다. 대단한 재주가 없어도 쉽게 통찰할 수 있듯이, 우리는 무한히 많은 것을 알며, 따라서 우리는 실재를 인식할 수 있다. 심지어 우리는 실재를 상당히 잘 인식한다. 왜냐하면 우리는 명백하게 무한히 많은 것을 알기 때문이다.

그런데 진술의 진실성은 궁극적으로 진술과 진술이 다루는 바 사이의 연결에 달려 있다. (당신이 방금 읽은 진술과 달리) 진술을 다루지 않는 진술이 다루는 바를 **객체 층위의 실재**objektstufige Wirklichkeit라고 부르자. 앞서(99면에서) 목록으로 열거한 진술들은 모두 객체 층위의 실재를 다룬다. 그 진술들이 참이라면, 객체 층위의 실재는 그 진술들이 말하는 대로다. 객체 층위의 실재가 그 진술들이 말하는 대로가 아니라면, 그 진술들은 거짓이다.

이것이 바로 아리스토텔레스가 서양 철학 최초로 내놓은 참(진실)의 정의에 담긴 취지다. 잘 알려져 있듯이, 그 정의는 모든 참에 관한 것이 아니라 진술의 참에 관한 것이다. **아리스토텔레스의 참의 정의**는 이러하다.

실재인 바를 실재가 아니라고 말하거나 실재가 아닌 바를 실재라고 말하는 것은 오류 또는 거짓말이며, 실재인 바를 실재라고 말하거나 실재가 아닌 바를 실재가 아니라고 말하는 것은 참이다. 따라서 무언가가 실재라고 주장하거나 실재가 아니라고 주장하는 사람은 참을 말하는 것이든지 아니면 오류를 범하거나 거짓말을 하는 것이다.[42]

이와 관련하여 오늘날의 진리 이론(참에 관한 이론)에서는 최소주의가 거론된다. **최소주의**에 따르면, 진술의 참은, 쉽게 이해할 수 있으며 참으로 간주되는 소수의 원리들이 진술의 참이란 무엇인지를 확정하는 것에 달려 있다. 중요한 예로, 흔히 〈따옴표 제거 원리disquotational principle, DQ〉로 불리는 것이 타당성을 인정받는다. 대학에서 철학을 공부하는 사람들은 몇 십 년 전부터 그 원리를 아래 구호를 통해서 학습한다.

〈눈은 흰색이다〉라는 진술은 눈이 흰색일 때 그리고 오직 그럴 때만 참이다.

더 일반적으로 정식화하면, 아래 원리가 타당하다.

(DQ) 〈p〉는 p일 때 그리고 오직 그럴 때만 참이다.

해설하자면, 내용이 〈p〉인 진술(참이거나 거짓일 수 있는 모든 진술)은 실재가 그 진술이 말하는 대로일 때 참이라는 것이다. 중국에 사람들이 산다는 것은 중국에 사람들이 살 때 참이다. 반면에 그렇지 않을 때 그 진술은 거짓이다. 한마디 덧붙이자면, 오늘날의 중화인민공화국 영토에 사람들이 산다는 것은 지금은 참이지만 언젠가는 거짓이다. 이유는 간단한데, 언젠가는 인류가 절멸할 것이기 때문이다. 일부 진술들은 오늘은 참이지만 내일은 거짓일 수 있다. 이와 관련해서 당연히 많은 미묘한 논의가 진리 이론에서 이루어지는데, 우리는 그 논의를 살펴보지 않아도 된다.[43] 다만, 진술의 참이 무슨 대단한 것이 아니라는 사실만 확실히 해두자. 매체들이나 우리의 감각들이 우리가 진실 또는 실재에 접근하는 것을 어렵게 만든다고 믿을 때, 사람들은 위 사실을 쉽게 간과한다. 진실(참)보다 더 간단한 것은 없다.

진실이 무엇인지 알아내는 일(예컨대 〈시리아에서 일어난 마지막 독가스 공격을 누가 명령했을까?〉라는 질문에 답하는 일)은 때때로 어려울 수 있다. 그러나 그렇다고 해서 진실 자체가 어려운 것은 아니다. 시리아 독가스 공격의 명령자는 알아사드 정권이거나 너무나 많은 전쟁 참가 세력들 중의 다른 하나다. 누가 명령자이든 간에, 그는 당연히 거짓말을 할 테고, 따라서 진실이 무엇인지 알아내는 일은 수사관의 과제다. 그러나 어쨌든 누군가는 진실을 안다고, 정확히 말해서 그 독가스 공격을 명령한 당사자는 진실을 안다고 우리는 확신할 수 있다.

구성주의는 지극히 일상적인 진술들이 어떤 조건들 아래에서 참이냐는 질문에 대답하지 못한다는 치명적인 문제에 직면한다. 구성주의는 참과, 사람들이 만들어 낸 제도들을 통한 참의 인정을 혼동한다. 다시 아래 진술을 예로 들자.

중국에는 사람들이 산다.

이 논의에 참여할 만한 가장 유명한 구성주의자들 중 하나로 프랑스 철학자 겸 역사학자 겸 사회학자 미셸 푸코를 꼽을 수 있다. 1966년에 프랑스어로 출판된 후 순식간에 전 세계적 베스트셀러가 된 획기적인 저서 『말과 사물*Les mots et les choses*』에서 푸코가 주장한 바에 따르면, 인간은 17세기부터 19세기까지의 인간과학들human sciences의 전제들에 의해 구성된 산물이다. 그 시기에 〈인간이 최초로 서양 사상(원문은 savoir(지식)의 장에 진입)한다고 푸코는 주장한다.[44]

이 대목에서 이렇게 묻지 않을 수 없다. 언뜻 보기에 터무니없게 느껴지는 이 주장의 취지는 과연 무엇일까? 우선, 《서양 사상》이 무엇인가〉라는 질문부터 떠오르는데, 푸코는 이 질문에 답하지 않는다. 지중해권에서 발생한 (대개 편파적으로 희랍 및 로마와 연결되는) 고도 문화들의 맥락 안에 놓인 숙고를 〈서양 사상〉으로 간주한다면, 인간에 대한 숙고는 17세기보다 훨씬 더 전에 이루어졌다. 인간이란 무엇인가는 바로 희랍 철학, 신화, 비극의 중심 주제다. 푸코는 독자들이 자신의 역사적 주장을 순순히 받아들이지 않으리라는 점을 의식한 것이 분명하다. 그는 곧바로 이렇게 반격한다.

순박한 눈으로 보면 인간에 대한 인식은 소크라테스 이래의 가장 오래된 질문으로 보이지만, 참으로 기이하게도 인간은 아마도 다름 아니라 사물들 질서 속의 특정한 균열, 혹은 적어도 그 질서가 최근에 지식계에서 얻은 새로운 성향을 특징으로 지닌 하나의 배열이다. 거기에서 새로운 인본주의의 모든 환상들이 나오고, 인간에 대한 일반적인 (반은 실증적이고, 반은 철학적인) 숙고를 뜻하는 〈인간학〉의 모든 경박함이 나온다. 하지만 인간은 단지 최근의 발명품, 아직 200년이 되지 않은 형체, 우리의 앎 속의 단순한 주름임을 생각하면, 우리의 앎이 새로운 형태를 발견하게 되면 인간은 곧바로 사라질 것임을 생각하면, 힘이 나고 깊은 위안을 얻는다.[45]

인간에 대한 질문을 〈소크라테스 이래의 가장 오래된 질문〉으로, 심지어 역사를 통틀어 가장 오래된 질문들 중 하나로 보는 것이 왜 순박한 견해인지 푸코는 알려 주지 않는다. 위 인용문에서 그는 일련의 주장들을 내놓지만, 그것들을 경험적 증거로도 뒷받침하지 않고 철학적 논증으로도 뒷받침하지 않는다. 그러한 주장들을 자명한 것으로 받아들이는 것은 바람직하지 않다. 푸코의 글쓰기 방식은 그의 입장을 급진 구성주의로 오해하게 만드는 면이 있다. 그래서 많은 사람들은 그를 〈인간〉은 전혀 실재하지 않는다고 여기는 구성주의자로 해석한다. 인간에 관한 담론 행위들의 배열, 곧 인간을 다루는 방식들의 배열이 존재하고, 그 배열이 비로소 인간을 산출한다고 여기는 구성주의자로 말이다. 푸코는 실제로 철저한 구성주의자다(그러나 급진 구성주의자는 아니다). 그러나 앞 인용문은 무언가 다른 것을 말하고자 한다.

푸코에 따르면 〈인간〉은 17세기에 특별한 의미Bedeutung를 얻기 시작하며, 그 의미를 계기로 정상(正常)성에 대한 한 표상이 〈인간성〉이라는 이름으로 발전하게 된다. 이 표상은 푸코가 보기에 윤리적 귀결들을 가진다. 즉, 우리의 행위 조율 차원에서의 귀결들을 가진다. 왜냐하면 한 인간상이 우리의 자기 숙고의 중심에 자리 잡고 여러 생각들을 유발하기 때문이다. 그 생각들 가운에 중요한 것 하나는, 우리가 우리의 행위들을 신상(神像)에 비춰 조율해야 한다는 것이다. 그런데 푸코는 이 근본적으로 새로운 방향 설정의 이유가 어떤 발견에 있는 것이 아니라 분류 시스템들의 재구성에 있다고 본다. 우리의 사회 시스템에 인본주의가 들어오기까지의 역사가 우연적이라는 것이다. 푸코의 연구에 따르면, 그 역사는 다소 우연적이며, 한 인간성의 이상이 의도적으로 관철된 역사는 결코 아니다.

그러나 푸코는 자신의 역사학 연구의 철학적 귀결들을 과장한다. 그의 역사학 연구는 인간이 17세기에 최초로 담론의 주제가 된다는 강한 역사학적 주장을 입증하지 못한다. 이 주장을 반박하기 위해서는 17세기 이전에 생산된, 인간을 다룬 문헌들을 읽기만 하면 된다. 그리스 비극들도 좋고, 『쿠란』이나 『구약 성서』도 좋다. 『구약 성서』는 첫 대목에서 인간의 발생을 다루고, 사물들의 질서 속에서 인간의 역할이 무엇인지 다룬다. 뿐만 아니라 ── 플라톤과 아리스토텔레스가 대표하는 ── 고전 그리스 철학은 〈인간이란 누구 혹은 무엇인가〉라는 질문을 명시적으로, 자연과학의 관점뿐 아니라 철학의 관점에서도 다룬다. 요컨대 푸코의 강한 역사학적 주장은 제한되어야 한다.

주지하다시피 푸코는 이를 나중에 스스로 깨닫고 역사학 연구에서 고대로 거슬러 올라간다. 그러면서 특히 이교도적 자기 탐구로부터 초기 기독교로의 이행을 탐구한다. 바로 그 이행이 〈성의 역사〉를 다루는 푸코의 방대한 연구서의 중심 주제다(『성의 역사 L'Histoire de la sexualiteé』의 마지막 권은 푸코의 사후에 출판되었다).[46] 뿐만 아니라 말년의 강의들에서 푸코는 계몽주의와 고대 민주주의 환경에서의 계몽주의의 발생을 주제로 삼는다. 그 주제를 탐구하는 목적은, 왜 오늘날까지도 학문적 담론에서의 관건은 진실을 말하는 것인지, 그리고 이것이 사회적 해방의 과정과 정확히 어떻게 연결되는지 설명하는 것이다.

이로써 『말과 사물』에 담긴 역사학적 주장은 푸코 자신에 의해 수정된다. 그가 근대적 인간상의 기원을 이제 고대에서 찾아내니까 말이다. 하지만 이 탐구에서 그는 오로지 아테네와 로마만 길잡이로 삼고, 서양의 발전에 기여한 다른 다양한 영향들(예컨대 이집트, 중국, 인도, 일본, 이스라엘, 더 나중에는 이슬람의 영향)을 추적하지 않는다.

인간이 근대의 비의도적 발명품이며 아주 쉽게 다시 사라질 수 있다는 역사학적 주장은 이제껏 거론한 이유들 때문에 아마도 유지될 수 없을 것이다. 그런데 푸코의 『말과 사물』에는 이 주장 외에 또 하나의 철학적 주장이 암묵적으로 들어 있다. 그 주장을 좀 더 명확히 드러내 보자. 짐작하건대 푸코는 사람들이 17세기부터 19세기까지 어떤 특수한 방식으로 인간에 대해서 숙고했다고 주장하고 싶어 한다. 그 특수한 방식을 푸코는, 그의 일반적인 〈지식의 고고학〉의 방법에 따라서, 하나의 〈담론적 실천〉으로, 곧 사회·정치적 효과를 지닌 하나의 분류 행위로 본다. 푸코에 따르면, 그 분류 행위를 통해 사람들은 감옥, 정신 병원, 성적인 관행 등을 만들어 내고 정당화한다.[47]

이 주장의 배후에는, 특정한 제도적 질서를 — 그 제도적 질서가 민족 국가든, 좌파나 우파 정치든, 대학교든, 보건 시스템이든, 기타 무엇이든 간에 — 신설하거나 뒤늦게 정당화하기 위해 단순히 인간성에 호소할 수는 없다는 정당한 의심이 있다. 〈인간성〉에 호소하는 행위는 흔히 공허하며, 적잖은 경우에 그 목적은 우리 삶의 처지를 개선하는 것과는 전혀 다른 것들이다. 바로 이 점이 푸코의 역사학 연구에서 명확히 드러난다. 그 연구는, 인간성에 관한 근대적 공식이 대단히 우연적인 방식으로 발생했고 그 우연적 발생 이래로 어떤 개념적 난점들을 유발했는지 추적하니까 말이다.

그런 한에서 푸코의 역사학 연구는, 우리가 우리 자신을 인간으로 이해한다는 것과 그 이해의 방식이 자명하지 않다는 통찰, 오히려 인간성이라는 이상의 구체적 실현가능성들의 스펙트럼이 폭넓게 존재한다는 통찰에 중요하게 기여했다. 인간이란 누구 혹은 무엇인지를 간단히 자연에서 읽어 낼 수는 없다. 그렇기 때문에 인간은 푸코가 탐구한 분류 시스템들에서 적당한 자리를 배정받지 못한다. 인간은 오직 우리의 자기인식 능력을 통해서만 파악될 수 있다는 린네의 고백이 잘 보여 주듯이 말이다.

그러나 이 모든 것에서 〈인간〉은 17세기부터 19세기까지의 기간에 발명된 산물이라는 결론은 나오지 않는다. 기껏해야, 그 기간에 특정한 인간상이 지배적이었다는 결론이 나올 따름이다.

특정한 인간상이 우연적 발생 조건들과 결부되어 있다는 깨달음으로부터 **인간학적 구성주의**를 결론으로 도출하는 것은 옳지 않다. 인간학적 구성주의에 따르면, 인간은 스스로 자신을 생산하며 이 자기구성으로부터 독립적인 우리에 관한 진실은 존재하지 않는다. 푸코의 연구 결과들에 대한 이 같은 해석이 얼마나 문제적인지는 그의 인상적이며 부분적으로 도발적인 주장이 어떤 귀결들을 함축하는지 살펴보면 드러난다. 만약에 우리의 개별 인간상들 각각으로부터 독립적인 인간에 관한 진실이 존재하지 않는다면, 〈중국에는 사람들이 산다〉라는 진술은 단박에 참이 아닐 것이다. 사람들이란 무엇인지를 보편타당하게 말할 수 없을 테니까 말이다. 위 진술로부터 우리는 중국에는 사람들이 산다는 결론을 도출할 수 없을 테고 기껏해야 이런 식의 결론을 도출할 수 있을 터이다.

역사적으로 발생했으며 궁극적으로 자의적인 중국 영토와 아시아 인근 국가들 사이의 경계선을 전제하고 17세기 이후 과학적으로 구성된 우리의 인간상을 전제할 경우, 푸코 같은 사람이 보기에 중국에는 사람들이 사는 것처럼 보인다.

요컨대 〈중국에는 사람들이 산다〉는 거짓이거나 기껏해야 평소에 우리가 이 진술을 받아들일 때와는 전혀 다른 조건 아래에서 참일 터이다. 우리가 인간학적 구성주의를 채택한다면, 즉 사람들은 그냥 간단히 존재하는 것이 아니라 담론적 실천들을 통해 산출된다는 견해를 채택한다면, 우리는 방금 말한 결론을 내려야 할 터이다.

일반적으로 구성주의는 우리의 담론을 변화시킨다. 구성주의는 기존 언어 관행을 그냥 놔두지 않는다. 이를 다른 두 개의 예에서 알 수 있다. 그 예들은 구성주의 전략의 일반 정신을 명확히 보여 준다. **색깔 구성주의**는 꽤 널리 수용되는 견해다. 이 견해에 따르면, 색깔들은 실재하지 않는다. 오히려 색깔들은, 생물이 특정한 뉴런 장치를 갖추고 개입하여 그 자체로는 색깔이 없는 환경을 의식적으로 처리함을 통하여 산출된다. 아래 진술을 보라.

풀밭은 녹색이다.

색깔 구성주의에 따르면 이 진술은 풀밭이 녹색이기 때문에 참인 것이 아니라, 특정한 물리적 속성들을 지닌 복사가 우리의 신경계를 자극한 결과로 신경계가 구성한 정신적 상에서 풀밭이 녹색인 것처럼 보이기 때문에 참이다. 이 이론에 따르면, 실제로 풀밭은 녹색이 아니라 색깔이 없다.

안타깝게도 오늘날 구성주의적 주장들이 특히 만연하여 큰 폐해를 일으키는 분야는 윤리학이다. 아주 많은 사람들은

너는 감각을 지닌 생물을 이유 없이 괴롭히지 말아야 한다.

라는 진술이나

> 모든 인간은 성별, 인종, 출신을 막론하고 법 앞에 평등
> 해야 마땅하다.

라는 진술이 참인 것은 단지 그 진술들이 사회의 암묵적 가
치관을 표현하기 때문일 따름이라고 믿는다. 더 나아가 사
람들은 예컨대 중국의 가치들은 유럽의 가치들과 다르다
고 여긴다. 따라서 모든 인간에게 해당하는 보편적 자연권
들은 존재하지 않으며 다만 특정 인간 집단들이 인정하는
구성된 가치 시스템들만 존재한다고 말이다. 이 견해를 소
위 반제국주의 사상으로, 이른바 〈서양의 가치들〉을 다른
문화들에 강요하지 않는 태도로 간주할 수도 있을 것이다.
하지만 보편 인권은 〈서양〉의 발명품이 아니라 생물로서
인간의 속성이다. 어느 누구도 — 독일에서든, 일본, 러시
아, 중국, 콩고에서든 간에 — 아동을 괴롭혀야 마땅하다
고 여기지 않을 것이다. 어느 누구도 고문당하기를 원하지
않는다. 보편 인권의 기반은 이런 생각들이지, 어떤 유럽적
인 관점이 아니다. 한마디 보태면, 낯선 문화의 식민지화와
제국주의가 보편 인권에 반한다는 것은 보편 인권으로부
터 도출된다. 따라서 보편 인권 자체는 제국주의적 도구가
아님을 쉽게 알 수 있다.

모든 구성주의 전략들은 하나의 공통분모를 가진다. 즉, 그 전략들은 보편적으로 진실로 간주되는 진술들을 곧이곧 대로 받아들이지 않는다. 중국에는 사람들이 산다는 것이나 모든 인간은 법 앞에 평등하다(해야 한다)는 것을 인정하는 대신에, 구성주의자들은 이 진술들의 진실성을 다르게 구성한다. 그들은 다음과 같은 불편한 양자택일을 답으로 내놓는다. 두 개의 선택지가 있다. 첫째, 우리는 우리가 진실로 간주하는 실로 무한히 많은 것들을 이제부터 거짓으로 간주해야 한다. 혹은 둘째, 우리는 그 무한히 많은 진실들을 최소한 지금까지와는 전혀 다르게 이해해야 한다.

여담이지만, 이 대목에서 데이비드슨의 철학과 (전승된 텍스트에 대한 우리의 이해를 다루는) 가다머의 해석학 사이에 실제로 한 가지 유사성이 있음이 드러난다. 그 유사성을 드러내기 위해서 이런 질문을 던져 보자. 우리가 처음 만난 사람이 어떤 말을 할 때, 그 말의 취지는 과연 무엇일까? 생각해 보면 우리는 일상에서 모르는 사람과 대화할 때가 아주 많다. 물론 그 대화는 아주 짧을 수도 있겠지만 말이다(이를테면, 「1번 선로가 어디죠?」-「미안합니다. 제가 바빠서요」). 누군가의 진술 취지를 이해하고자 할 때 나는 내가 진실로 간주하는 것들 중 대다수를 그 사람도 진실로 간주한다고 전제해야 한다. 적어도 내가 그 사람과 성공적으로 대화하고자 한다면, 그렇게 전제해야 한다.

간단한 예로, 내가 누군가에게 그의 직업을 묻고, 그가 자신은 아주 바쁜 경영 컨설턴트라고 대답한다고 해보자. 이 경우에 그 사람이 〈경영 컨설턴트〉라는 단어를 사용하면서 자신은 현재 농과 대학생이라는 취지를 나에게 전달하려 했다면, 이는 참으로 엉뚱한 상황일 것이다. 한걸음 더 나아가보자. 어떤 사람이 실은 농과 대학생인데도 자신은 경영 컨설턴트라고 나에게 알려 준다면, 더 나아가 그는 중국에 아무도 살지 않는다고 믿고 자신의 손가락이 17개라고 믿고, 브리트니 스피어스는 앙겔라 메르켈의 아내라고 믿고, 우리 모두가 실은 매트릭스 안에서 산다고 믿는다면, 나는 그 사람을 이해할 수 있을까? 만약 언어적 소통에 공통 기반이 존재하지 않는다면, 우리는 실재가 어떠한지에 대해서도 기본적으로 이와 유사한 태도를 취하게 되지 않을까?

합의로 만들어진 세계

간단히 말해서 우리는 오로지 다음과 같은 대체로 입증된 (또한 참인!) 전제를 기초로 삼아야만 타인과 대화할 수 있다. 즉, 우리가 기본적인 믿음들을 공통 기반으로 공유한다고 전제해야 한다. 우리가 대화하는 모든 사람들과 우리는 무한히 많은 전제들을 공유한다. 그렇지 않다면 그야말로 어떤 소통도 이루어지지 않을 것이다. 따라서 매우 중요한 사안에 관한 견해 차이는 우리가 공통의 견해 시스템을 지녔음을 전제한다.

만약에 구성주의가 참이라면, 구성주의가 지목하는 우리의 모든 견해는 전혀 참이 아니거나, 최소한 우리가 평소에 그것들에 부여하는 의미와는 전혀 다른 의미를 가질 터이다. 이 황당한 상황을 다음과 같이 간단명료하게 설명할 수 있다. 구성주의자는 우리말을 할 줄 모르며 어떤 대안 언어를 발명하고 있는 것이다. 그 대안 언어를 〈구성주의 신(新)언어konstruktivistisches Neusprech〉로 명명하자.

이로써 구성주의에 내재하는 논리적 문제의 윤곽이 완전히 드러난 것은 아직 아니다. 〈중국에는 사람들이 산다〉가 참이라면, 구성주의의 관점에서도 그 진술은 누군가가 그것을 참으로 간주함을 통하여 참으로 되는 것이 아니니까 말이다. 거꾸로 말하면, 바라건대 구성주의는 아무도 참으로 여기지 않는 진술은 참이 아니라고 주장하려 하지 않을 것이다. 왜냐하면 아무도 참으로 여기지 않는 진술이 참이 아니라면, 모든 사람들이 한동안 어떤 특정한 사안에 대해서 착각하는 일은 절대로 있을 수 없을 테니까 말이다.

모든 사람들이 아래 진술을 참으로 간주한다고 가정해 보자.

존재하는 태양들의 개수는 아주 많지만 유한하다.

이 진술과 모순되는 반대 짝은 다음과 같다.

무한히 많은 태양들이 존재한다.

만일 모든 사람들이 첫째 진술을 참으로 간주한다면, 구성주의의 관점에서 볼 때 둘째 진술은 참일 수 없을 것이다. 그렇다면 우리 모두가 첫째 진술을 참으로 간주할 경우, 우리는 착각하는 것일 수 없을 터이다. 우리 (거의) 모두가 어떤 진실을 믿기 때문에 그 진실을 담론적으로 창조하는 것이라면, 우리는 〈지구는 원반이다〉라는 진실을 창조함으로써 지구를 원반으로 만들 수 있다. 이 상황은 우리가 세계를 우리의 마음에 들게 만들 수 있다는 장점이 있다. 그렇게 만들기 위해서 우리는 우리의 마음에 드는 바를 진술들로 표현하고 그것들을 참으로 간주하기로 합의하기만 하면 된다.

요컨대 진실 논증의 결론은, 구성주의는 다소 교묘하게 은폐된 방식으로 비일관적이라는 것이다. 구성주의자는 모든 진술의 의미를 변화시킨다. 그런데 그럼으로써 그는 자기 자신의 진술들의 의미도 변화시키고, 따라서 우리는 결국 구성주의자와 일상적으로 소통할 수 없게 된다. 무슨 말이냐면, 일반적으로 우리는 우리의 진술이 실재를 변화시킨다고 여기지 않는다. 오히려 우리의 진술이 실재와 관련 맺으며, 실재는 진술이 아닌 많은 것을 포함한다고 여긴다. 그리고 이 통념은 전적으로 옳다.

프레게의 생각

이제부터 내가 소개하려 하는 사상의 중심에는 생각하기란 무엇인가에 대한 하나의 주목할 만한 대답이 놓여 있다. 그 대답은 수학자 프레게에게서 유래했다. 프레게는 몇 가지 점에서 철학에도 기여했다. 그는 생각하기를 생각을 붙잡기로 이해한다. 생각한다 함은 생각을 가진다는 것이다. 하지만 많이 논의된 1918년 논문「생각: 한 논리적 탐구Der Gedanke. Eine logische Untersuchung」를 비롯한 글들에서 프레게는 주로 생각Gedanke이 무엇인지를 우선적으로 다룬다.[48] 그런 다음에 그는 생각하기Denken라는 개념을 간접적으로 규정한다.

프레게에 따르면, 생각이란 참이거나 거짓일 수 있는 무언가다. 즉, 생각은 진실 능력을 갖췄다. 이런 점에서 생각은 진술과 유사하다. 프레게에 따르면, 우리는 생각할 때 생각과 접촉한다. 요컨대 생각하기 덕분에 우리는 참인 놈이나 거짓인 놈을 붙잡을 수 있다. 생각하기는 우리와 실재 사이의 인터페이스다. 과거 아리스토텔레스와(또한 더 앞선 플라톤과) 아주 유사하게 프레게는 우리가 생각을 붙잡는다고 말한다. 즉, 그는 우리가 생각들의 세계(이데아 세계)와 말 그대로 접촉한다는 것을 표현하기 위해 촉각적 비유를 사용한다.

이 대목에서 프레게의 중요한 통찰은, 우리가 생각을 참으로 간주하는지 여부와 상관없이 생각을 거론할 수 있다는 것이다. 따라서 나는 인종주의자들이 그들의 관점에서 낯선 사람들에 대해서 품은 견해들을 거짓으로 간주하면서도 〈왜 그들은 인종주의자일까?〉라는 질문을 나 자신에게 던질 수 있다. 한 생각을 생각한다 함은 그 생각을 참으로 간주한다는 것이 아니다.

생각은 우리의 평가와 상관없이 참이거나 거짓이라는 점을 특징으로 가진다. 따라서 프레게는 참(진실)과 참으로-여김Für-wahr-Halten을 구별한다. 나는 이 구별을 **객관성 대비**Objektivitätskontrast로 명명하겠다.[49] 객관성 대비는 우리가 진실(따라서 사실)과 진실에 대한 우리의 견해를 구별할 수 있는 모든 상황에서 성립한다.

또한 프레게는 〈뜻Sinn〉이라는 단어의 원래 의미를 상기시킨 공로자이기도 하다. 〈뜻〉은 본래 방향을 뜻한다. 이탈리아어를 아는 사람은 이를 잘 알지도 모른다. 그 언어에서는 일방통행로를 〈senso unico〉라고 부르니까 말이다. 다른 로망스어들에서도 라틴어 〈sensus〉의 〈방향〉이라는 의미를 곧바로 확인할 수 있다. 뜻은 한 방향을 가리키고, 그 방향에서 우리는 특정 대상과 마주칠 수 있다. 한 뜻이 가리키는 구역에 그 뜻이 약속하는 대상이 들어 있을 경우, 우리는 진실을 다루게 된다.

이 같은 프레게의 기본 발상은 앞서 언급한 비트겐슈타인의 『논리철학논고Tractatus Logico-Philosophicus』에서도 옹호된다. 그 책에서 비트겐슈타인은 이 발상을 특유의 짧은 문장으로 표현하고 3.144라는 번호를 붙인다.

> 상황을 서술할 수는 있지만 호명할 수는 없다.
> (이름은 점과 같고, 문장은 화살표와 같다. 문장은 뜻을 가진다.)[50]

우리가 숙고할 수 있는 대상들은 우리가 마주칠 수 있는 대상들이다. 뜻이란 우리가 대상들과 마주치는 방식이다. 우리는 생각 안에서 실재를 가리킨다. 이것은 인간의 심리학적 구조 때문도 아니고 우리의 신경생물학적 장비 때문도 아니다. 오히려 이 가리키기 접촉에서 우리는 이 접촉으로부터 독립적인 실재와 접촉한다. 왜냐하면 우리의 뜻(감각)들은 스스로 산출하지 않은 정보를 붙잡기 때문이다.

뜻, 정보, 가짜 뉴스의 무의미성

정보학이라는 과학 분야와 디지털 시대의 주춧돌인 현대적 의미의 정보는 프레게 이래로 철학에서 〈생각의 뜻〉

으로 이해되어 온 바와 일치한다.[51] 정보학의 토대는 현대 논리학과 수학의 성과들인데, 특히 중요한 성과는 현대 논리학의 정초에 관한 프레게의 연구다. 프레게와 그를 계승한 버트런드 러셀, 앨프리드 노스 화이트헤드 등의 사상가들이 없었다면, 디지털 혁명은 결코 일어나지 않았을 것이다. 왜냐하면 생각하기를 실재하는 정보들을 처리하기로 이해함으로써 논리학을 혁명적으로 변화시킨 공로자가 바로 그들이기 때문이다. 프레게, 러셀, 그리고 이들을 계승한 비트겐슈타인은 〈사실Tatsache〉을 거론하는데, 이때 〈사실〉이란 우리의 생각하기가 붙잡고 진술이 발설하는 실재하는 정보구조다.

사실들은 결코 감각(뜻)의 바깥에 있지 않다. 감각이 붙잡는 놈만 사실인 것은 아니다. 오히려 감각은 실재하는 놈과 접촉하며, 그렇기 때문에 감각도 그 자체로 하나의 사실이다. 따라서 사실들은 말하자면 사실들 자신과 관련 맺는다. 이를 우리가 사실들의 한복판에서 사실들과 관련 맺을 수 있다는 점에서 알 수 있다. 우리가 어떤 측면을 주목하면서 사실들을 수용하고 생각하기의 내용으로 삼을 수 있다면, 그 측면이 바로 정보다. 바꿔 말해 우리 사유의 영역 안에서 정보란 읽을 수 있고 인식할 수 있는 사실구조다. 그렇기 때문에 우리는 우리의 생각도 물질-에너지적 방식으로 코드화하고 이를테면 이 책을 쓸 수 있다. 이 책은 내 생각의 표현이므로 정보를 담고 있다. 따라서 이 책은 흰 종이에 검은 철자가 찍힌 무의미한 인쇄물이 아니라 의미의 표현이다.

이 통찰은 중대한 귀결 하나를 가지는데, 현재 루치아노 플로리디는 그 귀결을 보편 정보철학이라는 철학적 사상 시스템으로 건축하는 중이다. 그 귀결이란, 거짓 정보는 궁극적으로 존재할 수 없으며 오직 정보의 거짓된 사용만 존재할 수 있다는 것이다.[52] 덧붙여 말하면, 〈대안적 사실〉이나 〈가짜 뉴스〉도 마찬가지로 존재하지 않는다. 이 두 표현들 자체가 이미 가짜다. 이 표현들은 혼란만 조장한다. 사실들은 단지 존재하는데, 사실들에 대한 보도가 나쁘거나 부적절한 것이다. 예컨대 오늘날 단적으로 만연한, 대중을 깨우치기보다 불안을 더 많이 부추기는 가치 평가적 언론 논평들에서 그러하다. 가짜 뉴스는 이른바 대안적 사실에 대한 보도가 아니라 나쁜 보도이며, 그 보도의 가치 평가적 논평 부분이 사실들을 왜곡한다.

보도와 여론 조장은 구별되어야 하며 공론장에서 지금보다 훨씬 더 잘 분리되어야 마땅하다. 왜냐하면 지금 고전적 매체들은 클릭과 〈좋아요〉를 얻어 광고료를 높이기 위해 몸부림치고 있기 때문이다. 그 결과로 정보 야만화의 위험이 닥쳤다. 왜냐하면 오늘날 우리는 궁극적으로 공허한 견해들이 뒤섞인 데이터 잡탕에서 진짜 정보를 더는 간단히 추출해 낼 수 없기 때문이다.

프레게는 사실을 〈참인 생각〉으로 이해할 것을 제안했다.[53] 따라서 그에 따르면, 실재는 참인 생각들이 실재를 서술하는 그대로다. 요컨대 실재와 실재에 대한 생각 사이의 원리적 구별은 궁극적으로 없다. 사유와 존재는 뛰어넘을 수 없는 심연을 통해 분리되어 있지 않다. 그러므로 《〈앙겔라 메르켈은 2017년 8월에 독일 총리였다〉는 참이다〉라는 주장은 다만 〈앙겔라 메르켈은 2017년 8월에 독일 총리였다〉라는 내용을 가질 뿐이다. 이를 **참의 투명성**alethische Transparenz(희랍어 〈aletheia〉는 〈참〉을 뜻함)으로 명명할 수 있다. 무언가가 참이라는 말은 다만 한 주장을 강조할 뿐이지, 그 주장을 변화시키지 않는다.

이것은 고대 그리스 이후 모든 논리학의 기본 전제인데, 이 전제에 들어 있는 묘수는 다음과 같다. 즉, 참인 생각은 우리에게 실재를 그 진면목대로 직접 보여 준다는 것이다. 실재는 우리가 인식하는 실재와 다르지 않다. 프레게는 이 전제를 이어받고 급진적으로 현대화하여 새로운 논리학을 개발한다. 그 논리학은 형식적이며 순수하게 수학적인 구조를 지닌 덕분에, 서양 최초로 완성된 논리학을 내놓은 아리스토텔레스보다 더 멀리 나아간다.

이를 순박한 견해로, 혹은 순박한 실재론으로 평가하는 사람은 쉽게 꿰뚫어 볼 수 있는 오류를 범하는 것이다. 즉,

그는 진실(참)과 진실로-여김을 혼동하는 것이다. 내가 생각하는 생각이 참인지 여부는 일반적으로 내가 그것을 참으로 여긴다는 것에 달려 있지 않다. 내가 무언가를 안다고 주장할 때, 나는 나의 생각하기 너머로 나아간다. 나는 내 생각이 진실이라고 주장한다. 이때 나는 착각하는 것일 수 있다. 생각은 착각할 수 없지만, 나는 착각할 수 있다. 생각은 객관적으로 참이거나 거짓이다. 오직 생각하는 놈만 착각할 수 있다. 즉, 생각하는 놈만 참인 것을 거짓으로, 또는 거짓인 것을 참으로 여김으로써 착각할 수 있다.

우리의 여섯 번째 감각

이 대목에서 우리는 당연히 프레게보다 더 멀리 나아가야 한다. 왜냐하면 우리는 생각하기, 곧 생각을 가지기를 통상적인 의미의 감각들과 절대로 맞세우지 말아야 하기 때문이다. 오히려 우리의 감각 양태들은 우리가 생각을 붙잡는 방식들이다. 비가 오는 것을 보기는 생각하기의 한 방식이다. 나는 비가 오는 것을 봄으로써 〈비가 온다〉라는 생각을 붙잡는다.

그런데 우리가 지각을 거론하는 두 가지 상반된 방식을 구별할 필요가 있다. 한편으로 우리는 지각을 성공 사례로 이해한다. 이 어법에서 나는 우르술가가 실제로 길을 건널 때만 우르술라가 길을 건너는 것을 볼 수 있다. 다른 한편으로 우리는 거짓 지각(예컨대 환각)도 지각이라고 부르면서, 예컨대 누군가는 환상 속에서 마리아를 보았지만 그를 진찰한 정신과 의사는 그를 믿지 않는다고 말한다. 이 어법에서 지각은 특수한 감각 양태로 코드화된 생각을 붙잡는데, 그 생각이 참일 경우, 그 지각은 성공 사례다. 그 생각이 거짓일 경우, 그 지각은 착각이다.

우리는 이 두 사례를 혼동하지 않도록 조심해야 한다. 용어를 단순화하기 위해 두 사례를 좋은 사례와 나쁜 사례로 부르자. 좋은 사례와 나쁜 사례를 혼동하면, 설이 저서 『사물을 있는 그대로 보기Seeing things as they are』에서 〈나쁜 논증Bad Argument〉이라고 부르는 것에 빠진다.[54] 《나쁜 논증》은 구성주의의 엔진이며 대략 다음과 같다. 좋은 사례와 나쁜 사례는 서로 비슷하다. 그렇기 때문에 우리는 양자를 혼동할 수 있다. 따라서 우리는 좋은 사례와 나쁜 사례를 확실히 구별할 수 없다. 그러므로 우리는 좋은 사례가 존재한다는 것을 증명할 수 없다. 결론적으로 삶 전체가 착각들의 긴 연쇄일 수도 있을 것이다. 「인생은 꿈이다Life Is a Dream」라는 제목의 (페드로 칼데론 데라바르카가 대본을 쓴) 스페인 연극이 있다. 대(大)구성주의자 아르투어 쇼펜하우어는 그 연극에 특별히 감동했다.[55]

그러나 우리가 원리적으로 어떤 개별 사례에서든지 그것이 좋은 사례인지 혹은 나쁜 사례인지에 대하여 착각할 수 있다는 것으로부터, 모든 사례들이 통째로 나쁠 수도 있다는 결론은 도출되지 않는다. 기껏해야 우리는 의심을 품을 수 있을 따름인데, 그 의심을 앞에서와 같은 방식으로 정당화할 수는 없다. 예컨대 탐정 소설 속의 모든 인물 각각이 살인범일 수 있다는 것으로부터 그들이 모두 다 살인을 저질렀다는 결론은 나오지 않는다. 물론 그들이 모두 다 살인범일 수도 있지만, 이것은 일반적으로 지지할 근거가 없는 특이한 경우다.[56] 그렇기 때문에 일반적으로 우리는 모든 인물들을 싸잡아 의심하지 않고 진짜 살인범을 추적한다.

통상적인 감각 양태를 띤 우리의 지각은 물론 객관적으로 오류를 범할 수 있지만 그렇다고 해서 우리의 지각이 모두 거짓인 것은 아니다. 우리의 지각들은 공통의 특징을 지녔는데, 그것은 객관성이다. 모든 감각 양태들의 이 같은 공통 특징이 바로 아리스토텔레스가 상정한 공통감각이다. 그리고 이미 설명한 대로, 공통감각이란 인간의 생각하기다(72면 이하 참조).

우리의 생각하기 덕분에 우리의 모든 감각 양태들은 객관적이다. 또한 생각하기 자체도 객관적이며 하나의 감각으로서 다른 감각 양태들과 나란히 놓인다. 생각하기라는 감각은 우리의 역사 때문에 우리 인간에서 특히 발달했다. 인간은 존 로곤 에콘zoon logon echon, 곧 로고스를 지닌 동물이다. 우리는 로고스를 보유하고 있다. 왜냐하면 우리는 늘 오류 가능한 방식으로 실재와 접촉하면서 언어적으로 코드화된 방식으로 실재에 대하여 소통할 수 있기 때문이다. 그러나 돼지도 로고스를 보유하고 있다. 돼지도 생각한다. 돼지도 인간처럼 오류를 범할 수 있다. 그러므로 우리는, 인간은 자신이 로고스를 지녔다는 사실을 삶의 지침으로 삼는 동물이라는 점을 고전적인 인간의 정의에 추가해야 한다. 돼지는 자기 삶의 뜻Sinn에 대한 질문을 아마도 던지지 않을 것이다. 돼지도 살며, 사는 동안에 생각한다. 그러나 삶과 생각의 연결은 돼지의 삶과 돼지들의 공동체의 기반이 아니다.

그러므로 우리의 이성적 능력은, 우리가 우리 인간의 처지 자체를 주제로 삼을 수 있다는 점을 본질적으로 포함한다. 우리는 우리의 생각하기에 대해서 숙고할 수 있다. 생각하기가 생각하기 자신을 향할 수 있고 생각하기라는 매체 안에서 생각하기 자신을 매체로서 인식할 수 있다는 점에서 생각하기는 다른 감각들과 구별된다. 생각하기를 생각하기는 자기파악 혹은 자기매개의 한 형태다. 생각하기를 생각하기도 오류를 범할 수 있다. 생각하기에 관한 양립 불가능한 이론들이 다양하게 존재한다는 사실이 그 오류 가능성을 보여 준다. 그 이론들이 모두 참일 수는 없다. 왜냐하면 그것들은 대체로 서로를 명시적으로 배제하기 때문이다. 따라서 일부 이론들은 생각에 대하여 착각하고 있는 것이 틀림없다.

생각하기를 생각하기는 감각의 특징들을 갖췄다. 그 생각하기는 자신의 대상, 곧 생각하기와 오류 가능한 방식으로 접촉한다. 우리는 생각감각Denksinn을 지녔다. 생각감각은 고전적인 다섯 개의 감각과 동등한 여섯 번째 감각이다. 생각감각은, 현대의 감각생리학 덕분에 우리가 잘 아는 감각 시스템들을 통해 보완된다.

2장

생각하기와 기술

지도와 영토

유명한 공쿠르 상을 받은 미셸 우엘베크의 소설 『지도와 영토 *La carte et le territoire*』에서 화자는 제드 마르탱이라는 화가에 대해서 이야기한다. 이 화가는 미셸린 지도들을 대상으로 삼은 회화 작품들을 제작함으로써 세계적인 명성을 얻는다. 그는 그 지도들을 가지고 프랑스의 간접 초상화를 그린다. 풍경을 그리는 대신에 마르탱은 지도를 그린 회화를 제작한다. 소설의 한 대목에 따르면, 지도는 〈세계의 대상들을 회화 예술의 대상들로 바꿔 놓는다〉.[57] 그런 점에서 지도는 미술과 유사하다.

제드는 삶을 미술에, 세계를 묘사한 작품들을 생산하는 데 바쳤다(적어도 직업적 삶을 그렇게 바쳤는데, 그 직업적 삶은 순식간에 그의 나머지 삶과 융합되었다). 그런데 그

작품들에서 인간은 전혀, 털끝만큼도 살고 있을 필요가 없었다.[58]

그의 경력은 「지도는 영토보다 더 흥미롭다」라는 도발적인 제목의 전시회에서 정점에 이른다. 화자의 이야기에 따르면, 『르 몽드 *Le Monde*』에서 나온 미술비평가 파트릭 케시시안은 제드 마르탱의 예술을 신의 관점에 빗댄다. 인공위성에서 바라볼 때처럼 먼 우주에서 지구를 바라보는 신의 관점에 말이다.[59]

이 비유는 이른바 **인공지능(AI)과 인간지능(HI)** 사이의 관계에 관한 다음과 같은 **주요 문장**을 연상시킨다. 〈인공지능과 인간지능 사이의 관계는 지도와 영토 사이의 관계와 같다.〉 인공지능에서 관건은 *사유*가 아니라 사유 모형이다. 이때 모형은 그것이 모형화하는 바(모형의 표적 시스템)를 기껏해야 닮을 수 있다. 모형은 복제품이 아니다. 모형은 우리가 모형을 통해 이해하고 설명하고자 하는 것과 전혀 다른 속성들을 가질 수 있다.

나는 〈지능이란 정확히 무엇인가〉라는 질문을 나중에 다시 다룰 것이다. 우리에게 친숙한 인간지능에 대해서는, 논의를 단순화하기 위하여 플로리디처럼 **지능**이란 생각하는 능력이라는 것을 출발점으로 삼을 수 있다.[60] 물론 이 정의가 큰 도움이 되지는 않는다. 왜냐하면 우리가 〈생각하기)를 정확히 어떻게 이해하는가에 모든 것이 달려 있기 때문이다. 그리고 바로 이 관건이 이 책의 주제다.

위 주요 문장은 정보학이 논리학에서 유래했다는 사정으로부터 도출된다. **논리학**은, 생각하기가 생각들을 붙잡기(파악하기)인 한에서, 생각하기의 법칙들을 다룬다. 생각들은 서로 연결된다. 생각들 간 연결은 사유 모형에서 논리 법칙들을 통해 표현된다. 프레게는 논리 법칙들을 〈참임의 법칙들Gesezte des Wahrseins〉이라고 부른다.[61] 예컨대 나의 어린 딸은 최근에 논리 법칙 하나를 발견했다. 즉, 내가 없어지고 엄마도 없어지면, 우리 가족은 자기만 남는다는 것을 깨달았다. 곧이어 그 아이는 갸우뚱거리며 이렇게 물었다. 「거기에서 나까지 없어지면, 우리 가족은 과연 있을까?」 요컨대 내 딸은, 아빠, 엄마, 아이로 이루어진 가족이라는 집단과 그것의 개별 구성원들 사이의 논리적 연결을 알아챈 것이다. 가족이라는 전체는 부분들로 이루어졌다. 모든 부분들이 사라지면, 전체도 사라진다.

우리의 일상 언어는 논리적 연결들로 가득 차 있다. 내가 딸의 아버지라면, 나는 누군가의 아버지다. 더 나아가 이로부터 내가 다른 누군가의 아버지일 수도 있음이 도출된다. 즉, 내가 앞으로 다른 아이들의 아버지가 될 수 있음을 논리적으로 배제할 수 없다. 이처럼 실재는 명백히 논리적으로 구조화되어 있다. 아버지는 실재적으로 아이의 아버지다. 가족은 실재적으로 구성원들로 이루어졌다. 단, 오늘날 가족의 형태는 다양할 수 있다. 예컨대 동성 쌍으로 이루어진 가족도 있을 수 있다. 이 같은 가족상의 다양화는 우리가 이뤄 낸 논리적 진보다. 이제 우리는 가족이 생물학적 구조물이 아니라 논리적 구조물임을 안다. 〈아버지〉와 〈어머니〉는 가족의 맥락 안에서 생물학적 유형들을 가리키는 것이 아니라 역할들을 가리킨다. 아이의 생물학적 아버지와 가족 내에서의 아버지가 다를 수도 있다. 이를 부정하는 사람은 해악을 일으키는 논리적 오류를 범하는 것이다. 아버지임은 한 자연적 유형임(유형에 속함)과 동일하지 않다.

이것은 하나의 발견이다. 이것은 단지 관습의 변화에 불과하지 않다. 무슨 말이냐면, 인간 가족이 역할들로 구성되며 그것들이 다양한 방식으로 채워질 수 있다는 것은 인간 가족에 관한 하나의 사실이다. 그런데 우리가 역할 분담을 필요로 한다는 것은 생물로서의 인간에 관한 생물학적 사실이기도 하다. 그러나 이 생물학적 사실은 역할이 채워지는 방식을 정확히 지정하지 않는다. 관습의 변화는 단지 오늘날 우리 중 다수가 가족에 대해서 1950년대의 조상들과는 조금 다르게 숙고한다는 것만을 의미하지 않는다. 관습의 변화는, 오늘날 우리가 인간에 대해서 — 생물학적 관점과 사회문화적 관점에서 — 단적으로 더 많이 안다는 것도 의미한다. 우리는 우리의 관습을 임의로 변경하지 않았다.

오히려 우리는 사실들의 압력에 밀려, 우리의 과거 관습이 사실들과 충분히 조화될 수 없었다는 통찰에 도달했다.

우리는 누구나 논리적으로 구조화된 숙고를 끊임없이 한다. 우리는 일상을 계획한다. 이 계획 작업은, 오로지 실재 자체가 논리적으로 포맷되어 있기 때문에 성공적으로 이루어진다. 지금 우리는 **넓은 정보 개념**에 접근하는 중이다. 그 개념은 정보학의 성공에 기여했으며 주로 (유명한 정보학자인) 클로드 엘우드 섀넌에게서 유래했다. 이 넓은 정보 개념에 따르면, 정보는 〈예〉 또는 〈아니오〉로 대답할 수 있는 질문이 있는 모든 곳에 있다. 이 정보 개념은 주로 프레게와 비트겐슈타인의 철학에서 발전된 뜻의 개념Sinnbegriff(117면 이하 참조)과 닮았다. 여담이지만, 우엘베크의 소설의 막바지에서 비트겐슈타인이 인용되는 것은 우연이 아니다.[62]

우리 모두는 정보학에서 유래한 〈비트bit〉라는 측정 단위에 익숙하다. 비트는 정보의 측정 단위이며, 정보를 비트 단위로 측정하려면 생각을 단순한 질문들과 대답들로 분해해야 한다. 1비트는 이진법 숫자 하나다. 스위치의 〈켜짐〉(1)과 〈꺼짐〉(0)에 각각 대응하는 두 상태를 거론할 수 있을 때, 우리는 이진법 코드를 사용할 수 있다. 〈전등이 켜져 있습니까?〉라는 질문은 해당 전등 스위치가 켜짐 상태임 또는 꺼짐 상태임을 통해 대답된다. 전등 스위치의 상태는 한 질문에 대한 대답이고 따라서 1비트다. 그렇기 때문에 우리는 전기 임펄스를 사용하여 정보를 코드화할 수 있다. 컴퓨터 칩은 단순한 논리 법칙들을 구현한다. 그래서 컴퓨터 칩은 입력을 안에서 처리할 수 있고, 그 결과로 출력이 나온다. 컴퓨터는 우리가 아는 물리 법칙들에 따라서 하드웨어에 장착된 순수 논리학이다. 우리가 아는 물리 법칙들은 수학적 관계(등식)로 표현된다. 이때 우주는 논리적 구조들로 세분된다. 이는 우주를 계산 가능하고 이론적으로 이해 가능하게 만들기 위해서다.

이 작업이 성공적으로 이루어지는 것은 실재 자체가 정보를 제공하기 때문이다. 물리적 실재(곧 우주)는 적어도 우리가 인식한 만큼은 인식 가능하다. 당연한 말이지만, 우리가 우주를 부분적으로 이해한다는 것으로부터 우리가 우주 전체를 이해한다는 것이 도출되지는 않는다. 우리는 우리가 우주에 대해서 아는 바(혹은 아직 모르는 바) 전체가 무엇인지도 정확히 알지 못한다.

이 대목에서 전등이 켜져 있다는 사실과 전등 스위치가 〈켜짐〉 상태라는 사실을 혼동하지 않는 것이 중요하다. 두 사실은 연결되어 있으며, 그 연결을 논리적으로 파악할 수 있다. 그러나 전등이 켜져 있음은 전등 스위치가 켜짐 상태임과 동일하지 않다(예컨대 전선에 문제가 있을 수 있다. 이 경우에 우리는 전등이 켜져 있음과 전등 스위치가 켜짐 상태임의 차이를 단박에 알 수 있다). 물리학 이론이나 정보학의 논리적 구조는 실재 자체의 논리적 구조와 동일하지 않고 부분적으로만 겹친다. 이론과 실재가 겹치는 경우에도 흔히 동형성이 성립한다. 즉, 이론과 실재가 동일한 구조적 속성들을 지닌 것은 맞지만, 그것들이 다르게 구현되어 있다. 입자물리학 표준모형은 기본 입자들의 속성들과 상호 작용 법칙들을 서술한다. 그러나 그 모형 자체가 기본 입자들로 이루어지지는 않았다. 이론은 실재의 직접적 모상(模像)들의 연쇄가 아니다. 오히려 이론은 고유한 법칙성들의 지배를 받고, 이론 요소들은 그 법칙성들 덕분에 결합된다. 기본 입자들이 자기 자신들을 발견하는 것이 아니다. 오히려 우리가, 성공적이라고 밝혀진 방법들의 틀 안에서 기본 입자들을 발견하는 것이다.

물리학은 말하자면 전등 스위치의 상태와 전등이 켜져 있음 사이의 연결을 탐구한다. 이런 식으로 물리학은 법칙성들을 발견하고 고유한 형식 언어로 표현한다. 하지만 전등 스위치가 〈켜짐〉 상태일 때면 언제나 전등도 켜져 있는 것은 아니다. 그렇기 때문에 물리적 실재는 항상 그 실재를 단순화한 이론적 모형보다 더 복잡하다. 따라서 다음과 같은 결론이 나온다. 〈자연과학적 방법들 전체를 통해서 우리는 온 우주에 대한 확실하고 오류 불가능하며 수정 불가능한 앎에 결코 도달할 수 없다.〉

컴퓨터가 중국어를 할 수 있을까?

현재의 정보 시대에 사는 많은 사람들은 임의적인 메시지와 사실을 구별하는 데 어려움을 겪는다. 우리에게 정보로서 판매되는 모든 것이 실재에 부합하는 것은 아니다. 정보권(圈)은 사실들로 이루어진 기반과 구조적으로 구별된다. 우선, 정보권과 사실들로 이루어진 기반이 둘 다 실재한다는 점을 유의해야 한다. 당신이 지금 (내가 이미 이메일에 첨부한 문서 파일의 형태로 담당 편집자에게 보낸) 이 글을 읽으면서 속한 정보권은 엄연한 실재이며 당연히 물리적 흔적들도 남긴다. 알다시피 이메일은 전선 및 광섬유의 연결망을 누비는 유령이 아니라 코드다. 이메일 코드는 다양한 물질-에너지적 방식으로 구현될 수 있고 그렇기 때문에 전송될 수도 있다.

임의적 메시지와 사실에 대한 통상적 혼동은 가장 유명한 인공지능 비판자들 가운데 한 명인 설에 의해, 효과적이지만 약간 불충분한 방식으로 지적되었다. 인공지능을 다루는 철학에서 가장 많이 거론되는 논증들 중 하나에서 설은 인공지능 개척자 앨런 튜링의 논증에 맞서서 컴퓨터는 생각할 수 없음을 증명하려 했다.[63] 설이 1980년에 제시한 사고 실험을 둘러싼 토론은 비록 최신 토론이 아니지만 그럼에도 현재에 거론하기에 적절하다. 왜냐하면 몇 가지 점에서 설은 근본적인 깨달음에 이르렀기 때문이다. 그래서 이제부터 그 토론을 다시 살펴보고자 한다.

중국어를 할 줄 모르는 존 설(내가 증언하는데, 설은 기껏해야 한자 몇 개만 안다)을 우리가 어떤 방에 감금한다고 상상해 보자. 그 방의 한쪽 벽과 맞은편 벽에는 각각 구멍 하나가 뚫려 있다. 또한 방의 중앙에 책상이 있고, 그 위에 영어 안내문들을 묶은 책 한 권이 놓여 있다. 그 안내문들은 특정 한자들을 어떻게 배열해서 종이에 붙여야 하는지 알려 준다. 책상 위에는 종이와 풀도 놓여 있다.

이제 한 구멍으로 쪽지 몇 개가 들어온다. 한 쪽지에 한자 하나가 적혀 있다. 존은 쪽지들을 모은다. 그러다가 이제 쪽지들이 충분히 모였으므로, 책에 나오는 안내문들 중하나를 실행할 수 있음을 알아챈다. 그는 쪽지들을 안내문의 지시대로 배열하여 종이에 붙이고 그 종이를 반대편 구멍으로 내보낸다. 그 구멍 너머에서 누군가가 종이를 집어드는 소리가 들린다. 이런 식으로 두 명의 중국인이 서로소통한다. 즉, 한 중국인이 존의 방의 한쪽 벽 너머에서 글자들을 건네주면, 존이 — 자기가 문장들을 만든다는 것도 모르고 무엇을 하는지 이해하지도 못하는 채로 — 그 글자들로 문장들을 만들고, 반대쪽 벽 너머에서 다른 중국인이 그 문장들을 받는다.

중국어 방 논증 chinese room argument으로 불리는 이 유명한 사고 실험의 첫째 요점은 존이 중국어를 이해하지도 못하고 말하지도 못한다는 것이다. 안내문에 따라 글자들을 배열하여 붙이기는 중국어 문장들을 이해하기가 아니다. 설에 따르면, 인공지능은 중국어 방 안의 존의 역할과 유사하다(당연히 설의 비판자들은 부분적으로 매우 훌륭한 근거를 갖추고 이 주장에 반발하는데, 이에 대해서는 나중에 상세히 논하겠다). 주어진 하드웨어에 소프트웨어로서 설치된 알고리즘은 자기 덕분에 어떤 정보가 처리되는지 이해하지 못한다. 따라서 인공지능은 지능적이지 않다. 어떤 컴퓨터도 정보를 지능적인 방식으로 처리하지 않는다. 왜냐하면 컴퓨터는 그 무엇도 이해하지 못하고 따라서 생각하는 능력도 보유하지 못했기 때문이다. 그런데 설은 자신의 논증에서 이 모든 것들을 대체로 그냥 전제한다. 그렇기 때문에 나는 이제부터 이 전제들의 정당화를 — 설이 채택할 법한 방식과는 확실히 다른 방식으로 — 시도하려 한다.

이 논의에서 방안에 앉아 글자들을 붙이는 존과 컴퓨터 사이의 차이는 궁극적으로 언어 능력을 갖춘 생물 — 존 설이라는 한 인간 — 과 형식적 시스템 사이의 차이다. 설의 논증에 따르면, 모든 각각의 (생물학적으로 발생하지 않은) 하드웨어와 소프트웨어의 조합이 구조들을 관리하고 규칙에 따라 변형한다는 점에서, 컴퓨터는 형식적 시스템이다. 이 대목에서 설은 결정적인 논점을 건드린다. 비록 안타깝게도 그 논점을 충분히 잘 정당화하지는 못하지만 말이다. 따라서 설이 자신의 사고 실험에서 펼치는 논증은 실패로 돌아간다. 그가 옹호하려 하는 입장은 옳은데도 말이다.

설이 일단 도달하려 하는 결론은, 사람은 구문론적으로 올바른(형식에 맞는well-formed) 기호열들을, 그것들이 무슨 뜻인지 전혀 모르더라도, 주어진 규칙들에 따라 생산할 수 있다는 것이다. 우리는 심지어 박물관에 있는 고대 이집트 상형 문자들도, 그것들을 읽을 줄 모르더라도, 베껴 그릴 수 있다. 설에 따르면, 인공지능은 기호열들을 생산하고 조작하기 위한 형식적 시스템일 뿐이다. 인공지능과 달리 우리는 그렇게 생산되고 조작된 기호열들을 읽을 수 있다. 그러나 나의 〈워드〉 프로그램은 내가 쓰는 글을 읽지 못한다. 설령 그 프로그램이 내 컴퓨터에 설치되어 있어서 내가 이 기호열(문장)을 컴퓨터에 저장하고 USB 스틱으로 전송할 수 있다 하더라도 말이다. 내 컴퓨터는 내 USB 스틱에, 이 글의 주제가 이해의 한계라는 것을 전달하지 못한다. 컴퓨터와 USB 스틱은 나의 언어로 대화하지 못한다.

컴퓨터가 말 그대로 지능이 있고 심지어 어쩌면 영화 「터미네이터」 시리즈에 나오는 스카이넷Skynet처럼 언젠가 세계를 지배하게 되리라고 믿는 사람은, 우리의 신발이 수천 년 전부터 자기를 짓밟아 온 우리에게 복수하기 위하여 세계의 지배권을 움켜쥐게 되리라는 것도 믿을 법하다고 설은 비꼰다. 비(非)생물학적 계산기들에서 이루어지는 정보처리는 의식 없이 진행된다. 그렇기 때문에 그 정보처리는 인간의 이해와 근본적으로 다르다. 인간의 삶에서는 기호열들이 지능적인 방식으로, 정보의 전달과 사실의 탐구 및 변경을 위해 활용된다. 숙주 안에서만 생존하는 기생충처럼, 정보권은 우리의 삶꼴 안에 내장되어 있다. 더구나 설에 따르면, 생물학적 기생충과 달리, 정보권은 어떤 독자적인 삶도 영위하지 않는다.

안타깝게도 설의 증명은 결함이 있다고 할 만하다. 한 결정적인 대목에서 말하자면 무승부가 나니까 말이다.[64] 무슨 말이냐면, 설은 정말로 인공지능을 다음과 같은 시스템과 유사한 놈으로 이해할 수 있다는 것을 증명하지 못한다. 즉, 시스템 내부에 중심이 있고 외부에서 입력되는 정보가 그 중심에서 이해되지 않은 채로 구문론적으로 처리되는 그런 시스템에 빗대어 인공지능을 이해할 수 있다는 것이 증명되지 않는다. 존 설의 내부와 마찬가지로 인공지능의 내부에도 데이터를 정보로 가공하는 호문쿨루스가 들어 있지 않다. 게다가 인공지능이 구조들을 전혀 이해하지 못한다면, 그런 인공지능이 과연 구문론적 처리 능력을 갖출 수 있는지조차 불명확해진다. 설은 컴퓨터의 기호 이해력에 모종의 결함이 있다고 간주한다. 본래 그가 증명하고자 한 것은 컴퓨터가 기호를 전혀 이해하지 못하며 따라서 구문론도 전혀 모른다는 것이었는데 말이다. 요컨대 그는 진실을 어렴풋이 포착했지만 유명한 중국어 방 사고 실험으로는 자신의 통찰을 충분히 방어하지 못한다. 그렇기 때문에 그는 나중에 또 다른 공격 전략을 추가하여 그 사고 실험을 보완했다.

사진은 크레타를 기억하지 못한다

전반적으로 설은 생물학적 자연주의의 거의 옳은 한 버전을 옹호한다.[65] 그의 **생물학적 자연주의**는 인간의 (중국어를 배우고 말하고 이해하는 능력을 비롯한) 모든 정신적 상태를 뉴런 활동(곧 뇌의 부분들)을 통해 산출되는 과정과 동일시한다. 이 이론에 따르면, 정신적 상태란 일반적으로 뇌의 특정 구성 단위들의 광역적 상태다.

이 주장은 몇 가지 문제적인 구석이 있다. 그러나 이 주장은 이제껏 과소평가된 이론적 장점을 지녔다. 즉, 이 주장은, 중국어 방 사고 실험에서 존과 중국어 사용자들이 왜 다른지 설명해 준다. 중국어 사용자들 각각의 내부에는 중국어를 이해하는 작은 발화자가 전혀 들어 있지 않다. 중국어 사용자들의 뇌 속에는, 거기에서 언어적 코드가 이해되지 않은 채로 활용되는 그런 통제 센터가 존재하지 않는다. 오히려 중국어 사용자들은 생물학적으로 적합한 총체적 시스템(생물)들이며, 그 시스템들은 — 현실이 증명하듯이 — 중국어를 할 능력이 있다.

반면에 방은 그런 속성들을 지니지 않았고, 따라서 존도, 방과 글자들과 안내서와 구멍들 등으로 이루어진 총체적 시스템도 중국어를 할 수 없다. 설이 우리에게 상기시키는 바는, 누군가가 아무튼 무언가를 이해하려면 최소한 충분히 건강하고 능숙한 생물 안에 있는 충분히 건강하고 능숙한 뇌가 필요하다는 것이다. 중국어 방은 무언가를 학습할 수 있는 생물이 아니다. 오히려 그 방은, 그 안에 누군가가 앉아서 문자열들을 — 그것들을 이해하지 못하는 채로 — 생산하는 그런 상자다.

그러므로 언어 인식 소프트웨어와, 이 문장을 이해하고 참이라거나 거짓이라고 간주하는 당신의 능력 사이에는 메울 수 없는 간극이 존재한다. 이 간극에 대한 설의 설명의 핵심은, 모든 지향성Intentionalität은 뇌의 속성이라는 견해다. 철학에서 **지향성**(어원은 라틴어 intendere =향하다, 겨냥하다, 방향을 조종하다)이란, 정신적 상태가 무언가를 (이 무언가가 반드시 정신적 상태일 필요는 없다) 향한다는 것을 뜻한다. 따라서 이 맥락에서 지향Intention은 일차적으로 의지의 표출과 관련이 있는 것이 아니라 다만 우리의 생각하기가 생각하기의 대상을 향한다는 것과 관련이 있다. 예컨대 나는 지금 큰 어려움 없이 버락 오바마를 생각할 수 있으며, 이를 방금 찍은 쉼표 앞의 문구로 표현할 수 있다. 당신이 버락 오바마가 누구인지 안다면, 또한 앞선 문장과 이 문장을 이해한다면, 당신도 나와 마찬가지로 버락 오바마를 지향한다. 즉, 당신은 버락 오바마를, 내 문장들이 다루는 바로 그 대상으로서 생각한다. 생각과 문장이 실재하는 무언가를 다룬다는 것이 지향성이라는 속성이다.

이제 설의 기본 아이디어를 다음과 같이 표현할 수 있다. 생각과 문장은 오로지 우리가 그것들에 우리의 인간적 지향성을 빌려주기 때문에 오바마를 다룬다. 이것이 **빌려준 지향성**borrowed intentionality[66] 논제다. 당신이 여름휴가 장소를 물색하기 위해 한 홈페이지를 살펴본다고 가정해 보자. 그 홈페이지가 예컨대 크레타의 호텔들을 다룬다면, 그것은 오로지 사람들이 이미 크레타를 생각했고 이 사실을 비(非)인간 저장 매체(휴가 사진들, 여행 안내 소책자, 고대 유럽의 서사시, 최근에는 사이버 공간)에 맡겨 놓았기 때문이다. 휴가 사진들은 크레타를 생각하지 못한다. 크레타에서 보낸 지난 휴가를 기억하지도 못한다. 휴가 사진들은 기억을 돕는 도구지만, 그 자체로 기억은 아니다.

개미가 모래밭을 기어 다니며 그림을 그린 걸까?

빌려준 지향성 논제를 더 명확히 이해하기 위해, 설의 생물학적 자연주의를 몇몇 결정적인 측면에서 능가하는 더 일반적인 숙고 하나를 살펴보자. 이 숙고의 출처는 어떤 책의 한 챕터인데, 그 챕터는 「매트릭스The Matrix」 3부작 덕분에 비교적 최근에 인류 문화사에 진입했다. 그 챕터의 제목은 「통 속의 뇌」이며, 그 챕터가 속한 책은 힐러리 퍼트넘이 쓴 『이성, 진리, 역사Reason, Truth and History』다.[67]

그 챕터에서 퍼트넘은 〈우리의 의식적 삶 전체가 모종의 방식으로 우리 뇌가 자극됨을 통하여 산출되는 시뮬레이션일 수도 있을까?〉라는 질문을 논한다. 즉, 우리 뇌가 실은 지구라는 행성 위에 있지 않고 어떤 통 속에 있는데 고도의 기술에 의해 조종되어 우리의 의식적 삶을 산출할 가능성을 논한다. 우리는 이 논의를 나중에 다시 다룰 것이다 (356면 이하 참조).

아무튼 퍼트넘의 출발점은 어쩌면 당신도 이런저런 형태로 해보았을 법한 다음과 같은 생각이다.

개미 한 마리가 모래밭에서 기어 다니면서 지나간 경로를 선으로 남긴다. 순전히 우연으로 그 선이 구부러지고 교차하면서 그림을 이루는데, 그 그림은 누가 봐도 윈스턴 처칠의 캐리커처처럼 보인다. 그 개미는 윈스턴 처칠의 그림을 그린 것일까? 처칠을 모사한 그림을?[68]

잠시 독서를 멈추고, 당신은 그 개미가 처칠의 캐리커처를 그렸다고 여기는지 스스로 곰곰이 생각해 보라. 나는 당신의 심사숙고를 위해 이 문장과 다음 문장 사이에 약간의 여백을 남겨 두겠다.

—

자, 다시 논의를 이어가자. 당신이 아직도 확신이 서지 않는다면, 결국 동일한 구조를 지닌 다음과 같은 질문에 답해 보라. 별자리 그림은 존재할까? 예컨대 큰 곰 그림이 밤하늘에 있을까?

—

여전히 망설여진다면, 이번에는 소를 닮은 구름이나 달 표면의 얼굴 무늬를 생각해 보라.

—

이 모든 사례들의 공통점은, 거론되는 그림이 의도적으로 무언가를 묘사한 그림이 아니라는 점이다. 우리는 처칠의 캐리커처를 본다. 왜냐하면 우리는 처칠을 잘 알기 때문이다. 우리는 큰곰자리 그림을 본다고 믿는다. 왜냐하면 우리는 큰 곰을 잘 알기 때문이다. 소와 얼굴에 대해서도 똑같은 얘기를 할 수 있을 것이다. 반면에 개미는 처칠을 모르며 따라서 처칠의 캐리커처를 제작할 수 없다. 밤하늘은 애당초 곰을 모른다. 밤하늘은 아무것도 모른다.

개미들이 우연히 처칠 캐리커처를 제작할 수도 있다는 견해, 혹은 구름들이 뭉쳐 소 모양을 이룰 수도 있다는 견해를 퍼트넘은 **마술적 지칭 이론**magical theory of reference이라고 부른다. 무슨 말이냐면, 구름이 우리의 해석 없이 소 모양을 이룰 수 있다면, 그것은 기적과 다름없다는 것이다. 대체 어떤 기상학적 과정을 통해서 그 기적을 설명할 수 있겠는가?

이 마술적 이론에 맞서서 퍼트넘은 보존할 가치가 있는 통찰 하나를 내놓는데, 그 통찰은 우리를 한걸음 나아가게 해준다. 그 통찰은 〈의미론적 외재주의semantic externalism〉라는 열쇳말을 통해 널리 알려져 있다. **의미론**은 (언어적) 의미Bedeutung를 다루는 학문이다. **의미론적 외재주의**의 기초는, 진술 속의 많은 요소들이 (우리는 그 요소들의 도움으로, 진술이 아닌 무언가를 향할 수 있는데) 자신들의 방향을, 말하자면 외부로부터 얻는다는 것이다. 진술이 무엇을 다루는지는 진술의 대상에 의해 결정된다. 반면에 우리가 그 대상에 대해서 개별적으로 진술하는 바는 그 대상을 결정하지 못한다. 예컨대 내가 버락 오바마에 대해서 — 오도된 많은 미국인들처럼, 그가 실은 미국인이 아니며 미국에서 태어나지 않았다고 믿으면서 ― 틀린 견해를 진술한다면, 나의 진술은 거짓이다. 왜냐하면 나의 진술은 오바마를 다루고, 오바마는 미국인일뿐더러 미국에서 태어났기 때문이다. 우리는 무언가에 대해서 거짓 진술을 할 수 있는데, 그 이유는, 우리 진술의 대상은 우리가 그것에 대해서 말한다는 것에 국한되지 않는 면모를 지녔으며 우리가 그것에 대해서 말하는 바에 늘 부합하는 것도 아니기 때문이다. 우리 진술의 대상은 우리의 진술이 무슨 뜻인지, 우리의 진술이 예컨대 참 또는 거짓인지를, 말하자면 외부에서 (그렇기 때문에 〈외재주의〉다) 우리와 함께 결정한다.

더 일반적으로, 찰스 트래비스는 진실(참)이란 오직 두 당사자가 참여하는 기획이라고 말한다. 진실은 양측 기획 two-party enterprise이라는 것이다.[69] 한 생각이 진실이라면, 그것은 실재가 그 생각이 서술하는 대로라는 것에서뿐 아니라 그 생각이 지금 여기에 있다는 것에서도 유래한다. 생각이 진실이거나 거짓일 수 있는 것은 생각뿐 아니라 실재도 진실의 문제에 끼어들어 발언하기 때문이다.

그리고 그 양측(생각과 실재) 외에 추가 참여자는 없다. 구성주의가 염두에 두는 제3의 참여자, 예컨대 우리의 감각 기관이나 사회적 집단에의 소속을 통한 실재 구성은 없다. 무언가가 트럼프에게 진실이라면, 그것은 오바마에게도 진실이다. 따라서 대안 사실들이란 존재하지 않는다. 물론 몇 가지 사안은 오직 트럼프가 존재하기 때문에 진실이다(예컨대 그가 미국의 45대 대통령이라는 사안이 그러하다). 그러나 그 사안이 진실이기를 트럼프가 바라기 때문에 그 사안이 진실인 것은 아니다.

기술의 진보와 초권능

요컨대 개미들은 처칠에 대해서 숙고할 수 없다. 개미 한 마리가 기어 다닌 흔적을 통해 우연히 그려진 처칠 캐리커처를 우리가 본다고 여길 때, 우리는 그 흔적에 우리의 지향성을 빌려주는 것이다. 우리가 실재에 의미Bedeutung를 부여하는 것이다. 우리가 부여하지 않는다면 그 실재가 지니지 못할 의미를 말이다.

이 주장을 **투사 논제**Projextionsthese라고 부를 수 있다. 이 명칭은 루트비히 포이어바흐의 종교 비판에서 유래하여 널리 알려졌다. 그는 1841년에 출판한 획기적인 저서 『기독교의 본질The Essence of Religion』에서, 기독교는 인간의 속성들을 하늘로 투사한 다음에 신이 존재한다고 여긴다는 주장을 내놓았다. 포이어바흐에 따르면 기독교의 신은 인간의 속성들을 다수 지녔다. 왜냐하면 우리가 그 신을 우리의 모습대로 지어서 외부 세계로 투사했기 때문이다. 이 종교 비판은 기원전 6세기에 소크라테스 이전 철학자 크세노파네스가 최초로 제기한 비판과 맥이 닿는다.

에티오피아인들은 자기네 신들은 코가 납작하고 피부가 검다고 주장하는 반면, 트라키아인들은 눈동자가 파란색이고 금발이라고 주장한다. (⋯⋯) 그러나 소와 말과 사자가 손이 있어서 인간처럼 그림을 그리고 조각상을 제작할 수 있다면, 말은 말의 모습으로 신들을 모사하여 그릴 테고, 소는 소의 모습으로 그리할 터이며, 녀석들은 자기네 몸의 모습과 일치하는 조각들을 새길 터이다.[70]

인간의 주요 특징은 발달한 생각감각Denksinn이다. 텔레비전 시리즈 「에피소드Episodes」의 한 회(504회)에서 (허구의) 영국 희극배우 션 링컨은 실수로 멧돼지를 쏜다. 그와 그의 아내 베벌리는 그 멧돼지를 구하려 하지만, 또 다른 등장인물 매트 르블랑은 거기에 반대한다. 그 멧돼지가 매트의 목장에 머무를 권리가 있느냐를 놓고 열띤 토론이 벌어지고, 매트는 그 권리를 인정하지 않는다. 왜냐하면 그 목장을 소유하려고 800만 달러를 지불한 것은 자신이지 그 멧돼지가 아니라면서 말이다. 션과 베벌리는, 그 멧돼지는 지능을 가졌기 때문에 권리를 주장할 수 있다고 맞받아친다. 그러자 르블랑이 말한다. 「그럼 내가 총을 가진 것은 어떻게 하고?」 당연한 말이지만, 나는 지금 동물권에 반대하려는 것이 전혀 아니다. 오히려 정반대다! 인간지능이 멧돼지 지능을 여러 모로 능가한다는 것에서 우리가 멧돼지를 나쁘게 대할 권리가 있다는 것은 결코 도출되지 않는다. 생각해 보면 우리는 성인으로서 성숙한 지능을 지녔다는 이유만으로 어린 아동을 나쁘게 대하지 않는다. 생물은 지능을 지녔기 때문이 아니라 고통을 느낄 수 있기 때문에 도덕적으로 존중받을 자격이 있다.[71] 따라서 우리는 멧돼지에 대해서는 도덕적 책임이 있지만 스마트폰에 대해서는 그렇지 않다. 스마트폰은 모든 역사 속의 모든 돼지와 신생아를 다 합친 것보다 더 뛰어난 계산 능력을 보유했다. 그럼에도 우리는 스마트폰을 내버릴 수 있다. 그러나 신생아는 그럴 수 없다.

인간은 생각감각을 보유한 유일한 생물이 아니지만, 우리가 알다시피, 특별히 발달한 생각감각을 지닌 생물이다. 이것은 당연히 우리의 번역 능력과 관련이 있다. 이때 번역 능력이란 생각을 그림으로, 교향곡으로, 이론으로, 도구로, 자연 언어의 문장들로 코드화하는 능력을 말한다.

투사 논제에서 우리에게 중요한 점은 우리가 인간적 속성들을 우리의 기술에 전이한다는 점이다. 수천 년 전부터 인류가, 우주가 지니지 않았지만 우리에게 알맞은 의미를 우주에 장착해 온 것과 마찬가지로, 오늘날 우리는 기술적 진보를 우리가 통제할 수 없는 초권능Übermacht으로 상상한다. 신에 대한 이야기 대신에, 오늘날 많은 사람들은 기계들에 대해서 이야기한다. 우리가 보기에 그 기계들은 지능을 지닌 것처럼 보인다. 왜냐하면 우리가 우리의 논리를 그것들에 장착했기 때문이다.

생각하기를 생각함으로써 생각하기의 법칙들을 발견하고 과학적 형태로 표현하는 활동은 인간의 성취다. 이 성취는 테크놀로기Technologie*의 축복이자 저주이며, 나아가 고도 문화들이 발생한 이래로 우리에게 친숙한 문명의 축복이자 저주다. 그러나 논리가 하늘에서 뚝 떨어졌다고 생각해서는 안 된다. 논리는 신의 계시가 아니라 우리가 오직 인간적 삶꼴의 틀 안에서만 발견할 수 있는 구조다.

설과 퍼트넘으로부터 우리는 다음과 같은 깨달음을 얻을 수 있다. 우리에게 생각으로, 혹은 생각하기의 사례로 보이는 모든 것이 실제로 생각이거나 생각하기의 사례인 것은 아니다. 우리는 우리 자신의 사유 과정을 우리의 자연적·사회적 환경에 자주 투사한다. 누구나 이와 유사한 사례를 잘 알 테지만, 우리는 오랫동안 만나지 못한 친구를 낯선 도시에서 마침 그를 생각하는 순간에 다시 만나곤 한다. 하지만 이 상황은 우리와 우연히 다시 만나기 위해 그 친구가 그 낯선 도시에 와 있음을 의미하지 않는다. 만약에 그 친구가 가련하게도 여러 해 전부터 나와의 우연한 만남을 성사시키려고 돌아다녔는데, 그 만남이 하필이면 내가

---

* 〈Technologie〉를 〈Ideologie(이데올로기)〉와 관련짓는 저자의 어법을 살리기 위해 원어의 발음을 받아 적는 것으로 번역을 갈음함.

그를 생각하는 순간에 이루어졌다면, 이것은 정말 특별한 일일 터이다. 또한 어떤 더 높은 존재, 이를테면 신이 〈운명〉을 조종하여 사람들을 만나게 하고 그 직전에 그 운명적 만남을 예고한다면, 그것 역시 정말로 특별한 일일 것이다. 그러나 삶의 행복한 우연은 더도 덜도 아니라 행복한 우연이다. 불운한 우연, 곧 사고 역시 다름 아니라 우연이다.

문명 속의 불만

그야말로 무한히 많은 요인들의 상호 작용 때문에 인간의 삶에서는 완벽하게 의도된 것이 전혀 아닌 일이 항상 일어난다. 우리의 문명은 누군가가 제도판 위에서 설계한 합리적 질서가 아니다. 사회경제적 생활 조건의 모든 향상은 결코 완전히 굽어볼 수 없는 방대한 사정들에 의존한다.

그 이유는 간단하다. 왜냐하면 우리는 생물로서 주로 비지향적nicht intentional 환경과 맞닥뜨리기 때문이다. **우리 삶의 비지향적 환경**이란, 누군가가 그것들의 존립을 미리 계획하지 않은 채로 존립하는 사실들이다. 근대적이며 기술적으로 고도화된 문명을 낳은 우리의 문화 노동은 이런 우연의 압력을 줄이고, 위험하고 예측 불가능한 자연이 우리에게 접근하는 것을 막는 것에 그 핵심이 있다. 그러나 문제는 우리 자신이 생물로서 예측 불가능한 자연으로 이루어졌다는 점이다. 따라서 논리적으로 보이는 다음 걸음은 우리의 생물학적 몸을 극복하는 것이다.

우리는 우리의 삶에 가해지는 환경의 압력을 줄이기 위해, 빌려준 지향성이 충만한 보금자리를 만들어 낸다. 그런 식으로 우리는 우리 자신의 문화 속에 깃든다. 플로리디는 이를 존재의 의미화semantization of being라고 칭한다.[72] 그에 따르면, 우리는 생각하는 생물로서 우리를 둘러싼 실재에 의미가 부재할 경우 정보권을 구성함으로써 반응한다. 정보권이란 말하자면 우리의 정신적 대기권이다. 전통적으로 사람들은 이 맥락에서 문화를 거론했다. 정보 시대에 대한 플로리디의 진단에 따르면, 오늘날 우리는 의미 연결망의 구성을 워낙 폭넓게 실행한 결과로 이미 오래전부터, 정보 세계가 손대지 않은 자연에서보다 정보 세계에서 더 많은 시간을 보낸다. 내가 이 문장을 나폴리행 비행기 안에서 쓰는 동안, 왼쪽의 여행자 두 명은 온라인이나 고전적 인쇄물에서 미리 수집한 지도와 정보에 의지하여 이스키아*를 어떤 경로로 관광할지 계획하고 있다. 그들이 이스키아에서 체험할 모든 것은 (최근에 거기에서 일어난 것과 같은 지진은 제외하고) 그들이 사전에 갖춘 정보의 안경을 통해 관람될 것이다. 따라서 그들은 비인간적 자연과 맞닥뜨리는 원초적 체험을 한다기보다는 그들이 이미 표시해 놓은 정신적 경로를 따라 돌아다닐 것이다.

* 이탈리아 남부의 섬.

비인간적 자연과의 맞닥뜨림을 우리는 (정당하게) 기피한다. 왜냐하면 비인간적 자연은 우리의 친구도 아니고 적도 아니기 때문이다. 그 자연은, 그것들의 발생에 우리의 의미기대Bedeutungserwartung가 아무런 기여도 하지 않은, 물질들과 자연법칙들의 단적인 〈놓여 있음Vorhandensein〉이다. 이에 기초하여 플로리디는 우리의 정신적 삶의 의미를, 사물들의 무의미성에 대한 근원불안Urangst으로부터의 도피로 이해한다.

따라서 정신적 삶은 의미의 진공에 대한 근원적 공포에 성공적으로 대응한 결과다: 무의미(〈아직 의미로 채워져 있지 않음〉이라는 비실존주의적 의미에서의 무의미)에 대한 근원적 공포. 카오스는 우리의 자아를 갈가리 찢어 놓으려고, 자아가 무로 지각하는 다름 속에 자아를 침몰시키려고 위협한다. 이 소멸에 대한 원초적 공포가 자아를, 의미가 부재하는 모든 공간에 어떤 의미라도 부여하도록 몰아간다. 맥락의 제한들 및 선택지들과 문화적 발전이 허용하는 한에서 자아가 성공적으로 발견할 수 있는 어떤 의미라도 말이다.[73]

오늘날 많이 비난받는 필터버블filter bubble은, 인간이 노동 분업의 형태로 자연에 맞서기 시작한 이래로 늘 존재해

왔다. 자연은 우리에게 생존이라는 궁극적으로 해결 불가능한 과제를 부과하고, 우리는 그런 자연에 늘 맞선다. 이와 관련해서 우리가 어떤 진보를 이뤄 내건 상관없이, 우주의 구조 때문에 모든 인간의 삶은 조만간 소멸할 것이다. 이 상황은 걱정을 일으킨다. 왜냐하면 이 상황은 우리 자신의 죽음을 비추는 우주적 거울이기 때문이다. 우리는 본질적으로 언제든 발생할 수 있는 우리의 죽음이라는 프리즘을 통해서 실재를 체험한다. 그렇기 때문에 마르틴 하이데거는 인간을 〈죽음을 향한 존재Sein zum Tode〉로까지 규정한 것이다.[74]

날마다 우리 근대인은 기호들을 만나며, 그것들은 오로지 우리가 그것들에 의미Bedeutung를 빌려주기 때문에 무언가를 의미한다. 예컨대 교통 표지판, 선거 현수막, 우리가 사는 도시의 지도 속 광고판, 최근 몇 십 년 전부터는 사이버 공간의 기호 정글이 그러하다. 우리는 그 기호 정글을 주로 스마트폰에 넣어서 휴대하며 이미 오래전부터 잠자리에도 가지고 들어간다. 스마트폰 속의 반짝이는 실재는 빌려준 지향성으로 우리를 폭격한다. 구름과 웹사이트 사이의 차이는 자명하다. 웹사이트에는 다수의 개인들이 참여하여 자신들의 지향성을 거기에 빌려준다. 모든 웹사이트는 소통 활동이다. 즉, 생각을 타인들에게 전달하는 활동이다. 반면에 구름은 소통 활동이 아니다.

인간의 문화 노동의 핵심은 우리가 우리 자신의 통제를 완전히 벗어난 요인들의 손아귀 안에 놓여 있다는 인상을 줄이는 것이다. 우리는 끊임없이 우리 자신이 쇠퇴한다는 사실을 억누르고, 우리 자신이 직접 또는 간접 요인으로서 가담한 모든 고통과 폐해를 억누른다. 매 순간 통제 불가능한 사고들이 일어나는데, 그것들은 부분적으로 우리의 문화 노동을 통해 촉발된다. 칸 영화제에서 황금종려상을 받은 루벤 외스틀룬드의 영화 「더 스퀘어The Square」는 이를 미적으로 훌륭하게 묘사한다. 스톡홀름에 있는 어느 현대 미술관의 관장인 주인공은 연이어 사고를 당하면서도 통제 불가능한 것을 기술을 통해 제어하기 위해 꾸준히 노력한다. 영화는 이 노력의 실패와 더불어, 오늘날 참된 도덕적 문제들이 매체에 의해 억눌리는 것에서 비롯되는 윤리적 구렁텅이를 보여 준다. 매체의 홍수 속에서 우리는 이방인, 노숙자, 아동 빈곤 등에 대해서 끊임없이 떠들지만, 현실 속의 개인들로서 이 문제들을 개선하기 위해 어떤 노력도 하지 않는다는 것을 말이다.

이 행성에서 모든 인간의 삶은 언젠가 종결될 것이다. 우주 전체의 엔트로피가 정확히 어떻게 작동하느냐에 따라서, 어쩌면 우주 전체의 열죽음이 발생할 수도 있다. 즉, 정보를 코드화할 수 있는 어떤 구조도 존재하지 않는 상태가 도래할 수도 있다.[75] 아무튼 우리는 모든 인간과 인류 전체가 조만간 죽어야 한다는 생각과 누구에게나 견딜 수 없는 불상사가 (늦어도 본인의 죽음이라는 형태로) 닥치리라는 생각에 익숙해져야 한다.

이 사정은 문화 노동을 통해 우리 의식의 주변부로 밀려난다(지금 당신이 읽는 글과 같은 예외들이 있기는 하지만). 오늘날 우리의 문화에서는 죽음을 공적인 공간에서 추방하는 것이 대세다. 추방된 죽음은 주로 치명적인 사고를 보도하는 뉴스의 형태로 재등장한다. 뉴스는 테러와 비행기 추락을 보도하지만, 비행기 안의 사람들이 서로를 어떻게 만나고 사랑에 빠지고 예컨대 불행한 고아를 입양함으로써 세계를 함께 개선하는지는 보도하지 않는다.

현재 뉴스 산업의 중요한 기능 하나는 우리의 문화 노동을 상징적으로 간접 정당화하는 것이다. 항상 어딘가 다른 곳에서 일어나는 끔찍한 사건들 앞에서 사람들은 기존의 일상 구조에 매달리는 자신들이 정당하다고 느낀다. 어딘가 다른 곳에서 내전이 일어나면, 많은 이들은 안심한다. 왜냐하면 아무튼 여기는 내전 장소가 아님을 알기 때문이다. 하지만 그렇기 때문에 타인들이 고통받는 원인이 우리 자신에게 있음을 알아채기가 더 어려워지는 문제가 발생한다. 우리 모두는 어떤 형태로든 인과 사슬의 한 고리이며, 그 사슬의 끝에서는 누군가가 고통을 당하고 있다. 지속 불가능하고 부당한 조건에서 생산된 스마트폰을 소유하거나 자동차를 몰거나 상품을 구매하는 것만으로도 충분하다. 게다가 우리가 일상적으로, 때로는 전혀 불필요하게 사용하는 플라스틱은 모든 인간뿐 아니라 다른 생물들에게도 해를 끼친다. 따라서 우리의 문화 노동은 지속 가능하지도 않고 도덕적으로 정당하지도 않다.

끊임없이 우리 곁에 있는 정보권의 기호 정글은 상징 질서symbolische Ordnung다. 우리가 그 상징 질서를 생산하는 또 하나의 이유는, 우리가 어쩌면 불멸하게 되거나 최소한 실제보다 우주의 물질-에너지적 불상사들에 훨씬 덜 휘둘리게 되리라는 착각을 우리 자신에게 심어 주기 위해서다. 우리의 생물학적 본성을 극복함으로써 불멸하게 되리라는, 실리콘 밸리에서 유래한 비전은 우리가 죽어 존재의 짐을 벗으면 안식하게 되리라는 오래된 납득할 만한 희망을 담은 생각일 따름이다.

그러나 유감스럽게도 이 불멸 환상은 고통을 일으킨다. 왜냐하면 그 환상은 현재의 생태적·사회적 위기를 초래하는 큰 원인인 기술적 진보를 장려하기 때문이다. 우리가 실리콘 밸리의 찬란한 이데올로기를 위해 지불하는 비용이 얼마나 막대한지는 스마트폰 공장의 임금 노예들뿐 아니라 그 불멸 환상의 물질적 기반을 생산하는 일에 삶을 바치는 것이 일상인 다른 모든 인간 집단들이 가장 절실하게 안다.

자본주의 피라미드의 정점에 위치한 근대적 소비자들은

이 측면에서 근대적 파라오들이라고 할 만하다. 노예들이 건설한 피라미드 안에서 (누구에게도 이롭지 않은 방식으로) 불멸하는 대신에, 우리는 정보권 안에서 (역시 궁극적으로는 누구에게도 이롭지 않은 방식으로) 불멸한다. 그리하여 우리의 정신적 삶은 늘 위태롭다. 사람들은 욕구들을 쌓아 올리고 실재에 맞추는 과정에서 실패할 수 있다. 이를 우리는 일상적으로 체험한다. 우리는 하루, 일주일, 일년, 생애의 한 기간별로 계획을 세우지만, 우리의 통제 바깥에서 끊임없이 변화하는 환경에 그 계획을 맞춘다(맞춰야 한다).

그렇기 때문에 프로이트는 유명한 저서 『문명 속의 불만 *Das Unbehagen in der Kultur*』에서 인간은 실재 안에 깃드는 것에 대해서 일반적이며 본능적인 반감을 지녔다고 진단한다.[76] 우리는 이 불만을 떨쳐 낼 수 없다. 시대정신을 왜곡하는 이데올로기에 대한 비판으로서 철학의 중요한 과제 하나는 인간의 문화적 자기 서술에 들어 있는 해로운 자기 모형들을 감시하는 것이다. 오늘날 그런 자기 모형 하나는, 정보학의 진보와 디지털화의 영원한 발전을 통하여 우리가 지상에서 일종의 불멸에 도달할 수도 있을 것이라는 상상이다. 기술은 우리를 불멸하게 하지 않을 것이다. 오히려 기술은 일부 사람들의 삶을 연장하고 다른 사람들의 삶을 단축할 것이다.

감정 지능

감각 능력 덕분에 우리는 의식적 삶의 모든 순간에(꿈속에서도) 실재와 긴밀히 접촉한다. 우리의 느낌Empfindung, 곧 실재하는 놈과 우리 사이의 접촉은 다행히 우리에게 삶의 저항과 거슬림으로만 다가오지 않는다. 인간은 매우 사회적인 생물이어서, 우리 종의 구성원은 사랑(다른 정신적 생물들이 자기를 보호하고 보살피는 상황)을 체험해야만 생의 처음 몇 달이나 몇 년을 생존할 수 있다. 1843년에 출판한 논문 「미래 철학의 원리들Grundsätzen der Philosophie der Zukunft」에서 포이어바흐는 이를 다음과 같이 표현한다.

그러므로 사랑은 우리의 머리 바깥에 대상이 현존한다는 것에 대한 참된 존재론적 증명이다. ― 그리고 사랑, 무릇 느낌이야말로 존재에 대한 유일한 증명이다. 오로지 그놈의 존재가 당신의 기쁨을 일으키고 비존재가 슬픔을 일으키는 그런 놈만이 존재한다. 따라서 객체와 주체 사이의 구별, 존재와 비존재 사이의 구별은 즐겁기도 하고 고통스럽기도 한 구별이다.[77]

심층심리학은 19세기에 이와 유사한 숙고에 기초하여 발생했다. 독일 관념론과 낭만주의의 정신으로부터 정신분석이 발생하는 역사 전체를 여기에서 재구성할 필요는 없다. 이 전통 전체에서 중요한 것은 다음과 같이 표현할 수 있는 핵심적인 생각이다. 〈생각하는 생물로서 우리는 우리 자신에 대하여 어떤 태도를 취한다.〉 우리는 우리의 사유 활동과 그 내용(곧 우리의 생각)을 항상 어떤 특정한 방식으로─또한 감정으로 채색된 상태로─체험한다.

현상적 의식phänomenales Bewusstsein 없는 지향적 의식은 없다. 무슨 말이냐면, 우리는 무언가를 생각할 때 항상 어떤 감정을 품을 수밖에 없다.[78] 우리의 정신적 상태는 매 순간 감정과 생각으로 구성되며, 이때 우리가 체험하는 감정과 기분은 그 자체로 실재와 관련 맺지 않는다. 현상적 의식─그때그때 느낌의 양상─은 지향적 의식 없이는 결코 출현하지 않는다. 그러나 그렇다고 해서, 그 자체로 생각이 아닌 무언가를 향한 모든 생각이 우리의 감정에 의해 조종된다는 뜻은 아니다.

모든 생각 각각이 정확히 특정된 방식으로 느껴지는 것은 아니다. 엄밀히 말하면, 우리의 현상적 의식이란 우리 몸 전체의 매 순간의 상태 곧 배경잡음이다. 무수히 많은 요소들이 그 배경잡음에 기여한다. 예컨대 통속적으로 거론되는 〈뱃속 뇌Bauchhirn〉, 곧 우리의 소화관 안에 위치한 내장 신경계도 그런 요인들 중 하나다. 체험은 말하자면 우리 몸의 반향실echo chamber이다. 그 안에서 상태들이 내적으로 처리되고 지향적으로 접근 가능하게 된다. 내가 두통을 느낀다면, 그 느낌은 내 몸의 상태에 대하여 나에게 무언가를 말해 준다. 그러면 나는 나의 지향적 의식 덕분에 거기에 반응하여 이를테면 진통제를 먹을 수 있다. 다들 알다시피 자신의 몸 안에서 일어나는 일을 정확히 보고하기 위해 필요한 지향적 정보를 자신의 느낌으로부터 간단히 읽어 낼 수는 없다. 느낌은 언어적으로 코드화된 생각이 아니다.

그러나 현상적 의식과 지향적 의식 사이의 상호 작용이 존재하며, 우리는 그 상호 작용을 방금 언급한 〈뱃속 느낌 Bauchgefühl〉으로서 익숙하게 안다. 여담이지만, 프레게는 뱃속 느낌을 전적으로 인정하면서 생각의 〈채색과 조명〉을 이야기한다.[79] 우리 언어에는 감탄사들(예컨대 독일어에는 〈아흐Ach!〉)이 있다. 그 단어들은 우리가 한 생각 앞에서 어떤 느낌을 갖는지 표현한다. 그 단어들은 생각의 진실성을 전혀 변화시키지 않는다.

우리가 우리의 생각하기에 대해서 스스로 숙고할 때, 우리는 우리의 역할담당자성 구조Persönlichkeitssturktur를 전혀 벗어나지 못한다. 우리의 생각하기에 대하여 생각할 때에도 우리는, 우리가 우리 자신으로 간주하는 사람으로서, 또한 우리가 타인들에게 보여 주고 싶은 모습대로, 그 생각하기에 대한 우리의 태도를 표현한다. 우리가 생각하는 생각들이 우리의 주목을 받는 것은 오로지 우리가 그것들의 진실성에 관심이 있기 때문만은 아니다. 진실인 생각들과 거짓인 생각들은 너무나 (무한대 곱하기 무한대에 해당할 정도로) 많기 때문에, 진실성은 우리의 사유 과정을 설명해주는 유일한 요인일 수 없다. 의식적 체험의 배후에서 우리의 인간적 삶꼴과 개인적 삶이 우리가 주목할 생각들을 선별한다.

이 과정을 일컬어 감정 지능emotionale Intelligenz이라고 한다. 그러나 감정 지능이 단지 우리 몸 안에서, 말하자면 신경계의 자기 관찰로서 발생하는 것은 전혀 아니다. 오히려 감정 지능은 우리의 생태적·사회적 보금자리의 맥락 안에서 발생한다. 우리 몸의 상태들은 말 그대로 유년기 초기의 교육을 통해 형성된다. 그 시기에 우리의 신경계는 환경 경험에 대한 반응으로서 육성된다. 그리고 우리의 신경계는, 우리가 신체 운동을 통해 우리의 내적 상태를 경험하는 것을 매개로, 우리의 환경과 되먹임 관계를 형성한다.

이런 맥락에서 프로이트는 우리 내부에서 현실 원리와 쾌락 원리가 충돌한다고 상정한다. 그는 특히 우리의 지각을 현실 원리에 귀속시킨다. 우리의 감각들 덕분에 우리는 스스로 산출하지 않은 실재와 접촉한다. 그런데 이 실재는 우리의 필요에 맞게 재단되어 있지 않다. 그렇기 때문에 안정적인 심리적 살림살이에서 쾌락 원리는 (우리가 실재와 우리의 필요를 원리적으로 여전히 구별할 수 있는 한도 내에서) 실재를 우리의 필요에 맞추려 한다.

체험의 감정적 채색은 우리 인간의 일반적 지능으로부터 결코 떼어놓을 수 없다. 이를 뒷받침하는 철학적 논증이 하나 있다. 다시 한번 간단한 사고 실험을 통해 우리에게 익숙한 상황 안으로 들어가 보자. 우리는 친구들과 여행을 떠나려 한다. 우리는 각자 짐을 챙겨 공항에 도착했다. 지금 우리는 짐을 부칠 창구를 찾기 위해 주위를 둘러보는 중이다.

대다수 사람들이 이런저런 구체적 형태로 익숙하게 아는 이 전형적인 여행 장면이 제대로 작동하는 것은 오로지 공항에서 우리의 주목을 받지 못하는 것들이 무한히 많기 때문이다. 예컨대 여행자들은 공항에서 자동으로 짐을 운반하는 컨베이어의 정확한 속도를 관찰하지 않는다. 그들은 그곳의 암흑물질을 무시한다. 사실, 암흑물질의 정체는 물리학자들도 모른다. 뿐만 아니라 여행자들은 정확한 상품 유통 경로를 탐구하지 않는다. 그 경로 덕분에 공항에서 크루아상이나 신문을 살 수 있지만 말이다.

이 전형적인 여행 장면도 자세히 살펴보면 역시나 무한히 복잡하다. 정확히 어디에서 비행기들이 출발할까? 공항 안 임의의 장소는 아주 작은 양자역학적 규모에서 어떻게 보일까? 공항을 나머지 우주와 정확히 구별하기 위해 경계선을 긋는 시도만 해봐도, 이 상황이 실은 얼마나 다층적이고 유일무이한지 명확히 깨달을 수 있을 것이다.

더구나 전형적인 여행 장면이란 실재하지 않는다. 모든 각각의 여행은 궁극적으로 다르게 흘러간다. 우리가 패턴을 상정하고 그것을 방향 잡기의 기준으로 삼을 따름이다. 그렇기 때문에 여행은 늘 스트레스를 일으킨다. 여행이 사람들이 바라는 패턴대로, 경우에 따라서는 여행사에 거금을 지불하면서까지 보장받으려 하는 패턴대로 똑같이 흘러가는 경우는 결코 없다. 그럼에도 부분적으로 망상인 패턴을 상정하지 않으면 우리는 아예 여행할 수 없을 것이다. 우리가 실재를 무한보다 덜 복잡한 층위에서 파악할 수 있다고 전제하지 않는다면, 애당초 공항도 여행자도 존재하지 않을 것이다.

더 나아가 인간은 항상 시간의 압박 속에서 살 수밖에 없다. 왜냐하면 우리는 죽어야 하기 때문이다. 우리가 여행 장면 속에서 가장 합리적으로 활동하기 위해서 알아야 할 모든 정보들을 고려하기에 충분할 만큼의 시간을 우리는 결코 확보하지 못한다. 그렇기 때문에 이른바 〈감정 지능〉은 인간지능의 한 핵심 요소다. 직관, 곧 뱃속 느낌은 우리의 모든 지능 발휘를 위해 결정적으로 중요하다. 뱃속 느낌이 없으면 우리는 결코 아무것도 알 수 없을 것이다. 감정 지능이 없다면, 우리 삶의 장면들에 대한 우리의 구체적 체험이 없다면, 우리가 항상 마주하는 무한한 목록으로부터 숙고할 대상들을 선별해 내는 것은 불가능한 일일 것이다.

인간지능은 근본적으로 감정적이다. 우리의 체험은 속 속들이 질적으로 채색되어 있다. 감정적으로 다소 쉽게 감 당할 수 있는 일상적 실재의 복잡성도, 우리는 패턴 인식 훈련에 의존하지 않고는 결코 파악할 수 없다.

패턴 인식 훈련은 태아 때와 언어 습득 이전의 처음 몇 년 동안에 주로 진화적으로 획득된 시스템들의 틀 안에서 이루어진다. 그 시스템들은 인간의 몸 안에서 함께 작동하 여, 전체 시스템으로서의 우리 몸이 자신을 환경으로부터 구별하는 법을 배우게 한다. 〈나〉와 〈나 아닌 놈〉 사이의 근 본적 구별은 모든 생물에서 근본적으로 생물학적 토대를 지녔다. 우리는 유기체들인 우리 자신이 그 안에서 생존할 수 있는 보금자리를 마련함으로써 우리를 환경과 구별한 다. 이런 식으로 진화적 적응 메커니즘들을 통하여 〈나〉와 〈나 아닌 놈〉 사이의 구별이라는 근본 구조가 발생한다. 유 명한 칠레 생물학자 프란시스코 바렐라와 움베르토 마투 라나가 고전적인 저서 『앎의 나무*Der Baum der Erkenntnis*』에 서 서술했듯이, 모든 수준 높은 지향성의 기반은 자기생산 Autopoiese, 곧 생명체의 자기조직화다.[80] 한마디 덧붙이면, 이 미 1966년에 한스 요나스는 저서 『생명 현상*The Phenomenon of Life*』(독일어판 제목은 *Das Prinzip Leben*)*에서 이와 유 사한 입장을 밝혔다.[81] 생물들은 까마득한 세월에 걸쳐 진

* 한국어판 제목은 『생명의 원리』.

화하면서 여러 시스템들을 발달시켰고 그것들 덕분에, 끊임없이 무한을 다뤄야 하는 처지에서 벗어났다. 오로지 그렇기 때문에 지금 생물들이 존재하는 것이다.

우리의 적응은 항상 실재의 매우 제한된 한 부분에만 알맞게 이루어진다. 그렇기 때문에, 우리의 인식 장치는 우리의 신경 말단을 정보로 폭격하는 거대한 복잡성에 알맞게 설계되어 있으며 우리는 진화적으로 적응된 뇌 속 신경 경로들 덕분에 그 정보를 한눈에 굽어볼 수 있는 사물 세계로 조직한다는 견해는 오해를 유발한다. 인터넷 안에 있을 때에도 우리는 빅데이터의 폭격에 노출되지 않는다. 그때에도 우리는 물리적 실재와 연결된 상태를 유지한다. 우리의 감정 지능 덕분에 우리는 그 실재와의 접촉을 특정한 방식으로 체험한다. 그런 다음에 우리는 실재의 선별된 부분을 지향적으로(곧 논리적으로 포맷된 상태로) 추가 처리할 수 있다.

생물인 우리는 태어나는 순간부터 장면들 안에서 활동한다. 바꿔 말해 우리는 개별 사물들만 파악하는 경우가 절대로 없고 항상 맥락들을 파악하며 거기에 기초하여 개별자들을 더 정확히 탐구할 능력을 개발한다. 〈저기 바깥에〉 복잡한 실재가 있고 그 실재를 우리가 〈여기 안에서〉 재가공한다는 상상은 그 자체로 하나의 장면일 따름이며, 반드시 실재에 부합하는 장면은 아니다.

인공지능의 본질과 도달 범위에 관한 현재의 논의는, 감정적 조건으로부터 자유로운 지능을 설계한다는 그릇된 바람을 포함하고 있다. 그것은 생물학적 물질로도 구성되지 않은 완벽한 〈미스터 스포크Mr. Spock〉*를 만들겠다는 바람과 다를 바 없다. 그러나 그런 지능은 전혀 지능이 아닐 것이다. 그런 지능은 아무것도 파악할 수 없을 것이다. 그렇기 때문에 모든 알고리즘에는 실은 가치에 관한 전제들이 내장되어 있다. 어떤 알고리즘도 무턱대고 데이터 더미를 스캔한 다음에 엄청나게 빠른 계산으로 패턴을 인식하지 않는다. 오히려 알고리즘은 사유 모형으로서 이미 구조를 지녔으며 그 구조에 따라 정량적 방식으로 인간의 정성적 체험을 모방하려 노력한다.

그러나 우리의 정성적 체험은 워낙 섬세하고 개별적이어서 매 순간 무한히 많은 조건들과 연결되어 있고 우리는 그 조건들을 절대로 완전히 굽어볼 수 없기 때문에, 우리는 우리의 정성적 체험을 직접 모방할 수 없다. 기껏해야 우리는 기술의 진보를 통해 우리의 사유 모형들을 개선하고 유용하게 써먹을 수 있을 따름이다. 우리의 인공물들이, 생물이 의식적으로 생각한다고 할 때와 같은(혹은 단지 유사한) 의미에서 의식적으로 생각할 수 있다고 믿는 것은, 괴테가 묘사한 마술사의 도제가 저지른 오류를 반복하는 것

* 미국 텔레비전 시리즈 「스타트렉Star Treck」의 등장인물.

이다(309면 이하 참조).

인공지능 시스템들은 실제로 인류가 직면한 위험이다. 왜냐하면 그 시스템들은 그것들을 창조한 인간들의 가치 시스템을 우리에게 암묵적으로 추천하면서 그 추천을 투명하게 공개하지 않기 때문이다. 실리콘 밸리는 하나의 윤리를, 우리가 어떻게 살아야 하는가에 관한 하나의 그림을 추구하며, 이런 의미에서 하나의 인공 실재를 프로그래밍한다. 그 인공 실재는, 방대한 데이터에서 알아볼 수 있다고들 하는, 가치 중립적으로 계산된 패턴들의 형태로 등장한다. 그러나 아무도 캐묻지 않는 패턴은 아무리 많은 데이터에서도 발견될 수 없다.

〈기능주의〉라는 종교

인간의 생각하기는 비물질적 소프트웨어와 같고 그 소프트웨어가 영장류의 몸에 설치된 것은 다소 우연이라는 그릇된 표상이 오늘날 널리 퍼진 이유를 이해하려면, 모든 실재하는 지능의 감정적 성분들을 더 세분해서 살펴보아야 한다. 인공지능에 관한 논의뿐 아니라 인지과학의 많은 부분에서도 생각하기는 규칙에 맞게 진행되는 과정으로 간주된다. 인간 유기체나 기타 유기체라는 하드웨어로부터 분리할 수 있고 원리적으로 비생물학적 하드웨어에서도 작동시킬 수 있는 그런 과정으로 말이다.

이 기본 발상을 일컬어 〈기능주의〉라고 한다. 일반적으로 **기능주의**는, 인간지능은 데이터 처리를 위한 규칙 시스템이며 그 목표는 특정한 문제들을 푸는 것이라고 전제한다. 이 규칙 시스템은 **다양하게 실현가능하다**고, 즉 다양한 하드웨어에 설치될 수 있다고 기능주의는 주장한다. 그 증거로 예컨대 똑같은 문장이라도 사람마다 사뭇 다르게 발음한다는 점이 제시된다. 나의 목소리는 당신의 목소리와 다르며, 세부적으로 보면 우리의 뇌들도 서로 상당히 다르다. 두 개인의 뇌 속 언어 모듈들은 정확히 똑같은 개수와 배열의 뉴런들로 이루어져 있지 않다. 게다가 한 개인에서도 그 개수와 배열은 끊임없이 변화한다. 그렇기 때문에 관건은 하드웨어의 정확한 구조가 아니라 기능이라는 주장이 제기된다.

인간이 하는(그리고 그 인간 자신이나 타인이 의식할 수 있는) 모든 행동은 우리가 보기에 구조를 지녔다. 그 구조를 우리는 〈생각한다〉, 〈자동차를 운전한다〉, 〈놀랐다〉 등의 표현들(곧 행위 어휘Handlungsvokabular)을 써서 언어적으로 서술한다. 우리의 행위 어휘는 전형적 장면들의 존재, 곧 행위 패턴들의 존재를 전제한다. 한 행위 패턴의 실현에 관여하는 물리적·생물학적·사회적 실재는 개별 사례 각각에서 사뭇 다르다.

소크라테스 이전 철학자 헤라클레이토스의 재담을 변형

하여 말하면, 우리는 똑같은 버스에 두 번 탈 수 없다. 609번 버스의 물리적 구조는 끊임없이 변화한다. 타이어가 마모되고, 차체에 녹이 슬며, 어떤 때는 연료통이 가득 차고, 어떤 때는 그렇지 않은 식으로 끊임없이 변화가 일어난다. 뿐만 아니라 609번 버스를 다른 버스로 대체하여 똑같은 기능을 수행하게 할 수도 있다. 즉, 새 버스로 하여금 609번 버스의 노선을 운행하게 할 수 있다. 그렇기 때문에 기능주의자는 609번 버스를 어떤 특수한 물리적 구조와 동일시하는 것이 아니라 그 버스의 기능적 역할과 동일시한다. 〈609번 버스〉역할은 다양한 사물들에 의해 수행될 수 있다. 그 사물들이 적절한 교통수단이기만 하다면 말이다. 요컨대 그 역할은 다양하게 실현가능하다.

여기까지는 전적으로 옳은 논제다. 그러나 이 논제를 덜 옳은 **토대독립성**Substratunabhängigkeit 논제로부터 가능한 한 구별해야 한다. 토대독립성 논제란, 〈609번 버스〉역할과 같은 것이 서로 전혀 다른 물질적 토대를 지닌 사물들에 의해 수행될 수 있다는 견해다. 이 견해에 따르면 우리는 〈609번 버스〉를 오늘날의 버스들과 전혀 다르게 제작된 탈 것들로 대체할 수 있다. 그러나 609번 노선을 달리는 버스를 초콜릿으로 제작할 수는 없다. 물, 불, 흙, 공기로 제작할 수도 없다. 버스의 기능은 오직 그 기능에 적합한 특정 재료들로 이루어진 무언가에 의해서만 수행될 수 있다. 그 재료들이 어떤 것들이냐는 기술의 수준에 따라서 충분히 변화할 수 있다. 그러나 그 변화에는 한계가 있다.

다양한 실현가능성과 토대독립성 사이의 구별은 중요하다. 인공물이, 예컨대 통상적인 컴퓨터가 생각하거나 체스를 둔다고 간주하는 사람들은 다양한 실현가능성과 토대독립성을 혼동하는 것이다. 그렇게 간주하려면, 첫째, 체스 두기를 하나의 기능으로 축소시키고 더 이상 인간의 활동으로 이해하지 말아야 한다. 하지만 모든 체스 플레이어가 자신과 수준이 딱 맞는 상대와 경기하려 하는 것은 아니다. 많은 플레이어는 초심자 수준이나 취미 수준의 상대와 경기하며 연습하기를 바란다. 게다가 체스 두기라는 활동은 모임의 맥락 안에 ─ 이를테면 체스를 두며 나누는 대화를 비롯한 많은 것들 안에 ─ 편입되어 있다. 또한 둘째, 컴퓨터가 체스를 둔다고 간주하는 사람은 토대독립성을 주장해야 한다. 왜냐하면 통상적인 컴퓨터는 살아 있는 물질로 이루어지지 않았으며 적어도 평범한 체스 플레이어처럼 세포들로 이루어진 것은 확실히 아니니까 말이다. 우리는 이런저런 관심들에 이끌려 체스를 둘 의지를 품는다. 반면에 체스 컴퓨터는 생물이 아니다. 바로 그렇기 때문에 체스 컴퓨터는 그런 관심들을 전혀 지니지 않았다. 인간들에서 체스 두기 능력은 다양하게 실현된다. 왜냐하면 우리 각자는 세포 수준에서, 또한 뇌 수준에서 매우 다르니까 말이다. 하지만 우리들 중 하나가 하는 행동과 비슷한 행동이 다른 물질적 토대 위에서 실현된다고 해서 항상 우리의 행동과 똑같은 현상이 실현되는 것은 아니다.

기능주의는 〈몸〉과 〈영혼〉이라는 고전적 범주들을 오늘날 우리의 과학기술적 자기이해에 적합하게 수정함으로써 그 양자의 관계에 대하여 쉽게 납득할 만한 그림을 제공한다는 점에서 많은 이들에게 매력을 발휘한다. 기능주의는 오늘날 만연한, 무신론자들을 위한 종교의 한 부분이며, 그 종교는 무화과 잎으로 사타구니를 가린 유물론, 곧 자연주의다. 표준적인 형태의 자연주의는 인간과 우리의 생각하기에 대해서 이렇게 주장한다. 〈우리는 자연과학적으로 완벽하게 서술 가능하며 따라서 원리적으로 완벽하게 모방 가능하다.〉

자연주의는, 우리 몸의 물질적 상태들을 살펴봄으로써 우리의 정신적 상태들과 사유 과정들을 설명하고 더 잘 이해하려는 기획으로부터 그야말로 무한히 멀리 떨어져 있다는 점에서, 어중간한 유물론에 불과하다. 우리 몸은 세부적으로 너무나 복잡하기 때문에, 우리 몸을 이를테면 고전적인 기계로서, 한 부분이 다른 부분과 확고히 연결된 그런 기계로서 파악하는 것은 불가능하다. 오늘날 가용한, 인간이 가늠할 수 없을 만큼 막대한 데이터에도 불구하고 자연주의는 세계의 복잡성 전체를 파악했다는 확신에 결코 도달할 수 없다. 정반대로 아직 발견되지 않은 관계들이 여전히 가늠할 수 없을 만큼 많음을 시사하는 단서들이 존재한다. 그렇기 때문에 우리는 실재 인식을 우리의 컴퓨터들에 위임할 수 없다.

궁극적으로 자연주의는 자연과학적으로 입증되지 않았으며 입증될 수도 없는 논제다. 바로 이것이 오늘날 기능주의가 이토록 널리 퍼진 이유다. 오늘날 기능주의가 득세한 것은, 자연주의와 유물론을 뒷받침하는 진짜 증거나 철학적 논증을 제시하지 않으면서도 자연주의와 유물론을 간접적으로 믿는 것을 기능주의가 허용하기 때문이다. 기능주의는 작업가설로서 등장한다. 장기적으로 우리가 자연주의에 더 접근하는 것을 어쩌면 가능하게 해줄 작업가설로서 말이다.

그럼으로써 내가 보기에 기능주의는 자신이 유물론과 마찬가지로 일종의 종교라는 사실을 간접적으로 실토한다. 적어도 어떤 경험적 증거를 통해서도 영영 증명되거나 반박될 수 없다는 점에서 기능주의는 일종의 종교다. 유물론, 자연주의, 기능주의는 모두 자연과학적으로 입증 가능한 주장이 아니다. 오히려 그것들은 실재에 관한 형이상학적 해석이다. 그것들을 작업가설로 사용하는 것은 얼마든지 가능하지만, 한 작업가설이 잘 작동한다는 것으로부터 실재의 본질에 관한 한 형이상학적 통찰을 결론으로 도출해서는 안 된다.

이 문제를 감추기 위해서 예컨대 미국 철학자 대니얼 데 넷과 (독일에도 많은) 그의 추종자들 같은 골수 기능주의 자들은 종교와 형이상학을 비과학적이라며 비판한다. 그 럼으로써 그들은 사람들이 그들 자신의 형이상학적 주장 들과 그들이 과학적으로 중립적이라며 판매하는 가치 시 스템을 주목하는 것을 방해한다.[82]

생각하기는 담배 자판기의 작동이 아니다

기능주의는 오로지 상세한 자연 서술 및 설명을 잠정적 으로 면제해 준다는 암묵적 추가 전제 덕분에 제 구실을 한 다. 이 추가 전제는 거의 옳지만, 거의라는 단서를 붙일 때 만 옳다. 이 추가 전제의 요지는, 우리가 지각하기와 생각 하기를 비롯한 우리의 정신적 과정들을 모형화할 수 있다 는 것이다. 우리는 그 과정들을, 입력이 어떤 내부 과정을 통해 처리된 다음에 외부로 출력된다는 식으로 해석할 수 있다. 이 해석에 부합하는 가장 단순한 모형은 예컨대 담배 자판기다. 사람이 돈을 집어넣고 단추를 누른다. 그러면 자 판기 내부에서 어떤 일이 일어난다. 자판기가 정상으로 작 동하면, 그 기계는 소비자가 원하는 담배를 뱉어 낸다. 자 판기가 정상으로 작동하지 않으면, 우리는 화를 낸다. 왜냐 하면 담배 자판기란 담배와 돈을 맞바꾸기라는 명확한 목표에 종사하는 내부 메커니즘을 갖춘 기계라고 우리는 예상하고, 그 예상은 정당하기 때문이다.

그런데 실존하는 개별 담배 자판기들은 당연히 제각각 다르다. 어떤 담배 자판기도 다른 담배 자판기와 물리적으로 동일하지 않다. 미시 세계로 줌인해서 들어가면, 두 대의 담배 자판기는 점점 더 달라진다. 애당초 어떤 담배 자판기도 다른 담배 자판기와 똑같은 시공(時空)적 위치에 놓여 있지 않다. 물리적으로 대폭 확대해서 (우리가 의식적으로 볼 수 있는 수준보다 훨씬 더 작은 규모에서) 보면, 두 담배 자판기 사이에서 대략적인 공통점을 발견하기가 거의 불가능해진다. 그럼에도 두 담배 자판기는 동일한 유형의 사례들이다. 왜냐하면 그것들은 동일한 기능을 실현하기 때문이다.

이미 언급했듯이, 이를 다중 실현가능성multiple Realisierbarkeit(=다양한 실현가능성)이라고 한다. 물리학자 막스 테그마크는 이를 〈토대독립성〉[83]으로 칭하면서 한껏 과장한다. 왜냐하면 그는 생명조차도 토대독립적인 무언가로 간주하기 때문이다. 물리적으로 다른 두 개의 사물이 동일한 기능을 수행할 수 있고, 따라서 그것들은 동일한 유형의 사물들일 수 있다. 이 간단한 발상은 어디에서나 쉽게 등장할 수 있고 거의 형이상학으로, 곧 존재하는 모든 것에 관한 이론으로 부풀려질 수 있다. 예컨대 두 사람은 우리가 현미경 없이는 지각할 수 없는 물리적 규모에서 서로 상당히 다르지만 그럼에도 둘 다 사람이다. 두 사람의 하나임, 곧 그들의 사람임은 그들이 수행하는 기능 혹은 기능들에 존립한다. 물론 사람의 기능이 무엇인가는 논란거리다. 우리는 유전자 복제 기계일까? 이성적 생물일까? 지상의 몸속으로 유배된 채로 끊임없이 신의 감시를 받는 영혼일까?

이 대목에서 〈인간이라는 동물은 무엇 혹은 누구일까?〉라는 질문에 꼭 대답할 필요는 없다. 현재의 논의에서는 담배 자판기들과 스마트폰들이 더 이해하기 쉽다. 왜냐하면 이것들은 아이디어에 기초하여 제작된 대상들이기 때문이다. 물리적으로 다른 두 스마트폰은 그것들의 운영 시스템 때문에 동일한 유형의 사물들일 수 있다. 현대적인 담배 자판기들도 마찬가지다.

그러나 이 대목에서 우리는 우리와 담배 자판기 사이의 아주 중요한 차이를 마주하게 된다. 우리의 지능까지 포함해서 우리 인간은 운영 시스템을 갖추고 있지 않다. 종들의 진화는 계획을 따르지 않으며 지적인 설계의 결과도 아니다. 생물은 다른 생물의 제작품이 아니다. 물론 오래전부터 우리는 예컨대 가축 사육을 통해 진화에 개입해 왔다. 그러나 우리는 우리의 지능을 위한 운영 시스템을 프로그래밍하지 않는다. 생물학과 의학의 진보를 통해 미래에는 사정이 달라질지도 모르겠다. 그러나 현재까지 우리의 인간지능을 업데이트하는 최선의 방법은 양질의 수면과 적절한 영양 섭취와 커피 한두 잔의 조합이다. 이때 우리가 섭취하는 식품은 당연히 인공물(제작품)이다. 이미 인류가 최초로 정착하여 농업을 시작한 이래로, 혹은 심지어 불을 이용하여 식품을 요리하기 시작한 이래로, 우리가 섭취하는 식품은 인공물이다.

그럼에도 우리가 비유적인 의미에서가 아니라 곧이곧대로의 의미에서 지능을 위한 운영 시스템을 — 그것의 입력, 규칙에 따른 처리, 출력을 우리가 담배 자판기의 작동처럼 정확히 예측하고 통제할 수 있는 그런 운영 시스템을 — 제작하는 일은 결코 일어날 수 없다. 어떤 체스 프로그램이나 알파고 프로그램도 개별 인체 하나와 근사적으로나마 맞먹을 만큼 복잡하고 다층적일 수 없다. 게다가 인체는 환경과 연결되어 있으며, 이 연결은 우리의 지능을 위해 본질적으로 중요하다는 점도 감안해야 한다. 요컨대 우리의 생각하기는 모방될 수 없다. 왜냐하면 우리의 생각하기는 우리가 이진수 코드로 제작하는 모든 사유 모형보다 원리적으로 영원히 더 복잡할 것이기 때문이다.

그리고 영혼은 연결된 맥주 캔 더미가 아니다

기능주의를 반박하는 설득력 있는 논증들이 있다. 아주 명쾌한 논증 하나는 **삐딱한 실현** schräge Realisierung의 문제를 지적한다. 이 문제는 미국 철학자 네드 블록이 제시한 사고 실험들을 통해 특히 뚜렷하게 부각되었다.[84] 얼핏 생각하면, 컴퓨터가 언젠가 의식을 갖게 될 수도 있다는 상상을 충분히 할 만하다. 예컨대 실리콘 칩들을 잘 연구된 개별 인간 뇌처럼 배열하면 그런 일이 일어날 법하다. 심지어 기능주의는, 우리가 한 인간의 의식을 전혀 다른 하드웨어에서 모방할 수 있게 될 것이라고 예언하기까지 한다.

그러나 얼핏 상상할 수 있는 모든 것이 실제로 가능한 것은 아니다. 그렇기 때문에 블록은, 한 인간의 의식을, 한 영혼을 모방하는 것이 실제로 가능할 수도 있다는 인상을 간단한 숙고를 통해 위태롭게 만든다. 그는 어딘가의(이를테면 애리조나주의) 거대한 구역 하나를 맥주 캔으로 뒤덮는 것을 상상한다. 캔과 캔은 전선으로 연결된다. 이런 식으로 한 뇌의 기능적 구조가 모방된다. 이제 우리는 예컨대 내 뇌의 활동 패턴을 똑같이 모방한 전기 임펄스의 흐름이 그 맥주 캔 더미를 이리저리 누비는 것을 추적할 수 있을 것이며, 그와 동시에 내 뇌의 활동 패턴을 뇌 스캔을 통해 실시간으로 관찰할 수 있을 것이다(물론 이런 실시간 관찰은 아직 불가능하지만). 이 경우에 기능주의는 그 맥주 캔 더미가 나의 생각을 생각한다고 인정해야 할 것이다.[85]

혹은 우리 은하단에 속한 은하들을 상상해 보자. 그 은하들이 적당히 배열되어 있어서, 내 뇌가 지금 이 문장을 내

뱉는 동안에 실현하는 활동 패턴을 그 은하들이 기능적으로 실현할 수 있다고 해보자. 그렇다면 이 상황은 말하자면 우주의 한 부분이 자기 자신을 숙고하는 것일까?

마지막으로 이런 상상도 해보자. 내가 지금 바라보는 나의 연구실 문의 위치에 모여 있는 기본 입자들이 공교롭게도 아주 적절히 배열되어 있어서, 내가 의자에 앉아 있다는 내 의식적 인상의 기능적 구조를 모방할 수 있다면 어떨까? 그렇다면 혹시 나의 연구실 문은 자신이 의자에 앉아 있다는 느낌을 가질까?

이런 삐딱한 실현의 문제 앞에서 변함없이 기능주의를 고수할 수 있는 사람은 어떤 합리적 반론 앞에서도 흔들리지 않을 것이다. 왜냐하면 그런 사람은 어떤 반론도 불충분하다고 보기 때문이다. 따라서 유일하게 가능한 대처는, 맥주 캔들과 문은 느낌도 없고 지능도 없는 사물들이라고 선언하는 것뿐이다. 이렇게 진술과 진술이 맞설 때, 감각을 지닌 생물은 느낌이 없는 사물보다 더 많이 보호받아야 한다고 당신이 믿는다면, 당신은 기능주의의 편을 들지 말아야 한다. 왜냐하면 기능주의에서는 윤리적 가치들을 정당화하기가 어렵기 때문이다.

점진적 뇌 교체?

블록의 논증에 대하여 당연히 여러 반론들이 제기되었다. 특히 상세한 반론을 제기한 인물은 블록의 뉴욕 대학교 동료 데이비드 차머스다. 차머스는 1996년에 『의식 있는 정신The Conscious Mind』이라는 제목의 주목할 만한 저서를 출판했다.[86] 그 책에서 그는 부분적으로 기능주의를 두둔하는 듯한 일련의 고찰들을 제시한다. 비록 차머스 자신은 기능주의자로 자처하지 않지만 말이다.

차머스는 우리가 이미 오래전부터 뇌에 기술적으로 개입함으로써 오로지 뇌 덕분에 가능한 몇몇 정신적 과정들을 조종할 수 있게 되었다는 점을 지적하는데, 이 지적은 논의를 새로운 장으로 이끈다. 한번 이렇게 상상해 보자. 즉, 우리가 뉴런 하나를 실리콘으로 이루어진 비생물학적 장치로 대체할 수 있다고 해보자. 그렇게 하더라도 우리의 의식은 전혀 변화하지 않을 것이다. 하지만 뉴런 하나를 그렇게 대체할 수 있다면, 뉴런 두 개를 대체하지 못할 이유가 있겠는가. 이런 식으로 생각하면, 인간 뇌를 다른 하드웨어로 한 단계씩 점진적으로 대체하여 결국 진정한 다중 실현가능성의 사례를 얻는 것이 가능할 수도 있다는 결론에 이를 법하다. 블록의 맥주 캔 논증은 이 사례를 반박하지 못하는 듯하다.

그러나 이런 반론은 세부적으로 많은 문제를 지녔다. 특히 다음을 지적할 수 있는데, 우리가 의학적으로 뇌에 개입함으로써 의식적 과정들을 조종할 수 있다는 것은 엄연한 사실이다. 그런 개입을 위해서 과학허구 시나리오 따위는 필요하지 않다. 커피나 리탈린*, 또는 포도주로도 충분하다. 하지만 뇌를 점진적으로 대체하여 결국 비생물학적 구조로 완전히 바꾸면 무슨 일이 일어나는지에 대해서는 우리가 가진 경험적 증거가 전혀 없다. 차머스의 반론은 공중누각이다. 즉, 우리가 경험적으로 결코 검증할 수 없는 순수한 사고 실험이다. 이 사고 실험에 대한 경험적 검증, 곧 건강한 인간의 뉴런들을 하나씩 실리콘 칩으로 교체하면서 그가 끝까지 의식 있는 내면의 삶을 유지하는지 살펴보는 작업은 터무니없이 비도덕적인 실험이라는 이유 하나만으로도 불가능하다.

차머스의 반론은 블록의 맥주 캔 논증과 마찬가지로 순수한 사고 실험에 기초를 둔다. 양쪽 모두 실제로 경험적으로 검증할 길은 없다. 차머스는 자신이 제시한 사례를 통해 기능주의의 설득력을 높이려 하지만, 이 선험적인 시도, 곧 사고 실험의 공간 안에서만 이루어지는 시도는 실질적인 성과를 내지 못한다. 왜냐하면 그런 선험적인 층위에서는 기능주의와 그 적수들의 대결이 말하자면 무승부로 끝난

* 주의력 결핍 과잉 행동 장애(ADHD)와 기면병 치료에 쓰이는 흥분제로, 성분명은 메틸페니데이트.

다는 것을 우리는 아니까 말이다. 그렇기 때문에 차머스의 반론은 점진적 뇌 교체의 실질적 가능성을 옹호하지 못하면서 다만 이 실질적 가능성과 무관한 우리의 기능주의적 견해들을 떠받들 따름이다.

그러나 설령 우리가 인체에 인공신체부위prothese를 이식하듯이 사유 장치를 이식할 수 있다 하더라도, 그것은 비생물학적 지능의 존재를 입증하기에는 턱없이 부족한 증거다. 그것이 비생물학적 지능의 존재를 입증한다고 간주하는 것은, 우리가 절단된 사지를 인공사지로 대체할 수 있다는 사실로부터 독자적인 삶을 이어갈 수 있는 비생물학적 손과 다리가 존재한다는 결론을 내리는 것과 같다. 인공신체부위가 제구실을 하는 것은 인체가 그것을 밀쳐 내지 않기 때문이다. 인간 전체를 인공인간으로 대체할 수는 없다. 인공다리가 환자의 삶에서 다리의 기능을 수행할 수 있는 것은 맞다. 그러나 그렇다고 해서 인공다리가 다리인 것은 아니다. 내가 길거리에서 이를테면 어떤 승용차의 트렁크에서 인공다리가 떨어지는 것을 본다면, 나는 즉시 잔혹한 범죄를 의심하면서 경찰에 전화를 걸지 않는다. 반면에 내가 길거리에서 다리를 발견한다면, 상황은 전혀 달라진다. 데이비드 린치 감독의 걸작 「블루 벨벳Blue Velvet」의 첫머리에 풀밭에서 발견되는 그 유명한 귀를 생각해 보라. 풀밭에서 귀 하나가 발견된다. 그 귀는 누군가가 끔찍한 상황에 처했음을 시사한다. 반면에 인공 귀가 발견된다면, 그 인공 귀는 단지 인공신체부위 운송업자가 흘리고 간 분실물일 수도 있다.

이 고찰은 다음과 같은 논제를 옹호한다. 살아 있는 놈의 기능을 살아 있지 않은 놈이 보조하거나(심박조율기, 커피, 음식, 내비게이션의 경우) 심지어 대체할 수 있다는 것은 (인공신체부위, 암산의 수고를 덜어 주는 휴대용 계산기의 경우) 맞다. 그러나 그렇다고 해서 살아 있는 놈이 특정한 기능과 동일한 것은 아니다. 살아 있는 놈의 기능들은 그놈이 부분이나 곁가지로 속한 생물학적 시스템의 삶과 생존에 종속되어 있다.

기술과 테크놀로지

기능주의는 고대 그리스에서 무려 플라톤과 아리스토텔레스가 친히 도입한, 기술의 이데아의 불행한 후계자다. 플라톤과 아리스토텔레스는 물리적으로 다른 두 사물을 동일한 유형의 사물들로 만드는 기능을 〈이데아idea〉(대부분의 경우에는 〈에이도스eidos〉)라고 부른다. 오늘날 우리가 말하는 〈기능Funktion〉은 플라톤–아리스토텔레스적 이데아의 얄팍한 버전이다.

아리스토텔레스는 〈기능(텔로스telos)〉이라는 개념을 개발함으로써 이데아에 관한 숙고를 구체화했다. 그는 네 가지 원인이 존재한다는 이론을 기능 개념의 바탕으로 삼았다. 이를 집짓기라는 친근한 예를 통해 생생하게 이해할 수 있다. 흥미롭게도 움베르토 마투라나는 물리학에 대해서 이렇게 말한 바 있다.

[물리학은] 집짓기의 확장이며, 철학은 (……) 아이들의 질문에 대답하는 임무의 확장이다. (……) 집안을 돌보기 위해 필요한 지능은 실험실이나 기업을 돌보기 위해 필요한 지능과 동일하며, 집안 살림에서 문제들을 해결하기 위해 필요한 지능의 양은 과학 연구에 필요한 지능의 양과 똑같다고 나는 생각한다. 이런 맥락에서 나는 다음과 같은 주장을 숙고해 보라고 제안한다. 설명되어야 할 것은 우리의 모든 경험의 원천으로서의 일상적 삶이다. 우리의 경험이 아무리 기술적이고 전문적이라 하더라도 그것의 원천은 일상적 삶이다.[87]

여기서 ─ 학문으로서의 물리학을 창시한 인물이요 역사를 통틀어 가장 위대한 철학자들 중 한 명인 ─ 아리스토텔레스와 더불어 〈우리는 대체 어떻게 집을 지을까?〉라는, 아이들에게나 어울릴 법한 질문을 던져 보자.

집짓기 과정에서 수많은 요소들이 상호 작용한다. 건축가는 설계도를 그리고, 그 설계도는 건축을 감독하는 관청에 제출되어 심사를 받는다. 특히 평면도는 장차 지어질 집의 형태를 보여 준다. 이 대목에서 아리스토텔레스는 〈형상(에이도스)〉 혹은 〈모범(파라데이그마paradeigma)〉을 거론한다.[88] 모범이란 사람들이 손가락으로 가리키며 보여 주는 무언가다(〈파라데이그마〉는 〈파라 = 옆, 곁〉과 〈데이크뉘미deiknymi = 가리키다〉에서 유래했다).

집을 지으려면 땅과 건축 재료가 필요하다. 아리스토텔레스는 이것들을 〈재료(휠레hyle)〉 혹은 〈그로부터 무언가가 발생하는 놈to ex hou ginetai〉이라고 부른다. 땅바닥으로부터 지하실의 통풍구가 발생하고, 스티로폼과 강철과 콘크리트로부터 외벽이 발생한다. 목재와 직물 자투리로부터는 마룻바닥 등이 발생한다.

평면도와 재료로부터 집이 발생하려면, 노동자들이 평면도와 재료를 결합해야 한다. 이 대목에서 우리는 인과 관계에 대한 통상적인 표상에 이른다. 그 표상에서 인과 과정은, 물리적으로 측정 가능한 실재가 변화하는 과정으로, 예컨대 집터가 변모하고 건축 자재들이 정역학의 법칙에 적합하게 조립되는 과정으로 간주된다. 여기에서 아리스토텔레스는 〈변화의 원천인 놈hothen hê archê tês metabolês〉을 거론한다. 그놈이 그 유명한 작용인이며, 오늘날 사람들이 거론하는 〈원인〉은 대개 작용인으로 국한된다. 그러나 이예에서 보듯이, 그 현대적 어법은 옹호될 근거가 없다.

마지막 원인 유형은 그 유명한 〈텔로스〉 곧 목적이다. 목적론을 뜻하는 독일어 〈텔레올로기Teleologie〉는 〈텔로스〉에서 유래했다. 이때 텔로스란 단지 기능을 뜻한다. 집의 기능은 일차적으로 사람의 거주를 가능케 하는 것이다. 부분 목적들은 그 거주 가능화 기능에 종속된다. 독일과 위도가 비슷한 지역에서 부분 목적들은 적절한 난방, 상수도, 창문, 조명 등일 것이다. 철학 입문서들은 이 같은 숙고를 라틴어 열쇳말들까지 동원하면서 아래와 같이 요약한다.

1. 형상인 *causa formalis*
2. 재료인 *causa materialis*
3. 작용인(=운동인) *causa efficiens*
4. 목적인 *causa finalis*

한마디 보태자면, 이것은 무슨 골동품 같은 논의가 아니다. 오늘날 자연과학, 정신과학, 사회과학에서 인과 개념은, 자연법칙들과 힘들이 우주 안의 사물들을 움직인다는 견해에 더 이상 국한되지 않는다. 목적론적 설명과 비물리적 대상들 간의 인과 관계는 이미 오래전부터 우리의 과학적 설명에서 표준적 요소로 자리 잡았다.[89] 특히 18세기에 지배적이었던 기계론적 세계상은 비록 여전히 유통되면서 이데올로기적 폐해를 일으키고 있지만 사실상 오래전에 과거의 유물이 되었다. 간단히 말하자. 실재는, 거대한 톱니바퀴 장치나 차례로 쓰러지는 도미노 배열처럼 한 상태에서 다음 상태로 이행하는 결정론적 기계가 아니다.

기술Technik은 이데아의 실현이다. 기술을 통해서 우리는 자연적으로 이미 존재하지 않았던 사물들을 생산한다. 기술은 나무에서 열매처럼 성장하지 않는다. 기술과 〈테크놀로기〉를 구별해야 한다. 테크놀로기Technologie는 기술적 인공물의 제작을 대하는 태도다. 기술은 우리 삶의 처지를 개선하기 위하여 도구들을 제작하는 과정이다. 반면에 테크놀로기는 특정 시기에 쓰이는 도구들의 총합 그 이상이다. 오히려 테크놀로기는 기술이란 무엇인가에 대한 우리의 로고스, 우리의 견해를 의미한다.

디지털화는 새로운 생산물들만 낳는 것이 아니라 또한 그것들을 대하는 새로운 태도를 낳는다. 디지털화는 새로운 사물들만 제공하는 것이 아니라 생산물들이 서로 어떻게 연결되는가에 관한 새로운 견해들도 제공한다. 많은 기술적 진보들은, 이데아를 기존과 동일한 수준에서 실현하는 것에 머물지 않고 한걸음 더 나아가는 것에 존립한다. 오늘날 이데아들은, 기존 구조들을 깡그리 의문시하는 파괴적 공유 경제shared economy 포털들에 의해 관리된다. 예컨대 에어비앤비Airbnb와 우버Uber, 또는 최신 온라인 여행 포털들에 의해서 말이다. 그 포털들은 둘째 층위의 테크놀로기들, 곧 테크놀로지들을 붙잡는 테크놀로지들이다. 그것들은 단지 우리의 삶을 편하게 하는 것을 넘어서 새로운 생활 방식들을 추가한다. 에어비앤비에서 숙소를 구하는 사람은 단지 저렴한 숙소만 추구하는 것이 아니다. 저렴한 숙소만 추구한다면, 동굴을 물색하는 편이 더 저렴할 수도 있을 것이다. 오히려 그는 〈진정한 삶authentisches Leben〉이라는 이데아를, 단순한 숙박의 부가 서비스로서 예약하는 것이다.

디지털 시대가 이뤄 낸 혁명적 도약의 정확한 핵심은 테크놀로지를 관리하는 기술을 낳은 것에 있다. 이로써 우리는 지금까지의 사물들의 질서에서 벗어나는 결정적인 한 걸음을 내디뎠다. 오늘날 기술은 우리에게, 우리는 무엇을 해야 하고 누구이기를 의지하는가에 관한 견해들을 제공한다. 오늘날 기술은 자기 고유의 테크놀로지를 제시한다. 페이스북은 자화상들의 배열이다. 알고리즘이 그 자화상들을 샅샅이 살피고 패턴에 따라 조직한다. 그 대가로 우리는 추천을 받는다. 친구 추천, 광고 등을 말이다. 이런 식으로 우리의 기술적 생산물이 외견상 독자적인 삶을 획득하고, 그 여파로 초지능superintelligence의 출현이 임박했다는 둥의 그릇된 사변들이 난무한다. 그러나 진실은 이러하다. 그 알고리즘은 소프트웨어 기술자들에 의해 관리된다. 그 기술자들은 사용자들의 가치 시스템을 〈지능적으로〉 파악할 뿐만 아니라 도리어 사용자들의 재량 범위를 지정해 주고 따라서 가치 시스템들을 지정해 준다. 다만, 이 진실이 일반적으로 최종 사용자들의 눈에 띄지 않을 뿐이다.

디지털화의 기원

이탈리아 철학자 마우리치오 페라리스는 저서 『총동원 *Totale Mobilmachung*』에서, 인터넷이 궁극적으로 군사적인 한 기능을 넘겨받는 것이 디지털 혁명의 핵심이라고 설명한다. 그의 견해에 따르면, 디지털화는 군사 장비에서 기원하며 주로 군사 장비를 통해 발전한다. 우리 최종 사용자들이 보기에 디지털화의 가장 두드러진 특징은 어마어마한 기록(통신, 구매, 선호, 금융, 거주지, 뉴스, 기타 수많은 사항들에 관한 기록) 수집이다. 그런데 그 수집된 기록들은 그것들의 기술적 구조 때문에 완벽하게 감시 가능하다.

그 디지털 실재는 철저히 수학적이라는 점에서 좋았던 옛날의 아날로그 실재와 구별된다. 디지털 실재는 오로지 정보들로 이루어졌다. 물론 그 정보들은 아날로그적 장소들(서버들)에 저장되지만, 그 정보들 자체가 물리적이지는 않다. 중요한 것은 정신적 대상들, 곧 생각들, 그림들, 기타 많은 것들이 한계도 제한도 없는 한 매체 안에서 확산된다는 점이다. 온라인에서 가용한 모든 것은 해킹될 수 있다. 그렇기 때문에 해커 공동체의 진보에 대응하여 끊임없이 소프트웨어 업데이트가 이루어진다. 그러나 아무도 뚫을 수 없는 방화벽은 존재하지 않는다.

인터넷은 기능주의가 일리가 있음을 증명한다. 즉, 진실 능력을 갖춘 생각들은 실제로 다중 실현가능성뿐 아니라 토대독립성도 지녔음을 증명한다. 나는 진실을 종이에 적을 수 있다. 그렇게 하더라도 진실은 변화하지 않는다. 진실은 사진이나 비디오 속에, 혹은 나를 뒤흔드는 무의식적 기억 속에 보존될 수 있다. 또는 진실을 그래피티로서 보존할 수도 있다. 인터넷은 생각들(=정보들)을 보유하고 있다. 그러나 그렇다고 해서 인터넷이 생각한다는 결론은 전혀 나오지 않는다.

페라리스는 디지털 혁명(특히 컴퓨터와 인터넷)이 궁극적으로 양차 세계 대전 이전과 도중 및 냉전기의 군비 경쟁에서 비롯되었다고 지적한다. 암호학, 곧 암호를 다루는 이론은 본질적으로 군사적 목적에 종사했고 군사적 목적의 틀 안에서 기술적으로 엄청나게 발전했다. 그 발전이 없었다면, 오늘날 우리는 정보 시대에 살고 있지 않을 것이다.

페라리스에 따르면, 따라서 인터넷은 끊임없는 사이버 전쟁의 무대가 될 수밖에 없다. 먼저 인터넷이 있고, 그 다음에 추가로 사이버 전쟁이 일어나는 것이 아니다. 인터넷 그 자체가 다름 아니라 전쟁터다. 그런데 그 전쟁터는 한낱 가상적인 전쟁터가 전혀 아니다. 인터넷은 정보만으로 이루어지지 않은 실재에 관한 정보를 보유하고 있기 때문에 우리가 사는 아날로그 실재와 맞물려 있다. 오로지 호텔들이 인터넷 바깥에 있어야만, 우리는 온라인에서 호텔들을 예약할 수 있다. 다들 알다시피 인터넷에서의 사교 활동은 때때로 삶에서의 끔찍한 귀결들로 이어진다. 당장 인터넷 토론장들에서 행사되는 언어폭력을 생각해 보라. 그런 언어폭력이 자살을 유발한 사례들이 적지 않다. 또한 정치적 봉기들도 인터넷이라는 새로운 공론장을 통해 준비되거나 애초부터 싹튼다. 인터넷은 〈월드 오브 워크래프트World of Warcraft〉의 세계처럼 머나먼 세계가 아니다. 인터넷 자체가 말하자면 진짜 워게임war game이다. 우리가 인터넷에서 취하는 행보들이 대체로 인터넷 바깥에서의 귀결들로 이어지니까 말이다(드론에 대해서는 따로 언급하지 않겠다). 예컨대 우리가 보내는 모든 이메일 각각이 우주 안에 하나의 흔적으로 남는다는 점을 잊지 말아야 한다. 인터넷에서 정보를 전달하려면 에너지가 소모된다. 인터넷은 생태 위기에 얕잡아 볼 수 없는 수준으로 기여한다.

페라리스에 따르면, 인터넷은 모든 인류의 총동원을 촉구한다. 이것이 앞서 언급한 그의 저서의 제목이 의미하는 바다. 인터넷은 만인에 맞선 만인의 싸움이며, 그 싸움은 국가들조차도 위태롭게 만든다. 그렇기 때문에 국가들은 새로운 법률 시스템들과 감시 전략들로 인터넷에 대응한다. 그러나 이 대목에서 페라리스는 디지털 실재의 역할을 과대평가한다. 무슨 말이냐면, 이미 오래전에 디지털 실재가 주도권을 넘겨받았으며 따라서 우리는 지금 이미 특이점의 시대를 살고 있다는 것이 그의 견해다. 구글 등을 위해서 일하는 발명가 레이먼드 커즈와일이 대중에게 널리 알린 〈특이점singularity〉 개념은, 우리의 인공지능 시스템들이 점점 더 발전하다 보면 결국 우리가 없어도 자동으로 스스로를 계속 발전시키는 때가 도래할 것이라는 뜻을 담고 있다.[90] 페라리스는 그 특이점이 이미 오래전에 도래했다는 입장이다. 왜냐하면 인터넷은 사회적 자체 동력을 보유했으며 이제는 누구도, 그 무엇도 그 동력을 통제할 수 없기 때문이라고 그는 설명한다.

사회는 비디오 게임이 아니다

페라리스는 자신의 입장을 뒷받침하기 위해 근거를 제시하는데, 다행스럽게도 우리는 그 근거를 반박할 수 있다. 지금 우리가 논하는 정보 시대 이론의 배후에는 페라리스의 사회존재론Sozialontologie이 있다. 주로 설이 창시하고 일반적으로 수용 가능하게 만든 **사회존재론**이라는 철학 분야는, 〈대체 왜 일부 대상들과 사실들은《사회적》인 것으로 취급되는가〉라는 질문을 다룬다. 달 표면의 크레이터는 지폐나 문장(文章)과 어떻게 다를까? 화폐와 문장은 오직 집단 역동group dynamics의 맥락 안에서만 존재한다. 반면에 달 표면의 크레이터는 그냥, 하여튼 인간적 집단 역동의 도움 없이 존재한다. 그러나 정확히 캐묻자. 대체 무엇이 화폐를 사회적인 놈으로 만들까? 달 표면의 크레이터는 대체 무엇을 지니지 않아서 사회적인 놈이 아닐까?

이 질문에 대한 페라리스의 대답은 의미심장하긴 하지만 불충분하다.[91] 어떤 기록이 있고 그 기록 덕분에 어떤 놈이 존재한다면 그놈은 사회적이라고 페라리스는 대답한다. 이때 기록이란 제도들이 실재 안에 남기는 흔적이다. 기록은 행위자의 의도와 관련이 있기는 하지만 그 의도를 훨씬 능가한다. 페라리스의 이론을 생생하게 이해하기 위해서 이를테면 독일연방공화국의 기본법을 예로 들 수 있다. 이 법이 제정되고 발효될 당시에는, 〈만인은 법 앞에 평등하다〉라는 조항에 근거하여 언젠가 독일연방의회가 동성 결혼이나 여성 할당 비율을 지지하리라는 것을 아무도 알 수 없었다. 법률 텍스트가 그 저자들의 의도를 벗어나는 사실들을 만들어 내는 것은 사법 시스템들이 일반적으로 경험하는 바다.

우리는 누구나 계약의 문제에 익숙하다. 즉, 우리가 의식적 또는 무의식적으로 맺는 모든 계약이 언젠가 우리의 짜증을 유발할 수 있음을 누구나 잘 안다. 시험 삼아서, 다음번에 이사할 때, 이삿짐센터와 맺은 계약의 해지를 시도해 보

라. 당신은 스스로 서명한 기록(계약서)이 당신이 미처 의식하지 못한 귀결들을 지녔음을 깨닫게 될 것이다. 그나마 다행스럽게도 지금은 소비자 보호가 강화되었기 때문에, 당신의 계약 해지 요청을 받아들이고 싶지 않은 이삿짐센터도 당신과 마찬가지로 기록 앞에서 깜짝 놀라게 될 수 있다.

페라리스의 관점에서 보면, 온 사회는 기록을 중심으로 돌아간다. 이를 우리는 지갑 속에 쌓이는 쪽지들과 날마다 주고받는 무수한 문서들을 통해 경험한다. 그 기록들은 말하자면 사회의 접착제다. 기록이 사회를 사회로 만들고, 기록과 싸워 이기려면 새로운 기록을 들이대는 수밖에 없다.

이 이론은 원래 설이 내놓은 이론과 비교할 때 여러 장점을 지녔다. 설은 〈사회적임〉을 이른바 〈집단 지향성collective intentionality〉과 관련짓는데, 이것은 순환적인 정의다. 왜냐하면 〈집단〉과 〈사회〉는 사실상 동의어이기 때문이다.[92] 설의 견해에 따르면, 화폐가 여전히 존재하는 유일한 이유는, 화폐를 폐지하지 않기로 우리 모두가 모종의 방식으로 끊임없이 합의하기 때문이다. 같은 맥락에서 그는 예컨대 경제 위기를, 이제 경제 위기가 끝나야 한다는 것에 모두가 합의함을 통하여 종결하는 것이 원리적으로 가능하다고 믿는다.

실제로 그렇다면 얼마나 좋겠는가. 그러나 유감스럽게도 그것은 경제 위기의 해법일 수 없다. 왜냐하면 화폐는 관습적인 놈에 불과하지 않기 때문이다. 화폐는 사물들의 거래와 보유를 기록하는데, 그 사물들이 그 자체로 이미 사회적인 놈들인 것은 아니다. 예컨대 지금 내가 손에 쥔 50유로 지폐는 내가 그것을 지불하고 살 수 있는 모든 상품들을 기록한다. 물론 오늘날의 많은 경우에는 상품도 이미 사회적으로 교환되는 기록인 것이 사실이다. 그러나 이것은 별도의 이야기다. 우리의 시장 경제는 순수한 서비스업체가 아니다.

궁극적으로 설과 페라리스는 둘 다 실패한다. 즉, 그들은 실재론자로 자부하며 신실재론을 둘러싼 전 세계적 논쟁에 기여해 왔음에도 불구하고 낡은 구성주의적 견해를 고수한다.[93] 무슨 말이냐면, 사회적 사실들을 믿는 사람이 아무도 없게 되거나 모든 기록들이 말소되면 사회적 사실들은 영원히 사라진다고 그들은 믿는다.

이 견해는 페라리스 본인도 여러 토론에서 공개적으로 인정한 다음과 같은 귀결을 지녔다. 즉, 고대 이집트 문화의 존재를 증명하는 모든 기록들을 우리가 말소하면, 그 문화는 전혀 존재하지 않았던 것으로 된다. 바꿔 말해, 고대 이집트 문화는 그 문화를 증명하는 기록들에 의존하여 존재한다. 증명 기록들이 없다면, 그 문화는 과거에도 존재하지 않았어야 한다. 비슷한 이유에서 설은, 고대 희랍에는 성추행에 관한 견해들이 아직 없었기 때문에 어떤 고대 희랍인도 다른 고대 희랍인을 성추행하지 않았다는, 역시나 터무니없는 견해를 받아들인다.[94] 하지만 이것은, 노예 제도가 비도덕적이라는 생각을 누군가가 하게 되고 그 생각이 사회적으로 인정받은 시점 이전에는 노예 제도가 폭력의 한 형태가 아니었다고 말하는 것과 마찬가지다.

이 같은 사회존재론적 입장이 지닌 문제는, 우리가 사회적 사실들을 인식할 수 있기 위한 기준을 사회적 사실들 자체와 혼동한다는 점이다. 이것은 다름 아니라 페라리스가 다른 맥락에서 꾸짖은 〈초월적 기만추론transzendentaler Trugschluss〉, 곧 인식론(우리가 무언가를 인식하는 방식)으로부터 존재론(해당 사안이 존재하는 방식)을 끌어내는 그릇된 추론이다.[95] 우리가 사회적 사실을 기록의 도움으로 증명한다는 것으로부터, 기록이 사회적 사실을 산출하는 마술적 능력을 지녔다는 결론, 혹은 기록을 없애면 과거의 사실이 없어지는 그런 마술적 능력이 기록에 깃들어 있다는 결론은 나오지 않는다.

비디오 게임은 궁극적으로 실재적 귀결들 없이 존재하지만, 사회는 그런 비디오 게임이 아니다. 기록들과 문장으로 표현된 생각들은 가상적이지 않은 실재의 층위에서도 효과를 발휘한다. 왜냐하면 그것들은 이 층위와 얽혀 있기 때문이다. 인터넷은 특이한 가상의 나라가 아니다. 인터넷은 우리가 생물로서 거주하는 바로 그 실재 구역의 한 부분이다.

가상적 차원은 우리가 정보를 처리하는 방식과 관련이 있다. 그러나 그때 처리되는 정보는 또 다른 정보만 다루는 것이 아니다. 기록은 또 다른 기록만 증명하는 것이 아니며, 사회적 사실은 (이미 사회적인!) 집단 지향성 활동들만 반영하는 것이 아니다.

무릇 사회적 상호성이 존재할 수 있으려면, 우리의 의식적 주의(注意)의 문턱 아래에 위치한 구조들이 이미 확립되어 있어야 한다. 인간의 사회적 결속은, 인간들이 어느 시점에 사회적 관계를 형성하기로 계획을 세운 것에서 비롯되지 않는다. 왜냐하면 그런 계획은 오로지 이미 형성된 사회적 관계의 틀 안에서만 세워질 수 있으니까 말이다. 오히려 사회성은 인간의 무의식적 행위 패턴들로부터 발생하며, 그 패턴들은 생물학적 전사(前史)를 지녔다. 그러나 우리는 그 역사를 대체로 모른다. 왜냐하면 그 역사는 우리 행성의 과거로 너무 멀리 거슬러 오르기 때문이다. 우리가 그 역사를 더 잘 이해하려면 인간 조상들의 뇌와 몸의 정확한 구조에 관한 데이터를 충분히 수집해야 할 텐데, 그런 일은 이루어지지 않을 것이다.[96]

기능주의의 아킬레스건

모든 비판에도 불구하고 어떤 의미에서 옳은 길인 것처럼 보이는 기능주의로 다시 돌아가자. 특히 언급할 만한 것은, 왜 인공지능이 일부 과제들을 최소한 인간에 못지않게 해내고 몇몇 과제는 훨씬 더 잘해내는지를 기능주의가 설명해 준다는 점이다. 휴대용 계산기는 거의 모든 인간보다 더 빠르고 더 완벽하게 계산한다. 그 기계는 생각하는 인간과 똑같은 기능(계산)을 맡지만, 그 기계의 하드웨어가 우수하고 그 기계의 성능이 기타 관심들로부터 격리되어 있기 때문에, 그 기계를 위해 프로그래밍된 수학 규칙들을 더 잘 적용할 수 있다. 휴대용 계산기는 우리보다 더 잘 집중한다. 왜냐하면 그 기계는 오로지 하나만 — 계산만 — 할 수 있기 때문이다.

기능주의는 생각하기를 생물 내부의 특정 과정들(이를테면 뇌 속 뉴런들의 활동)에 묶어 놓지 않는다는 장점을 지녔기 때문에 기술적으로 유용하다. 기능주의에 따르면, 생각하기 기능이 어떻게 실현되는지는 중요하지 않다. 그 기능이 실현되기만 하면, 외견상 사유 활동이 현존하는 것이다.

그러나 순수한 형태의 기능주의는 무수한 약점을 지녔다. **기능주의의 핵심 문제**는 인간의 생각하기가 실제로 무엇인지에 대해서 어떤 설명도 제공하지 못한다는 점이다. 기능주의가 다루는 것은 생각하기 자체가 아니라 사유 모형이다. 《생각하기》란 대체 무엇을 뜻하는가〉라는 질문에 대한 잠정적인 대답 하나를 우리는 앞서 힐러리 로슨에게서 빌려 왔다(54면 참조). 그는 재귀성reflexivity, 곧 생각하기가 생각하기 자신과 관련 맺는 것에 관한 이론을 제시한다. 그 이론은 독일 관념론 전통(특히 헤겔)과 이를 계승한 20세기 철학을 명시적으로 옹호한다.[97] 로슨이 이해하기에 〈생각하기〉란 동일하지 않은 놈을 동일한 놈으로 간주하기다.

바꿔 말하면, 생각하기란 실재의 모형을 만들기다. 예컨대 지금 나는 이스키아섬의 한 호텔에서 갈매기 울음소리를 듣는다. 내 방의 창 앞에서 갈매기들이 시끄럽게 울고 있다. 이 소리가 갈매기 울음이라는 생각은 엄밀히 따지면 다른 갈매기 두 마리를 그놈들이 갈매기라는 관점에서 동일시한다. 당연한 말이지만, 로슨은 고대 이래의 철학 전통을 계승하고 있기도 하다. 왜냐하면 고대 이래로 철학은 생각하기를 다른 놈에서 유사성을 알아채는 활동으로 이해해 왔으니까 말이다. 하지만 우리가 역사 속에서 우리의 개념장치Begriffsapparat를 변화시킨다는 사실과 우리의 개념들이 때로는 터무니없는 오류일 수 있다는 사실을 고려한다는 점에서 로슨은 기존 전통에서 벗어난다. 반면에 희랍 철학은 전통적으로 우리의 개념장치가 대체로 적합하고 조화롭고 영원하다고 본다.

기능주의가 지닌 또 하나의 문제는 급진적 이원론을 위한 문을 활짝 열어 준다는 점이다. 프랑스 정보학자 겸 인공지능 전문가 장-가브리엘 가나시아는 저서 『특이점이라는 신화*The Myth of the Singularity*』에서 이 문제를 옳게 지적한다.[98] 즉, 기능주의의 관점에서 보면 하드웨어와 소프트웨어 사이에는 궁극적으로 근본적인 간극이 있기 때문에, 어떻게 하나의 닫힌 물질적 우주 안에 그 양자가 함께 수용될 수 있는지 이해하기 어려울 정도다. 가나시아가 내리는 옳은 결론에 따르면, 기능주의는 인지과학자들 사이에서 인기가 높지만 유물론과 조화될 수 없다.

그 귀결은 정신이 물질로부터 독립적이며 완전히 해방된 채로 존재할 수 있다는 것이다. 간단히 말해서 우리가 그 생각들을 끝까지 밀어붙이면, 현재 과학의 뿌리 깊은 일원론을 지지하는 기술적 특이점 옹호자들이 불합리한 급진적 이원론을 인정하고 그것을 자신들의 주장의 기반으로 삼게 된다.[99]

이 논증의 배후에 놓인 논리를 더 정확히 파악하기 위하여 나는 이 논증을 좀 더 주의 깊게 고찰하면서 몇 가지 개념을 추가로 도입하려 한다. **개별화 조건**Individuationsbedingung이란, 어떤 경우에 무언가가 그 무언가 자신과 동일한지를 명확히 규정하는 규칙들의 집합이다. 예컨대 인간의 개별화 조건 하나는, (생물학적 어머니의) 난자 하나가 (생물학적 아버지의) 정자 하나와 융합했다는 의미에서 한 인간이 부모로부터 태어났다는 것이다. 거의 모든 경우에 우리는 그 융합을 성행위를 통해 일으킨다. 하지만 생물학적으로 볼 때 성행위는 생식에서 부수적인 의미만 가진다. 적어도 기능주의자는 그렇게 말하며, 당연히 인공 수정이 존재하므로, 그 말은 부분적으로 옳다. 그러나 아주 단순한 이 개별화 이론은 쌍둥이에서 벌써 난관에 봉착한다. 더 엄밀히 고찰하면, 특정 종에 속한 생물의 개별화 조건을 제시하는 것은 쉬운 일이 전혀 아님을 알게 된다. 역시나 실재는 실재에 대한 기능적 규정보다 일반적으로 더 복잡하다.

아무튼 기능주의가 채택하는 이론에 따르면, 기능주의는 생각하는 놈의 생물로서의 하드웨어를 그놈의 소프트웨어와 구별해서 개별화하기 위한 개별화 조건들을 충분히 명료하게 보유하고 있다. 생각하기 소프트웨어의 개별화 조건은 알고리즘의 형태로 제시된다. 일반적으로 **알고리즘**이란, 통제된 결과(문제 해결)에 도달하기 위한 과정을 잘 정의된 특정 단계들을 거쳐 수행해야 한다고 지시하는 규칙이다.

알고리즘은 논리적 속성들을 통해 정의된다. 논리는 〈참임Wahrsein〉에 관한 법칙들을 다룬다. 다시 말해 논리는, 어떤 조건 하에서 생각들이 서로 연결되고 서로에게로 번역될 수 있는지 서술한다. 〈안나가 소피아를 사랑한다〉라는 생각은 논리적으로 볼 때 〈소피아가 안나로부터 사랑받는다〉라는 생각과 동일하다. 더 나아가 이 생각으로부터 〈안 나가 사랑하는 누군가(다름 아니라 소피아)가 존재한다〉라는 생각이 도출된다. 이런 식으로 더 많은 생각들을 끌어 낼 수 있다. 논리 법칙들은 알고리즘이 따라야 할 조건들 Steuerungsbedingungen을 서술한다. 논리는 수학의 기반들 중 하나이며 따라서 당연히 디지털 시대의 기반들 중 하나다. 그런데 이 대목에서 거의 늘 간과되는 바지만, 논리 역시 더 넓은 기반을 지녔으며 우리는 그 기반의 배후를 더는 성 공적으로 캐물을 수 없다. 그 기반은 생각하기다. 생각하기 는 논리의 기반이다. 그렇기 때문에 생각하기에 대한 숙고 로서의 철학은 논리보다 더 근본적이다.

디지털화는 19세기 후반과 20세기에 이루어진 논리적 통 찰들의 실현이다. 그 실현은 새로 개발된 기술에 기초를 둔 다. 아날로그 신호와 달리 디지털 신호는 다른 유형의 신호 전달 형태들에 의지한다. 이에 관한 기술적 세부 사항을 여 기에서 다루지는 않겠지만, 한 측면만큼은 주목할 필요가 있다. 그 측면을 이산성과 연속성의 차이를 통해 명확히 할 수 있다.

이산적 차이는 명료한 경계를 사이에 두고 나뉜 두 구역 의 차이다. 본에 있는 사람은 동시에 베를린에 있을 수 없 다. 누군가가 있는 장소로서 본과 베를린의 차이는 이산적 차이다. 이산적 차이 외에 **연속적 차이**가 존재한다. 연속적 차이는 〈강도적 차이〉로도 불린다. 예컨대 두 책의 빨간색 표지는 서로 다른 강도의 빨간색을 띨 수 있다. 우리의 빨간색 체험은 연속적이다. 다양한 정도 또는 강도의 빨간색이 존재한다. 이는 한 소리가 상대적으로 더 크거나 더 작을 수 있지만 그렇다고 해서 명확히 구별되는 두 구역(큰 소리의 구역, 작은 소리의 구역)이 존재하지는 않는 것과 마찬가지다.

연속적인(혹은 아날로그인) 놈과 이산적인(혹은 디지털인) 놈 사이에서 형성될 수 있는 관계들이 있으며, 우리는 그 관계 형성을 일종의 번역으로 간주할 수 있다. 아날로그 정보는 특정 조건들 아래에서 이산적 정보로 변환될 수 있으며, 반대 방향의 변환도 가능하다. 우리는 옛날 사진들을 디지털화하고 문서들을 스캔할 수 있다. 왜냐하면 우리가 지각의 형태로 의식적으로 접수하는 연속적 정보를 이산적 단위들로 분해할 수 있기 때문이다. 이 번역에 관한 규칙들은 궁극적으로 논리를 기반으로 삼는다(우리는 그 규칙들을 소프트웨어의 형태로 포장하며, 그 소프트웨어의 배후에는 정보 변환 알고리즘이 있다. 곧, 단순한 단계들로 이루어진 정보 변환 절차가 있다). 하지만 그렇다고 해서, 연속적 아날로그 실재가 논리적이라는 뜻은 아니다. 논리는 우리에게 번역 매뉴얼을 제공한다. 바꿔 말해 논리는 어떤 조건 하에서 우리가 유의미한 번역을 할 수 있는지 규정한다. 그럼으로써 논리는 선(先)논리적이거나 비논리적인 실재에 대해서 간접적으로만 발언한다. 즉, 그 실재를 부분적으로 디지털화할 수 있다고 발언한다. 그러나 논리는 실재 전체가 무엇인지에 대해서는 어떤 발언도 하지 않는다.

기능주의의 아킬레스건은 한편으로 하드웨어와 소프트웨어를 대개 암묵적이지만 근본적으로 갈라놓는 이원론에 있다. 다른 한편으로 그 아킬레스건은, 기능주의가 생각하기의 논리와 실재를 혼동하면서 우리의 생각하기가 논리적 규범들을 지침으로 삼기는 하지만 반드시 그것들에 복종하지는 않는다는 점을 간과하는 것에서 드러난다. 생각하기의 실상은 (수학적) 논리의 사유 모형들과 (따라서 정보학의 사유 모형들과도) 다른 형태를 띤다.

3장

사회의 디지털화

논리적이잖아, 안 그래?

논리학은 생각들 사이의 관계 규정에 관한 학문이다. 희랍어 〈로고스〉의 의미는 관계, 척도, 진술, 언어, 생각, 말, 단어, 이성을 아우를 만큼 폭이 넓다. 플라톤과 아리스토텔레스를 통해 학문으로서 확립된 이래로 논리학의 근본적 관심사는, 〈우리가 순수하게 생각들을 연결함으로써 무언가 새로운 것을 알아내려면 다양한 생각들이 어떻게 연결되어야 하는가〉라는 질문이다. 그렇기 때문에 논리학은 전통적으로 세 가지 주제, 곧 개념, 판단, 추론을 다룬다.

개념이란 한 생각에서 추출하여 다른 생각에도 써먹을 수 있는 무언가다. 아래와 같이 표현하고 (A)로 표기할 수 있는 간단한 생각을 예로 들자.

(A) 앙겔라 메르켈은 베를린에서 산다.

우리는 이 생각에서 최소한 두 개의 개념을 뽑아낼 수 있다. 첫째, 〈앙겔라 메르켈〉이라는 개념, 둘째, 〈베를린에서 산다〉라는 개념. 당연히 〈베를린〉이라는 개념과 〈산다〉라는 개념, 또한 〈앙겔라〉라는 개념과 〈메르켈〉이라는 개념도 끄집어낼 수 있다. 그러나 내가 말하려는 바는 이것이다. 우리는 〈앙겔라 메르켈〉이라는 게임용 칩과 〈산다〉라는 게임용 칩 덕분에 새로운 생각들에 도달할 수 있다. 앙겔라 메르켈이 베를린에서 산다면, 다른 사람들도 베를린에서 살 가능성이 있음을 우리는 안다. 현재 베를린에서는 오직 한 사람만 산다는 추가 정보를 우리가 보유하지 않은 한에서 말이다. 또 앙겔라 메르켈이 베를린에서 산다면, 앙겔라 메르켈이 다른 행동도 할 가능성이 있음을 우리는 안다. 그녀는 베를린에서 살기만 하는 것이 아니라 어쩌면 때때로 파리로 여행하고 아침을 먹고 호르스트 제호퍼*에게 전화하기도 할 것이다. 앙겔라 메르켈은 많은 행동을 할 수 있고, 베를린에서는 많은 사람들이 살 수 있다.

이런 간단한 진실들을 우리는 파악할 수 있다. 왜냐하면 생각

(A) 앙겔라 메르켈은 베를린에서 산다.

* 독일 정치인.

로부터 다른 생각들이 도출되기 때문이다. 가장 일반적인 도출 규칙을 일컬어 〈논리 법칙〉이라고 한다. 이 예에서는 예컨대 **존재 보편화**Existenzgeneralisierung라는 논리 법칙이 등장한다. 이 법칙에 따라서, 오슈카(혹은 울라, 옌스, 쳄, 마리야, 그 밖에 누군가)가 빵을 산다는 것으로부터 빵을 사는 누군가가 존재한다는 것이 도출된다. 존재 보편화를 더 일반적으로 정식화하면 다음과 같다. 구체적인 무언가(a라고 하자)가 속성(E)을 가진다는 것으로부터 속성 E를 가진 불특정한 무언가(x)가 존재한다는 것이 도출된다. 즉, 〈a는 E다〉로부터 〈어떤 x는 E다〉를 도출할 수 있다. 사과가 빨간색이라면, 무언가는 빨간색이다. 이것은 무슨 심오한 비밀이 아니다. 하지만 논리 법칙들을 명확히 제시하고 그것들 사이의 관계를 탐구하는 것은 유익한 작업이다. 그 작업이 우리에게 선사한 기술이 없다면, 우리는 지금도 석기 시대에 머물러 있을 테니까 말이다.

논리 법칙들은 개념들 사이의 관계를 규정할 뿐 아니라 우리가 (A)와 같은 주어진 생각을 토대로 구성할 수 있는 생각들도 규정한다. 논리학은 현존하는 인간의 생각하기를 재료로 삼아서 그로부터 논리 법칙들을 추출하는 일을 한다. 그러나 논리학은 〈인간들이 어떻게 생각하는가〉라는 질문을 다루지 않는다. 오히려 논리학은, 〈인간들이 합리적으로 처신하고자 할 때, 즉 오류추론을 피하고 일반적으로 수용되는 규칙들에 따라서 참인 생각들로부터 다시금 참인 생각들을 도출하고자 할 때, 어떻게 생각해야 하는 가)라는 질문을 다룬다.

참(진실)인 생각들로부터 참인 생각들을 확실하게 도출하고자 할 때 인간들이 어떻게 생각해야 하는가를 다루는 논리학과 달리, 심리학은 인간들이 실제로 어떻게 생각하는가를 고찰한다. 그러므로 논리학과 심리학은 원리적으로 서로 별개인 두 학문이다. 이 사실을 전적으로 옳게 지적한 주요 인물로 프레게 외에 에드문트 후설이 있다. 프레게와 마찬가지로 후설은 철학자인 동시에 수학자였으며 현대 수리논리학의 창시에 기여했다.

한마디 보태면, 윤리학과 행동경제학 사이의 관계도 이와 유사하다. 윤리학은 우리가 어떻게 행위해야 하는가를 탐구한다. 행동경제학은 우리가 어떻게 행위하는가를 탐구한다. 심리학이 논리학을 (또한 논리학이 심리학을) 반박하지 않는 것과 마찬가지로, 행동경제학도 윤리학을 (또한 윤리학도 행동경제학을) 반박하지 않는다.

논리학의 영역은 인간의 생각하기 너머로 확장될 수 있다. 빅데이터 시대를 사는 우리는 바로 그 확장을 체험하고 있다. 인공지능은, 우리가 수학적으로 모방하고 소프트웨어로서 프로그래밍할 수 있는 단순한 논리 연산들을 통해, 한 정보로부터 다른 정보를 추론한다. 인공지능은 인간의 생각하기로부터 분리된 순수 논리다. 과연 단 하나의 논리만 존재하는가, 아니면 여러 논리들이 존재하는가(즉, 단 하나의 도출 규칙들의 시스템만 존재하는가, 아니면 여러 시스템들이 존재하는가)라는 질문에 대하여 여기에서 명확한 입장을 밝힐 필요는 없다. 중요한 것은 다만, 이 모든 시스템들이 논리적 속성들을 지녔으며 그 속성들을 소프트웨어의 형태로 프로그래밍할 수 있다는 점이다.

그렇기 때문에 인공지능은 오류를 범할 수 없다. 물론 인공지능은 망가질 수 있고 바이러스에 감염될 수 있으며 장기적으로는 늘 소프트웨어 업그레이드를 필요로 할 것이다. 왜냐하면 어떤 소프트웨어도 완벽할 수 없기 때문이다. 그러나 내 컴퓨터는 높은 곳에서 떨어져 박살나는 상황에서도 오류를 범하지 않는다. 내 컴퓨터의 작동은 순수한 논리다. 컴퓨터 심리학은 존재하지 않는다.

디지털 시대는 논리가 인간의 생각하기를 지배하는 시대다. 우리의 생각하기는 논리를 목표로 설정하고 지침으로 삼는다. 그러나 그렇다고 해서 우리가 실제로 논리적으로 생각하는 것은 아니다. 즉, 우리가 알고리즘으로 정리될 수 있는 작은 단계들을 거치면서 생각으로부터 개념들을 추출하고 논리의 규칙들에 따라 결합하여 새로운 생각들을 구성하는 것은 아니다. 생물로서 우리는 시간의 압박 아래에서 일하며, 결과를 얻기 위해 너무 오래 계산해야 하는 쪽보다 차라리 논리적 오류를 범하는 쪽을 선호한다. 뿐만 아니라 우리는 감정적이고 성격이 다양하며 여러 가능성들을 저울질하는 생물이다. 그래서 우리는 목적 달성을 위하여 항상 논리에 의지하지는 않는다. 그렇기 때문에 학문 바깥의 거의 모든 조건들에서 인간의 소통은 논리적 규칙에 순응하지 않는다.

일상에서는 생각의 파편들이 교환되고, 그 와중에 〈터무니없는 말Unsinn〉이 상당히 많이 발설된다. 우리가 주고받는 터무니없는 말이 대개 수행하는 기능은, 사소한 대화부터 이사회까지 다양한 사회적 상황들이 다소의 마찰 없이 돌아가게 하는 것이다. 그래서 많은 이들은 날이면 날마다 오가는 터무니없는 말에 은밀히 분개한다. 왜냐하면 명색이 논리를 발견한 존재들인 우리가 오류추론과 틀린 견해를 무수히 마주하는 것은 부당한 일이기 때문이다.

우리의 일상심리학Alltagspsychologie은 터무니없는 말의 뒤죽박죽이며, 우리는 항상 발생하는 다채로운 심리적 카오스로 인해 우리의 문명이 붕괴하는 것을 막기 위해 그 뒤죽박죽에 구조를 부여한다.[100] 사람들이 논리적으로 최적화된 합리성에 항상 관심을 두는 것은 전혀 아니다. 오히려 사람들은 더없이 다양한 영향들 아래에서 행위하며, 이것은 비판할 거리가 전혀 아니다. 왜냐하면 우리는 미스터 스포크가 아니기 때문이다. 바로 그렇게 우리가 다양한 모듈에 의지하기 때문에, 우리는 오류 가능한 주체들이지만 또한 객관성을 갖췄다.

인공지능은 인간의 생각하기의 복제본이 아니다. 오히려 인공지능은 사유 모형이다. 인공지능은 우리가 받는 시간적 압박과 유한한 생물로서 우리의 필요들을 배제한 채로 우리의 생각하기를 모방하는 논리적 지도다. 유한한 생물인 우리는 반드시 죽어야 하는 (우리의 이해관계에 지대한 영향을 미치는) 몸을 보유하지 않았다면 생각하기 능력을 아예 지니지 못했을 것이다.

인공지능에도 한계가 있다. 바로 논리의 한계가 인공지능의 한계다. 그 무엇도, 그 누구도 논리보다 더 지능이 높을 수 없다. 논리는 사유 가능성의 한계를 지정한다. 왜냐하면 논리는, 우리의 생각들이 안정적인 맥락을 형성하려면 우리가 어떻게 생각해야 하는지 가르쳐 주기 때문이다. 논리를 벗어난 곳에 지능적인 작동이란 없다. 요컨대 논리는 생각하기가 넘을 수 없는 한계선을 긋는다.

집합 핑퐁 게임

논리의 고전적 이상은 일관성consistency과 정합성coherence이다. 생각들의 시스템(곧 이론)이 **일관적**이라 함은, 명시적인 모순이 그 시스템 안에서 등장하지도 않고 그 시스템으로부터 도출 가능하지도 않다는 뜻이다. 생각들의 시스템이 **정합적**이라 함은, 그 시스템의 부분들이 서로 유의미하게 연결되어 있다는 뜻이다. 이 두 가지 이상은 현대 논리학이 발전함에 따라 제한되거나 수정된다. 이 과정과 관련 있는 한 통찰은 우리의 논의에서 중대한 의미를 지녔는데, 그것은 19세기부터 잘 알려진 다음과 같은 통찰이다. 즉, 모든 생각들을 포괄하면서 일관되고 정합적인 전체 시스템은 존재할 수 없다는 것이다. 어떤 생각 시스템이건 간에 안정성을 확보하려면 몇몇 생각들을 배제해야 한다. 오래전부터 잘 알려져 있던 이 사정은 수학자 쿠르트 괴델의 업적들을 통해 유명해졌다. 그는 모든 형식적(수학적) 생각 시스템에 적용되는 유명한 불완전성 정리들을 증명했다.

괴델이 이뤄 낸 증명의 배후에는 아주 오래된 논리학의 통찰이 있는데, 그 통찰은 사도 바울의 「디도에게 보낸 편지(디도서)」를 통해 심지어 『성서』에도 진입했다. 마르틴 루터는 내가 언급하려는 대목을 아래와 같이, 반유대주의적 색채를 간과할 수 없게 번역한다.

복종하지 않는 수다쟁이들과 미혹된 자들이 많은데, 특히 할례를 받은 자들 가운데 많소. 그들의 주둥이를 막아야 하오. 그들은 파렴치한 이익을 위해 집안들을 온통 혼란에 빠뜨리고, 있어서는 안 될 것을 가르치오. 그들 중 하나인, 그들의 선지자가 이렇게 말했소. 〈크레타 사람들은 늘 거짓말쟁이요, 악한 동물이요, 먹는 것밖에 모르는 게으름뱅이다.〉 이 증언은 진실이오. 그러므로 그들을 따끔하게 꾸짖어 건전한 믿음을 갖게 하고 유대인들이 꾸며 낸 이야기와 진실을 외면하는 사람들의 명령을 무시하게 하시오.[101]*

이 인용문의 중심에는 아래와 같은 유명한 문장이 있다. 이 문장의 변형된 버전은 〈거짓말쟁이 역설〉이라는 명칭으로 널리 알려져 있다.

(B) 크레타 사람: 모든 크레타 사람은 항상 거짓말을 한다.

사도 바울 이전에도 알려져 있던 이 역설은 크레타 철학자 에피메니데스에게서 유래했다고 여겨진다. 그는 사도 바울보다 몇 백 년 전에 살았으며 소크라테스 이전 철학자로 분류된다. 에피메니데스 같은 크레타 사람이 모든 크레타 사람은 항상 거짓말을 한다고 말하면, 역설이 확연히 도드라진다.

오늘날 통상적으로 채택되지만 자명하지 않은 해석에 따르면, 거짓말을 한다는 것은, 거짓 진술을 진실로서 내놓음으로써 누군가를 속일 의도로 거짓 문장을 진술한다는 것이다. 그러므로 크레타 사람 하나가 〈모든 크레타 사람

---

* 번역은 독일어 원문에 기초하고 한국어 성서 새번역RNKSV을 참조함.

은 항상 거짓말을 한다〉라는 문장을 진술한다면, 그 문장은 거짓이라는 것이 도출된다. 왜냐하면 〈모든 크레타 사람은 항상 거짓말을 한다〉가 참이라면, 이 문장을 주장하는 크레타 사람도 거짓말을 하는 것으로 되고, 따라서 이 문장은 거짓이어야 하기 때문이다. 그렇지 않다면, 그 크레타 사람은 거짓말을 하지 않는 것일 테니까 말이다. 한 크레타 사람이 〈모든 크레타 사람은 항상 거짓말을 한다〉라는 문장을 진술하면서 놀랍게도 이번만큼은 진실을 말한다고 가정하자. 이 경우에 그 문장은 참일 것이다. 하지만 그렇다면 그 크레타 사람은 진실이 아니라 거짓을 진술한 것으로 될 터이다. 왜냐하면 크레타 사람인 그 자신에게는 그 문장이 옳지 않으니까 말이다. 요컨대 진술

(B) 모든 크레타 사람은 항상 거짓말을 한다.

가 크레타 사람의 입에서 나올 경우, 그 진술이 참이라면 그 진술은 거짓이고, 그 진술이 거짓이라면 그 진술은 참이라는 역설이 발생한다. 당연한 말이지만, 〈모든 크레타 사람은 항상 거짓말을 한다〉라고 말하는 그 크레타 사람이 거짓말을 하는 것일 수도 있다. 즉, 그가 이번만큼은 참말을 하는 것일 수도 있다. 그렇다면 그가 하는 말은 참말인 동시에 거짓말이며, 그의 대화 상대는 미묘한 혼란에 빠지

게 된다.

엄밀히 따지면, 크레타 사람 문장은 예컨대 아래 문장으로 표현되는 거짓말쟁이 역설과 다르다.

(C) 이 문장은 거짓이다.

(C)는 참이라면 거짓이고, 거짓이라면 참이기 때문에, 이런 유형의 문장이 형식적 이론 안에서 구성되는 것을 막는 일이 중요해진다. 역사적으로 이 문제는 위 사도 바울 인용문으로, 또한 〈절대로 진실을 말하지 않는다는 평판이 있는 집단에 속한 누군가를 우리가 신뢰할 수 있는가〉라는 난제로 거슬러 올라간다.

현대 논리학은 애당초 역설들이 배제되도록 우리의 생각 시스템을 설계해야 한다는 것을 원칙으로 삼는다. 이 통찰의 주요 옹호자인 러셀은 고유의 역설을 개발하여 프레게와 현대 수학을 심각한 위기로 몰아간 바 있는데, 우리는 그 사건을 잠시 살펴볼 필요가 있다. 왜냐하면 그 사건은 우리의 악명 높은 (수학적 정보 전달 과정들에 의지하는) 디지털 실재에 관한 귀결들을 지녔기 때문이다. 우리가 디지털 문명을 논리적 역설들로부터 완벽하게 보호하는 것은 결코 불가능하다.

러셀은 오늘날 〈순박한 집합론〉으로 불리는 이론에 한

가지 문제가 있음을 지적한다. 그 문제의 원천은 그 이론이 모든 집합들의 집합의 존재를 배제하지 않는 것에 있다. **집합**이란 대상들의 모임이다. 대상들을 그냥 모아 놓으면 집합이 만들어진다. 내 책상 위에 있는 대상들의 집합은, 내 앞에 놓인 잡동사니들의 모임, 곧 안경, 커피 잔, 스크린, 종이들, 책들, 포스트잇들, 필기구들의 모임이다. 중괄호를 써서 이 집합을 다음과 같이 표현할 수 있다. {안경, 커피 잔, 스크린, 종이들, 책들, 포스트잇들, 필기구들} 이 집합 안에는 이 집합 자신이 들어 있지 않다. 즉, 내 책상 위 물건들의 집합이 다시금 내 책상 위에 놓여 있지는 않다.

하지만 다른 집합을 생각해 보자. 신생아는 아주 많은 집합들을 전혀 생각해 보지 않았다. 예컨대 스웨덴 사람들의 의견들의 집합, 우리 우주의 은하들의 집합, 기타 수많은 집합들을 한번도 생각해 본 적이 없다. 더 나아가 신생아는 자신이 생각해 본 적 없는 모든 것들의 집합도 생각해 본 적이 없을 개연성이 매우 높다. 그렇다면, 신생아가 생각해 본 적 없는 집합들의 집합은 그 집합 자신에 속한다.

요컨대 한편에는 자신을 원소(집합에 속한 대상들을 원소라고 함)로 가지지 않은 집합들의 집합이 존재하고 다른 한편에는 자신을 원소로 가지는 집합들의 집합이 존재하는 듯하다.

이 대목에서 이런 질문을 던져도 될 것이라고 러셀은 생각했다. 자신을 원소로 갖지 않은 집합들의 집합은 자신을 원소로 가질까, 아니면 갖지 않을까? 당신이 이 이야기를 처음 듣는다면, 이제부터 약간 어지러워지겠지만, 이해하지 못할 만큼 어려운 이야기는 결코 아니다.

우선, 자신을 원소로 갖지 않은 집합들의 집합이 자신을 원소로 갖는다고 가정해 보자. 그러면 그 집합이 자신을 원소로 갖지 않는다는 결론이 나온다. 왜냐하면 그 집합은 자신을 원소로 갖지 않은 집합들만 원소로 가져야 하기 때문이다. 그 집합이 자신을 원소로 갖는다면, 그 집합은 자신을 원소로 갖지 않는다.

그렇다면 이 모순을 피하기 위해, 자신을 원소로 갖지 않은 집합들의 집합이 자신을 원소로 갖지 않는다고 가정해 보자. 그렇다면 그 집합 자체가 자신을 원소로 갖지 않은 집합이므로, 그 집합은 다시금 그 집합 자신에 속해야 한다.

자신을 원소로 갖지 않은 집합들의 집합이 자신을 원소로 갖지 않으면 자신을 원소로 갖고, 자신을 원소로 가지면 자신을 원소로 갖지 않는다는 이 내키지 않는 결론은 비참한 핑퐁 게임이다.

모든 프로그램은 언젠가는 먹통이 된다

이 비참한 핑퐁 게임은 속세와 무관한 유리알 유희나 고등학교 상급반 수학 연습 문제가 아니다. 우리 모두는 프로그램이 반응을 멈추고 먹통이 되는 현상을 통해 이 문제를 잘 안다. 만일 잠시 후에 내가 이 원고를 아직 저장하지 않은 상태에서 스크린에 무지개바퀴*가 뜨고 워드프로세서 프로그램이 먹통이 된다면, 나는 몹시 짜증이 날 것이다. 모든 프로그램은 언젠가는 먹통이 된다. 이 문제는 절대로 무한 순환에 빠지지 않는 프로그램을 작성할 수는 없다는 사실과 관련이 있다. 이 문제는 러셀의 역설을 유발하는 문제의 한 변형이며 이론 정보학에서는 계산 가능성 이론의 틀 안에서 **정지 문제**halting problem라는 이름으로 탐구된다.[102]

수많은 기술적·이론적 곁가지들을 지닌 이 문제의 핵심은, 임의의 프로그램이 예정된 멈춤 상태에 언젠가 도달할지를 다른 프로그램의 도움으로 최종적으로 결정(판정)할 수 없다는 것이다. 희랍어에서 유래한 단어인 〈**프로그램**(pro+gram)〉의 독일어 직역은 〈Vorschrift(지시)〉다.

이 대목에서 우리는 다시 한번 역사를 통틀어 가장 유명한 정보학자 앨런 튜링을 호출해야 한다. 정보학을 모르는 사람들도 어쩌면 영화 「이미테이션 게임The Imitation Game」 덕분에 튜링을 잘 알 것이다. 아쉽게도 그 영화는 상당히 질이 낮지만 말이다. 이른바 〈튜링 기계turing machine〉는 튜링의 이름을 따서 명명되었으며 오늘날에는 〈컴퓨터〉로 불

* 맥Mac에서 쓰이는, 시간 지연을 뜻하는 아이콘이며 윈도우에서 모래시계 아이콘에 해당함.

린다. 원래 〈컴퓨터〉는 〈계산하는 놈〉, 주로 계산하는 사람을 뜻했다. 그 명칭이 인간 컴퓨터와 특정 속성들을 공유한 기계들에 적용된 것은 튜링 이후의 일이다.

튜링 기계를 다음과 같이 상상할 수 있다. 우리가 무한히 긴 종이테이프를 가지고 있다고 해보자. 그 종이테이프는 명확한 경계선을 통해 구획된 똑같은 크기의 칸들로 이루어졌다. 그 밖에 추가로 〈읽기-쓰기 헤드read-write head〉가 필요하다. 이 장치는 종이테이프 위에서 종이테이프와 나란한 방향으로 이동하면서 종이테이프의 칸에 적힌 기호를 읽고 새 기호를 적을 수 있다. 그리고 종이테이프의 칸 각각에는 1이나 0이 적혀 있거나 아무것도 적혀 있지 않아야 한다. 이제 우리는 다음과 같은 식으로 일련의 프로그램들을 발전시킬 수 있다. 예컨대 우리는 한 칸에 0을 적고, 그 오른쪽 칸에 1을 적고, 그 다음 칸은 공백으로 남겨 둘 수 있다. 이어서 읽기-쓰기 헤드의 작동 규칙, 곧 프로그램을 이렇게 정할 수 있다. 즉, 그 헤드가 1을 읽으면 오른쪽으로 이동하고, 0을 읽으면 1로 고쳐 적은 다음에 오른쪽으로 이동하고, 공백을 읽으면 멈추도록 할 수 있다. 우리가 앞서 언급한 첫째 칸이나 둘째 칸에서 이 프로그램을 작동시키면, 프로그램은 셋째 공백 칸에서 멈춘다. 이를 프로그램이 〈종료된다〉라고 표현한다.

이번에는 다른 프로그램을 생각해 보자. 이번 프로그램

은 읽기-쓰기 헤드가 어떤 칸을 만나든지 항상 오른쪽으로 이동해야 한다고 지시한다. 따분하기 그지없는 이 프로그램은 끝나지 않는다. 즉, 종료되지 않고 하염없이 단조롭게 진행된다. 당연한 말이지만, 이 프로그램을 현실에서 구현할 수는 없다. 왜냐하면 어떤 종이테이프도 무한히 길 수 없고, 어떤 읽기-쓰기 헤드도 영원히 멀쩡할 수 없기 때문이다. 게다가 온 우주를 동원하더라도 이 프로그램의 영원한 진행에 필요한 에너지를 마련할 수 없다. 이 문제는 엔트로피의 증가, 곧 우주의 구조적 쇠퇴와 관련이 있는데, 이 문제는 우리의 논의에서 제쳐 두기로 하자.

요컨대 종료되는 프로그램들이 있고 종료되지 않는 프로그램들이 있음을 우리는 안다. 그렇다면 자연스럽게 이런 질문이 제기된다. 거기에 어떤 프로그램이든지 입력하면 그것이 종료될지 여부를 알려 주는 그런 프로그램을 작성할 수 있을까? 이 슈퍼 프로그램을 GOTT*로 명명하자. GOTT는 임의의 프로그램이 종료될지 여부를 알아내는 프로그램이다.

문제는 GOTT에 GOTT 자신을 입력할 때 발생한다. 이 경우에 GOTT는 GOTT가 종료될지 여부를 어느 시점에선가 결정(판정)해야 한다. 우리에게 의미론적 단위로 1, 0, 공백만 가용하다면, 우리는 1을 〈프로그램이 종료된다〉라는

* 독일어 〈Gott〉는 신(神)을 뜻함.

진술로, 0을 〈프로그램이 종료되지 않는다〉라는 진술로, 공백을 진술 없음으로 간주할 수 있다. 공백은 어떤 진술도 아니다. 우리의 가정에 따르면, GOTT는 임의의 프로그램에 대해서 그것이 종료될지 여부를 알아낸다. 따라서 GOTT는 GOTT 자신이 종료될지 여부도 알아낸다. 즉, GOTT는 〈GOTT가 종료될 것인가〉라는 질문의 답을 내놓아야 한다. 바꿔 말해 GOTT에 한 프로그램이 입력되면, 그 프로그램이 종료될 경우 GOTT는 1을 적은 다음에 오른쪽으로 읽기-쓰기 헤드를 이동시키고, 그 프로그램이 종료되지 않을 경우에는 0을 적은 다음에 오른쪽으로 읽기-쓰기 헤드를 이동시킨다. GOTT가 종료되지 않는다면, 즉 이제껏 탐구한 프로그램들 외에 다른 프로그램들이 종료될지 여부를 끝없이 계속 탐구해야 한다면, GOTT를 입력받은 GOTT는 〈프로그램이 종료되지 않는다〉라는 진술도 할 수 없다. 왜냐하면 어느 시점에서 이 진술을 하더라도, 다른 모든 프로그램들을 탐구하지 않은 상태에서 이 진술을 하는 셈일 터이니까 말이다. 또한 GOTT가 이 진술을 못하는 것은 GOTT가 영원히 종료되지 않는다는 것이 방금 우리가 채택한 전제이기 때문이기도 하다. GOTT는 〈GOTT가 종료되지 않는다〉라는 진술을 할 수 없다. 바꿔 말해 GOTT는 〈GOTT가 영영 종료되지 않는다〉라는 결론에 이를 수 없다. 왜냐하면 GOTT가 이 결론에 이른다는 것은 GOTT가 종료된다는 것을 의미하기 때문이다. 그런데 GOTT가 이런 식으로 종료된다는 것은, 모든 각각의 프로그램이 언젠가는 먹통이 된다는 것을 의미한다.

요약하면 이러하다. GOTT 같은 프로그램이 가능하려면, 그 프로그램은 입력되는 —GOTT 자신을 포함한— 모든 각각의 프로그램이 종료될지 여부에 대해서 명료한 진술을 내놓아야 한다. 그런데 〈GOTT가 종료되지 않는다〉라는 진술을 내놓으려면, GOTT는 종료되어야 한다.

진짜 정지 문제는 이제껏 설명한 단순화된 버전보다 이론적으로 더 복잡하다는 점을 유의하라. 하지만 위의 단순화된 버전은 현대 수학과 이론 정보학에서 등장한 논리적 역설들보다 훨씬 더 일반적인 철학적 방향을 가리킨다는 점에서 큰 장점을 지녔다. 즉, 우리는 이렇게 주장할 수 있다. 우리가 생각하기의 한계에 이르러, 《생각을 생각하는 놈》으로서 우리 자신이 어떻게 작동하는가〉라는 질문을 던지면, 우리는 결국 어김없이 역설에 빠진다. 생각하기가 생각하기 자신을 숙고할 경우 역설들을 완전히 피하는 것은 결코 불가능하다는 통찰에 사람들은 조만간 도달한다. 예컨대 오스트레일리아 철학자 겸 논리학자 그레이엄 프리스트, 하이델베르크 대학교의 철학자 안톤 프리드리히 코흐 등이 이 사실을 지적했다.[103]

한마디 덧붙이자면, 쿠르트 괴델과 집합론의 창시자 게

오르크 칸토어도 수학적 역설들을 일반화할 수 있음을 어렴풋이 깨달았다. 이들은 자신들이 맞닥뜨린 논리적 난점들 때문에 신에게 귀의했으며, 자신들이 논리의 한계를 발견했는데 그 한계 너머에는 논리적으로 접근 불가능한 신의 수수께끼가 있다고 생각했다. 괴델은 나름의 신 존재 증명을 내놓기까지 했다.[104]

결론적으로 우리는 모든 프로그램들을 작동시킬 수 있는 컴퓨터를 제작하는 것은 불가능하다는 교훈을 얻을 수 있다. 모든 새로운 운영 시스템은 결함들을 드러내기 마련이며, 그것들을 미리 예측할 수는 없다. 그런데 이 문제는 단지 이론 정보학의 결함들에서 비롯된 귀결이 전혀 아니다. 오히려 이 문제는 다음과 같은 프로그램을 작성하기가 불가능하다는 점과 관련이 있다. 즉, 정보를 합리적으로 처리하면서 또한 자신이 처리할 수 없는 정보가 입력되는 것을 원천적으로 막을 수 있는 그런 프로그램을 작성하는 것은 불가능하다. 절대적으로 안전한 운영 시스템은 결코 존재하지 않는다. 모든 프로그램은 언젠가는 먹통이 된다.

컴퓨터가 과연 무언가를 할 수 있을까?

그런데 대체 왜 그럴까? 우리가 절대적으로 안정적이며 합리적인 규칙을 구성할 수 없는 이유는 무엇일까? 모든 문제들을 디지털 방식으로, 곧 작은 (발전한 기술을 통해

하드웨어에 실현할 수 있는) 단계들로 분해함으로써 해결하는 운영 시스템을 구성할 수 없는 이유는 무엇일까?

한편으로 간단한 물리적 이유가 있다. 우주는 논리적으로 가능한 모든 계산을 수행하는 데 필요한 물질 혹은 에너지를 원리적으로 보유하고 있지 않다. 우주 안에 존재하는 모든 것을 컴퓨터의 계산을 통해 시뮬레이션할 수는 없다. 왜냐하면 만약에 그런 시뮬레이션이 가능하다면, 모든 계산들의 계산을 시뮬레이션하는 컴퓨터 혹은 프로그램이 추가로 있어야 할 터이기 때문이다. 바꿔 말해, 우주 안의 모든 가능한 일들을 시뮬레이션하는 모든 가능한 프로그램들의 작동 결과가 나타나는 스크린 하나가 우리 앞에 있는 것으로는 부족하다(물론 이것만으로도 대단한 성취다! 어쩌면 우리는 무한히 큰 인터넷을 누비며 우주의 모든 상황 각각을 지켜보고 단박에 가상적으로 체험할 수 있을 것이다). 우리의 스크린에 그 스크린 자신도 등장해야 하는데, 바로 이것이 문제다. 우리의 스크린에 우리의 스크린이 등장한다면, 우리의 스크린이 등장하는 우리의 스크린도 우리의 스크린에 등장해야 한다.

요컨대 우주 안에서 일어나는 일들을 정말로 모조리 시뮬레이션할 수 있으려면, 우리는 우선 무한히 큰 스크린을 보유해야 하고 무한히 많은 저장 공간도 보유해야 한다. 하지만 이것으로도 충분하지 않을 것이다. 이 무한한 스크린이 다시금 그 스크린 자신에 등장해야 할 테니까 말이다. 따라서 우리는 다수의 무한들을 동시에 보여 주는, 초한히 transfinit 큰 스크린을 보유해야 할 것이다. 이미 알아챘겠지만, 이 이야기는 끝없이 이어진다. 아마도 이것은 칸토어가 개발한 초한 집합론transfinite Mengenlehre의 한 귀결일 것이다. 더 정확히 말해서, 〈컴퓨터로 시뮬레이션한 우주 전체는 어떤 모습일까?〉와 같은 질문들에 원리적으로 대답할 수 없음을 우리는 안다. 이런 질문은 근본적으로 우리의 이해력과 모든 컴퓨터의 이해력을 넘어선다.[105]

하지만 실제 상황은 이 문제보다 더 단순하기도 하고 더 어렵기도 하다. 그러니 평범한 바닥으로 복귀하기로 하자. 영향력이 큰 철학자 겸 논리학자 겸 수학자 에드문트 후설 이래로 그 평범한 바닥은 〈생활세계Lebenswelt〉로 불린다. 1936년에 출판한 후기 작품 『유럽 학문의 위기와 초월적 현상학Die Krisis der europäischen Wissenschaften und die transzendentale Phänomenologie』에서 후설은 지금까지도 제거되지 않은, 근대 학문의 맹점 하나를 들춰낸다. 후설이 그 맹점에 붙인 이름이 바로 생활세계다. **생활세계**란 우리를 둘러싼 사물들과 사람들에 대한 우리의 일상적 이해, 그리고 우리가 도로 교통에서 즉각 사망하지 않게 해주고 언젠가 먹을거리를 스스로 구하게 해주고 결국 이런저런 일들을 추가로 할 수 있게 해주는 최소한의 교육을 받자마자 속하게 되는 문화적 맥락에 대한 우리의 일상적 이해를 뜻한다.

우리의 자연 언어도 생활세계에 속한다. 예컨대 독일어, 바이에른 사투리, 작센 사투리, 슈바벤 사투리,* 아랍어, 핀란드어, 기타 당신이 사용하는 모어가 그러하다. 여담 삼아 말하면, 공용어로서의 독일어를 정의하는 일은 통념과 달리 전혀 간단하지 않다. 루터도 독일어를 사용했다. 그러나 오늘날 당신이 주민 센터에서 루터의 독일어로 서류를 작성하거나 당신의 자식들이 저지(低地)독일어Plattdeutsch 사투리만 사용한다면, 당신은 공용어 〈독일어〉를 정의하는 일이 그리 쉽지 않음을 금세 알아챌 것이다. 어떤 외래어들과 수식들이 독일어에 속할까? 〈유저User〉는 독일어 단어일까? 〈점진적 뇌화progressive Zerebration〉**는 어떠할까?

언어는 당연히 형식적 시스템이 아니다. 거의 모든(짐작하건대, 심지어 모든) 표현들의 의미Bedeutung는 정확하게 정의되어 있지 않다. 언어철학에서는 이를 **불명확성**Unschärfe (혹은 **모호성**)이라고 부른다. 그리고 우리는 자연 언어가 전적으로 불명확할뿐더러 오로지 그렇게 불명확하기 때문에 제구실을 한다는 통찰을 비트겐슈타인의『철학적 탐구 *Philosophische Untersuchungen*』덕분에 얻었다. 이 작품은 비트겐슈타인이 죽은 뒤인 1953년에 출판되었으며 정보학의 발

---

* 이상은 모두 독일어 사투리.
** 고트프리트 벤이 비판적으로 다룬, 뇌가 점점 더 중시되는 경향.

전과 무관하게 독자적으로 생명을 유지해 왔다. 비트겐슈타인은 케임브리지 대학교에서 튜링과 개인적으로 친분을 맺었지만 사상적으로는 그에게 전혀 동의하지 않았다.

생활세계는 모호성으로 가득 차 있으며 만약에 그렇지 않다면 제대로 돌아가지 않을 것이다. 지극히 평범한 상황에서 예컨대 페트라는 하이코가 곧 온다고 발리드에게 말한다. 그런데 〈곧〉이란 정확히 언제일까? 5분이나 2분 이내? 7분 33초나 2시간 이내? 댈러스에서 관광 가이드가 하는 다음과 같은 말도 모호하다. 〈여기에서 케네디가 총을 맞았습니다.〉 이 말을 듣고서 케네디가 총을 맞은 지점에 정확히 동그라미를 칠 수 있는 사람은 아무도 없다. 이 상황에서 그 정확한 지점은 실제로 존재하지 않으며, 단지 대략적인 한 구역을 가리키는 관광 가이드의 손가락과 〈여기〉와 같은 필연적으로 모호한 표현이 있을 따름이다.

여담이지만, 우리의 모든 단어들을 정확히 정의함으로써 모든 개념들을 명확히 하는 강박적인 노력으로 이런 모호성의 문제를 떨쳐 낼 수는 없다. 이를 쉽게 예증할 수 있다. 우리가 식당에서 빈 슈니첼Wiener Schnitzel*을 주문한다고 해보자. 그러자 놀랍게도 종업원이 냉동 커틀릿을 가져온다. 우리는 실망하거나 심지어 화를 내면서 그 냉동식품을 도로 가져가게 한다. 왜냐하면 우리가 원한 것은 냉동식

* 빈 특산의 소고기 커틀릿.

품이 아니기 때문이다. 〈주문할 때 말씀하시면 좋았을 텐데……〉라고 투덜거리며 종업원이 돌아간다. 그가 다시 들고 온 새 커틀릿은 새까맣게 탔고 숯불처럼 뜨겁다. 우리는 이번에도 그 요리를 거부한다. 이제 만전을 기하기 위하여 우리는 냉동되지도 않고 타지도 않았으며 온도가 일반적인 커틀릿과 같은(어쩌면 정확한 온도를 댈 수도 있을 것이다) 빈 슈니첼을 주문한다. 얼마 후 종업원이 내 엄지손가락만 한 커틀릿을 들고 온다. 당연히 우리는 그 요리도 원하지 않는다. 우리는 냉동 커틀릿도, 새까맣게 탄 커틀릿도, 턱없이 작은 커틀릿도 원하지 않는다. 종업원이 우리 마음에 드는 커틀릿을 반드시 가져오게 하려면, 우리는 〈빈 슈니첼〉을 과연 어떻게 정의해야 할까?

〈빈 슈니첼〉의 모든 특징들을 제시함으로써 그 요리를 정의할 수 있는 사람은 아무도 없다. 이 상황에서 (다른 많은 상황에서도 마찬가지지만) 위키피디아는 도움이 되지 않는다. 위키피디아는 〈빈 슈니첼〉을 〈튀김옷을 입혀 충분히 구운 얇은 송아지 고기 커틀릿〉으로 정의한다.[106] 그러나 이 정의를 기준으로 삼으면, 냉동 커틀릿, 새까맣게 탄 커틀릿, 나노 규모의 커틀릿, 기타 우리가 빈 슈니첼로 인정하지 않을 무한히 많은 다른 변형들도 허용된다.

이른바 강한 인공지능의 가장 중요한 비판자 두 명이 바로 이 문제를 지적한다. 그들은 실리콘 밸리 근처 버클리 대학교에서 일했던 철학자 존 설과 휴버트 드레이퍼스다. **강한 인공지능**이란 인간지능과 구별할 수 없는 인공지능을 말한다. 당연한 말이지만, 현재 그런 인공지능은 존재하지 않는다. 어떤 챗봇chatbot이나 기타 프로그램도 우리가 익숙히 아는 인간지능을 근사적으로나마 닮지 않았다. 언어에 대해서 추가로 말하면, 임의의 텍스트를 그냥 입력하기만 하면 적절한 번역문이 출력된다고 할 만큼의 신뢰성을 갖춘 번역 프로그램 역시 존재하지 않는다.

　모든 인공지능은 한정된 데이터베이스에 기초하여 우리에게 결과를 제공한다. 인공지능이 의지할 수 있는 데이터베이스는 이 디지털 정보 시대에 당연히 급속도로 성장하고 있다. 그렇기 때문에 우리가 무엇을 검색할지 예측하는 검색 엔진들의 능력도 점점 더 향상된다. 그러나 우리의 검색 엔진들이 우리와 똑같은 방식으로 지능을 갖췄다고 생각할 사람은 아무도 없을 것이다. 비록 암산을 비롯한 인간 정신의 몇몇 모듈은 이미 오래전에 구식 휴대용 계산기와 같은 인공지능들에 위탁되었지만, 어떤 휴대용 계산기와 호텔 포털 알고리즘도 다른 모든 모듈들을 형성할 능력을 보유하지 못했다. 그렇기 때문에 사람들은 현존하는 인공지능들과 범용 인공지능을 구별하곤 한다. **범용 인공지능**이란 때에 따라 적절하게 지능적 활동의 유형을 바꿀 수 있는 인공지능을 말한다. 이런 범용 인공지능은 아직 실현되지 않았으며, 설과 드레이퍼스가 옳다면, 실현될 수 없다.

설과 드레이퍼스는 인간 언어의 모호성을 기초로 삼아 강한 인공지능의 가능성을 반박한다. 그러면서 그들은 정말로 천재적인 한 통찰을 언급하는데, 그 통찰은 이미 위대한 철학자 겸 수학자 고트프리트 빌헬름 폰 라이프니츠의 짧은 논문 한편에서 특히 명확하게 제시된 바 있다. 라이프니츠는 계산 기계(컴퓨터)에 대한 연구를 개척한 인물이기도 하다.[107]

우리가 방금 보았듯이, 〈빈 슈니첼〉은 완전히 정의되어 있지 않으며 궁극적으로는 완전히 정의할 수 없다. 라이프니츠는 이를 뚜렷이 보여 주기 위해 한 논증을 제시하는데, 내가 보기에 그 논증은 괴델과 튜링의 형식적 증명들보다 훨씬 더 강력하다. 그 논증에 따르면, 우리는 단 하나의 개념도 완벽하게 분석할 수 없다. 설령 우리가 〈빈 슈니첼〉을 정의하는 작업에서 큰 진보들을 이뤄 내 그 개념을 점점 더 잘 이해한다 하더라도, 우리는 그 개념의 분석에 쓰인 모든 개념들도 분석해야 한다. 그런데 〈슈니첼〉이나 〈튀김옷을 입힘〉은 어떻게 정의해야 할까? 또 〈빈〉은? 틀림없이, 빈에 있는 모든 것을 나열하는 방식으로 〈빈〉을 정의할 수는 없을 것이다. 오스트리아 자유당FPÖ에 문의해 볼 수도 있겠지만, 짐작하건대 〈빈〉의 정의를 묻는 근본적 질문 앞에서는 그 정당이 우리보다 그리 우수하지 않을 것이다. 게다가 정의의 요소들을 연결하기 위해 꼭 사용해야 하는 단어인 〈그리고〉는 어떻게 정의할 것인가?

설령 우리가 〈빈 슈니첼〉의 완전한 정의와 그 정의에 필요한 모든 단어들의 정의를 제시하는 기적을 이뤄 낸다 하더라도, 우리는 결국 다음과 같은 문제에 봉착할 것이다. 더이상 분해할 수 없는 단순한 의미 성분들, 곧 **의미론적 원자들**이 존재할까? 만약에 의미론적 원자들이 존재하지 않는다면, 우리의 정의 작업은 명확한 끝에 도달하지 못할 테고, 우리는 무한한 정의의 순환에 빠질 것이다. 반대로 의미론적 원자들이 존재한다면, 분해 가능한 개념들에 대응하는 단어들을 정의하는 방식을 통해서 그 원자들을 이해할 수는 없을 것이다.

그렇기 때문에, 최초로 이 문제를 본격적으로 다룬 플라톤과 아리스토텔레스는 우리가 단순한 개념들 곧 의미론적 원자들을 생각감각으로 파악할 수 있다는 견해를 채택했다. 그들은 생각감각을 〈정신/지능〉(희랍어 〈누스nous〉)으로 규정한다. 이 견해는 독일어 〈Vernunft(이성)〉에서도 감지된다. 〈Vernunft〉는 무언가를 〈받아들이는ver-nehmen〉 능력이니까 말이다. 〈Vernunft〉는 〈vernehmen〉에서 유래했으며 고대 독일어와 중세 독일어에 걸친 흥미로운 역사를 지녔다. 그 역사는 〈떼어 내어 취함Wegnehmen(추상함)〉과 〈받아들임entgegennehmen〉을 아우른다. 〈Vernunft〉 곧 이성은 생각감각이다. 의미론적 원자들과 접촉하려면 우리는 우리의 생각감각을 인정해야 한다.

드레이퍼스와 설은 우리의 철학적 조상들인 플라톤, 아리스토텔레스, 라이프니츠만큼 멀리 나아가지 못한다. 그러나 우리가 언어적 표현을 이해하는 것은 오로지 우리가 생물학적 장비와 사회문화적으로 획득한 능력들을 배경으로 보유하고 있기 때문이라는 그들의 지적은 전적으로 옳다. 이 배경 덕분에 우리는 진술들을 이해하기 위하여 그것들을 개별 구성 요소들로 분석하지 않아도 된다.

인간지능은 시간의 압박 아래에서 아날로그로 작동한다. 우리는 우리가 의지하는 바와 해야 하는 바에 관한 그림을 얻기 위하여 우리의 생활세계를 디지털 신호들로 분해하지 않는다. 오히려 우리는 디지털 정보처리 기술 없이 생활세계를 파악한다. 우리는 환경을 디지털 신호들로 분해한 다음에 안정적인 환경상(像)으로 조립하는 작업을 원리적으로 결코 해낼 수 없을 것이다. 우리는 어딘가에서 그 작업을 멈추고 우리가 마주한 실재와 직접 아날로그로 접촉해야 한다.

인간은 언어적 표현을 늘 하나의 맥락 안에서 이해하는데, 그 표현의 의미를 파악하기 위해 그 맥락을 언어적으로 분석하는 일은 인간의 능력과 필요를 벗어난다. 반면에 인공지능은 이런 이해를 스스로 해낼 수 없다. 오히려 인공지능은 항상 사람들이 미리 처리해 놓은 데이터로부터 결론을 도출하는 일만 할 수 있다. 생존에 대한 이해 관심이나 우리 인간의 삶꼴에 대한 이해 관심이 전혀 없는 데이터 처리 장치가 어떻게 환경을 우리처럼 지각한다는 말인가?

이 문제를 어떻게 해결할 수 있을까? 우리의 생물학적 진화에 관한 변수들을 디지털로 모방하여 알고리즘에 집어넣은 다음에 그 알고리즘을 프로그램의 형태로 비생물학적 하드웨어에 설치함으로써 이 문제를 해결할 수는 없다. 왜냐하면 이 해결책은 원리적으로 가능해 보일지 몰라도 실질적으로는 결코 통하지 않기 때문이다. 무슨 말이냐면, 개별 인체 하나의 단 한순간의 상태만 해도 디지털로 시뮬레이션하기에는 터무니없이 복잡하다.

사정이 이러한 이유 하나는 우리의 신경계가 천문학적인 수준으로 복잡한 것에 있다. 많은 사람들은 우주 안에 있으며 오늘날 알려진 대상들 가운데 가장 복잡한 것이 인간의 뇌라고 말한다. 그러나 또 다른 이유도 있다. 즉, 뇌 안에서의 신호 전달은 화학적으로 이루어지므로 연속적인 양(예컨대 압력의 차이)과도 관련이 있다는 사실을 간과하지 말아야 한다. 시냅스는 켜짐-꺼짐-스위치가 아니며, 우리의 뇌는 튜링 기계처럼 작동하지 않는다. 즉, 우리의 뇌에는 읽기-쓰기 헤드나 명확히 정해진 (켜짐과 꺼짐을 두 가지 선택지로 제공하는) 칸들이 없다.

설령 인간 뇌의 구조가 완전히 밝혀진다 하더라도, 인간의 앎의 생물학적 토대는 파악되지 않을 것이다. 왜냐하면 신경계 전체는 뇌보다 훨씬 더 복잡하기 때문이다. 신경계는 온몸에 퍼져 있을뿐더러 특히 장 근처에서 고도로 세분되어 있다. 그렇기 때문에 사랑이 배를 통해 전달된다는 말이나 뱃속 느낌이 결정을 돕는다는 말은 일리가 있다. 실제로 우리는 생물로서 머리로만 생각하지 않는다. 이것은 생물학적으로 증명된 사실이다.

하이데거의 빛과 그늘

드레이퍼스와 설은 후설의 철학뿐 아니라 그의 제자 하이데거의 철학도 언급한다. 하이데거는 유명한 철학자인 동시에 논란의 인물이다. 앞서 언급한 위기-논문에서 후설은 정당하게 인간상의 과학화를 논박하면서 생활세계의 개념을 도입했다. 하이데거는 초기 인공지능 연구를 거론한다는 점에서 논쟁의 장을 확대한다. 그는 일련의 논문들에서 인공지능에 대한 입장을 밝히는데, 그 논문들의 핵심은 《생각하기》란 과연 무엇을 의미하는가〉라는 질문이다.

오늘날 널리 퍼져 있으며 정보 시대와 관련이 있는, 〈생각하기〉에 대한 설명들의 원천은 이른바 〈사이버네틱스〉(희랍어 〈kybernetes =조종사〉에서 유래한 단어)다. 사이버네틱스는 1946년부터 1953년까지 미국에서 메이시 재단Macy

Foundation의 자금 지원으로 열린 일련의 학회들에서 학제적 연구 분야로서 확립되었다. 주도적 인물은 신경생리학자 워런 매컬러였다. 많은 유명 과학자들이 매컬러 주위에 모여들었는데, 특히 〈사이버네틱스〉라는 단어의 탄생에 결정적으로 기여한 수학자 노버트 위너, 튜링과 더불어 가장 중요한 정보학 창시자로 꼽히는 수학자 겸 논리학자 존 폰 노이만을 언급할 만하다.

사이버네틱스는 다양한 하위 분야들로 세분되었다. 또한 사이버네틱스는 앞서 언급한 칠레 생물학자 움베르토 마투라나와 심리학자 파울 바츨라비크의 결정적 기여로 발생한 구성주의의 바탕에 놓여 있기도 하다. 여담이지만, 바츨라비크도 팰로앨토에서 활동했다. **사이버네틱스**의 기본 발상은 많은 과정들을 제어 과정으로 서술할 수 있으며 그 제어 과정에 대응하는 제어회로를 설계할 수 있다는 것이다. 이 아이디어는 인간의 생각하기 과정에도 적용된다.

방금 나는 내가 하이데거의 논증을 옳게 기억하고 있는지 확인하기 위하여 그의 강의록들과 논문들에서 몇 대목을 다시 읽었다. 이 작업을 하기 위해서 나는 우선 한층 아래로 내려가 내 서재에서 알맞은 책을 찾아내기로 계획해야 했다. 그렇게 하게 된 동기는 내가 지금 이 대목에서 하이데거를 논하고 있다는 점이다. 그 계획을 실행하기 위해서, 나는 중간 단계들을 끼워 넣어야 했다. 나는 그 중간 단계들을 익히 안다. 왜냐하면 나는 서재로 가는 길을 잘 알기 때문이다. 요컨대 나는 많은 부분 계획들을 포함한 전체 계획을 참조하면서 전체 과정을 제어했다. 이때 나는 이 과정의 조종사이며 나를 훨씬 능가하는 제어회로의 한 부분이다. 그 제어회로는 출판 산업, 사이버네틱스의 토대를 잠식하려는 하이데거의 계획, 책꽂이 제작, 내 몸속 제어회로들의 기능, 기타 제각각 고유한 제어 과정들을 산출하는 무수한 시스템들을 아우른다.

이런 식으로 사이버네틱스는 생각하기도 하나의 제어 과정으로 간주할 것을 권유한다. 형식적 방법들과 기술들로 연구할 수 있고 다른 제어회로로 이전할 수도 있는 그런 제어 과정으로 말이다. 이로써 우리는 인공지능 연구의 출발점에 도달했다고 할 만하다. 인공지능 연구는 군사적 통신 기술의 향상과 맞물린 기술적 혁신들 이래로 인간 사유의 점점 더 많은 부분들을 제어회로의 형태로 시뮬레이션 해 내고 있다.

이 같은 확신에 찬 흐름에 맞서서 하이데거는 한걸음 물러나 〈숙고하라besinnen〉고 특유의 표정과 몸짓으로 요청한다. 1931년 12월 18일에 그는 성탄절을 사랑하는 사람으로서 남동생에게 『나의 투쟁Mein Kampf』*을 선물로 동봉한 편지를 보냈는데, 그 편지에 이런 대목이 있다.

* 히틀러의 자서전.

나는 네가 이 히틀러 책을 진지하게 탐구하기를 진심으로 바란다. 자서전적인 처음 몇 장은 빈약하다. 이 인물이 이례적이며 확고한 정치적 본능을 지녔으며, 우리 모두가 아직 안개에 휩싸인 듯 몽롱하던 때에도 이미 지녔었다는 점은 이제 통찰력 있는 사람이라면 누구도 부정할 수 없다. 앞으로 국가사회주의* 운동으로부터 전혀 다른 세력들이 성장할 것이다. 이제 관건은 작은 정당 정치가 아니라 유럽과 서양 문화의 구원 혹은 몰락이다.** 이를 아직도 이해하지 못하는 자는 카오스 속에서 가루가 되어야 마땅하다. 이런 것들에 대한 숙고는 성탄절의 평화와 충돌하지 않으며 오히려 그 평화를 다시 독일인들의 본질과 과제로 이끈다. 바꿔 말해, 이 멋진 축제의 모습이 발생한 곳으로 이끈다.[108]***

몇 년 후 하이데거는 〈어제[1933년 5월 3일에 — 저자] 그 정당에 가입했다〉고 썼다. 그가 스스로 덧붙였듯이, 그것은 〈내적인 확신에서 비롯된〉 행동이었다.[109] 하이데거에게 철학은 일종의 〈숙고〉이자 〈평온한 태도〉이며, 그런 철학을 체험하려면 적절한 기분을 가져야만 한다. 하이데거는 그 기분을 〈고요의 종소리〉라고 (내가 보기에 전혀 아

* 나치.
** 이 견해는 지금도 친숙하게 다가온다 — 원주.
*** 내가 알기로 성탄절은 예수의 탄생을 축하하는 날인데, 예수가 독일인이었다는 말일까? — 원주.

이러니 없이) 표현한다.[110] 요컨대 전반적으로 하이데거는 대단히 조심하면서 읽어야 할 철학자다. 왜냐하면 그의 사상은 국가사회주의로 물들어 있어서, 우리가 어떤 요소들을 받아들일 수 있고 어떤 요소들에서는 받아들일 수 없는 귀결에 도달할 위험이 있는지 확인하려면 매우 정확한 문헌학적·역사적 연구가 필요하기 때문이다. 그럼에도 근대에 관한 그의 서술은 여러 모로 옳다. 비록 그는 근대를 벗어나는 그릇된 길을 선택했지만 말이다.

하이데거가 권하는 한걸음 물러나기의 핵심은 생각하기와 우리가 만든 생각하기 모형 사이의 미세한 차이를 주목하는 것이다. 우리가 생각하기를 제어회로 혹은 다른 시스템들의 부분시스템으로 서술한다면, 이는 생각하기가 실제로 제어회로 혹은 다른 시스템들의 부분시스템이라는 것을 의미할까?

하이데거는 인간의 생각하기를 제어회로와 동일시하는 것에 반대하는 일련의 근거들을 제시한다. 드레이퍼스는 그 근거들 중 일부를 채택했지만 하이데거의 가장 흥미로운 논증들을 다수 묵살했다. 하이데거의 문제적인 정치적 성향에도 불구하고 그 논증들은 지금도 유효하며 전혀 빛바래지 않았다.

1952년 5월에 바이에른 방송에서 하이데거의 직접 출연으로 방영된 강연 「생각하기란 무엇인가Was heißt denken?」

는 하이데거의 접근법을 잘 보여 준다.[111] 그의 기본 아이디어를 다음과 같이 선명하게 표현할 수 있다. 〈내가 일련의 생각들을 생각하고 그것들 사이의 연관성을 인정한다면, 이것은 오직 내가 무언가를 신뢰할 수 있는 한에서만 이루어질 수 있는 일이다. 이때 그 무언가란 예컨대 논리학의 규칙들, 견해들을 검증하는 공인된 절차, 나의 지각들과 기억들, 부모와 선생이 나에게 가르쳐 준 것들 등이다.〉 그런데 내가 신뢰하는 그 무언가 전체를 내가 명확히 아는 것은 전혀 아니다. 예컨대 우리 인간은 언어의 발달사와 문법 규칙들을 신뢰하지만, 그렇다고 해서 모든 사람들이 타고난 언어학자인 것은 아니다. 내가 사는 독일연방공화국 노르트라인베스트팔렌주의 교통 시스템은 복잡하고 의문투성이다. 나는 그 시스템을 아주 조금밖에 이해하지 못한다. 그럼에도 나는 누군가가 그 교통 시스템에 대해서 합리적으로 숙고한다고 신뢰해야 한다. 이런 식으로 나는 날마다 수많은 전제들을 채택한다. 그런데 그 전제들의 시스템 전체가 정당하다는 것을 나는 어떻게 알까?

모든 전제들을 나열한 다음에 낱낱이 혹은 체계적으로 몇 개씩 묶어서 검증하는 방법으로는 위 질문에 충분히 대답할 수 없다. 왜냐하면 그 검증을 위해서 나는 다시금 어떤 방법들에 의지해야 할 텐데, 그 방법들의 정당성도 검증되어야 할 터이기 때문이다. 그 검증을 위해 다른 방법들을 동원한다면, 문제는 해결되지 않고 계속 다시 등장한다. 자기 자신의 세계상과 인간상을 온전히 보여 주는 그림을 그리려는 모든 시도는 조만간 한계에 부딪히기 마련이다.

이 대목에서 다음을 유의하는 것이 중요하다. 즉, 우리는 비인간적 환경 안에서 우리의 위치를 보여 주는 그림을 늘 그린다. 그럴 때 우리는 우리가 환경에 접근할 수 있다고, 즉 환경이 어느 정도까지는 인식 가능하고 서술 가능하다고 전제한다. 나는 어떤 압도적 권능을 지닌 놈이 지구를 방금 창조해 놓고 나의 기억들과 지구의 역사를 가짜로 꾸며 내는 것은 아니라고 전제한다. 뿐만 아니라 나는 지금 뒤를 돌아보지 않더라도 내 등 뒤에 소파가 있다고 여기고, 내가 다시 돌아보면 방금 전과 똑같이 그 동일한 소파를 볼 수 있다고 여긴다. 요컨대 나는 실재 안에 가구 하나가 있으며 나는 그 가구의 성립에 지극히 비본질적으로만 기여한다고 여긴다.

하이데거는 우리가 합리적인 생각을 생각할 수 있으려면 반드시 품어야 하는 전제들의 시스템 전체를 우리의 〈존재이해Seinsverständnis〉라고 부른다. 우리의 존재이해는, 우리가 당면한 환경의 그림을 그리고 그 환경상을 행위의 지침으로 이해하는 것에 존립한다.

예컨대 공항에서 우리는 수많은 규칙들을 따른다. 왜냐하면 우리는 탑승 수속과 같은 상황들을 경험을 통해 익히 알기 때문이다. 우리는 탑승 수속을 하는 우리 자신을 이해한다. 하이데거에 따르면 사람들이 자신을 이해하는 방식의 일부는 시대에 따라 근본적으로 다르다. 14세기에 사람들이 당연하다고 느낀 많은 것을 우리는 이해하더라도 엄청난 어려움을 겪으면서만 이해할 수 있다. 이런 일은 동시대에도, 예컨대 서로를 늘 불충분하게만 이해하는, 다르게 작동하는 문화권들이나 멀리 떨어진 삶꼴들 사이에서 벌어진다. 당연한 말이지만, 공간적으로나 역사적으로 멀리 여행하지 않더라도, 삶에서 중요한 것은 무엇이며 사물들과 상황들을 어떻게 평가해야 하는지에 대해서 사람들이 사뭇 다른 이해를 가질 수 있음을 깨달을 수 있다. 당신 옆집의 초인종을 누르고 대화해 보는 것으로 충분하다.

이 문제에 관한 하이데거의 숙고는 『전향*Die Kehre*』이라는 유명한 제목으로 출판되었다.[112] 이 제목이 말하려는 바는, 우리가 근대 초기에 존재이해에서 근본적 방향 전환을 겪었다는 것이다. 오늘날 우리는 그 방향 전환을 〈지구화 globalization〉라고도 부른다. 실제로 근대는 혁명들 곧 전향들의 연쇄다. 그 전향들의 배후에서 하이데거는 한결같은 패턴을 발견한다. 그 패턴은, 존재하는 모든 것(모든 존재자)은 궁극적으로 대상이라는 견해에서 기원한다. 하이데거의 통찰에 따르면, 근대의 배후에는 인식 가능한 패턴들이 있으며, 따라서 근대는 대상이고, 우리는 그 대상에 대해서 참인 (역사적·경제적·철학적) 진술들을 할 수 있다. 그런데 하이데거는 근대가 저절로 다음과 같은 결론을 내린다고 여긴다. 즉, 우리가 모든 것을 — 따라서 시간적·공간적으로 멀리 떨어진 생활세계들도 — 근대의 개념적 규칙들에 종속시킬 수 있다는 결론을 내린다고 말이다. 하이데거가 보기에 이 결론은, 존재하는 모든 것은, 원리적으로 그것에 대해서 참인 진술들을 할 수 있는 무언가라는 원리에서 비롯된다.

이 존재이해를 하이데거는 〈앞에-놓기Vor-Stellung〉라고 명명한다. 실재는 그 위에서 모든 실재하는 일들이 벌어지는 무대로 개념화된다. 그 무대 위에서 일어나는 일들은 보편적인 (논리적·수학적·자연과학적) 법칙들에 따라 서로 연결되어 하나의 맥락을 이룬다. 이 전체 맥락은 우리 인간에 대하여 독립적으로 존립한다. 하이데거의 말마따나, 그 맥락은 〈존립Bestand〉이다.[113] 그렇기 때문에 실재를 대하는 우리의 태도를 〈존립수용Bestandsaufnahme〉으로 이해하는 것을 쉽게 수긍할 수 있다. 이 이해에 따르면, 우리는 대체로 확립된 실재의 한복판에 있으며, 그 실재는 거스를 수 없는 법칙들에 종속되어 있다.

하이데거는 이 세계상을 간단히 〈기술Technik〉이라고 부른다. 그에 따르면, 기술은 이를테면 잡다한 산업적 상황도 아니고 우리가 우리의 목표들을 이루기 위해 사용하는 일련의 장치들도 아니다. 비행기는 더 빨리 뉴욕으로 가기 위한 교통수단에 불과하지 않다. 대체 왜 우리가 그런 교통수단을 사용해야 한단 말인가? 우리가 반드시 뉴욕으로 날아가야 하는 것은 아니지 않은가. 따라서 중요한 질문은 이것이다. 기술을 우리가 목표들을 이루기 위해 사용하는 수단으로 여기려면, 우리가 우리의 목표들을 익히 안다고 전제해야 할 텐데, 어찌하여 우리는 기술을 그렇게 수단으로 여기는 것일까?

엄밀히 따지면, 기술이란 단지 우리가 선택한 목적-수단 관계 속의 수단일 뿐이라는 믿음은 순박하기까지 하다. 아무리 늦어도 우리 중 다수가 거의 항상 스마트폰을 곁에 두고 살게 된 이후로는, 전화기란 누군가와 통화하기 위한 수단에 불과하지 않다는 사실이 명확해졌어야 마땅하다. 오히려 스마트폰은 대화와 기타 실재의 변화 과정들에 대한 우리의 태도를 근본적으로 바꿔 놓고 있다. 그리하여 기술은 우리가 어떤 목적들을 설정하는가에 흔히 본질적으로 개입한다. 기술은 우리가 선택하는 목적들에 종속되어 있지 않다.

한 도구로 무엇을 할 수 있는가는 우리가 무엇을 할 것인지를 우리와 함께 결정한다. 우리는 이를테면 특정한 목적들을 달성하기 위하여 새로운 기술을 개발하기로 계획하지 않는다. 거꾸로 새로운 기술이 가용하기 때문에 우리가 갑

자기 특정 목적들을 유의미한 것으로 간주하는 경우가 많다. 인터넷은 텔레비전 프로그램들을 메디아테크Mediathek*나 넷플릭스의 콘텐츠로서 언제든지 시청할 수 있게 만들기만 하는 것이 아니다. 오히려 인터넷은 텔레비전 프로그램 자체를 변화시키고 있다. 영화관은 과거의 유물이 될 위험에 처했다. 왜냐하면 통상적인 90분짜리 영화 형식은 이제 충분히 많은 관객을 끌어 모으지 못하기 때문이다. 사람들은 영화관 좌석보다 훨씬 더 안락한 자택의 소파에 눌러앉아 영화를 본다. 거기에서는 아이스크림도 더 싸게 먹을 수 있고 여러 시간 동안 한 시리즈를 몰아 볼 수도 있다. 하지만 영화관의 운명이 그리 나쁘지만은 않을 것이다. 왜냐하면 몇몇 연구들이 보여 주듯이, 스트리밍 서비스에 가입한 시청자들은 (특히 거대한 화면 때문에) 영화관에도 이례적으로 자주 가기 때문이다.

전성기에 영화관은 가히 혁명적인 영향력을 발휘하며 극장과 오페라를 위협했다. 영화관에 가서 팝콘을 사먹고 입장을 위해 길게 줄을 서는 문화와 이 형식에 경제적으로 적합한 영화의 길이는 ─ 영화 각각의 성격에 따라서 ─ 유흥이나 교육이라는 목적을 달성하기 위한 수단에 불과하지 않다. 오히려 기술이 삶꼴과 맞물려 있기 때문에 우리가 영화관에 머무르는 것이기도 하다. 우리는 무엇이 성공적

* 독일의 텔레비전 방송 스트리밍 서비스.

인 삶의 모습인가에 대한 표상에 비추어 기술을 사용한다.

그런데 우리는 그 성공적인 삶의 표상을 가용한 기술과 상관없이 만들어 내지 않는다. 그렇기 때문에 기술은 단지 목적-수단 관계에 관한 우리의 계획에 종속되어 있기만 하지 않다. 오히려 지금 우리는 우리 자신이 만들어 내지 않은 행위 선택지들이 숱하게 널려 있는 지구적 문화를 목격하고 있다.

이 모든 것으로부터 하이데거가 내리는 결론은, 이른바 〈미심쩍은 것das Bedenkliche〉이 우리에게 먼저 주어지지 않으면, 우리는 도무지 아무것도 생각할 수 없다는 것이다. 미심쩍은 것은 우리를 생각하게 한다. 이때 궁극적으로 늘 우리는 우리 자신이 미심쩍은 상황에 처하는 것에 수동적으로 의존한다(기억하는가? 숙고bedenken가 먼저고, 디지털은 나중이다). 우리는 그냥 무언가에 대해서 숙고하지 않는다. 오히려 하이데거의 표현에 따르면, 우리는 선물 혹은 격려Zuspruch를 받는다. 이 견해는 생각하기란 감각적인 활동이라는 견해와 맥이 통한다. 생각하기를 위해서는 무언가가 생각하기의 계기로서 먼저 주어져야 하기 때문에, 생각하기는 우리가 결코 완전히 통제할 수 없는 감각적 활동이라는 견해와 말이다.

미지의 영역은 두려움을 일으킨다

이런 맥락에서 하이데거는 그 유명한 〈틀Ge-Stell〉* 논제를 내놓는다. 그는 이 논제로부터 많은 귀결들을 끌어내지만, 우리는 그것들에 동조하지 말아야 한다. 그러나 한 가지 핵심적인 측면에서 하이데거는 전적으로 옳다. 〈틀〉이란, 실재 전체는 계산 가능하며 따라서 우리의 목적들을 위해 이용될 수 있다는 견해, 그리고 그렇기 때문에 우리는 존재하는 모든 것을 인간이 자유롭게 이용할 수 있게 만들어야 한다는 견해다. 이 견해는 우리 근대인의 관점에서 첫눈에 명백히 옳다. 실재는 우리에게 거대한 우주로, 정말 무한히 펼쳐져 있으며 우리가 영영 완전히 굽어보지 못할 차원들을 지닌 우주로 나타난다.

근대 물리학 덕분에 잘 알려진 대로, 우리는 어떤 의미에서도 우주적 드라마의 중심에 위치한 주인공이 아니다. 우주론적인 관점에서 우리는 하찮다. 이 사실을 우리 은하의 크기에 비추어 어느 정도 명확하게 직관화하면, 천문학적 규모에서 우리는 거의 보이지도 않는 존재라는 것을 물리학의 문외한이라도 금세 깨닫는다.

그런데 이 같은 우리의 자기 평가의 바탕에 놓인 물리학 지식은, 우주가 아무튼 충분히 인식 가능해서 우리가 예컨대 우주의 대략적인 나이나 어마어마한 공간적 규모를 일

* 〈틀 안에 넣기〉 혹은 〈함께-놓기〉.

반적으로 받아들여지는 구조들(이를테면 자연법칙들, 또는 절대 광도를 알 수 있기 때문에 거리의 단서로 삼을 수 있는 천체들인 이른바 표준촛불들standard candles)에 의지하여 계산할 수 있다는 것을 전제한다. 점성술과 달리 천문학이 갖춘 중요한 특징 하나는 검증 가능한 정확성의 기준들을 개발했다는 것이다. 우리는 그 기준들의 틀 안에서 우주에 관한 진실들을 알아낼 수 있음을 안다.

그렇게 알아낸 진실이 정말로 진실이라는 것은 검증을 위한 실험을 기술적으로 실행함으로써 증명된다. 앞서 언급한 바 있는(146면 참조) 힐러리 퍼트넘은 이와 관련하여 〈기적 아님no-miracle〉 논증을 내놓는다. 그에 따르면, 물리학이 기술적으로 실현되고 그로부터 다시금 새로운 물리학적 지식의 가능성들이 나온다는 것은 그냥 기적일 리 없다.[114] 비록 우리는 우주의 세부 사항들을 물리학적으로 해독한 수준에서 한참 멀리 떨어져 있지만, 그렇게 멀리 떨어져 있다는 사실을 우리가 아는 것은 오로지 우주에 대해서 이미 많은 것이 밝혀졌기 때문이다. 현재 가용한 물리학의 방법들로는 알아낼 수 없는 온갖 것들이 무엇인지를 우리가 아는 것 역시 근대 물리학 덕분이다.

그런데 우리는 우리의 인식 지평을 매 순간 가능한 최대 한도까지 확장한다. 바꿔 말해, 우리는 우주가 앞으로도 계속 우리에게 어느 정도 인식 가능하게 나타날 것이라고 전제한다. 우주에 대해서 더 많이 알아내는 것을 불가능하게 만드는 함정들이 우주 안에 내장되어 있으리라고 우리는 예상하지 않는다. 또한 설령 그런 함정들이 존재하더라도, 우리는 그것들을 물리학의 방법으로는 발견할 수 없을 것이다. 바로 이것이 그런 함정들의 묘미일 터이다.

나는 이것을 **인식가능성 원리**라고 부른다.[115] 이 원리에 따르면, 우주는 적어도 우리가 우주를 자연과학적으로 옳게 파악한 정도까지는 인식 가능하다. 이때 우리가 자연과학적으로 확실히 아는 것과 아직 그렇지 않은 것 사이의 경계는 불명확하다. 왜냐하면 현재 수정 불가능하게 보이는 많은 것들이 언젠가 수정될 수도 있으니까 말이다. 게다가 우주배경복사나 암흑물질에 우리를 깜짝 놀라게 할 사실들이 틀림없이 숨어 있을 것이다. 어쩌면 너무 작아서 현재 실험적으로 다룰 수 없는 규모의 세계에도 그런 사실들이 숨어 있을 것이다.[116]

하이데거는 인식가능성 원리를 자기 나름의 명칭으로 부른다. 그는 〈숨어 있지 않음(비은폐성)Unverborgenheit〉을 거론하는데, 이 개념이 뜻하는 바는 실재가 우리에게 자기를 개방한다는 것이다. 그러나 또한 동시에 우리는 실재가 오로지 아직 알려지지 않은 것과 알 수 없는 것을 배경으로 삼아서만 자기를 개방함을 안다. 우리가 모르는 몇몇 것들을 우리는 영영 모를 것이다. 왜냐하면 우리는 그것들을 모른다는 것조차 모르기 때문이다. 이 구조는 망각의 구조를 닮았다. 우리가 무언가를 — 예컨대 749일 전 오후에 내가 내 커피에 우유를 탔는지 여부를 — 완전히 망각했다면, 우리는 그 무언가를 망각했다는 것도 기억해 내지 못한다. 깊은 망각은 우리가 그 망각의 여부와 정확한 시점을 모른다는 것에 존립한다.

그렇기 때문에 우리의 앎은 그 경계가 끊임없이 미지의 영역으로 이동하는 역동적 구조를 띤다. 그런데 근대에 우리가 내딛는 모든 발걸음은, 실재는 우리가 발견하고 탐구할 수 있는 대상들로 이루어졌음을 전제한다. 이 전제가 아무튼 옳다는 것을 대관절 우리는 어떻게 알까? 이것은 전제인데, 현재 우리로서는 이 전제의 대안이 어떻게 존재할 수 있을지를 전혀 통찰할 수 없는 그런 전제다.

그리고 바로 이런 사정이 우리를 두렵게 한다고 하이데거는 말한다. 역동적으로 이동하는 앎의 경계가 존재함을 우리는 안다. 그러나 앎이란 무엇인가와 어떻게 우리가 앎의 역동적 발전을 이해할 수 있는가에 관한 우리의 그림 자체도, 현재 우리로서는 전혀 짐작할 수 없는 방식으로 바뀔 수 있을 것이다. 그리하여 이 대목에서 우리는 우리가 메울 수 없는 공허Leere와 맞닥뜨린다.

이 공허를 직시하지 않아도 되기 위해서 우리는 근대 문명을 발전시켰다고 하이데거는 말한다. 근대 문명의 토대는 모든 비밀을 공적 공간에서 추방하는 것이다. 우리는 최대한 많은 결과들을 공개하고 항상 새로운 공론장들을 만들어 낸다. 그런 식으로 더 많은 투명성을 확보하는 것이다.

하이데거는 이 행태를 〈도피 운동Fluchtbewegung〉으로 본다. 공허와 맞닥뜨리는 대신에, 우리에게 너무나 낯선 그놈에게 얼굴을 부여하는 시도가 서둘러 이루어진다. 이 시도의 목적은, 그놈을 적(敵)이나 측정 가능한 위험의 형태로 다시 지배 가능하게 만드는 것이다. 그런데 이 장면에서 하이데거는 다른 사람들을 빠뜨리려고 판 함정에 스스로 빠진다. 그는 근대의 도피 운동을 〈유대인들〉의 탓으로 돌린다. 하이데거가 보기에 근대적 세계상의 배후에는 유대인들이 숨어 있다.[117] 이로써 하이데거는 도덕적으로 배척해야 할 사유 오류를 범한다. 그 오류는 그를 국가사회주의 독일 노동자당NSDAP(나치 당) 입당으로 이끌었다는 점에서 더욱 막중하다. 그럼에도 그가 기술에 대해서 한 많은 이야기는 옳다. 물론 그는 근대 기술의 배후에 세계를 장악하려는 유대인들의 음모가 있다고 짐작했지만, 우리는 이 짐작을 물리쳐야 한다.

〈완벽한 주문 가능성〉의 시대
혜안이 돋보인다고 할 만한 한 논문에서 하이데거는 이미 당대에 라디오 방송과 텔레비전을 통하여 거리감이 사라지고 있다고 지적했다. 오늘날 우리는 머나먼 분쟁 지역들의 모습을 끊임없이 보고, 시간-공간적으로 멀리 떨어진 다음번 휴가 장소를 온라인으로 살펴본다. 시간적·공간적 거리의 극복은 실재를 인식하는 우리의 능력을 입증한다. 모든 각각의 성공적인 여행 계획은 기적-아님 논증(253면 참조)이 옳음을 입증한다. 우리의 비행기들은 잘 날아가고 GPS는 제대로 작동한다. 근대 물리학이 없었다면, 이 모든 것을 생각조차 할 수 없었을 것이다.

디지털 혁명은 이 같은 근대의 핵심 구조를 다시 한번 급진적으로 첨예화했다. 경제적 재화를 획득할 자유 시간을 더 많이 확보하기 위하여 오늘날 우리는 아날로그적인 길을 거쳐 시내로 가는 대신에 온라인으로 상품을 주문한다. 대체로 나는 온라인 주문에 반대할 이유가 없다. 이 논의를 통해서 내가 주로 추구하는 바는, 우리가 인간으로서 처한 전반적 상황에 온라인 주문이 어떤 영향을 미치는지 이해하는 것이다.

1949년에 하이데거는 2차 세계 대전 이후의 세계 질서는 〈완벽한 주문 가능성vollständige Bestellbarkeit〉의 원리를 토대로 삼게 될 것이라고 예언했다.[118] 그에 따르면, 세계적 강대국들(당시엔, 미국과 소련)은 거리 축소를 위한 군비 경쟁을 벌이고 있었다. 로켓들은 점점 더 빨라졌고, 상품과 정보의 배송도 점점 더 맹렬해졌다. 1989년까지 유효했던 형태의 냉전을 판가름한 상징적 요인 하나는 속도의 측면에서 당시의 서방 세계가 동구권을 앞지른 것이었다.

이제 그 거리 축소의 군비 경쟁은 사이버 공간으로 무대를 옮긴 지 오래다. 하지만 그와 동시에 군사적 현실에서는 인터넷이라는 새로운 감시 시스템을 다른 통신 경로들이나 언어 장벽을 통해 무력화하기 위한 또 하나의 군비 경쟁이 벌어질 가능성을 배제할 수 없다. 중국어권 월드와이드웹은 중국어의 복잡성과 막대한 통신량 때문에 외부에서 손쉽게 들여다볼 수 없다. 온라인에서 중국어 사용이 늘어나는 만큼 서방 세계와 협력하는 번역자들이 충분히 늘어난다면, 서방 세계는 중국에 대한 완벽한 통제를 안심하고 자부할 수 있겠지만, 협력적 번역자들은 그렇게 많지 않다.

우리는 장치들과 데이터 처리 과정들에 말 그대로 포위당했다. 우리는 아침부터 저녁까지 시스템들과 상호 작용하고, 우리에게 가용한 재량의 범위는 그 시스템들에 의해 지정된다. 이런 상황은 디지털화 이후에야 비로소 벌어지고 있는 것이 명백히 아니다. 예컨대 도시의 건축과 구조는 우리에게 특정한 행보들만을 허용한다. 공원들, 교량들, 도로의 곡선 구간들, 교통 법규들은 가능한 선택지들을 제공함으로써 우리의 행동을 조종한다.

그런 조종 시스템들은 우리를 강제로 조작하지 않으며 대체로 우리의 자유를 완전히 제한하지도 않는다. 조종 시스템들이 없다면, 우리는 인식 가능한 행위 선택지들 가운데 하나를 고를 선택권을 아예 갖지 못할 것이며 자유롭기는커녕 과도한 요구에 짓눌리게 될 것이다. 근대적 장치들로부터 도주하여 예컨대 외딴 아마존 지역으로 들어가면 이를 깨닫게 된다. 그러면 인류가, 노골적인 생존 투쟁과 예측 불가능한 환경으로부터 벗어날 수 있게 해주는 좌표 시스템을 수천 년에 걸친 노동을 통해 개발한 이유를 금세 알게 된다.

디지털화 때문에 우리는 우리의 생활세계 자체가 이미 좌표 시스템의 구조를 띠며 따라서 우리가 그 안에서 방향을 잡을 수 있다는 인상을 받는다. 1927년에 출판된 주저 『존재와 시간Sein und Zeit』에서 하이데거는 좌표 시스템 대신에 〈참조맥락Verweisungszusammenhang〉을 거론하는데, 이는 수학적 어휘를 최대한 피하려는 노력의 일환이다.[119] 한 예로 퇴근 후에 마트에 가는 것을 생각해 보자. 시대에 뒤떨어진 예는 아니다. 지금도 사람들은 급히 필요한 물품을 퇴근길에 신속하게 구매하곤 하니까 말이다. 우리가 마트에 진입하면 자동문이 열리면서 곧바로 표지판들의 숲이 나타난다. 모든 상품들이 정해진 원칙에 따라 정리되어 있으며, 우리가 그 마트에 자주 가거나 그 마트가 속한 유통업체에 익숙하다면, 아마도 우리는 그 원칙을 익히 알 것이다. 우리의 시선은 그 마트의 특수한 질서에 의해 조종되고, 우리는 그곳의 데이터 처리 회로에 편입된다. 우리는 우리의 이해 관심 때문에 그 회로에 우리의 자유의 지문을 남긴다. 무언가를 구매할 이유는 아무튼 우리에게 있고, 제품 선택에 관한 습관들을 발전시켜 온 당사자도 우리니까 말이다.

이런 식으로 마트 안에서 실현되는 모든 상호 작용들이 데이터 기록을 산출하고, 그 기록은 판독되어 마트의 구조 개선과 일상적인 상품 조달에 활용된다. 이런 상호 작용의 연결망이 점점 더 촘촘해지고 있으며, 그에 따라 매매 과정들이 점점 더 경제적으로 최적화되고 있다. 여러 모로 오늘날 우리의 일상은 디지털화된 환경과의 교류다. 그러나 그렇다고 해서 생활세계가 디지털화되는 것은 아니다. 단지 새로운 장치들이 생활세계에 진입하여, 생활세계가 점점 사라지면서 최적화된 과정들로 대체되는 듯한 착각을 일으킬 따름이다. 그 착각이 사실이라면, 이것 역시 하나의 현실 도피 과정일 테지만 말이다.

이 대목에서 하이데거는 우리 근대인이 유일무이한 선택지라고 그릇되게 느끼는 한 견해가 이 모든 상황의 토대라고 지목한다. 그 견해에 따르면, 실재 전체는(따라서 자연도) 하나의 장치다. 심지어 오늘날에는 컴퓨터를 모범으로 삼아서 자연과학의 대상 영역 전체 곧 우주를 (정보라는 기본 단위들을 서로 연결하는) 하나의 거대한 계산으로 간주하는 견해도 널리 퍼져 있다. 이제 우주는, 그 안에서 물질적 사물들이 자연법칙들에 따라 이리저리 돌아다니는 일종의 통으로서 우리에게 나타나지 않는다. 이런 조야한 유물론적 자연관은 이미 오래전부터 물리학의 지지를 받지 못한다.

하지만 우리가 우리의 자연과학적 지식의 관점에서 그리는 대로의 자연이 자연 전체의 진면목이라는 것을 우리는 과연 어떻게 알까? 어쩌면 우리가 우리의 지식 획득 구조들을 부당하게 실재 전체에 전이하는 것일 수도 있지 않을까?

실재가 우리에게 물질-에너지적으로(곧, 우리의 측정 장치들로) 다룰 수 있는 정보를 제공해야만 우리가 실재를 자연과학적으로 인식할 수 있다는 것은 확실히 옳다. 물리학이 우주 안에서 실험의 형태로 우주와 정보를 교환한다는 것은 물리학의 본질적 특징이다. 그 정보 교환을 통하여 우리는 우주에 대해서 무언가 알아낼 수 있다.

이 과정에서 자연과학은 소나sonar(음향측심기)와 유사하게 작동한다. 우리는 자연에게 질문을 던지고 솜씨 좋게 설계된 실험을 통해 대답을 강제한다. 이때 우리는 말하자면 특정한 구조를 띤 그물을 던지는 것이다. 어떤 놈이 그물(이를테면 입자가속기)에 걸렸다면, 그놈은 우리가 우리 장치의 속성들과 물리적 실재가 그 장치에 남긴 지문으로부터 이론적으로 도출할 수 있는 속성들을 틀림없이 가진다. 칸트는 『순수 이성 비판』에서 이를 다음과 같이 서술했다.

갈릴레오가 스스로 선택한 무게의 공들을 경사면에 굴렸을 때, 혹은 토리첼리가 잘 아는 한 물기둥과 무게가 같다고 스스로 미리 생각한 추를 공기로 하여금 떠받치게 했을 때, 혹은 더 나중에 슈탈이 금속들에서 무언가를 빼앗았다가 되돌려 줌으로써 금속을 금속회로, 다시 금속회를 금속으로 변환했을 때, 한 줄기 빛이 모든 자연과학자들에게 비추었다. 이성은 오로지 이성 자신이 자신의 설계에 따라 산출한 것만 통찰한다는 것, 이성은 영속적 법칙들에 따른 자신의 판단 원리들을 가지고 자연에 다가가 자신의 질문들에 대답하라고 요구해야 하며, 마치 고삐에 매인 양 오로지 자연에게 끌려다니지 말아야 한다는 것을 그들은 파악했다. 왜냐하면 그렇게 끌려다닐 경우, 미리 세운 계획에 따라 이루어지지 않은 우연한 관찰들이 하나의 필연적 법칙 안에서 연결되는 일은 결코 벌어지지 않기 때문이다. 정작 이성이 추구하고 요구하는 바는 그것인데 말이다. 이성은 한손에 자신의 원리들을(그 원리들에 따르면, 오로지 법칙들에 부합하는 현상들만 유효할 수 있다), 다른 손에 그 원리들에 따라 스스로 고안한 실험을 쥐고 자연에 다가가야 한다. 이는 물론 자연으로부터 가르침을 얻기 위해서지만, 이성은 선생이 바라는 대로 모든 것을 받아 적는 학생의 태도로 그렇게 하는 것이 아니라, 증인들에게 질문을 던지고 대답을 요구하는 준엄한 재판관의 태도로 그렇게 해야 한다. 심지어 물리학도 이토록 유익한 물리학적 사고방식의 혁명을 오로지 하나의 착상 덕분에 이뤄 냈다. 그 착상이란, 이성이 자연으로부터 배워야 하는(이성 혼자서는 전혀 알 수 없을) 것을 (날조하여 자연에 덮어씌우지 말고) 이성 자신이 자연에 집어넣는 것에 맞게 자연 안에서 찾아내야 한다는 것이다. 수백 년 동안 한낱 더듬기에 불과했던 자연과학은 이 착상을 통하여 비로소 확실한 학문의 길에 들어섰다.[120]

자연은 오로지 우리가 통제된 방법으로 제기하는 질문에만 대답한다. 자연이 스스로 발언하고, 그 결과로 우리가 자연이 어떠한지 알게 되는 일은 없다. 자연과학은 자연을 꾀어 자연이 자신의 비밀들을 털어놓게 만들려고 애쓰는 활동이다. 이 활동은 특정한 형태를 지녔고, 그 형태 때문에 자연의 일부는 등록될 수 있는 반면, 나머지는 자동으로 은폐된다.

우리는 모든 것을 등록해 놓은 수준에서 한참 멀리 떨어져 있다. 현재 우리가 우주의 사실 구조를 확인하기 위해 채택하는 방법들이 우주 전체를 모든 규모에서 적절하게 파악하기에 적합한지 여부를 알아내는 것은 원리적으로 불가능하다. 우리의 그물코를 통과하는 모든 것을 우리는 알지 못한다. 물론 실제로 우리는 우리가 무엇을 알 수 없는지를 부분적으로 알지만 말이다.

근대 자연과학의 그물을 하이데거는 〈자연의 수학적 설계〉라고 부른다.[121] 이 명칭은 방금 인용한 칸트의 글과 맥이 닿는다. 그 글은 〈자연의 수학적 설계〉를 모범적으로 서술한다. 인터넷은 수학적 설계의 원리들에 완벽하게 부합하는 하나의 실재다. 인터넷은 우리의 발달한 자연과학 및 기술과학의 지식 포맷을 응용한 기술적 성과물이다. 그렇기 때문에 인터넷은 복잡함에도 불구하고 완벽하게 꿰뚫어 볼 수 있다.

디지털 실재는, 그 실재가 어떻게 건축되어 있는지를 우리가 알 수 있다는 점에서, 원리적으로 자연과 구별된다. 디지털 실재는 수학과 논리의 변수들 안에서 작동하며 그것들에 전혀 저항할 수 없다. 데이터 기록은 항상 당분간만 해커나 비밀 요원의 탈취로부터 보호될 수 있다. 논리학적 관점에서 보면, 완벽한 방화벽이나 뚫리지 않는 암호는 존재하지 않는다.

그렇기 때문에 방화벽은 예컨대 우리가 알 수 있는 우주의 가장 먼 경계와 구별된다. 빅뱅이 허용하는 범위 바깥의 시공을 우리가 관찰하는 것은 단적으로 불가능하다. 모든 방향에서 우리를 둘러싼 우주의 경계에는 우리가 통과할 수 없는 정보 차단기가 존재한다. 현대 우주론 덕분에 잘 알려졌듯이, 관찰 가능한 우주 안에서도 자연은 완벽하게 인식 가능하지 않다. 지금까지 알려진 가장 작은 규모의 세계와 가장 큰 규모의 세계에서 우리는 현재의 우리로서는 넘을 수 없는 한계들을 발견한다. 그 너머에 아무것도 없는 궁극의 한계가 존재하는지 여부를 우리는 자연과학적으로 결코 확인할 수 없다.

반면에 자연과 달리 인터넷은 원리적으로 철저히 투명한 논리-수학적 인공물이다. 그 철저한 투명성을 일컫는 하이데거의 용어가 바로 〈완벽한 주문 가능성〉이다. 사이버 공간의 구조는, 결코 인간에 의해 만들어지지 않은 아날로그 실재를 마치 그물처럼 차츰 뒤덮는다. 그 결과로, 오프라인 실재를 상대할 기회는 우리의 행성에서 점점 더 줄어든다. 우리는 우리 자신이 만든 공간 안으로 움츠러들어 말하자면 우리의 필멸(必滅)성으로부터의 정신적 휴가를 누린다. 하지만 조만간 우리의 비(非)가상적 죽음이 우리 모두를 따라잡을 것이다.

온라인 사회관계망의 모습

디지털 혁명은 총체적 투명성이라는 환상과 짝을 이룬다. 얼마 전에 (저급하게) 영화화된 데이브 에거스의 소설 『더 서클The Circle』은 그 환상을 실감 나게 묘사한다. 우리가 역할담당자들Personen로서 등장하는 무대인 사회적 실재는 거의 완벽하게 알고리즘들과 데이터 처리 시스템들에게 점령된 듯하다. 이런 관점에서 디지털 혁명은 사회적 실재의 구조 개편이라고, 구조적 변화를 일으키는 힘이라고 할 만하다.

『더 서클』이 다루는 것은 가까운 미래에 (역시나!) 캘리포니아에서 벌어지는 일이다. 중심에는 소설의 제목과 똑같은 이름의 기업이 있다. 그 기업은 개인들이 참여하는 모든 온라인 사회관계망들과 디지털 처리 과정들을 한 프로그램으로 통합한다. 이는 우리가 디지털로 하는 모든 행동을 단일한 통제 센터에서 관찰할 수 있게 만들기 위해서다.

그것으로도 충분하지 않다는 듯이 〈더 서클〉사(社)는 특별하게 고안된 소형 카메라들을 개발하여 우리 행성 전체에 설치한다. 센서의 구실을 하는 그 카메라들의 개수는 어떤 국가 기관도 그것들로부터 완전히 벗어날 수 없을 정도까지 증가한다. 공적인 공간에서(또한 결국엔 사적인 공간에서) 벌어지는 모든 일을 지켜보는 그 카메라들이 사회적 실재를 정복한다. 한편, 〈더 서클〉은 실리콘밸리의 유명한 디지털 거대 기업들처럼 민주주의적 해방을 거짓으로 약속한다. 카메라들이 모든 곳에서 모든 것을 촬영하면서 총체적 감시 장치를 형성하면, 모든 부정의한 국가 권력을 곧바로 목격할 수 있게 될 것이라고 한다. 그러면 그 부정의를 참을 수 없는 사람들이 피억압자의 편에 서서 자동으로 봉기할 것이라고 〈더 서클〉은 장담한다.

소설의 서사적 중심축은 메이와 머서의 관계다. 〈더 서클〉에 입사한 메이는 성공하여 부모에게 적절한 의료 서비스를 제공하기 위해서 회사에 헌신한다(의료 서비스 부족은 미국의 전형적인 문제다). 하지만 따지고 보면 그 회사가 설립된 것은 오로지 캘리포니아의 아날로그적·물질적·의료적·경제적 생활 조건이 디지털 반(反)실재 Gegen-wirklichkeit의 성장으로 인해 나빠지는 것 덕분이다.

그 디지털 거대 회사는 미국 사회의 현실적·역사적 불평등에 뿌리를 두고 있다. 여담이지만, 현재 대중에게 큰 영향을 미치는 거의 모든 텔레비전 시리즈와 영화(「왕좌의 게임 Game of Thrones」과 「브레이킹 배드 Breaking Bad」부터 「헝거 게임 The Hunger Games」까지, 또한 훌륭한 브라질 텔레비전 시리즈 「3%」, 영국의 걸작 「블랙 미러 Black Mirror」)가 그 불평등을 반영한다. 디지털화라는 표면 아래에서 아날로그적 불평등이 들끓는다. 하이데거의 본의 아니게 재미있는 문장 하나를 인용하겠다. 〈이 아래에 독사(毒蛇) in diesem Unter waltet der Schied가 있다.〉[122]*

메이는 그 불평등에 저항하기 위하여 회사에 헌신하는데, 그 회사의 판매 전략은 평등의 실현을 선전하는 것이다. 하지만 그 평등이 허울에 불과하다는 사실을 메이는 자

---

* 독일어 〈Unterschied〉는 구별 혹은 차이를 뜻한다. 하이데거는 이 단어를 〈Unter〉와 〈Schied〉로 나눠서 무언가 심오한 메시지를 전하려 하는 듯하다. 붉은다비라납지리는 잉엇과 물고기.

신의 아날로그적 인간관계들이 완전히 붕괴하는 것을 경험하면서 깨닫는다. 그녀가 원래 취업을 통해 개선하고자 했던, 그녀와 부모 사이의 관계만 깨지는 것이 아니다. 메이는 어릴 적부터 친구인 머서의 삶도 파괴한다. 무슨 말이냐면, 머서는 〈더 서클〉의 카메라들과 감시 시스템들로부터 벗어나려 애쓴다. 하지만 그가 애쓰면 애쓸수록, 사람들은 더욱 공명심에 부풀어 그를 추적한다. 결국 머서는 추적을 피해 달아나다가 목숨을 잃는다.

　요컨대 친밀한 관계들이 위험에 처한다. 아날로그적 구조와 맞물린 관계들, 결국엔 생물학적 구조와 맞물린 관계들이 위태로워진다. 인터넷 사용자들인 우리는 온라인 친구들이 왠지 비현실적으로 느껴지는 것을 이런저런 방식으로 체험하여 익히 안다. 미국과 활발히 교류하는 유럽인이라면, 친밀한 우정과 우호 관계도 미국에서는 다른 방식으로 맺어진다는 느낌 역시 어쩌면 직접 경험으로 잘 알 것이다. 북아메리카에서 소원한 관계와 밀접한 관계가 유럽에서와는 다르게 형성되는 것은 북아메리카의 사회경제 시스템들이 훨씬 더 넓은 지리적 범위에 흩어져 있다는 사실에서 비롯되는 현상이기도 하다. 미국의 인구 밀집 지역들은 전혀 다른 구조를 띠고 전혀 다른 기능들을 담당한다. 왜냐하면 인구 밀집 지역들 사이의 거리가 아주 멀기 때문이다.

　미국 텔레비전 시리즈 「에피소드Episodes」는 미국과 유

럽 사이에 존재하는 이 같은 우정의 간극을 유쾌하게 그려
낸다. 그 드라마에 등장하는 영국 작가 부부는 한 텔레비전
시리즈 대본으로 할리우드에서 성공하려 애쓴다. 하지만
그들은 우정과 정직에 대한 유럽적 사고방식 때문에 캘리
포니아에서 실패를 맛본다.

온라인 사회관계망에는 무언가 진짜가 아닌 구석이 있
다는 이 같은 충분히 정당한 인상의 배후에는 철학적으로
볼 때 과연 무엇이 숨어 있을까?

이 대목에서 중요한 일은 우리가 인간으로서 역할담당자
라는 점을 명확히 해두는 것이다. 내가 말하는 **역할담당자**
Person란, 우리가 타인들에게 누구이기를 바라는지에 관하
여 우리 자신이 그리는 그림이다. 이 그림은 전혀 사적이지
않으며 오히려 본질적으로 우리와 타인들 사이의 소통을
통하여 발생한다. 모든 각각의 사회적 상황에서 우리는 타
인들 앞에서 우리 자신을 항상 특정한 방식으로 표현한다.

역할담당자를 뜻하는 독일어 〈Person〉은 고대 연극 어휘
에서 유래했으며 본래 배우가 쓰는 가면을 가리킨다. 배우의
대사는 그 가면을 통과하여 밖으로 나온다. 〈Person〉의 어원
인 라틴어 〈페르소나persona〉(희랍어 〈프로소폰prosopon〉. 의
미를 따져 분철하면, per-sona, pros-opon)를 독일어로 직
역하면, 〈Durch-Klang(소리가 통과함)〉 혹은 〈An-Blick(바
라봄)〉이 된다. 고대 연극에서는 배우의 목소리가 그 가면

을 통과하여 관객에게 도달했다. 따라서 오늘날과 달리 당시에는 표정 연기가 중요하지 않았다. 오로지 대사에 중점을 두었다. 〈Person〉이라는 단어의 이 같은 역사에서 의미심장하게 도드라지는 것은 다음과 같은 견해다. 즉, 사회적 실재는 일종의 무대이며, 우리는 그 무대 위에서 우리 자신을 표현한다는 것이다.

누구나 잘 알듯이, 실제로 우리는 복잡한 감정적 상황에서 부담을 덜기 위해 표준적인 발언들을 사용한다. 일상적인 구매 행위의 절차들, 예의 바르고 판에 박힌 말들, 아기를 동반한 부부에게 길을 내줄 때 당신이 짓는 표준화된 미소, 혹은 특정 브랜드의 자동차를 모는 일부 운전자들이 추월 차로에서 비키라는 의미로 앞차를 향해 늘 공격적으로 울리는 경적 소리를 생각해 보라.

그러나 우리가 부자 관계나 친구 관계나 가까운 동료 관계 등의 친밀한 관계에서 누군가를 정말로 잘 알게 되면, 그런 가면의 효과는 조만간 사라진다. 어느 순간부터, 그런 상투적인 말, 유머, 몸짓은 쉽게 꿰뚫어 볼 수 있는 바보짓으로 전락한다. 왜냐하면 그런 말과 유머와 몸짓이 사회적 이익을 챙기기 위한 일상적 전략으로 항상 다시 채택되기 때문이다. 우리와 친밀한 관계를 맺은 사람들을 우리는 이런 식으로 더는 속일 수 없다. 진정한 관계를 유지하기 위하여 우리는 서로의 가면을 벗기거나 자발적으로 자신의 가면을 벗어야 한다.

루벤 외스틀룬드의 영화 「불가항력Force Majeure」은 이 과정을 잘 묘사한다. 영화 속에서 자식 두 명과 함께 스키 휴양지의 고급 호텔에 숙박하는 남편과 아내는 서로의 낯선 면모와 마주친다. 인위적으로 일으킨 눈사태가 닥쳐올 때 남편은 가족을 위험 속에 방치한다. 그후 가면들이 벗겨지고, 관계 전체가 의문시된다. 영화는 해피 엔딩으로 끝나지만, 아쉽게도 그 결말은 설득력이 떨어진다. 하지만 이것은 별개의 문제다.

요컨대 친밀한 관계는 역할담당자들의 가면을 벗긴다. 그러면 우리가 역할담당자들로서 채택하는 관행이 물러나고 개인적 실재가 드러난다. 곧이어 우리는 그 개인적 실재를 당연히 다시 일상적 관행들과 절차들로 감싼다. 일정한 기상 시간, 휴식 시간, 업무 시간, 기타 수많은 절차를 통해 일상을 규칙화하면, 우리는 친밀한 관계를 체험하는 부담을 덜게 된다.

온라인 사회관계망은 한마디로 역할담당자화 기계 Personalisierungsmaschine다. **역할담당자화 기계**란, 자기 연출의 실현과 상품화를 위한 수단의 구실을 하는 시스템을 말한다. 우리가 트위터 계정이나 인스타그램 계정을 수단으로 삼아 우리 자신을 상품화한다는 사실만을 지적하려고 이런 말을 하는 것이 아니다. 중요한 것은 오히려 타인들이 우리의 자화상을 판매하여 경제적 이익을 챙긴다는 사실이다. 우리가 온라인에서 퍼뜨리는 모든 각각의 사진은 우리의 역할담당자성에 관하여 무언가를 말해 준다. 우리가 인터넷에 올리는 우리 자신의 사진과 기타 정보가 많으면 많을수록, 타인들은 역할담당자로서의 우리와 더 쉽게 상호 작용하게 된다.

그 상호 작용은 우리를 예전의 우리로 머물지 못하게 만든다. 우리가 클릭, 〈좋아요〉, 링크를 받을 때마다, 데이터는 우리의 삶에서 분리되어 디지털화된 정보로서, 우리가 도달할 수 있는 범위를 훨씬 벗어난 저편으로 퍼져 나간다. 우리의 주소, 소득, 관심사, 기본적 정치 성향에 관한 정보는 즉각 경제적 가치로 변환된다. 왜냐하면 우리가 어디에 있고 어디로 가려 하는지 알고 싶은 누군가가 항상 존재하기 때문이다.

사회적 핵발전소로서의 사회

지금까지의 논의를 배경으로 삼아서 역할담당자성 Personalität과 개인성Individualität을 구별할 수 있다.

역할담당자성이란 습득되었으며 상황에 따라 가변적인 역할 수행을 말한다. 역할담당자성을 통해 우리는 사회적 경쟁에서 전략적 이득을 쟁취하거나 고수한다. 신체를 온전히 보존하면서 일상을 꾸려 가는 능력처럼 외견상 당연한 것도 역할담당자성에 속한다. 이것이 당연하지 않다는 점을 시리아 내전처럼 두드러진 사례들에서 볼 수 있을 뿐 아니라, 선진 산업사회에서 발달하는, 자본주의적으로 팽팽한 사회 시스템들 안의 영속적이고 잠재적인 폭력의 층위에서도 일상적으로 감지할 수 있다. 우리의 일상적 실재도 지속적으로 폭력의 위험에 노출되어 있다. 일상적인 주거 침입, 소매치기, 지하철에서의 야만적인 몸싸움을 생각해 보라. 지하철 몸싸움은 특히 베를린과 뮌헨에서 많이 발생하는 듯하다.*

반면에 **개인성**은, 우리 각자가 다른 누구로도 대체할 수 없는 각자 자신이라는 명백한 사정에서 비롯된다. 하이데거는 근대 독일어로 수많은 신조어를 만들었는데, 그 가운데 개인성에 해당하는 것은 〈각자 나임Jemeinigkeit〉이다.[123] 나의 개인성이란, 나는 나라는 것, 그리고 나에게 어떤 일이 일어날 때 내가 항상 그 현장에 있다는 것이다. 나는 나고, 당신은 당신이다. 이 속성은 공유 불가능하다. 〈공유 불가능한 놈das Unteilbare〉을 라틴어로 〈individuum〉(희랍어로 〈atomon〉)이라고 한다.**

개인들로서 우리는 사회에 앞선 원자들이다. 물론 사회와 무관한 개인들이 모여 사회를 이룬다는 이야기는 아니다.

---

* 베를린과 뮌헨은 독일에서 가장 큰 두 도시.
** 이 라틴어에서 개인을 뜻하는 독일어 〈Individuum〉이 나왔다.

오히려 사회적 층위와 개인적 층위는 서로 별개이며 부분적으로 겹치는 두 개의 의미장이다. 이 의미장들은 동일하지 않으며, 하나를 다른 하나로 완전히 옮기는 것은 결코 불가능하다. 그렇기 때문에 두 의미장들 사이에서 긴장이 발생하며, 그 긴장은 극단적인 경우에 시스템적 폭력systemische Gewalt으로 표출된다.

우리가 언제 무엇을 체험하건 간에, 우리는 그것을 우리의 관점에서 체험한다. 이 말의 의미는, 자연적으로 우리는 당장 우리와 관련된 사항을 특히 중요하게 느낀다는 것이다. 이와 관련해서 미국 철학자 타일러 버지는 생물의 관점을 통해 구성되는 〈자아중심 색인egocentric index〉을 거론한다.[124] 한 생물의 자아중심 색인은 그 생물의 환경이 그 생물에게 나타나는 방식이다. 생물과 환경 사이의 순수한 감각적 정보 교환의 층위에서도 이미 중심이 형성되고, 그 중심은 중요한 것과 그렇지 않은 것 — 예컨대 먹을거리와 그밖의 것 — 을 구별 짓는다.

이런 식으로 모든 각각의 생물은 이미 의식의 문턱 아래에서 하나의 관점을 가지고, 그 생물의 환경은 그 관점을 중심으로 정리된다. 인간을 비롯한 모든 생물에서 그 관점은 무의식적 층위에서 발생한다. 우리가 의지를 통해 의식적 과정들을 조종하려면, 그 배경에서 많은 과정들이 일어나야 하는데, 우리는 그 모든 과정들에 의식적으로 접근할 수 없다. 예컨대 당신이 이 문단을 끝까지 읽기로 작정하고 읽어 나가는 동안, 당신의 두개골 속에서는 온갖 전자기적 과정들이 생화학적 과정들을 통해서 이루어진다. 그와 동시에 당신의 손톱들이 성장하고 당신의 소화 기관이 계속 작동하는 등의 일도 일어난다. 이 모든 과정들이 생물의 자아 중심 관점 안으로 입력된다.

우리가 생물로서 하는 모든 행동에서 쾌감과 불쾌감이 일어난다. 바꿔 말해, 기본적인 보상 시스템들이 우리의 모든 행동에 관여한다. 그 시스템들이 없다면 우리 인간에게는 어떤 동기도 존재하지 않을 것이다. 모든 상황에서 우리는 질병, 죽음, 폭력의 위험에 노출되며 쾌락 시스템을 통해 그 위험을 상쇄한다. 그 시스템 덕분에 우리는 삶을 고난의 골짜기로만 느끼지 않고 유의미한 것으로 느낀다. 요컨대 우리는 프랑스 철학자 장-프랑수아 리오타르의 말마따나 일종의 〈리비도 경제libidinöse Ökonomie〉를 구축해 놓았다.[125] 이런 경제는 우리의 의식을 훨씬 벗어난다. 우리가 어떤 행위와 감각을 즐거운 것으로 분류할지, 어떤 행위와 감각을 허용되거나 금지된 것으로 분류할지는 생물로서 우리가 처한 (한눈에 굽어볼 수 없는) 상황과도 항상 관련이 있다.

〈리비도Libido〉라는 표현은 프로이트에게서 유래했으며 우리의 심리적 에너지를 뜻한다. 한마디 보태면, 통상적으로 〈리비도〉는 성행위나 자위행위 등과 관련해서 거론되지만, 프로이트의 사상에서 이 표현은 오로지 성적인 의미만 지닌 것이 아니다. 오히려 〈리비도〉의 배후에는 칸트의 사상이 놓여 있다. 칸트는 『판단력 비판 *Kritik der Urteilskraft*』에서 〈쾌감과 불쾌감〉을 탐구한다.[126] 다른 작품에서 칸트는 흉내 낼 수 없을 만큼 정확한 특유의 표현 솜씨로 〈쾌감〉을 〈대상이나 행위가 삶의 주관적 조건들에 부합한다는 표상〉으로 규정한다.[127] 어떤 것이 우리의 자아중심 색인에 들어맞을 때, 그것은 쾌감을 일으킨다. 어떤 것이 우리의 자아중심 색인을 교란할 때, 그것은 불쾌감을 일으킨다. 동일한 대상(메트이겔Mettigel)*이 한 사람에게는 쾌감을 일으키고 다른 사람(철저한 채식주의자)에게는 불쾌감을 일으킬 수 있다.

덧붙여 표상이라는 개념적 성분을 살펴볼 필요가 있다. 무엇이 우리의 쾌감이나 불쾌감을 일으키느냐는 우리가 대상을 어떻게 표상하느냐에 달려 있다. **표상**이란, 대상이 이러이러한 놈이라는 주관적 견해다. 지금 우리가 함께 베를린 테겔 공항을 생각한다면, 우리는 그 대상을 공항으로서 표상하는 것이다. 하지만 우리는 그 대상을 다른 놈으로서, 예컨대 우리가 어떤 이유에서든 베를린 테겔 공항에서 쇼핑을 하려 한다면, 쇼핑센터로서 표상할 수도 있다. 동일

* 저민 돼지고기를 고슴도치 모양으로 뭉치고 장식하여 날로 먹는 요리.

한 대상이 다양하게 표상될 수 있다. 나는 테겔 공항을 당신과 다르게 표상한다. 설령 우리가 동일한 놈(즉, 테겔 공항)을 표상하더라도 말이다.

우리의 개인성이란 다름 아니라 우리의 대체 불가능한 관점을 의미한다. 내가 지금 채택하는 관점은 오로지 나만 채택할 수 있다. 왜냐하면 그 관점은 온갖 사정들과 얽혀 있고, 나는 그 사정들로 인해 지금 그 관점을 채택하는 것이기 때문이다. 우리 각자가 무엇을 정확히 어떻게 표상하는가는 개인마다 천차만별이다. 따지고 보면 이 사정은 다음과 같은 이유만으로도 이미 명백하다. 우리 각자는 자신의 의식적 삶의 매 순간에 (말하자면) 동참하며, 이런 방식으로 원리적으로 다른 누구도 가지지 않은 인상들과 경험들을 수집한다. 물론 우리가 체험과 표상을 부분적으로 공유할 수 있다는 것도 사실이긴 하지만 말이다. 그러나 궁극적으로 표상은 엄밀한 의미에서 주관적인 것으로 머무르며, 따라서 표상은 개인적 관점에 귀속한다.

사회적 역할담당자성과 사회적이지 않은 개인성 사이의 차이는 원리적으로 완전히 무마될 수 없다. 이 때문에 긴장이 발생하고, 그 긴장은 사회의 다양한 부분 영역들에서 영향력을 발휘한다. 그 긴장의 핵심은 사회적 시스템들이 개인성을 파악하지 못한다는 것이 그것들의 구조적 특징이라는 점에 있다. 개인성은 사회적이지 않다. 물론 우리의 개인적 관점은 우리가 주체Subjekt로서, 또한 역할담당자라는 점을 통해 끊임없이 형태를 얻고informiert 변형되지만 transformiert 말이다.

이때 **주체**란 개별적인 정신적 생물이다. 주체는 신체적인 성분을 지녔을뿐더러, 시간-공간적으로나 물질-에너지적으로 유의미하게 분류하기가 원리적으로 불가능한 성분도 지녔다.[128] 우리의 역할담당자성은 우리 주체성의 일부다. 왜냐하면 주체로서 우리는 무엇보다도 역할담당자니까 말이다. 그러나 주체로서 우리는 또한 개인이기도 하다.

우리의 사회화된 측면은 우리의 사회적이지 않은 성분과 싸운다. 갈등이 양쪽 모두에서 유래하여 다양한 층위에서 표출된다. 칸트는 이를 다음과 같은 유명한 대목에서 서술했다.

자연이 자신의 모든 소질들을 펼쳐 놓기 위해 사용하는 수단은, 사회 안에서 자연의 (결국 사회의 합법칙적 질서의 원인이 되는 한에서의) 반동성이다. 여기에서 내가 말하는 반동성이란 인간의 반사회적 사회성ungesellige Geselligkeit을 뜻한다. 바꿔 말해, 인간은 사회에 진입하려는 경향을 지녔지만, 그 경향은 그 사회를 끊임없이 해체의 위험에 노출시키는 한결같은 저항과 결부되어 있다는 점을 뜻한다. 반사회적 사회성의 소질은 인간적 본성 안에 들어 있는 것이 틀림없다. 인간은 사회를 이루는 경향을 지녔다. 왜냐하면 인간은 사회를 이룬 상태에서 자신을 더 많이 인간으로서(바꿔 말해, 자신의 자연적 소질들의 펼쳐짐을 더 많이) 느끼기 때문이다. 그러나 인간은 개별화(고립화)의 경향도 강하게 지녔다. 왜냐하면 인간은 자기 안에서, 모든 것을 단지 자신의 뜻대로 좌우하기를 의지하는 반사회적 속성과도 마주치기 때문이다. 따라서 인간은 도처에서 저항을 예상할 뿐 아니라, 자기도 타인들에 맞선 저항의 경향을 지녔음을 스스로 안다.[129]

사회적 실재의 주요 특징은 반동성, 곧 역할담당자성과 개인성의 충돌에서 비롯되는 긴장이다. 이런 의미에서 사회는 말하자면 사회적 핵발전소처럼 작동한다.

독일어권 넷플릭스의 인기 시리즈 「다크Dark」는 이를 생생하게 보여 준다. 이 작품이 그리는 수수께끼 같은 사건의 중심에는 핵발전소가 놓여 있다. 이야기의 전개는 등장인물들의 역할담당자(교사, 경찰관, 학생, 핵발전소 관리자, 호텔 소유자)로서의 역할과 개인성 사이의 긴장을 묘사한다. 그들은 개인성을 통해 (바람을 피우거나 자살하거나 가짜 광고를 내거나 뇌물을 받음으로써) 역할담당자성에 맞선다.

핵발전소를 중심으로 사회가 구성된 〈빈덴〉이라는 장소는 사회 자체의 반동적 구조를 실험하기에 딱 알맞은 곳이다. 좋든 싫든, 우리는 모두 빈덴에서 산다. 혹은 라스 폰 트리에의 영화 「도그빌Dogville」이 묘사하는 사고 실험에 빗대자면, 우리는 모두 도그빌에서 산다. 다만, 사회적 반동들이 때로는 우리의 현재 장소를 비켜갈 따름이다. 그 긴장의 장은 마치 기상학적 현상처럼 지구 전역을 배회한다.

확장된 정신과 초지능

디지털 혁명이 진행 중인 오늘날, 우리는 폭넓은 대중에게 영향을 미치는 의식의 변화를 체험하고 있다. 한쪽에는 디지털화가 우리에게 도발적으로 부과하는 과제들과 위험들에 관한 글이, 다른 쪽에는 인공지능 같은 기술적 진보들과 결부된 희망을 담은 글이 넘쳐 난다. 일상의 경험을 통해 익히 알듯이, 우리는 사회가 점점 더 **빠르게** 변화한다는 인상을 받는다. 확실히 그 인상은 우리의 가장 발달한 의식 확장 시스템(곧 컴퓨터)의 계산 성능이 지수적으로 향상되는 것과 관련이 있다.

이런 맥락에서 보면, **확장된 정신**extended mind 논제는 매우 그럴싸하게 느껴진다. 이 논제에 따르면, 우리의 심리적·정신적 실재는 이미 오래전부터 우리의 몸에 국한되지 않고 우리의 사유 장치들 속으로 확장되고 있다. 좋았던 옛날의 수첩과 그것의 초현대적 후계자인 스마트폰은 기억을 돕는 역할을 할 뿐 아니라 우리 몸에 내장된 기억 저장소의 역할까지 넘겨받는다. 그리하여 사람들은 스마트폰에 메모해 놓은 정보를 굳이 명시적으로 기억하지 않고 스마트폰에 무언가를 메모해 놓았다는 것만 기억한다. 혹은 온라인 장바구니나 희망곡 목록에 무언가를 집어넣은 다음에 그것이 무엇인지 금세 잊어버린다.

우리의 기록 시스템들은 우리 자신을 본질적으로 규정하는 요소들 중 하나다. 왜냐하면 어차피 우리는 주체로서 우리에게 귀속하는 모든 것을 늘 의식 안에 품고 살지는 않으니까 말이다. 그렇다면 확장된 정신의 옹호자들처럼 이렇게 물을 만하다. 대체 왜 여전히 정신을 몸에 속박해야 한단 말인가?[130] 휴대용 계산기가 나 대신 계산하고 그 덕분에 내가 결과를 얻는다면, 사유가 생물학적 하드웨어(이른바 웨트웨어)에 매여 있지 않음이 증명된 것 아닌가?

확장된 정신을 옹호하는 관점은 우리의 인공 정신 장치들이 언젠가 정신적 실재에 대한 통제권을 쥘 수도 있으리라는 견해와 그리 멀리 떨어져 있지 않다. 일부에서는 이 견해를 초지능 가설과 관련짓는다. 닉 보스트롬은 이 가설을 특히 두드러지게 숙고해 왔다.[131] 초지능이 달성되는 시점은, 인공지능이 한 가지 사유 활동 혹은 심지어 모든 사유 활동에서 인간을 훨씬 능가해서 우리가 그 인공지능의 사유 메커니즘을 이해할 수도 없고 통제할 수도 없게 될 때다. 보스트롬을 중심으로 진행되어 온, 초지능의 가능성을 둘러싼 모든 찬반양론의 축은 기술의 발전 속도를 토대로 삼아 계산한 확률들인데, 우리는 그것들을 자세히 다루지 않을 것이다. 왜냐하면 그러다가는 정작 철학적으로 중요한 다음과 같은 질문을 건드리지도 못할 것이기 때문이다. 우리의 지능과 충분히 유사해서 탁월하다거나 심지어 위험하다고 간주할 만한 그런 인공지능이 과연 존재할 수 있을까?

컴퓨터 프로그램이 잘 정의된 문제들을 우리보다 더 효율적으로 해결한다는 것은 체스 프로그램뿐 아니라 온라인 예약 시스템과 관련해서도 당연히 타당하다. 그 시스템은 예컨대 우리가 즐겨 찾는 레스토랑의 빈자리를 어떤 인간보다 훨씬 더 빠르게 찾아낸다. 내가 이 책을 쓰기 위해 사용하는 프로그램은 맞춤법 문제를 내 손보다 훨씬 더 잘 해결한다. 나의 글을 책으로 변환하는 작업은 그 프로그램 덕분에 더 쉽게 이루어진다. 더구나 오늘날의 통상적인 컴퓨터를 사용하면, 글을 쓰는 속도가 손으로 필기하거나 타자기를 사용할 때보다 훨씬 더 빨라진다. 어쩌면 더 느리게 써야 더 좋은 글이 나올 수도 있겠지만, 이 문제는 제쳐 두자. 왜냐하면 지금 우리는 디지털화가 지능의 폭발과 다름 없다는 일반적인 견해에만 집중하려 하니까 말이다.

당연한 말이지만, 이 견해는 우리가 지능을 소요 시간을 기준으로 측정되는 문제 해결 능력으로 정의하는 것을 전제로 삼는다. 이 전제를 채택하면, 체스 프로그램들은 모든 인간 체스 플레이어보다 지능이 더 높다. 그 주요 이유는, 그 프로그램들은 그야말로 무한정의 데이터와 우리의 계산 능력을 훨씬 능가하는 계산 성능을 보유했기 때문에 체스 문제들을 다른 방법으로 풀 수 있다는 점에 있다.

확장된 정신 논제와 초지능 가설을 결합하면, 갑자기 디지털화가 매우 위협적으로 느껴진다. 실제로 우리는 알고리즘적 문제 해결의 영역에서 진보가 일어날 때마다 우리의 지능을 인공지능 시스템들에게 넘겨주고 있는지도 모른다. 이미 지금 우리는 그 시스템들을 제대로 꿰뚫어 보지 못하며, 그 시스템들이 내놓는 해답은 흔히 우리를 놀라게 한다.

문제에 관한 문제

하지만 적절한 위험 평가를 위해서는 철학적 조심성이 필요하다. 우선 문제라는 개념부터 꼼꼼히 따져 보자. 문제란 행위자가 특정 목표(곧 해답)에 도달하기 위하여 해결하고자 하는 과제다. 예컨대 도로 횡단하기는 하나의 문제다. 이 문제를 해결하는 길은 다양하다. 건널목으로 건너기, 아무 곳에서나 좌우에 차량이 보이지 않을 때 건너기, 신호등이 설치된 건널목에서 기다리다가 신호가 바뀌면 건너기, 위험을 무릅쓰고 무작정 내달려 건너기 등이 가능하다. 모든 각각의 문제에 대해서 다양한 해결 전략들이 존재하며, 그 전략들을 효율성에 따라서 나열할 수 있다.

그런데 이 대목에서 문제에 관한 문제가 불거진다. 무엇이 효율적이냐는 이해 관심에 따라 달라진다. 내가 최대한 빨리 도로를 건너고 싶다면, 자동차가 다가오더라도 그 자동차가 멈추리라고 예상할 수 있을 경우 도로를 건너는 것이 더 효율적이다. 반면에 당신이 공공의 안전과 자신의 안전을 고려하고자 한다면, 조금 더 느리게 해결에 이르더라도 건널목을 이용하는 편이 더 바람직하다. 이처럼 가장 빨리 해결에 이르는 길이 반드시 지능적인 것은 아니다. 그 길은 속도가 중요할 때만 지능적이다.

이번에는 체스나 스쿼시 같은 게임을 생각해 보자. 이런 게임을 할 때 우리는 일반적으로 우리가 이길 수 없는 상대를 원하지 않는다. 그런 상대와 맞붙으면 게임이 재미없기 때문이다. 똑같은 이유에서 우리는 우리를 이길 가망이 없는 하수를 상대하기도 원하지 않는다. 게임의 목표는 무조건적이며 최대한 신속한 해결 달성(〈외통수〉 또는 〈3세트 연속 11 대 0〉)이 아니다. 물론 체스 같은 게임은 명확한 해결을 본질적 요소로 지녔지만, 만사를 제쳐 놓고 그 해결에 최대한 신속하게 도달하는 것은 체스의 본질적 요소가 아니다. 만약에 그것이 체스의 필수 요소라면, 게임을 시작하기 전에 상대를 뇌물로 구워삶은 다음에 단 네 번의 행마를 통해 외통수에 도달하는 것이 좋은 수일 터이다. 그것이 상대의 방어를 최대한 무력화하는 수이니까 말이다.

절대적 효율성 기준은 존재하지 않는다. 수학적으로 정확히 파악할 수 있는 규칙들을 따르는 게임에서뿐 아니라 문제가 등장하는 모든 상황에서 그러하다. 물론 인간의 삶이 본질적으로 문제 해결과 자신의 문제 해결 능력의 최적화를 핵심으로 삼는다는 것은 옳다. 하지만 이 최적화는 절대적 효율성에 종속되지 않는다. 왜냐하면 유의미한 절대적 효율성은 단적으로 존재하지 않기 때문이다.

이를 생생히 보여 주는 고전적 실존주의의 논증이 있다. 실존주의에 따르면, 인간의 삶은 외부에서 정한 절대적인 뜻Sinn을 갖지 않는다. 오히려 당면한 맥락 안에서 우리가 우리 자신의 삶에 뜻을 부여하는 것이다.

사르트르는 이를 특히 잘 보여 주는 사례 하나를 제시했다.[132] 그 사례를 좀 더 잘 와닿게 만들기 위해서, 라인홀트 메스너*가 알프스에서 산책하다가 그로서는 쉽게 오를 수 있는 암벽과 마주친다고 해보자. 어쩌면 그는 명예욕에 휩싸여 그 암벽을 오를 것이다. 혹은 어쩌면 워낙 쉬운 암벽이기 때문에 그는 어려움도 없고 명예욕도 없이 그 암벽을 오를 것이다. 이번에는 늙은 테레사 수녀가 그 암벽 앞에 서 있다고 상상해 보자. 그분은 그 암벽을 장애물로 여기며 다른 길을 선택할 것이다.

* 유명한 산악인.

암벽 그 자체는 (사르트르의 표현으로는, 그-자체임 An-sich-Sein의 측면에서 그 암벽은) 우리의 명예욕을 일으키는 뜻도 지니지 않았고 우리를 다른 길로 이끄는 뜻도 지니지 않았다. 그 암벽은 그냥 거기에 있을 뿐이다. 그 거대한 바위는 어찌어찌하여(예컨대 지진 현상을 통해) 거기로 와 있을 따름이다. 그 자체로는 메스너도 테레사 수녀도 효율적이지 않다. 관건은 〈당사자가 정확히 어떻게 목표에 도달하고 문제를 해결하기를 원하는가〉라는 질문이다. 예컨대 어떤 관점에서는, 시간의 압박 아래 공간적 상상력을 발휘하여 기하학적 도형들을 회전시킴으로써 정답을 알아내는 것보다 IQ 테스트를 받지 않거나 받으면서 커닝을 하는 것이 훨씬 더 지능적이다.

모든 인공지능 시스템은 ─ 그 시스템의 내적 처리 메커니즘과는 전혀 상관없이 ─ 내면적으로 메스너나 테레사 수녀보다 암벽과 더 유사하다. 하지만 우리가 이런저런 효율성 기준들에 따라 인공지능 시스템의 해답 공간solution space을 확정하기 때문에 그 시스템은 우리에게 지능적인 놈으로 나타난다. 그 시스템은 고유한 이해 관심이 없으며, 따라서 효율성 기준이 명확히 정의되어 있지 않을 경우, 여러 이해 관심들의 경중을 스스로 비교할 수 없다. 컴퓨터 프로그램은 우리보다 더 신속하게 해답을 내놓지만, 그 해답의 효율성 기준은 정확히 정해진 조건들에 따라 결정되어 있다. 요컨대 컴퓨터 프로그램은 생각하지 않는다. 혹시 한 생물이 특정한 생각을 품는 것과 그 생각의 틀 안에서 효율성 기준이 발생하는 것이 생각하기라는 활동과 뗄 수 없이 연결되어 있어야 한다면, 컴퓨터는 우리의 삶에서 중요하며 부분적으로 위험한 역할을 할 수는 있을지언정 스스로 생각할 수는 없을 것이다.

이 대목에서 일부 독자는 학습 능력을 갖춘 인공지능 시스템이 벌써 오래전에 개발되었다는 반론을 제기할 것이다. 이때 학습이란 옛 문제들을 풀기 위해 새 문제들을 체계적으로 도입하는 활동을 뜻한다. 실제로 사람들은 무언가를 학습할 때 항상 새로운 문제들을 만들어 낸다. 반론의 요지는 좋았던 옛날의 휴대용 계산기보다 오늘날의 컴퓨터 프로그램들이 우리와 훨씬 더 유사하며 따라서 훨씬 더 우월하다는 것이다.

기술의 진보를 부정할 수는 없다. 하지만 그렇다고 해서, 우리의 지능은 단지 범용 문제 해결 시스템에 불과한 것이 아니라 문제 제기 시스템이라는 사실이 달라지지는 않는다. 우리가 제기하는 문제들은 추상적인 문제 해결 공간 안에서가 아니라 구체적인 생존의 틀 안에서 불거진다. 컴퓨터 프로그램에게는 생존이 걸린 질문들이 없다. 왜냐하면 컴퓨터 프로그램은 살아 있지 않기 때문이다.

현재까지는 오로지 진화를 통해 발생한 놈만 살아 있다.

우리는 이미 생물을 복제할 수 있고 어쩌면 언젠가는 살아 있지 않은 물질들로 세포를 합성할 수 있게 될지도 모르지만, 이 경우에도 우리는 여전히 진화의 산물들을 모범으로 삼을 것이다. 생물학적으로 발생하지 않았거나 생물학적으로 발생한 생명을 모범으로 삼지 않은 생명은 현재까지 존재하지 않는다. 또한 익숙한 지구의 조건들을 훨씬 벗어난 곳에서 발생한 생명 형태들이 존재하는지 여부를 우리는 모른다. 그러나 이것만큼은 확실하다. 오늘날 실존하는, 살아 있지 않은 물질로 제작된 인공 시스템들은 생존에 대한 이해 관심이 없다. 왜냐하면 그 시스템들은 살아 있지 않기 때문이다.

4장

오로지 생물만 생각하는 이유

누스콥

우리의 생각은 하나의 감각이다. 우리의 생각감각Denksinn
은 우리를 무한한 가능성들 및 실재성들과 접촉시킨다. 바
꿔 말해, 의미장들과 접촉시킨다. 우리는 대단히 높은 해상
도로 우주의 심층 구조를 숙고할 뿐 아니라 정신의 가장 깊
은 곳들, 미술의 역사, 십자 단어 퍼즐, 기타 수많은 것을 숙
고한다. 이런 점에서 우리의 생각감각은 특별하다. 우리가
그 모든 것들을 숙고할 수 있는 것은 생각감각의 대상들이
모두 논리적 구조를 지녔기 때문이다.

모든 각각의 감각은 특유의 감각질들(퀄리아)을 직접 수
용한다. 예컨대 우리는 청각으로 소리를 듣고, 시각으로 색깔
을 보고, 온도 감각으로 따뜻함을 느끼고, 생각감각Denksinn
으로 생각Gedanke을 생각한다denken. 생각감각으로 우리는
다른 감각들의 구조를 파악하고 원리적으로 무한히 많은─

다른 감각으로 파악할 수 있는 모든 것을 능가하는 — 의미장들의 구조도 파악한다. 생각감각의 퀄리아는 개념들이며, 생각체험Gedankenerlebnis은 개념들로 구성된다.

이렇게 보면, 수학과 수학적 자연과학의 도달 범위가 명확해진다. 역사를 통틀어 가장 위대한 과학적 도약 중 하나인 알베르트 아인슈타인의 상대성이론 발견은 시간-공간적 개념들에 관한 사유의 근본적 혁신을 바탕으로 삼는다. 우리 모두는 그 혁신을 과학허구 영화들을 통해서, 혹은 더 일상적으로는 인공위성에 기초한 기술들을 통해서 익히 안다.

아인슈타인의 사고 실험들은, 지구 위에 사는 우리에게는 우리가 보유한 장비 때문에 우주가 물리학적 관점에서와 다르게 나타난다는 사정을 더 깊게 이해하게 해주었다. 상대성이론에 따르면, 운동과 속도는 상대적 현상이다. 즉, 물리학적으로 보면, 운동이나 멈춰 있음이 단적으로 존재하는 것이 아니라 항상 특정 기준계(=기준틀)에 대하여 상대적인 운동이나 멈춰 있음이 존재한다. 예컨대 내가 보기에 나는 고정된 의자에 앉아 있는 것처럼 보인다. 바깥세상도 멈춰 있다. 그러나 다른 관점에서 기준틀을 다르게 설정하면, 나는 지구와 함께 시속 10만 킬로미터가 넘는 엄청난 속도로 태양 주위를 돌고, 태양계는 그보다 더 빠른 속도로 우리 은하의 중심 주위를 돈다. 그럼에도 내가 여기에 앉아 있는 한, 나는 교통 법규를 위반하는 것이 아니다.

교통 법규는 지구라는 기준계에 대하여 상대적인 운동만 따진다. 우리는 우리가 보는 운동에 시속 10만 킬로미터가 추가되어 있음을 늘 의식하는 방식으로 지구 자체의 운동을 지각하지 않는다.

오늘날 물리학적 통찰들은 오직 극단적인 수학적 조건 아래에서만 서술할 수 있는 규모들(예컨대 그야말로 상상하기 어려운 온도, 질량, 거리)에 대한 숙고를 출발점으로 삼는다. 아직 아무도 태양계를 벗어난 적 없지만, 우리는 머나먼 우주를 관찰하고 우주의 법칙들을 탐구할 수 있다. 그러나 우리는 한계들에 부딪힌다(그 한계들 역시 수학적으로 표현될 수 있다). 예컨대 우리는 우리에게 익숙한 물질(이른바 바리온적 물질)이 관찰 가능한 우주의 전체 에너지에서 고작 4퍼센트만 차지한다는 것을 안다. 우리의 기준에서 가장 작은 규모와 가장 큰 규모의 우주를 이론 물리학의 도움과 실험의 뒷받침으로 파악할 수 있기 위하여 우리는 우리의 생각감각을 사용한다.

우리의 고전적 감각 양태들을 통해 〈우리의 수학적 우주〉(메사추세츠 공대에서 연구하는 물리학자 막스 테그마크의 표현)에 접근하는 것은 대체로 불가능하다.[133] 근대 물리학의 진보는 항상 수학적 진보를 통해 예비되거나 수학적 진보를 동반했다. 이것은 아이작 뉴턴과 라이프니츠가 동시에 발견한 미분법에만 해당하는 이야기가 아니다. 특히 중요한 또 다른 예로 19세기에 개발되어 아인슈타인의 사유 혁명을 위해 중요한 역할을 한 비유클리드 기하학이 있다.

궁극적으로 플라톤이 옳았다. 플라톤은 이른바 피타고라스주의자들(수학자 피타고라스의 제자들)의 견해, 곧 우리가 수학적 구조들을 그 자체로는 전혀 수학적이지 않은 우주를 탐구하는 데 유용한 보조 수단으로서 동원하는 것이 아니라 우리의 사유를 통해 발견한다는 견해를 명쾌하고 자세하게 설명했다. 반면에 플라톤의 위대한 제자 아리스토텔레스는 반대 주장으로 맞섰다. 아리스토텔레스에 따르면, 우리의 수학적 사유는 다섯 가지 감각들을 돕는 보조 수단이며, 우리가 그 보조 수단을 사용하는 것은 자연적 환경을 정리하고 기술적으로 지배할 수 있게 만들기 위해서다.

앞서 살짝 언급했듯이(39면 참조), 인간의 생각감각을 누스콥Nooskop으로 간주할 수 있다. 희랍어에서 〈누스Nous〉는 생각하기를, 〈스코페오skopeo〉는 관찰하기 혹은 탐사하기를 뜻한다. 우리는 다음과 같은 **누스콥 논제**를 제시할 수 있다. 〈우리의 생각은 하나의 감각이며 우리는 그 감각을 통해 무한을 탐사하고 수학적으로 표현할 수 있다.〉

생물학적 외재주의와 사유 어휘의 이해

플라톤은 인체를 우리의 영혼이 갇힌 감옥이나 묻힌 무덤으로 간주했다. 이를 소마-세마 논제라고 부를 수 있다(소마soma=몸, 세마sema=무덤).[134] 플라톤은 특히 대화편 『파이돈Phaidon』에서 영혼의 불멸을 주장했다. 훗날 기독교의 교부들은 이 주장을 받아들였고, 이로써 플라톤주의와 기독교가 융합했다.[135] 여담이지만, 오늘날 우리가 보유한 표준 성서는 어느 대목에서도 영혼의 불멸을 명확하게 가르치지 않는다. 오히려 성서는 몸의 부활을 가르친다. 몸으로부터 완전히 분리된 영혼이 머무는 천국과 지옥을 성서에서 찾으려 애쓰는 사람은 헛수고를 하는 것이다. 예컨대 「마태복음」 10장 28절을 보면, 우리는 지옥에서도 몸을 지닌다. 「그리고 몸은 죽일지라도 영혼은 죽이지 못하는 이를 두려워하지 말고, 영혼도 몸도 둘 다 지옥에 던져서 멸망시킬 수 있는 분을 두려워하여라.」[136]* 불멸하며 완전히 비신체적인 영혼에 대한 생각은 추측하건대 이집트에서 유래했을 것이다. 그 생각은 플라톤의 사상에 진입한 후 고대 말기의 플라톤주의에서 하나의 이론으로 발전한다.

이 대목에서 나는 당신을 〈영혼은 불멸하는가〉라는 질문에 오래 붙들어 두고 싶지 않다. 왜냐하면 영혼의 불멸을 옹호하는 사람들과 반박하는 사람들은 진정한 철학적 핵심을 간과하기 때문이다. 즉, 이 양측 모두는 우리의 사유를 감각으로 인정하지 않고 우리의 감각적 삶에 맞세운다. 자신을 불멸하는 놈으로 간주하는 사람도 그렇게 하고, 신

* 우리말 번역은 새번역RNKSV에 따름.

체의 죽음은 모든 삶과 사유의 종말이라고 믿으면서 이로부터 우리의 사유는 신체적인 무언가라는 결론을 끌어내려 하는 유물론자도 그렇게 한다.

그러므로 다시 철학적 논증을 시작하기로 하자. 우선 기본적인 질문을 제기하자. 생물학적 토대를 지니지 않은 무언가가 생각한다는 것이 과연 가능할까? 컴퓨터와 (혹시 불멸의 영혼이 예상 외로 존재한다면) 불멸의 영혼과 신은 과연 생각할 수 있을까?

생각하기가 본질적으로 생물학적이라면, 위 질문이 거론하는 가능성은 배제된다. 따지고 보면, 컴퓨터, 불멸의 영혼, 신은 듣지도 못하고 맛보지도 못한다. 왜냐하면 이들은 청각과 미각을 위한 장비를 갖추지 않았으며 동물계에 정착해 있지도 않으니까 말이다. 이로써 우리는 이 책의 또 다른 중심 논제인 〈생물학적 외재주의〉에 도달한다. **생물학적 외재주의**에 따르면, 우리가 우리의 사유 과정을 서술하고 파악할 때 수단으로 삼는 표현들은 본질적으로, 생물학적 성분을 지닌 무언가와 관련 맺는다(42면 참조). 그 표현들을 **사유단어**Denkwört라고 부르자. 사유단어의 예로는 생각하기, 지능, 총명함, 영리함, 견해, 숙고, 추측 등이 있다. 상이한 언어들은 상이한 사유단어들을 보유하고 있다. 더 나아가 상이한 발화자들도 상이한 사유단어들을 보유하고 있다. 한 언어 혹은 발화자의 사유단어들은 함께 하나의 어

휘를 이루는데, 그 어휘를 **사유 어휘**noetisches Vokabular라고
부를 수 있다.

사유 어휘는 통시적으로(세월이 흐름에 따라서) 변화할
뿐더러 공시적으로도 변이를 지닌다(매 순간에 다양한 언
어들과 발화자들이 존재하니까). 그렇기 때문에 우리는 간
단히 우리의 사유 어휘에서 멀찍이 벗어나 모든 사유단어
들의 완벽한 목록을 작성하고 완벽한 사전에서처럼 그 단
어들 각각에 명확한 의미를 배정할 수 없다. 우리는 오직
생각하기를 통해서만 우리의 생각하기를 파악할 수 있다.
생각은 하나의 감각이므로, 〈생각하기란 무엇인가〉라는 질
문 앞에서 우리는 오류를 범할 수 있다. 이런 이유 때문에
일부 사람들은 (내가 옳다면, 부당하게도) 생각은 감각이
아니라고 믿는다. 내가 옳다면, 생각은 감각이라는 것을 반
박하는 사람들이 도리어 오류를 범하고 있는 것이다.

그런데 생물학적 외재주의에 따르면, 우리의 사유단어
들은 원리적으로 오직 생물학적인(곧 살아 있는) 무언가만
가리킬 수 있다. 요컨대 오로지 생물만 생각한다.

이 논제를 뒷받침하는 주요 논증은 의미론적이다. 의미
론은 표현들의 의미Bedeutung를 다룬다. 임의로 정한 의미
들은 의미론의 관심사가 아니다. 의미론은 그저 자의적이
지 않다. 표현들이 무엇을 의미하는가는 예외적인 경우에
만 자의적이다. 왜냐하면 우리의 표현들의 의미는 언어사

용법Sprachgebrauch을 통해 정해지니까 말이다. 또한 언어사용법은 어떤 개별 발화자도 굽어보지 못하는 수많은 구체적 표현 용례들로부터 생겨난다. 한 언어에 특정 표현이 추가될지 여부는 발화자들의 손에만 달려 있지 않으며 오히려 원리적으로 굽어볼 수 없는 많은 맥락들에 의해 결정된다.

예컨대 〈언어〉라는 단어를 생각해 보자. 〈언어〉는 대체 무엇을 의미할까? 당신 스스로 〈언어〉의 의미를 제시하려고 애써 보라. 그러면 특정 대답들이 떠오를 것이다. 어쩌면 금세 의미론, 문법, 의미 같은 개념들을 고려하게 될 수도 있을 것이다. 예컨대 누군가는 언어를 특정 해독 규칙들에 종속된 코드로 여길 것이다.

이것은 언어의 의미로서 당연히 매우 일반적이다. 이런 일반적인 의미에서는 거의 모든 것이 언어다. 소통 수단으로서의 우리 언어를 연상시키는 벌들의 춤과 컴퓨터 언어만 그런 언어인 것이 아니라 행성들의 배치도 그런 언어다. 왜냐하면 행성들의 배치를 자연법칙들에 종속된 코드로 간주할 수 있으니까 말이다. 우리는 그 자연법칙들을 규명할 수 있으므로 행성들의 배치와 같은 천문(天文)을 해독할 수 있을 것이다.

하지만 행성들의 배치는 이 책의 문장들과 마찬가지의 방식으로 의미를 가질까? 또 벌들의 춤 언어는 정말로 (벌들의 춤을 헌신적으로 연구한) 동물학자 카를 폰 프리슈의 논문들에 담긴 문장들이 의미를 가진 것과 똑같은 방식으로 의미를 가질까? 벌들의 언어가 존재하는지 여부는 동물학자들 사이에서 논란거리다. 많은 실험들과 데이터는 벌들의 언어가 존재하지 않음을 보여 준다. 게다가 어떤 감각이 존재하고 그 감각의 범위 안에서 먹이 원천에 관한 정보가 벌들의 춤을 통해 전달된다 하더라도, 그 정보가 인간 언어처럼 문법이나 논리적 구조를 지녔는지 여부는 전혀 별개의 문제다. 내가 지금 의도하는 바는 우리가 이해하지 못하는 언어를 다른 생물들이 보유했다는 견해를 문제시하는 것이 전혀 아니다. 내가 제시하려는 논증을 위해 필요한 것은 단지 다음과 같은 전제뿐이다. 〈우리 중 누구도 자의적으로 만들어 내지 않은 언어적 의미를 요청하지 않으면서 언어란 무엇인가를 간단히 알 길은 없다.〉〈언어〉란 정확히 무엇인가, 그리고 우리가 〈언어〉의 의미를 물을 때 우리에게 첫 번째나 두 번째로 떠오르는 것이 무엇인가는 자의적인 사안이 아니다.

그렇기 때문에 의미론은 한낱 정의의 문제가 아니다. 비록 언어철학적 논증에 대한 반론은 흔히 그렇게 주장하지만 말이다. 의미론적 논증은 사소한 언어 놀이가 아니다. 〈컴퓨터가 생각하는가〉라는 질문을 던지려면, 〈생각하기〉가 무엇을 가리키는지(무엇과 관련 맺는지) 알아야 한다. 우리의 사유 어휘에서 〈생각하기〉는 본질적으로 생물의 활동을 가리키므로, 컴퓨터가 생각한다는 것은 불가능하다. 물론 일상 언어에서 우리는 컴퓨터가 생각하기와 유사한 무언가를 한다는 의미에서 〈컴퓨터가 생각한다〉라고 말할 수 있겠지만 말이다.

이제부터 이 표현은 무언가 다른 것을 가리킨다고 우리가 결정함으로써 그 표현이 가리키는 바를 간단히 변경할 수는 없다. 왜냐하면 그럴 경우에 우리는 어쩌면 〈단어꼬리표Wortetikett〉를 바꾸는 것이겠지만 표현의 의미를 바꾸는 것은 전혀 아니기 때문이다. 〈표현Ausdruck〉과 달리 **단어꼬리표**는 우리가 언어적 맥락에서 사용하는 음성 계열이나 그 밖에 기호 계열을 뜻한다. 우리는 그 기호 계열을 가지고 의미를 표현하는 것 외에 다른 일도 할 수 있다. 예컨대 나는 〈Wort〉라는 단어에서 뾰족한 〈W〉 다음에 둥근 〈o〉가 멋지게 이어지기 때문에 그 단어가 아름답다고 느낄 수 있다. 또한 우리는 괴테 전집 같은 특정 기호 계열이 하드디스크에서 얼마나 많은 저장 공간을 차지하는지 물을 수 있다. 이럴 때 우리는 의미과 상관없이 기호 계열을 다루는 것이다. 나는 예컨대 힌디어를 적은 데바나가리 문자가 아름답다고 느낀다. 그러나 이것은 힌디어 단어들의 의미가 아니라 단어꼬리표에 대한 느낌이다.

우리는 우리의 사유단어들을 임의로 사용할 수 없다. 그렇기 때문에 이른바 인공지능이 과연 존재할 수 있는가는 테크놀로지적 질문일 뿐 아니라 언어철학적으로 폭발성이 큰 질문이다. 당연히 나는 내가 보유한 체스 프로그램이 〈지능적〉이라고 말할 수 있다. 그 프로그램은 체스에서 나를 이길뿐더러 나보다 훨씬 더 강한 플레이어들도 이기니까 말이다. 그럴 때 그 프로그램은 체스 문제들을 푼다. 그러나 해답 공간에서 신속하게 길을 찾아내는 것뿐 아니라 경쟁에서 의식적 숙고를 통해 전략적 이익을 얻어 내는 것도 체스의 본질이라면, 체스 프로그램이 지능적으로 체스를 둔다는 말을 전혀 할 수 없게 된다.

이런 관점에서 보면, 체스 프로그램은 어쩌면 체스를 두지 않는다. 이는 행성 궤도들이 무언가를 표현하지 않는 것과 마찬가지다. 행성 궤도들은 우리에게 물리학의 언어로 말하지 않는다. 그것들은 전혀 말하지 않는다. 체스 프로그램에 대해서도 유사한 이야기를 할 수 있다. 즉, 체스 프로그램은 체스를 전혀 두지 않는다. 물론 우리는 프로그램을 상대로 체스를 둘 수 있다. 하지만 이 경우에는 실은 한쪽 플레이어만 체스를 두는 것이다. (이것은 누군가가 섹스 인형을 사용하는 상황과 유사하다. 이 상황을 두고 성행위가 이루어진다고 말하는 것은 옳지 않을 터이다.)

일반적으로 언어철학에서 **외재주의**란 다음과 같은 견해다. 〈특정 표현들은 무언가를 가리키는데, 이때 발화자는 자신이 그 표현들을 매개로 다루는 그 무언가가 정확히 어

떠한지 몰라도 발화자로서 자격이 있다.〉(146면 참조) 짐
작하건대 나와 마찬가지로 이 문장을 읽는 모든 독자는 원
자들이 결합하여 분자를 이룰 수 있음을 알 것이다. 하지만
그렇다고 우리가 핵물리학자나 화학자의 전문 지식을 갖
춘 것은 전혀 아니다. 우리는 이제껏 알려진 우주의 가장
작은 층위를 잘 모르며, 최소 층위가 존재하는지 여부조차
모를뿐더러, 원자에 관한 온갖 최신 지식도 보유하지 못했
으니까 말이다. 원자는 더 작은 기본 입자들로 이루어졌고,
기본 입자들도 다른 무언가로 이루어졌다. 우리가 이런 식
으로 계속 내려가면 언젠가 가장 작은 점에 도달하리라는
것을 우리는 확신할 수 없다. 그럼에도 우리는 〈원자〉라는
표현을 사용할 자격이 있다.

프리드리히 실러가 괴테에게 포도주를 더 달라고 요청
했을 때, 두 사람은 포도주의 화학적 조성에 대해서 오늘날
포도주 업계와 자연과학계가 아는 만큼의 지식을 전혀 보
유하고 있지 않았다. 그럼에도 실러와 괴테는 독일어를 충
분히 잘했으므로 〈Wein(포도주)〉이라는 표현을 유의미하
게 사용할 수 있었다.

이 모든 논의의 핵심은 이것이다. 〈우리가 한 언어의 맥
락 안에서 한 표현을 매개로 탐구하는 실재의 바탕에 놓인
본질을 그 표현으로부터 적절히 추론할 수 없더라도, 우리
는 그 표현의 언어적 의미를 충분히 통달하여 그 표현을 사

용할 수 있다.〉 그런데 부분적으로 아주 멀리까지 거슬러 오르는 언어 사용법의 역사적 과거를 전제할 수 없다면, 한 언어를 이해하는 것은 불가능하다. 위대한 아르헨티나 작가 호르헤 루이스 보르헤스의 걸작 단편소설 『알레프*El Aleph*』에서 화자는 다음과 같이 옳게 말한다. 〈모든 언어는 기호들로 이루어진 알파벳이며, 그 기호들의 사용은 대화 참여자들이 공유한 과거를 전제한다.〉[137]

알려진 모든 언어공동체의 공유된 과거에 사유 어휘는 늘 생물학적 성분을 지닌 실재를 가리켰다. 얼마 전까지만 해도, 우리가 〈사유〉, 〈인지〉 등의 표현들로 가리키는 활동들을 오로지 생물만 한다는 것은 꽤 명확했다. 외재주의에 따르면, 이로부터 이 표현들은 본질적으로 생물의 활동들을 가리킨다는 결론이 나온다. 생물학적이지 않은 컴퓨터에 사유, 지능, 심지어 의식을 귀속시키는 것은 언어의 오용이다. 물론 〈지능〉이라는 단어꼬리표를 인공지능에 붙이는 것은 가능하다. 하지만 이것은 〈지능〉이라는 표현의 올바른 사용이 전혀 아니다.

요컨대 이 같은 언어철학적 논증에 따르면, 진화론이 서술하는 과정들에 의해 까마득한 세월에 걸쳐 발생하지 않은 기계들을 지능적이라고 간주하는 것은 터무니없다. 이로써 〈컴퓨터는 생각할 수 있는가〉라는 오래된 좋은 질문에 대한 일반적 답변이 〈아니다〉로 제시되었다.

그렇다고 해서, 〈컴퓨터가 우리의 생각하기를 위하여 어떤 역할을 하는가〉라는 질문이 무의미해지는 것은 전혀 아니다. 컴퓨터는 우리의 삶에서 여러 기능을 넘겨받아 우리의 부담을 덜어 준다. 또한 당연히 컴퓨터는 인간 직원보다 비용이 적게 들 때가 많은데, 이것은 별개의 경제적, 생태적, 사회정치적 주제다. 더 나아가 우리가 〈터미네이터〉 시나리오를 염두에 두지 않아도 된다면, 우리는 디지털화와 기술 진보의 위험을 다르게 평가하게 된다. 우리의 컴퓨터는 이해 관심이 없으며 무엇보다도 우리를 굴복시키거나 멸종시킬 생물이 아니다.

오히려 진짜 위험은, 우리의 기술이 생각하지 않고 오히려 경직된 기본 조건 아래에서 작동한다는 점에 있다. 이를 특히 극적으로 보여 주는 텔레비전 시리즈가 있다. 「블랙 미러」 시즌 4의 5회가 그것인데, 그 에피소드에는 〈메탈헤드Metalhead〉라는 적절한 제목이 붙어 있다. 그 에피소드는 디스토피아적인 미래를 묘사한다. 그 미래에 모양이 개와 비슷한 완벽한 살인 기계들이 제작되고, 그 기계들은 자신들을 가로막는 모든 인간을 죽인다. 짐작하건대 그 기계들은 주인을 침입자로부터 보호하는 등의 목적으로 설계되었을 것이다. 매우 민감한 감각 장치를 지닌 그 기계들은 지능이나 사유 없이 완벽하게 작동하므로 어떤 연민도 없다. 우리의 기술은 우리와 같지 않기 때문에 새로운 위험들을 일으킨다. 기술을 의인화하는 것은 그 위험들을 외면하는 것이다.

일반적으로 **의인화**란 인간적 구조를 비인간적 영역에 그릇되게 투사하는 것을 말한다. 의인화의 대표적인 예로, 동물계를 우리가 친근하게 느끼는 생물들(가축, 얼룩말 등)과 우리가 중요하지 않거나 심지어 섬뜩하다고 느끼는 생물들(뱀, 무좀균, 곤충 등)로 세분하는 것을 들 수 있다. 동물을 의인화함으로써 우리는 다른 동물들에게 해를 끼칠 뿐더러 간접적으로 우리 자신에게도 해를 끼친다. 반면에 우리가 기계들을 인간과 유사한 놈들로 간주할 때, 우리는 우리 자신의 삶의 조건들을 곧장 침해하는 것이다. 컴퓨터나 안드로이드가 머지않아 우리처럼 생각하고 느낄 수 있게 되리라는 견해는 오류다. 컴퓨터와 안드로이드는 진짜로 지능적이지 않다. 체스 프로그램의 내면적 삶은 먼지로 덮인 색인카드 상자의 내면적 삶과 다를 바 없다.

이미 말한 대로 그렇다고 상황이 꼭 덜 위험해지는 것은 아니지만, 실제 사정에 대한 통찰은 우리가 미신에서 해방되고 스스로 제작한 기계들에서 진짜 위험을 보는 데 도움이 될 수 있다. 진짜 위험은 우리가 제작한 인공물들의 지능에 있는 것이 아니라 멍청함에 있다. 이런 맥락에서 우리는 이탈리아 철학자 마우리치오 페라리스에게 동의해야 마땅하다. 최근에 그는 『멍청함은 진지하게 논의할 사안이다 _L'imbecillità è una cosa seria_』라는 제목의 책을 출판했다. 그 책의 주제는 우리가 사는 디지털 시대다.[138]

「이리 오너라, 늙은 빗자루야!」

당연한 말이지만, 생물학적 외재주의 논제는 확고한 기능주의자들의 입장을 단박에 바꿔 놓지 못할 것이다. 따라서 그 논제의 설득력을 강화하기 위하여 나는 우선 컴퓨터가 생각할 수 있고 체스 프로그램이 지능적이라는 견해가 어째서 터무니없는지를 더욱 분명하게 부각하고자 한다. 대체 뜻Sinn이란 무엇이고, 뜻 없음Unsinn이란 무엇일까?

흔히 우리는 우리의 언어로 **실재하는** 놈에 대해서 이야기한다. 이때 실재하는 놈이란, 우리가 그놈에 대해서 착각할수도 있는 그런 놈이다. 그런 착각이 일어날 수 있는 것은, 우리가 실재하는 놈에 대해서 어떻게 숙고해야 착각하지 않는지를 대다수의 경우에 그놈 자신이 우리에게 간단히 알려줄 수 없기 때문이다. 사실들은 자신들이 무엇인지를 우리에게 끊임없이 알려 주지 않는다. 실재하는 놈은 흔히 말이 없다.

우리가 우리의 언어로 실재하는 놈에 대해서 이야기하는 한에서, 우리는 우리의 표현들 중 일부가 실재하는 놈과 관련 맺는다(놈을 가리킨다)는 것을 받아들여야 한다. 우리가 대상들과 사실들을 언어로 코드화하여 파악하려 한

306

다면, 우리는 대상들 및 사실들과 언어적으로 접촉해야 한다. 이 관련 맺음 혹은 접촉을 언어철학에서 **지칭(가리킴)** Referenz(영어 reference)이라고 부른다. 순수한 독일어에서는 〈언어적 관련 맺기sprachliche Bezugnahme〉라는 표현이 〈지칭〉에 해당한다.

언어적 관련 맺기는, 실재를 직접 다루는 표현들을 발화자가 적절한 맥락 안에서 사용한다는 것을 전제한다. 이런 식으로 언어적인 뜻Sinn이 발생한다. 언어로 코드화된 생각은, 무언가를 가리키는 표현들이 적절한 맥락 안에서 사용될 수 있을 때만 뜻을 가진다. 비트겐슈타인은 획기적인 저서 『철학적 탐구』에서 언어 사용을 위한 적절한 맥락이 무엇인지를 「삶꼴Lebensform」이라는 제목이 붙은 대목에서 요약한다. 그에 따르면, 언어는 〈인간의 자연사〉에 속해 있다.[139] 무엇이 뜻을 가지고 무엇이 뜻을 가지지 않는지는 〈생각들과 삶의 흐름〉에서 밝혀진다.[140]

그러나 우리가 우리 표현들의 의미Bedeutung를 임의로 확정할 수 있다는 말은 아니다. 인공지능이 과연 존재하는지 여부는, 사람들이 이제부터 인공지능이 존재한다고 이야기하기로 대뜸 결의하는 것을 통해 결정될 수 없다. 사람들이 디지털화와 결부된 특정한 데이터 저장 및 처리 과정들을 은유적으로 살아 있는 놈의 활동에 빗대어 서술한다고 해서, 곧바로 터미네이터가 생겨나는 것은 결코 아니다.

오늘날 가용한 인공지능 시스템들은 기껏해야 일종의 골
렘Golem*이다. 즉, 정보를 처리하지만 의식의 흔적은 눈곱
만큼도 드러내지 않는 멍청하고 둔감한 물질 덩어리다. 까
마득한 세월에 걸친 진화를 통해 발생하지 않은 종은 정신
적인 내면의 삶을 꾸려 가기에 적합하지 않다. 그런 종은
정신적인 내면의 삶에 필수적인 생물학적 조건들을 갖추
지 못했다.

　이미 언급한 대로, 이 같은 나의 견해는 디지털화의 위험
이나 긍정적 가능성을 얕잡아 보지 않는다. 오히려 그 위험
과 가능성이 어디에 있는지를 옳게 지적한다. 데이터를 우
리에게 유용할 수 있는 정보로 가공하는 인공지능 시스템
들을 우리가 프로그래밍할 때, 우리는 (발전하는 기술을 발
판으로 삼아서) 실제로 인류의 존속을 위태롭게 만드는 것
이다. 하지만 그 위험은 「2001: 스페이스 오디세이」, 〈터미
네이터〉, 「트랜센던스Transcendence」, 「그녀Her」, 「엑스 마키
나Ex Machina」 같은 영화들에서처럼 언젠가 인공지능들이
자신들보다 인지 능력이 훨씬 열등한 인류를 절멸하기로
결의하는 것에 있지 않다. 이런 시나리오는 인공지능이 일
종의 인간적 초지능이며 어떤 도덕적 지침도 따르지 않는
다는 것을 암묵적으로 전제한다. 사람들은 인공지능을 대
단히 위험하며 터무니없이 몰상식한 독재자로 모형화한

* 인간의 모습을 띠고 움직이는 신화적 존재.

다. 다른 생각을 가진 놈들을 모조리 굴복시키고 없애는 것에 몰두하는 독재자로 말이다. 하지만 이 모형화는 진짜 위험을 간과하게 만든다.

미국 인공지능 연구자 엘리저 슐로모 유드카우스키는 뉴욕 대학교에서 열린, 인공지능의 윤리에 관한 학회에서 그 진짜 위험을 올바로 지적했다.[141] 그가 든 (매우 미국적인) 예는 1940년에 제작된 월트디즈니사의 고전 「판타지아 Fantasia」 가운데 〈마법사의 도제〉라는 에피소드다. 잘 알려져 있듯이, 이 에피소드는 괴테의 발라드 Ballade 「마법사의 도제 Der Zauberlehrling」를 영화화한 것이다. 그 발라드의 화자는 마법사 밑에서 수련하는 어느 도제다(월트디즈니의 에피소드에서는 그 유명한 미키마우스가 몸소 그 도제로 출연한다). 도제는 빗자루에 생기를 불어넣고, 그 빗자루는 강에서 물을 떠다가 통에 붓는 과제를 맡는다.

이리 오너라, 늙은 빗자루야!
다 떨어진 누더기 옷들을 입거라!
넌 이미 오래전부터 노예였다;
이제 나의 의지들을 실현하거라!
두 다리로 서라,
머리는 위로!
이제 서둘러 가거라,

물 단지를 가지고!¹⁴²

문제는 도제가 빗자루에 불충분한 프로그램을 설치했다는 점이다. 그 프로그램의 토대는 오해를 유발하는 한 명령이다. 빗자루의 효용과 관련이 있는 그 명령은 빗자루가 물을 떠서 통에 부어야 한다고 지시하지만, 통이 가득 차면 그 작업을 그만 둬야 한다는 것을 명확히 지시하지 않는다. 빗자루는 도제에 의해 프로그래밍 되었으므로, 도제의 프로그램을 한 치도 어김없이 준수한다. 빗자루는 그 마법 알고리즘을 완벽하게 수행하므로 자신에게 부여된 과제의 수행을 절대로 단념하지 않는다. 빗자루가 생기를 얻은 것은 오로지 통에 물을 붓기 위해서가 아닌가! 통이 넘치든 말든, 그건 아무 상관없다. 빗자루는 부수적 피해가 무엇인지 모른다. 왜냐하면 부수적 피해가 중요한 요소로서 프로그래밍되어 있지 않기 때문이다.

재난을 막기 위하여 도제는 빗자루를 파괴하기로 결심한다. 그는 도끼로 내려쳐 빗자루를 두 동강 낸다. 자신이 건 마법의 주문을 종결하기 위해서다. 그러나 안타깝게도 빗자루는 완벽하게 프로그래밍되어 있기 때문에, 이제 빗자루의 두 토막 모두가 과제를 계속 수행하여 상황이 더 악화된다.

아, 이럴 수가!

두 토막 모두가

벌써 서둘러 완벽하게 준비를 마치고

노예로서 당당히 서 있구나!

아하, 나를 도와주오, 드높은 권능들이여!

그들이 부지런히 달리는구나!

큰 방과 계단이 점점 더 흠뻑 젖는다.

이것은 얼마나 끔찍한 홍수인가![143]

유드카우스키가 이 이야기를 디지털화에 적용하면서 말하고자 하는 핵심 메시지는 다음과 같다. 〈인공지능의 가치 정렬을 우리의 삶꼴에 부합하게 만드는 프로그래밍 방법을 우리는 모른다.〉 **가치 정렬**value alignment이란 프로그램이나 행위자가 추구하는 목표들의 위계 시스템을 뜻한다. 복잡한 사회 시스템들에 편입된 개인들로서 우리는 우리가 사회적으로 교류하는 모든 사람들이 실제로 동일한 가치 정렬을 공유한다는 전제를 결코 채택할 수 없다. 엄밀히 따지면 그 전제가 거짓임을 우리는 안다.

어느 정도 이상의 복잡성을 지닌 인간적 사회 시스템에서는 공통의 가치 정렬을 보증하는 것이 불가능하다(시스템이 소규모 집단보다 커지면 금세 그런 복잡성 수준에 도달한다). 그 이유로 당장 다음과 같은 사실을 댈 수 있다. 즉, 우리가 우리 자신의 가치 정렬을 확실히 제시할 수 있느냐 하면, 전혀 그렇지 않다. 자유로운 정신적 생물인 우리는 우리 자신이 진정으로 원하는 바를 궁극적으로는 결코 완벽하게 알 수 없다. 자기를 완벽하게 아는 사람은 아무도 없다. 왜냐하면 주어진 상황에서 우리에게 어떤 행위 공간이 열리는지를 결정하는 요인들이 너무나 많기 때문이다. 그렇기 때문에 각자의 개인적 삶의 뜻Sinn에 대한 질문이 실제로 늘 새롭게 제기되는 것이다.

우리는 우리 자신조차도 충분히 잘 알지 못한다. 우리는 우리 자신의 내면을 말하자면 간단히 한번 살펴봄으로써 우리의 행위들이 실제로 어떤 가치들을 따르는지 진술할 수 없다. 그러므로 복잡한 사회적 시스템들의 가치 정렬을 우리가 잘 안다는 전제를 우리는 결코 채택할 수 없다. 그렇다면 인공지능의 효용 함수(가치 정렬)를 프로그래밍할 때도 문제가 생길 수밖에 없다. 인공지능의 효용 함수를 프로그래밍할 때 우리는 그 효용 함수가 (때로는 우리도 즉각 알아채지 못하는 방식으로) 우리에게 해를 끼치지 않도록 프로그래밍해야 할 텐데, 어떻게 그런 프로그래밍을 해낸단 말인가?

컴퓨터는 우리가 제작한 시스템이며, 그 시스템의 상태 변화는 프로그램을 통해 제어된다. 컴퓨터는 인공물이다. 인공지능을 거론할 때 우리는 인공물을 거론하는 것이다. 이 사실은 인공지능을 뜻하는 영어 〈artificial intelligence〉뿐 아니라 독일어 〈künstliche Intelligenz〉에서도 확인된다. 인공물이 〈지능적〉이라고 간주되는 것은, 그 인공물이 데이터를 어떻게 정리하고 처리해야 하는가에 대해서 우리가 이런저런 생각들을 하기 때문이다. 데이터 처리는 궁극적으로 번역이다. 즉, 데이터의 코드화와 탈코드화(해독)다.

인공지능은 프로그램이다. 인공지능의 발전은 우리가 다양한 프로그램들을 합치고 우리로서는 굽어볼 수 없는 엄청난 양의 데이터를 입력하는 것을 통하여 이루어진다. 최신 컴퓨터들의 계산 성능 덕분에 인공지능들은 그 데이터의 코드화와 탈코드화를 우리보다 더 빠르게 해낸다. 이는 당연한 일이다. 왜냐하면 우리는 컴퓨터가 아니니까 말이다. 인간은 인공물이 아니다. 생물학적으로 (우리의 감각 양태들을 통해) 데이터를 파악해서 몸 안에 저장하고 추가로 처리하는 생물로서 우리는 순수한 자연적 과정들을 통해 발생했다. 생명과학은 그 과정들을 탐구한다. 예컨대 진화론은 기존 생물들로부터 새로운 종을 비롯한 구조들이 어떻게 발생하는지를 다룬다. 우리는 생물(곧 동물)인 한에서 인공적이지 않다.

그러므로 컴퓨터는 〈뜻(감각) 없는 기계Unsinnmaschine〉다. 왜냐하면 컴퓨터는 생물학적 감각 양태들Sinnesmodalitäten

을 지니지 않았기 때문이다. 컴퓨터는 삶을 꾸려 가지 않는다. 기껏해야 우리는 마치 컴퓨터가 살아 있기라도 한 것처럼 컴퓨터에 대해서 비유적으로 서술할 수 있을 따름이다. 컴퓨터가 살아 있다고 믿는 것은 미신이다. 컴퓨터는 〈뜻 없음〉을 생산할 따름이지만, 우리가 끊임없이 데이터를 입력함으로써 그 〈뜻 없음〉을 바로잡는다. 그리고 그 데이터는 우리의 언어적 관련 맺기 덕분에 실재와 접촉한다.

자연주의적 의식 탐구의 문제점

수의학자 겸 심리학자 브리기테 괴르니츠와 물리학자 토마스 괴르니츠가 2016년에 출판한 저서 『양자물리학에서 의식으로: 우주, 정신, 물질*Von der Quantenphysik zum Bewusstsein. Kosmos, Geist und Materie*』에서 내리는 결론도 이와 유사하다.[144] 그들은 일찍이 카를프리드리히 폰 바이츠제커가 제안한 양자 이론 해석을 출발점으로 삼는다. 간단히 요약하면, 의식이란 살아 있는 뇌 속 양자정보들의 〈내면 응시Innenansicht〉라는 것이 그 저자들의 견해다.[145] 이때 의식은 〈단백질 접힘〉과 마찬가지로 본질적으로 〈생명 활동에 편입되어 있다〉.[146]

주지하다시피, 마찬가지로 정보에 반응하는 인공물들이 존재한다. 자율주행차는 다양한 정보들에 반응한다. 그 인공물은 다양한 정보들을 해독하고 거기에 의미를 부여한다. 이를테면 보행자와 빨간 신호등 앞에서는 제동을 건다는 의미를 말이다. 이처럼 이성과 유사하게 행동함에도 불구하고 자율주행차는 의식이 없다. 대신에 자율주행차의 배후에는 늘 그것을 만든 제작자의 의식이 있다. 정보를 처리할 때 어떤 정보에 어떤 의미를 부여해야 하는지를 그 인공물에게 지정해 준 장본인은 그 제작자다.[147]

이 주장에 동의한다 하더라도, 이런 질문이 절로 떠오른다. 브리기테 괴르니츠와 토마스 괴르니츠는 의식을 정확히 어떻게 간주하기에 지능적이지만 생물학적이지 않은 인공물은 의식이 없다고 확실히 단정할 수 있을까? 그들의 논증이 지닌 철학적 약점은, 의식은 진화적으로 발생한 살아 있는 시스템에서만 등장한다는 사실을 그냥 전제한다는 것에 있다. 더불어 양자 이론적 숙고의 틀 안에서 그들은, 의식은 궁극적으로 정보 수용자라고, 즉 자연과학적으로 서술할 수 있는 무언가라고 간주한다. 그러나 그들이 인정하듯이, 다른 정보 수용자들(이를테면 텔레비전 수상기)도 존재하기 때문에, 이런 질문이 제기된다. 우리의 의식은 텔레비전 수상기와 다를까? 만일 다르지 않다면, 내 스마트폰 같은 비생물학적 인공물들이 의식을 지니지 않았다고 볼 근거가 없다. 오히려 정반대다!

이런 반론에 맞서기 위하여 그 저자들은 **유니웨어**Uniware

라는 개념을 도입한다. 그들에 따르면, 생물은 소프트웨어와 하드웨어의 통일체다. 신경 세포들은 뇌 속의 전자기적 과정들을 통해 협동하는 〈정보 발송자 겸 수용자〉다.[148] 이런 식으로 두개골 속에서 전자기적 과정들과 생화학적 과정들 사이의 상호 작용이 발생한다. 전자의 과정들은 예컨대 뇌파 검사를 통해 측정할 수 있으며, 후자의 과정들은 신경 세포들을 연결해 준다. 이 상호 작용은 인간 정신의 소프트웨어와 하드웨어가 존재한다는 견해를 무력하게 만든다. 오히려 정신은 오직 신경생물학과 양자 이론의 종합을 통해서만 충분히 파악할 수 있는, 철저히 생물물리학적인 현상이다. 그리하여 그들은 이렇게 결론을 요약한다. 〈의식은 정보를 알아채고 체험하고 정보에 의미를 부여할 수 있는 정보구조Informationsstruktur다.〉[149]

여기에서 나는 우주 안에서 의식의 위치에 관한 자연과학적 사변들을 상세히 다룰 생각이 없다. 왜냐하면 철학적 관점에서 보면, 이렇게 양자 이론을 통해 의식에 접근하는 흥미로운 시도들은 미심쩍은 것으로 판명되기 때문이다.

첫째 문제는, 의식은 자기 자신을 체험하는 정보구조라는 주장에 있다. 이 주장은 설명하고자 하는 바를 전제한다. 무슨 말이냐면, 지금 진짜 문제는 바로 체험이다. 우리의 의식적 체험이 항상 신경 세포들과 양자정보로 이루어진 유니웨어와 짝을 이룬다는 주장은 참일 수도 있다. 물론 엄밀히 따지면, 이 주장은 경험적으로 전혀 입증되지 않았다. 왜냐하면 의식의 정확한 표지가 아직 알려져 있지 않으니까 말이다. 바꿔 말해 모종의 의식의 표지를 측정함으로써 예컨대 병원으로 이송된 환자가 의사 표현을 못하더라도 의식이 있는지 여부를 확실히 판정하는 것은 아직 불가능하다. 그러나 논의를 이어가기 위해 그런 표지가 존재한다고 전제하자.

그렇다 하더라도, 〈의식〉이라는 표현을 〈체험〉으로 대체함으로써 의식의 문제를 풀 수 있는 것은 아니다. 왜냐하면 그렇게 대체하더라도 의식의 문제는 다시 새롭게 등장하기 때문이다. 서로 연결된 신경 세포들 같은 〈매우 복잡한 시스템들〉[150]은 의식을 가진 반면, 태양, 은하, 호메로스의 『오디세이아Odysseia』 같은 다른 매우 복잡한 시스템들은 의식을 가지지 않은 이유가 무엇일까? 브리기테 괴르니츠와 토마스 괴르니츠가 이 질문에 답할 수 없다면, 유니웨어를 강조하는 그들의 그럴싸한 주장은, 헤겔의 표현을 빌리면, 〈메마른 다짐trockenens Versichern〉에 불과하다. 헤겔에 따르면 〈메마른 다짐은 이 다짐이나 저 다짐이나 동등하다〉.[151]

브리기테 괴르니츠와 토마스 괴르니츠의 접근법은, 의식 연구의 가치를 양자 이론을 통해 높이려는 다른 모든 시도들과 마찬가지로 자연주의의 새로운 변종이며 바로 그렇기 때문에 실패로 돌아간다. 거듭 말하지만, 일반적으로

자연주의란 존재하는 모든 것을 자연과학적으로 설명하고 파악할 수 있다는 견해다. 이런 자연주의적 관점에서 보면, 의식은 특히 많은 난점들을 일으킨다. 우주 안에서 그 존재를 실제로 지목할 수 있는 어떤 구조(예컨대 신경 세포들이나 양성자들)에 의식을 귀속시키면, 곧바로 이런 질문이 제기된다. 의식은 그 구조에만 국한될까? 의식은 포유동물에게만 있을까? 의식은 특정 신경계를 갖춘 생물에게만 있을까, 아니면 심지어 식물에게도 있을까? 예컨대 벌과 코끼리가 의식을 지녔다면, 박테리아나 우리의 장은 어떠할까? 어쩌면 우리의 장도 의식을 지녔는데, 우리는 오직 뇌-의식만 체험할 수 있기 때문에, 우리가 그것을 모르는 것일 수도 있다. 반대로 장-의식은 지금 이런 질문을 제기하고 있을지도 모른다. 〈어쩌면 뇌도 의식을 지녔을까?〉

의식을 이런 식으로 다루면, 초지능을 위한 문이 활짝 열린다. 무슨 말이냐면, 어쩌면 휴대용 계산기도 의식을 지녔을 수 있다. 누가 알겠는가? 어쩌면 오래전부터 인간을 적대하는 지능적 기술의 음모가 진행되어 왔을지도 모른다. 특이점이 벌써 도래했을 수도 있다. 혹은 우리가 이미 스마트 기술과 매우 촘촘하게 연결되어 있어서, 실은 그 기술이 우리를 조종하고 있는지도 모른다. 그렇다면 예컨대 (관련 의혹이 사실이라면) 러시아인들이 미국 선거를 해킹한 것이 아니라 어쩌면 자동 인공지능 시스템들이 해킹한 것일 수도 있다. 어쩌면 우리가 그 작동 방식을 꿰뚫어 볼 수 없는 인공지능 시스템들이 인류 역사를 조종하기로 의식적으로 결정한 것일지도 모른다. 우리가 그 시스템들을 위한 하드웨어를 더 많이 생산하도록 만들기 위해서 말이다.

당연한 말이지만, 이런 사변들은 터무니없다. 하지만 우리가 실제 사정을 전혀 모른다면, 우리는 얼마든지 많은 철학적 음모론을 구성하고 그것이 참이라고 믿을 수 있다. 실재는 변함없이 확고하지만, 우리의 개념들이 정확하게 기능하지 않는다면, 우리의 앎-주장들Wissensansprüche은 엇갈린다. 특히 의식이 주제일 때 그러하다. 왜냐하면 의식은 물질적이지 않으며 따라서 측정 가능하지 않기 때문이다.

의식이 먼저다: 토노니의 장점

이탈리아 신경과학자이며 저명한 수면 연구자인 줄리오 토노니는 이 문제를 알아챘다. 위스콘신-매디슨 대학교 산하 수면 및 의식 센터의 소장인 그는 이 문제 때문에 전혀 다른 길을 선택했고 일부 사람들의 주목을 받았다. 2018년 1월에 나는 칠레의 상원과 당시 대통령 미첼 바첼레트의 초대로 칠레가 매년 개최하는 미래학 학회에 참석하여 며칠 동안 토노니와 의식 및 인공지능에 관하여 즐겁게 토론했다.[152]

토노니는 의식과 물질적 실재 사이의 관계를 묻는 질문

을 거꾸로 뒤집는다. 뇌나 기타 복잡한 시스템을 통해 의식을 설명하는 시도는 영영 성공할 수 없을 것임을 그는 인정한다.[153] 토노니에 따르면, 〈우주 안에서 자연과학적으로 지목할 수 있는 시스템들 가운데 어떤 것들이 의식을 지녔는가〉라는 질문에 대답할 수 있으려면 원리적으로 우리 자신의 의식을 출발점으로 삼아야 한다.

이 견해를 토대로 삼아서 그는, 컴퓨터뿐 아니라 알파고 같은 딥러닝Deep Learning 시스템들도 의식이 전혀 없는 입력-출력 기계이며 지능적이지 않으면서 지능적 행동을 시뮬레이션할 뿐임을 크리스토프 코흐와 함께 쓴 한 논문에서 보여 준다.[154] 여담이지만, 토노니와 코흐가 옳다면, 그 논문은 튜링 검사도 반박하게 된다. 왜냐하면 무언가가 외부에서 보기에는 지능적인 생명이나 심지어 의식 있는 생명과 구별할 수 없게 행동한다 하더라도, 그것이 지능이나 의식을 지녔다는 결론이 반드시 나오는 것은 아니기 때문이다.

이 주장을 뒷받침하기 위해 토노니는 경험적 숙고들과 더불어 한 가지 철학적 논증을 내놓는데, 그것은 그를 생각의 전환으로 이끈 논증이기도 하다. 그 논증은 **고유 존재**intrinsic existence라는 개념을 출발점으로 삼는다. 무언가가 고유하게 존재한다 함은, 무언가가 자신이 존재함을 안다는 것이다. 우리 모두는 자신이 존재함을 안다. 따라서 당연한 말이지만, 토노니는 그 유명한 〈나는 생각한다, 고로 존재한다〉(르네 데카르트의 코기토)를 향해 나아가려 하는 것이다.

그러나 토노니는 데카르트와 달리, 자신은 생각들을 생각하는 놈일 뿐이며 어쩌다 보니 길을 잃고 몸속으로 들어왔다는 결론을 내리지 않는다. 오히려 그는 일단 멈춰서, 자신은 의식이라고 전제한다. 이 전략은 후설의 유산이다. 후설의 입장 역시, 자연을 바라보면서 〈어떻게 의식이 자연 안에 끼워 맞춰질 수 있는가〉라는 질문을 던지기에 앞서 우리는 먼저 우리의 의식을 적절히 서술해야 한다는 것이었다. 후설과 토노니에 따르면, 데카르트는 자신이 고유하게 존재함을 더없이 잘 알아챘지만, 그럼에도 자신의 고유 존재를 옳게 파악하지 못했다. 후설의 의식철학은 매우 복잡하다. 반면에 토노니는 그 스스로 의심 불가능하다고 여기는 다섯 개의 공리만 있으면 충분하다고 여긴다. 이것이 토노니의 장점이다. **토노니의 공리들**은 고유 존재, 구성, 정보, 통합, 배제에 관한 것이다.

고유 존재 공리는 이미 소개되었다.

구성composition 공리란 우리의 의식적 경험이 구조를 지녔다는 것이다. 나는 칠레 산티아고의 호텔 방에서 토노니도 같은 호텔에 있음을 의식하면서 이 문장들을 쓸 때 내 손과 스크린을 보았고 거리의 소음을 들었다. 모든 각각의 의식 상태는 모종의 구조를 지녔다.

정보 공리란, 모든 각각의 의식적 경험은 다른 모든 의식적 경험과 다르다는 것이다. 각각의 의식적 경험은 고도로 개별적인 경험으로서 나나 타인이 언젠가 하게 될 모든 경험과 구별된다. 토노니는 이 공리의 비유적인 예로 한 영화의 개별 장면들을 든다. 개별 장면 각각은 자신이 지닌 바를 지녔으며 다른 모든 개별 장면들과 구별된다.

통합 integration 공리란 모든 각각의 의식적 경험이 지닌 구조를 간단히 그 부분들로 환원할 수 없다는 것이다. 〈전차(電車)〉라는 단어에 대한 당신의 의식은 〈전〉이라는 단어에 대한 의식과 〈차〉라는 단어에 대한 의식으로 이루어지지 않았다. 백번 양보해서, 당신의 의식이 그렇게 두 부분으로 이루어졌다 치자. 그러나 이 경우에도 당신의 의식이 〈ㅈ〉, 〈ㅓ〉, 〈ㄴ〉, 〈ㅊ〉, 〈ㅏ〉로 이루어진 것은 아니다.

배제 exclusion 공리란 의식은 완벽하게 특정되어 있다는 것, 바꿔 말해 확정적이라는 것이다. 지금 의식이 무엇이라면, 의식은 그 무엇일 따름이며 그 이상도 이하도 아니다.

이 공리들은 몇 가지 철학적 질문들을 야기한다. 예컨대 정보 공리와 배제 공리의 차이는 무엇일까? 이에 대해서 토노니는 정보 공리에서 의식은 특수하고 배제 공리에서 의식은 한정적이라고 말한다. 그러나 의식이 특수하다면, 의식은 또한 한정적인 듯하다. 만약에 특수하면서 한정적이지 않은 정보가 존재할 수 있다면, 사정이 다르겠지만 말이다. 토노니는 그런 정보가 존재할 수 있다고 여기는데, 그는 이 견해가 옳음을 설명해야 할 것이다. 그러나 진짜 문제는 공리 시스템에 있지 않다.

토노니의 접근법이 낳는 난점은 다음과 같은 그의 견해에서 드러난다. 즉, 토노니에 따르면, 의식을 제외한 나머지 실재 전체, 곧 고유하게 존재하지 않는 모든 것은 오로지 의식의 관점에서만 규명될 수 있다. 유일하게 확실한 존재는 의식의 존재이며, 우리는 의식의 물리적 실현을 비롯한 나머지 모든 실재를 이론적으로 규명해야 한다고 그는 믿는다. 이로써 그는, 실은 의식 외에는 어떤 실재도 없을 가능성을 인정한다. 물론 그는 의식 외에 어떤 실재도 없다는 견해를 거짓으로 간주한다. 하지만 그는 이른바 최선의 설명을 위한 추론inference to best explanation을 통해서만 그 견해를 물리칠 수 있다.

최선의 설명을 위한 추론은, 주어진 데이터에 기초하여 어떤 원인 혹은 원인 계열이 그 데이터를 산출했을 개연성이 가장 높은지 판정하는 것이다. 이 같은 충분히 일상적인 추론의 예로, 당신이 집에 돌아와서 주변의 도로가 젖어 있고 하늘에 먹구름이 낀 것을 보고 방금 비가 왔다고 짐작하는 것을 들 수 있다. 최선의 설명을 위한 추론은 무효화될 수 있다. 바꿔 말해 최선의 설명을 위한 추론은 다른 인과 계열을 고려할 용의가 원리적으로 있을 때만 실행된다. 이 경우에 우리를 주어진 상황에 대한 설명으로 이끄는 것은 명료하게 식별된 또 다른 상황이 아니라 항상 가설이다. 요컨대 최선의 설명을 위한 추론은 그 결과가 확실한 앎이 아니라는 조건 아래에서 작동한다.

오직 의식의 존재만 확실하며 의식의 존재에 기초하여 의식 없는(물리적) 존재를 규명해야 한다는 입장을 당신이 취한다면, 이는 당신이 오로지 의식만 존재한다고 인정할 용의가 원리적으로 있음을 의미한다. 물론 토노니는 오로지 의식만 존재할 개연성은 낮다고 여기며 따라서 유아(唯我)론자가 전혀 아니다. **유아론**이란, 그때그때의 고유한(나 자신의) 의식만 존재하며 나머지는 그 의식의 내용으로 간주될 수 있다는 견해다. 이미 말한 대로, 이것은 토노니의 견해가 전혀 아니다. 그러나 그는 유아론이 비일관적이라고 여기는 것이 아니라 다만 사실적으로 틀렸다고 여긴다.

토노니의 접근법은 주목할 만하며 가히 혁명적인 묘수를 포함하고 있다. 즉, 그 접근법은 의식의 표지들을 인간 뇌에서 경험적인 방식으로 발견하는 데 도움이 될 수 있는 구체적 연구 프로그램을 제시하는 것을 가능케 한다. 그 연구 프로그램의 틀 안에서는 오직 앞서 열거한 다섯 개의 공리를 위반하지 않는 무언가만 의식의 표지일 수 있다. 그렇기 때문에 토노니는 그 공리들과 더불어 공준들Postulates, 곧 〈물리적 시스템들(한 상태 안의 요소들)이 의식적 경험

324

을 설명해 준다면, 그 시스템들이 반드시 가져야 하는 속성들〉을 제시했다.[155]

그 연구 프로그램을 위하여 토노니는 여러 저명한 신경과학자 동료들과 협력해 왔다. 그 동료들 중 하나는 시애틀 소재 앨런 뇌 과학 연구소의 소장인 크리스토프 코흐다.[156] 토노니의 연구 프로그램이 제시하는 수학적 의식 모형인 이른바 **정보통합이론** Integrated Information Theory, IIT이 경험적으로 충분히 입증된다면, 토노니는 다음과 같은 결론을 내릴 수 있다. 즉, 현존하는 컴퓨터에 기초를 둘 경우 — 오늘날 알려진 소프트웨어와 하드웨어를 아무리 개량하더라도 — 우리가 인간의 사유 과정이나 감각 시스템들을 모방하기 위하여 제작하는 비생물학적 시스템들이 의식에 도달하는 일은 영영 없을 것이라는 결론을 말이다.

토노니의 (실제로 그 일부가 경험적으로 입증된) 모형에 따르면, 그 결론의 근거는, 우리의 인공물들에서는 정보처리가 적절한 방식으로 통합되지 않는다는 점에 있다. 인공 회로망에 그 엄밀한 모형을 적용한 결과는 그 인공물의 의식 값이 정확히 0임을(또한 0일 수밖에 없음을) 보여 준다. 하지만 이 결과를 받아들이려면 토노니의 논증에 포함된 많은 세부 사항들을 받아들여야 하며, 궁극적으로 그 논증은 컴퓨터가 의식이 없음을 증명하지 못한다. 정반대로 그 논증은, 입력을 처리하여 출력을 내놓는 이른바 〈피드포워드 망feedforward network〉은 토노니의 공준들을 만족시키지 못한다는 것만 보여 준다. 따라서 토노니는, 음성 인식 등에 쓰이는 이른바 피드백(되먹임) 망은 의식을 가질 수 있다는 주장의 가능성을 활짝 열어 놓는다. 돌이켜보면 토노니는 이제껏 출판한 글에서 토대독립성을 확실히 반박하는 논증을 내놓은 바 없다. 그는 단지 특정한 컴퓨터들이 의식을 지니지 않았음을 보여 주었을 따름이다. 그러나 내가 알기로 그는 지금 한 논문의 출판을 준비하고 있는데, 그 논문에서는 특정한 컴퓨터들이 아니라 모든 컴퓨터가 의식을 지니지 않았다는 주장이 제기될 것이다. 아쉽게도 그 논문은 아직 출판되지 않았기 때문에, 관련 세부 사항은 미래에나 논의될 수 있을 것이다.

그럼에도 철학적으로 볼 때 토노니의 접근법은 여러 면에서 근본적으로 새롭다. 특히 중요한 것은 그가 신실재론을 근본 원리로 채택한다는 점이다. 그는 매우 독창적인 방식으로 신실재론을 동원한다. 토노니의 근본 원리는 우리의 사유 혹은 의식이 예컨대 산맥보다 전혀 덜 실재적이지 않다는 것이다. 정확히 말하면, 이 특수한 사례에서 그는 의식이 산맥보다 더 실재적이라고까지 여긴다. 왜냐하면 산맥은 그가 정의한 물리적이며 독자적이며 의식이 없는 존재의 조건들을 만족시키지 못하기 때문이다. 산맥으로 실현된 정보는 의식을 갖기에 충분할 만큼 통합되어 있지 않다. 이것은 정보통합이론의 수학적 세부 사항들에서 실제로 도출되는 결론이다. 하지만 이에 관한 논의는 이 책의 범위를 벗어난다. 여기에서 중요한 것은 주체성, 곧 우리의 관점이 체험하고 생각하는 주체들로서 환원 불가능하게 실재함을 토노니가 인정한다는 점이다. 이런 측면에서 토노니는 추천할 만한 의식 연구자다. 비록 그는 기능주의에 맞선 결정적 지원 사격을 아쉽게도 제공하지 않지만 말이다.

안에 있을까, 밖에 있을까? 아예 위치가 없을까?

토노니는 자신의 신경과학 연구로 뒷받침된 철학적 의식 개념을 도입한다. 그 개념은 생각이라는 감각을 탐구하는 우리의 작업에 도움이 된다. 왜냐하면 토노니는 오늘날 과학적 세계상의 주류에서 이제껏 충분히 주목받지 못한 무언가를 일깨우기 때문이다.[157] 그것은 우리 각자의 고유한 주관적 체험의 구조와 실재성이다. 이와 관련하여 철학에서는 〈현상적 의식〉이 논의되는데,[158] 토노니는 그 논의에 새로운 방식으로 기여한다.

토노니의 혁신을 이해하기 위해서 다시 한번 일반적인 지향성의 개념을 돌아보자(144면 참조). 지향성은 생물에서 나타나며 따라서 실재하는 구조다. 그 구조는 살아 있는 의식적 시스템(자아)과 대상(혹은 여러 대상들)을 어떤 내용을 매개로 연결한다. 요컨대 단순화해서 말하면, 지향성은 자아, 내용, 대상으로 구성된다.

당신이 지금 파리의 에펠탑 앞에 서 있다고 상상해 보라. 지금 당신의 지향성의 대상은 에펠탑이다. 당신은 이 대상을 마주한 자아다. 당신이 에펠탑을 표상하고 상상 속에서 그리는 동안, 에펠탑은 당신에게 특정한 방식으로 나타난다. 즉, 에펠탑은 특정한 형태, 색깔, 비율을 가지고, 당신은 한 시각적 관점에서 그 탑을 표상한다. 이 모든 것은 내용에 속한다. **내용**이란 당신이 대상(이 경우에는 에펠탑)을 표상하는 방식이다. 당신의 내용과 나의 내용은 서로 다르다. 두 사람이(혹은 동일한 사람이 상이한 시점에) 동일한 내용을 가지는 일은 절대로 없다. 그러나 두 사람의 지향성이 동일한 대상을 향하는 일은 그리 어렵지 않게 일어난다.

당신이 생각 속의 에펠탑을 향하고 그 탑을 표상하는 동안, 당신은 의식이 있다. 당신은 지금 온갖 것을 체험한다. 예컨대 당신의 몸이 바닥과 접촉한 것을 느끼고, 손에 책을 쥐고 앉아 있는(혹은 당신이 선 채로 이 책을 읽고 있다면, 서 있는) 것이 어떤 느낌인지 알아채고, 당신이 몸속의 과정들에 주의를 기울인다면, 당신의 몸속에서 발생하는 몇몇 잡음도 알아챈다(걱정 마시라! 지금 우리가 하려는 것은 심리 치료를 위한 주의집중 훈련도 아니고 불교의 명상도 아니다).

이제 당신이 최근에 꾼 강렬한 악몽을 회상해 보라. 혹은 최악의 기억들 가운데 하나를 되살려 보라(거듭 강조하지만, 이것은 심리 치료를 위한 주의집중 훈련이 아니다). 강렬한 악몽을 꾸는 동안 당신은 극단적인 감정들을 체험한다. 비단 악몽을 꿀 때뿐 아니라 일반적으로 당신의 지향성 발휘는 항상 모종의 감정을 동반한다(163면 참조). 당연한 말이지만, 동일한 내용에 항상 동일한 감정이 연결되는 것은 아니며, 동일한 대상에 항상 동일한 감정이 연결되는 것은 더더욱 아니다. 우리는 동일한 사람을 사랑하다가 미워할 수도 있고 미워하다가 사랑할 수도 있다. 대상이 우리의 주의(注意)장Aufmerksamkeitsfeld 안에 놓여 있음은 우리의 감정을 조종하는 유일무이한 요인이 아니다. 자연과학적 의식 탐구의 묘미는, 우리가 어떤 대상을 숙고하는가와 상관없이 주관적 체험을 가진다는 것에 있다. 꿈속에서 강렬한 공포를 느낄 때의 주관적 체험은 실재하는 위험 상황에서의 주관적 체험과 똑같이 괴로울 수 있다.

오늘날 알려진 바에 따르면, 우리가 체험하는 내용들(예컨대 형태, 색깔, 냄새, 관점)은 설령 우리가 깨어 있는 의식이 아니라 꿈 의식을 가졌더라도 우리 앞에 놓여 있을 수 있다. 한 주체 안에서 꿈-내용들을 유발하는 것도 — 현재도 이미 부분적으로, 또한 미래에는 어쩌면 완전히 — 가능하다. 해당 개인의 뇌를 특정한 상태에 처하게 만드는 것이 그 방법이다.

경험적으로 알려진 이 사실로부터 토노니는 사유와 뇌가 모종의 방식으로 동일하다거나 뇌가 사유의 원인이라거나 이와 유사한 결론을 전혀 끌어내지 않는다. 다만 그는, 꿈 상태와 깨어 있음 상태에서 현상적으로(곧 주체가 체험하기에) 완전히 동일할 수 있는 주관적 체험이 존재함을 지적할 따름이다. 이 견해는 새롭지 않으며 지금까지 다양한 방식으로 영화와 텔레비전에 등장했다. 고대에 기원한 이 견해를 뚜렷하게 도입한 인물은 데카르트다.[159] 어쩌면 당신은 중국 철학자 장자의 다음과 같은 유명한 질문을 들어 보았을 것이다. 〈나는 나비가 된 꿈을 꾸는 사람일까, 아니면 사람이 된 꿈을 꾸는 나비일까?〉[160]

깨어 있음 상태와 꿈 상태에서의 주관적 체험이 현상적으로 동일할 수 있다는(혹은 과연 동일할 수 있는지를 경험적으로 탐구해야 한다는) 토노니의 견해는 확실히 옳다. 그와 그의 많은 신경과학자 동료들은 정확히 그 탐구를 하면서 몇몇 성과를 내고 있다. 이에 대해서 왈가왈부하는 것은 바람직하지 않다.

그런데 다행히 토노니는 우리가 실재를 의식에 대하여 독립적인 진면목대로 인식할 수 없다는 결론을 내리지 않는다. 궁극적으로 그는 진짜 실재론자다. 그렇기 때문에 그는 거꾸로 의식을 실재 안으로 들여온다. 이때 의식은 외부 공간의 건너편에 놓인 내면 공간이 아니다. 의식의 위치를 유의미하게 특정하는 것은 불가능하다. 물론 의식이 꺼질 때, 그리고 오직 그때만 발견할 수 있는, 의식의 신경학적 토대가 존재하는 것은 사실이다. 그러나 그 신경학적 토대의 위치가 의식의 위치인 것은 아니다. 의식은 고유실재 Eigenwirklichkeit다. 의식이라는 고유실재는 그것의 구조적 속성들 때문에 어떤 물질이나 복잡한 배열로도 지탱할 수 없다.

컴퓨터나 제작 가능한 로봇에게 주관적 체험이라는 의미의 의식이 모종의 방식으로 존재한다고 여길 탄탄한 근거를 우리는 가지고 있지 않다. 여담이지만, 선도적인 로봇 연구자 나디아 마그네나트 탈만도 똑같은 견해를 밝힌다. 그녀가 제작한 사회적 로봇 〈나딘Nadine〉은 새로운 HBO*판 〈웨스트월드〉에서 로봇들의 모범으로 쓰였다.[161] 머지않아 혹은 언젠가는 거대한 지능 폭발이 일어나고 디지털 망을 이룬 우리의 기계들이 지구를 정복하리라는 믿음은 역시나 이 층위에서도 순전한 과학허구로 판명된다.

축축하며 복잡하게 얽힌 한 조각의 실재

지금까지 우리는 〈컴퓨터는 생각하고 느낄 수 있는가〉라는 질문에 대한 선도적인 경험적 연구를 살펴보았다(그 연구에서 나온 대답은 〈아니다!〉이다). 이제 우리의 생각감각

* 미국 유선 방송.

곧 누스콥에 대한 철학적 탐구로 돌아가자. 누스콥에 대한 이해를 돕는 철학적 모형으로 신실재론이 있다. 일반적으로 **신실재론**은 다음과 같이 주장한다. (1) 우리는 대상들과 사실들을 그것들의 진면목대로 파악할 수 있다. (2) 무한히 많은 의미장들이 존재하며, 그 의미장들 안에 대상들과 사실들이 존재한다. 모든 것을 포괄하는 단 하나의 실재는 존재하지 않는다. 세계는 전혀 존재하지 않는다. 나는 다른 글에서 이 주장을 상세히 논했다.[162] 생각하기의 뜻 Sinn과 (혹은 생각이라는 감각과) 관련해서는, 신실재론이 우리의 논의에 미치는 영향을 아래 예를 통하여 충분히 알 수 있다.

당신이 지금 나폴리에서 당신의 관점으로 베수비오산을 본다고 상상해 보라. 같은 시각에 당신의 여자 친구도 소렌토에서 베수비오산을 본다. 당신들은 둘 다 동일한 대상, 곧 베수비오산을 본다. 과거의 **구(舊)실재론** alter Realsimus은, 이 경우에 베수비오산은 실재에 포함되지만 두 사람이 베수비오산을 보는 관점은 포함되지 않는다고 여겼다. 나는 『왜 세계는 존재하지 않는가』에서 이런 실재를 〈관객 없는 세계〉라고 칭한 바 있다.[163] 구실재론은 비판자들로 하여금 관객의 역할에 대한 질문을 던지게 만든다. 왜냐하면 구실재론을 채택하면, 마치 관객 없는 세계 외에 추가로 〈관객들의 세계〉가 존재하는 것처럼 보이기 때문이다.[164] 이 상황을 가리키는 고전적 표현은 **주체-객체 분열** Subjekt-Objekt-

Spaltung이다. 주체-객체 분열이란, 한편에는 주체에 대하여 독립적인 실재(객체 혹은 객관적인 놈)가 존재하고 다른 한편에는 그 실재를 마주한 주체가 존재한다는 견해를 뜻한다.

근대 과학의 세계상은 주체-객체 분열을 전혀 극복하지 못했다. 우리 두개골 바깥의 실재와 뇌에서 일어나는 내적 과정들 사이에 근본적인 차이가 있다는 전제가 여전히 거의 모든 경우에 채택되니까 말이다. 그러니까 주체-객체 쌍 대신에 이를테면 뇌-우주 쌍이 거론되는 셈이다.

물론 이런 비판 앞에서 사람들은 뇌도 우주에 속한다는 견해를 즉각 채택한다. 그러나 바로 이 견해가 오늘날 많은 사람들이 불가사의로 여기는 다음과 같은 의식의 수수께끼를 일으킨다. 그 자체로 실재의 (축축하며 복잡하게 얽힌) 한 조각인 뇌가 주체성을(곧 실재를 마주한 관점들을) 산출하는 것이 어떻게 가능할까? 영국 생물학자 토머스 헨리 헉슬리는 이 수수께끼를 아래와 같이 표현한 바 있다.

신경 조직이 자극된 결과로 의식 상태와 같은 주목할 만한 무언가가 발생하는 것이 어떻게 가능한지는 어떻게 알라딘이 램프를 문지르면 지니가 나타나는지와 똑같이 설명할 길이 없다.[165]

주체-객체 분열은 인간의 앎에 대한 숙고에 깊이 뿌리 내려 있다. 그런데 바로 여기에 함정이 있다. 무슨 말이냐면, 근대 초기에는 데카르트를 잘못 이해하고 따르는 경향 안에서 주체-객체 분열이 중요한 역할을 했는데, 그 시기의 철학적 유산을 대체로 무비판적으로 물려받았기 때문에, 과학적 지식에 대한 왜곡된 상이 발생한다. 이제부터 나는 기초적인 사유 연습 하나를 통해 그 왜곡된 상을 바로잡으려 한다.

과학적 지식 획득의 첫 단계에서 우리는 당연하게 느껴지는 무언가를 의문시해야 한다. 이때 목표는 이를테면 우리가 믿는 모든 것에 대한 급진적 의심이 아니라 더 나은 이해, 혹은 현상들의 상호 관련에 대한 이론적 설명이다. **현상**이란 매개나 선별을 전혀 거치지 않은 듯이 우리에게 나타나는 무언가다. 그러나 궁극적으로 현상은 감각을 통해 매개된 지각이다.

18세기와 19세기에 〈현상학〉이라는 표현은 본래 착각 혹은 환상에 관한 이론을 가리켰다. 이 어법의 객관적 근거는, 우리가 우리의 자연발생적 인상들에서 진실을 간단히 읽어 낼 수 없다는 것에 있다. 따지고 보면 우리는 오류를 범하기 쉬우며, 그 원인은 우리가 현상들을 너무 쉽게 믿는 것에 있다. 하지만 우리가 실재를 완전히 놓치고 헤매는 것일 리는 없다. 그렇기 때문에 우리는 몇몇 현상들이 우리를 사실들과 연결해 준다는 것을 전적으로 확신할 수 있다. 그러나 유감스럽게도 그 확신으로부터 어떤 현상들이 그런 현상들인지가 곧장 따라 나오는 것은 아니며, 그렇기 때문에 현상학이 필요하다.

본래 현상학의 주제는 존재가 아니라 가상이다. 우리가 어떤 사안을 과학적인 방식으로 다룬다면, 우리는 그 사안이 한낱 현상일 수도 있다고 추정해야 한다. 그리하여 우리는 새로운 관련성들을 밝혀내고, 그것들을 모형들로 표현한다. 이 모형들은 가상을 제거해야 한다. 그래야만 우리는 존재 곧 사실들에 접근한다고 확언할 수 있다.

이때 **모형**은 실제 상황의 단순화된 표현이다. 모형은 직접 눈에 띄지 않는 본질적 관련성들을 강조한다. 예컨대 입자물리학의 표준모형은, 어떤 입자들이 존재하고 그것들이 일반적으로 어떻게 상호 작용하는지 알려 준다. 그러나 기본 입자들이 구체적인 상황들에서 겪는 모든 일을 입자물리학이 서술하는 것은 전혀 아니다. 입자물리학은 기본 입자들의 본질적 속성들에만 관심을 기울임으로써, 광범위한 귀결들을 지닌 입자들의 실재성을 단순화한다.

이런 식으로 우리는 기본 입자들의 속성들이 결정적인 구실을 하는 실제 상황에 대한 설명을 진전시킬 수 있다. 이렇게 표준모형을 적용할 수 있는 것은, 그 모형이 포착하는 속성들을 기본 입자들이 실제로 지녔기 때문이다. 물론 자연과학에는 어느 정도 자유재량의 공간이 존재한다. 왜 나하면 모형은 대상의 속성들의 직접 복제본에 불과하지 않기 때문이다. 기본 입자들의 속성들을 수학의 언어로 번역하려면 이상화Idealisierung가 필수적이다. 물리학 강의를 들어 본 독자는 잘 알겠지만, 현실에서 포탄과 깃털은 똑같은 속도로 낙하하지 않는다. 이 두 물체가 똑같은 속도로 낙하하는 일은 오직 진공에서만, 바꿔 말해 매우 특수한 조건 아래에서만 일어난다. 뉴턴 역학과 같은 모형은 일어나는 모든 일을 서술하고 설명하지 않는다. 오히려 뉴턴 역학은 특정한 예측들과 설명들을 가능케 하는 모형이다.

모형이 진술 능력을 갖추고 예측들을 내놓을 수 있으려면, 모형은 실재의 복제본이어서는 안 된다. 모형은 〈자연의 거울〉이 아니다.[166] 만약에 모형이 복제본이라면, 모형은 쓸모가 없을 것이다. 이 경우에 우리는 모형을 볼 필요 없이 실재를 직접 관찰하면 될 테니까 말이다.

예컨대 과학 박물관에 전시된 네덜란드 해안의 플라스틱 모형을 생각해 보라. 우리는 그 모형을 이용하여 기후 변화의 효과들을 탐구할 수 있다. 즉, 그 모형 속으로 물을 천천히 흘려 넣으면서 어떤 지역들이 물에 잠기는지 관찰할 수 있다. 더 나아가 그런 일이 실제로 일어나면, 얼마나 많은 네덜란드 난민이 독일로 몰려들지 예상해 볼 수 있다. 그런 플라스틱 모형은 완벽한 축소 복제본이 아니다. 이는 헤이그의 마두로담 공원에 있는 네덜란드의 축소 모형이 제2의 네덜란드가 아닌 것과 마찬가지다. 요컨대 모형은 실재의 특징들을 포착해야 하지만 그 특징들을 이를테면 단순화함으로써 어느 정도 왜곡해도 된다.

여기까지는 아무런 문제가 없다. 하지만 인식론적으로 흥미로운 이야기는 이제부터 시작된다. 앞선 문단들을 읽는 동안 당신은 나의 안내를 받으며 스스로 생각 속에서 한 모형을 제작했다. 그 모형은 모형들의 본질적 특징들을 포착한다. 그 모형을 〈단순한 모형-모형einfache Modell-Modell〉이라고 부르자.

단순한 모형-모형은 두 부분을 지녔다. 첫째 부분은 모형들, 둘째 부분은 모형들이 단순화하는 실재다. 바로 이 대목에서, 모든 것이 걸린 결정적 질문이 제기된다. 우리는 한 모형이 포착하는 실재를 또한 어떤 모형에도 의존하지 않고 포착할 수 있을까? 한 모형이 포착하는 실재를 어떤 모형에도 의존하지 않고 포착하는 것이 불가능하다면, 이런 질문이 제기된다. 실재의 본질적 특징들이 아무튼 존재하며 우리가 그 특징들을 인식할 수 있다는 것을 우리는 대체 어떻게 알 수 있을까? 우리의 모형들에 의존하는 우리가 엉뚱하게 헛다리를 짚는 것일 수도 있다. 독립적 검증 따위는 결코 존재하지 않을 것이다. 왜냐하면 어떤 검증이든지 그 핵심은 기껏해야, 동일한 질문에 새로운 빛을 비추는 다른 모형을 제작하는 것일 테니까 말이다.

이런 난처한 상황을 비트겐슈타인은『철학적 탐구』에서
다음과 같이 적절하게 묘사한다.

　　우리의 표상 안에만 존재하는 목록, 이를테면 사전을 생
　각해 보자. 사전을 이용하면, 단어 X를 단어 Y로 번역하는
　것을 정당화할 수 있다. 하지만 이 목록이 오직 표상 안에서
　만 참조되는 경우에도 이것을 정당화라고 불러야 할까? ─
　〈뭐 그렇다면, 그건 주관적 정당화지.〉 ─ 그러나 정당화의
　핵심은 독립적인 지점(地點)에 호소하는 것이다. ─〈하지
　만 난 기억 속의 다른 장소에 호소할 수도 있어. (예컨대)
　내가 열차 출발 시각을 옳게 알고 있는지 모른다면, 나는 검
　증을 위해서 기억 속의 열차 시각표 이미지를 되살리면 되
　잖아. 이것도 정당화가 아닐까?〉 ─ 아니다. 이것이 정당화
　가 되려면, 정말로 옳은 기억을 불러내야 한다. 기억 속에서
　불러낸 열차 시각표의 이미지가 옳은지 검증할 수 없다면,
　애초의 기억이 옳음을 어떻게 입증할 수 있겠는가?(이는
　오늘 조간신문이 진실을 보도한다는 것을 확인하기 위해서
　그 조간신문을 여러 부 사는 것과 마찬가지다.)
　　표상 안에서 목록을 참조하는 것은 목록을 참조하는 것
　이 아니다. 이는 표상된 실험의 결과에 대한 표상이 실험의
　결과가 아닌 것과 마찬가지다.[167]

모형들이 다루는 무언가가 실재하고 그것이 어떠한지를 오로지 그 모형들의 틀 안에서만 알 수 있다면, 우리는 실재하는 놈이 있다는 것도 확언할 수 없고, 그놈이 어떠한지를 우리가 알 수 있다는 것도 확언할 수 없을 것이다. 그렇다며 결국 우리는 언제나 사실들을 (기껏해야!) 추측할 수만 있을 것이다. 바로 이것이 현재 미국 대통령을 중심으로 모여 사실들을 헐뜯는 포퓰리스트 세력이 바라는 바다. 우리가 사실들을 추측할 수만 있다면, 우리는 기후 변화와 과학 지식을 통한 사회의 진보를 부정하는 쪽에 도박을 걸고 미신을 추진력으로 삼을 수도 있을 터이다.

당연한 말이지만, 상황은 더 심각하다. 우리가 오직 모형-모형 안에서만 실재에 대해서 무언가 경험할 수 있다면, 이 사정은 모형-모형에도 적용될 것이다. 따라서 우리는 모형-모형-모형을 가져야 할 테고, 이런 퇴행이 끝없이 이어질 것이다. 이 악성 무한 퇴행을 피하려면, 이 놀이 규칙 아래에서는 어느 지점에선가 추측에 의지하여 퇴행을 멈추는 수밖에 없다. 그러나 그렇게 하면 과학적 객관성 전체가 위태로워진다. 이 문제를 **고약한 모형 퇴행**이라고 부르자.

물론 모든 무한 퇴행이 악성인 것은 아니다. 하지만 고약한 모형 퇴행은 확실히 악성이다(이 퇴행의 이름에는 〈고약한〉이 들어가야 마땅하다!). 인식론에서 퇴행은, 인식은 어떻게 가능한가를 인식하기 위하여 도입한 규칙을 무한히 반복해서 적용해야만 인식은 어떻게 가능한가를 인식할 수 있다는 사정을 통하여 발생하는 퇴행일 때 악성이다.

고약한 모형 퇴행은 과학적 세계상의 바탕에 깔린 근대적 주체-객체 분열의 한 귀결이다. 물론 이 세계상이 모든 것을 근본적으로 의문시하려 하는가 하면, 그것은 전혀 아니다. 만약에 그런 의문시를 원한다면, 결국 과학적 모형 구성의 여지가 남지 않을 것이다. 그러나 그 세계상의 실험 설정Versuchsaufbau 때문에, 피해야 마땅한 근본적 의심이 발생한다. 이 의심은 언뜻 보기에 실제보다 덜 근본적인 것처럼 보인다. 왜냐하면 우리가 각각의 모형 층위에서 잠시 머물러 휴식을 취하면서 현재 채택한 관점에서 실재의 풍경을 관찰할 수 있는 듯하기 때문이다. 하지만 그 풍경은 한낱 현상이다. 이런 식으로는, 실재하는 무언가를 관찰할 수 있는 위치에 결코 도달하지 못한다.

그렇기 때문에 과학의 진보를 위해서도 우리는 단순한 모형-모형과 그 바탕에 깔린 주체-객체 분열을 극복해야 한다.

5장

실재와 시뮬레이션

앞선 장들에서 나는 우리의 생각하기가 주체와 객체를 연결해 주는, 실재하는 — 객관적으로 존재하는 — 인터페이스임을 당신에게 확신시키려 애썼다. 인간은 특별히 발달한 생각감각, 곧 누스콥을 보유했다. 생각감각을 통하여 우리는 생각들로 이루어진 실재의 여기저기를 둘러볼 수 있다. 생각하기 자체가 실재하는 무언가다.

이 장에서는 우리의 매개적 위치를 보여 주는 실재론적 그림을 더 구체화하려 한다. 이와 관련해서 우리는 당연히 다음과 같은 질문들에 답해야 한다. 실재Wirklichkeit 혹은 실재하는 놈das Wirkliche이란 과연 무엇일까? 어떤 의미에서 우리는 실재와 뗄 수 없게 연결되어 있을까? 요컨대 관건은 다음 질문에 답하는 것이다. 실재란 무엇이며 우리의 생각하기는 어떤 방식으로 실재와 접촉할까?

우리 상상력의 날개도, 우리에게 가상 현실(예컨대 비디오 게임) 체험을 제공하는 최신 시뮬레이션들도 우리를 실재로부터 정말로 탈출시키기에 충분하지 않다. 우리의 상상력이 우리에게 열어 주는 의미장들, 우리가 미술 작품, 비디오 게임, 소설, 몽상, 이데올로기로서 객체화할 수 있는 그 의미장들은 그 자체로 실재하는 놈이다. 이것이 신실재론의 견해다.

신실재론은 오늘날 만연한 실재로부터의 소외에 맞선다. 2014년에 『디 차이트*Die Zeit*』*에 7회에 걸쳐 연재된 신실재론에 관한 기사들 가운데 이리스 라디슈의 글은 이 대립 관계를 전적으로 옳게 포착한다.[168] 그 글에서 라디슈는 실재가 과학허구로 되었다는 견해를 펴면서 페라리스와 나를 일종의 탈근대적 향수(鄕愁)를 품은 인물로 지목한다.

마르쿠스 가브리엘과 마우리치오 페라리스 같은 철학자들은, 진짜 삶이 화면 보호기 밑에서, 마치 무수한 구성과 탈근대적 덮어쓰기로 이루어진 얼음장 밑에서처럼, 겨울잠을 잔다고 여기면서, 그 화면 보호기를 깨부술 수 있는 〈신실재론〉을 추구한다.

하지만 실재가 과학허구로 되었다는 주장은 아쉬운 점이 많다. 실재는 결코 과학허구로 되어 버리지 않았으며 전

* 독일 주간지.

혀 사라지지도 않았다. 물론 과학허구가 존재하고, 어제의 과학허구 시나리오를 현실화하는 기술적 진보가 존재한다. 그러나 그렇다고 해서 실재가 과학허구로 된 것은 전혀 아니다. 이 주장이 오류라는 것은 라디슈의 글을 두 번만 읽으면 드러난다.

탈근대적 사회학자 브뤼노 라투르가 쓴 책의 제목을 저자의 의도를 거슬러 변주하면, 신실재론은 〈우리는 결코 탈근대인이었던 적이 없다〉라고 말한다.[169] 탈근대는 결코 도래한 적이 없다. 우리는 근대와 근대의 온갖 함정들에 무릎까지 깊이 빠져 있다.

실재는 우리가 허구를 겹겹이 쌓음으로써 말소할 수 있는 그런 놈이 아니다. 비디오 게임과 온라인 사회관계망에 빠져 인생을 보내는 사람은 실재로부터 탈출한 것이 아니라 실재의 한복판에서 활동하는 것이다. 테크놀로기와 허구적 의미장들은 생물의 물질대사, 복통, 독일연방공화국 총리청보다 눈곱만큼도 덜 실재적이지 않다. 라디슈는 과학허구와 실재의 대비를 주장하는 동시에 반어적으로 부정하는데, 그 대비는 유지될 수 없는 한 실재관에 기초를 둔다. 내가 〈구(舊)실재론〉이라고 부르는 그 실재관을 나는 오류라고 보고 배척한다.

구실재론 혹은 형이상학적 실재론은 실재를 본질적으로 인간에 대하여 — 이를테면 우리의 감각하기, 생각하기,

말하기에 대하여 — 독립적인 놈으로 여겼다. 하지만 그 독립성이 정확히 무엇인지 제시된 적은 전혀 없다. 구실재론과 그에 대한 (이른바) 탈근대적 과잉 반응은 궁극적으로 비정합적인 주체-객체 이분법의 틀 안에 갇힌 실패한 지적 실험, 하나의 허구다.

신실재론은 실재로부터의 소외에 맞서는데, 이 소외의 결정적 특징은, 우리 모두가 매체 거품 안에, 생각하기라는 반향실 안에 갇혀 있다는, 오늘날 만연한 인상이다. 그러나 추측하건대 그 인상은 궁극적으로 게으른 변명에 불과하다. 즉, 현재의 실재에서 직시해야 할 핵심은 또 다시 공론장 Öffentlichkeit의 구조 변동을 요구하는 다층적 추진력이 도래했다는 것인데, 우리 모두가 매체 거품 안에 갇혀 있다는 인상은 그 실재를 마주하지 않기 위해서 늘어놓는 변명에 불과하다.[170]

내가 말하는 구조 변동은 이중적인 의미의 (이것은 나의 표현인데) 〈대표성의 위기 Krise der Repräsentation〉로 표출된다.

첫째, 생각하기와 실재 사이의 관계에 관한, 인식론적으로 중요한 짜증이 널리 퍼져 있다. 사람들은 짜증을 내며 묻는다. 우리는 실재의 진면목을 과연 근사적으로나마 표상할 수 있을까? 모든 것은 너무나도 복잡해서 모형과 시뮬레이션으로는 초보적으로도 파악하거나 계산하거나 예측할 수 없지 않을까?

둘째, 동일한 인상의 틀 안에서 이런 견해가 생겨난다. 〈우리가 선출한 대표자들, 곧 민주주의적으로 합법화된 민중의 대표들은 전혀 아무것도 대표하지 않거나, 아니면 그들이 엉성한 신화 구성을 통해 적당히 꾸며 낸 허구적 민중을 거론하는 것을 어쩔 수 없이 시도해야 한다.〉 실재 표상의 위기와 대의 민주주의의 위기는 서로 연결되어 있다. 왜냐하면 전자는 객관적으로 존립하는 사실들을 의문시함으로써 이른바 〈탈사실적 시대postfaktische Zeitalter〉에 민주주의의 생존을 더 어렵게 만들기 때문이다.

오늘날 우리가 민주주의의 위기로서 체험하는 바는 실제로 디지털 혁명과 밀접한 관련이 있다. 그러나 디지털 혁명이 자동으로 민주주의를 위태롭게 만든다는 믿음은 오류다. 그 무엇도 자동으로 민주주의의 자기 폐지를 일으키지 않는다. 머지않아 디지털화와 서비스 노동의 자동화를 통하여, 혹은 공장들을 최적화하는 사물인터넷을 통하여, 완벽한 알고리즘들의 멋진 신세계가 펼쳐지리라는 믿음은 위험한 미신이다. 우리는 우리의 본질적 결정들을 컴퓨터 프로그램에 위임하지 말아야 할뿐더러 위임할 수도 없다. 한마디 보태면, 컴퓨터 프로그램은 늘 인간이 작성한다. 그 인간은 자신이 작성하는 컴퓨터 프로그램에 자신의 고유한 가치 기준들을 암묵적으로나 명시적으로 집어넣기 마련이다(308면 이하 참조).

다들 알다시피 민주주의는 성숙한 시민들과 그들에 걸 맞게 성숙한 대표자들을 전제한다. 새로운 디지털 공론장들 때문에 그 대표자들은 자막 속보와 신속하게 퍼지는 추문이 지배하는 유리집 안에 앉아 있다. 우리는 현재 미국 정부를 둘러싼 추문 산업을 몰상식한 실험실로 삼아서 그런 속보와 추문의 세계를 탐구할 수 있다. 그 세계는 유감스럽게도 영향력이 너무 큰 리얼리티 텔레비전 쇼와 다를 바 없다. 이 모든 것들은 전적으로 실재한다. 여기에는 어떤 과학허구도 끼어 있지 않다. 다만, 발달한 통신 기술이 끼어 있고, 우리 시대의 난제들 앞에서 〈정치란 무엇을 의미하는가〉라고 묻는 시민들의 혼란의 확산이 끼어 있을 따름이다.

디지털화의 도전들에 제대로 다룰 수 있으려면, 실재로부터의 소외를 어떻게 극복할 수 있을지에 대해서 더 명확한 그림을 그려야 한다. 철학적으로 보면, 그 작업의 한 부분은, 우리가 실재로부터 소외되었다고 스스로 믿을 때 암묵적으로나 명시적으로 사용하는 논증 패턴들을 밝혀내는 것이다. 우리가 생각감각을 사실들이 아닌 다른 곳으로 돌릴 때 뜻하지 않게 발생하는 사유 오류들을 드러내면, 무엇보다도 먼저 새로운 사유의 길들이 열릴 것이다. 철학의 중요한 임무 하나는 생각감각이 어떤 병에 걸렸는지 진단하는 것이다. 비트겐슈타인은 이를 다음과 같은 재담으로 표현했다. 〈철학은 질문을 다룬다, 병처럼.〉[171] 이 문장의 의미는 이중적이다. 왜냐하면 질문을 철학적으로 다루는 것 자체가 하나의 병이라는 것이 이 문장의 의미일 수도 있기 때문이다. 이성의 자기 탐구, 우리 생각감각의 자기 탐구는 그 탐구로 밝혀내고 극복해야 할 오류들로부터 자동으로 벗어나 있지 않다. 그러나 그렇다고 해서 쓸데없이 자기 회의에 빠질 일은 아니다. 왜냐하면 그 오류들은 해결해야 할 치료 과제의 일부니까 말이다.

스마트폰의 의미

오늘날 만연한 실재로부터의 소외는, 우리가 무언가를 지각할 때 과연 무슨 일이 일어나는가에 대한 왜곡된 견해에 기초를 둔다. 그 왜곡된 견해는 우리의 지각을 시뮬레이션으로, 기껏해야 다소 우연히 실재와 연결되어 있는 머릿속 영화로 간주한다. 요컨대 이 견해에 따르면, 지각은 그 자체로 실재하는, 실재 파악이 아니다. 오히려 지각은 환상이다.

우리의 감각 양태들은 매체들이다. 매체란 정보를 한 코드에서 다른 코드로 옮기는 인터페이스다. 당신은 지금 한 문장을 읽고 있다. 이제 아래 기호들을, 그 뜻이 무엇인지 묻지 말고 그냥 관찰해 보라. σκιᾶςὄναρ ἄνθρωπος. 道可道非常道, 名可名, 非常名. 당신이 희랍어와 중국어를 읽을 수 있다면, 이 문장들을 낭독하면서 그 소리에 귀를 기울여 보라. 혹은 읽을 수 없다면, 이 문장들을 그래픽 패턴으로서 응시하라. 이 모든 경우들에서 당신이 보고, 듣고, 이해하는 바는 그때그때 다른 코드로 작성되어 있다. 당신은 감각 양태들인 보기, 듣기, 이해하기(이해하기는 생각하기의 한 양태다) 사이에서 한 양태를 다른 양태로 번역할 수 있다. 당신은 동일한 것을, 예컨대 이 문장을 보고, 듣고, 이해할 수 있다. 다양한 코드들이 동일한 대상을 다양한 매체 안에서 표현한다. 그러나 그렇다고 해서, 그 코드들이 표현하는 바를 우리가 직접 파악할 수 없는 것은 전혀 아니다. 정반대로 위 사정은, 우리가 주어진 매체 안에서 그 매체가 우리에게 표현하는 바를 정확히 파악한다는 것을 의미한다.

어떤 매체도 모든 것을 한꺼번에 포착할 수 없다. 각각의 매체는 사람들이 받으면 처리할 수 있을 모든 것 가운데 일부를 선별한다. 이런 의미에서 매체는 편파적이다. 그러나 매체의 코드는 위조물이 아니다. 우리는 한 매체를 다른 매체로 번역함으로써 정보를 왜곡할 수 있다. 더 나아가 우리가 생각들을 표현하는 장으로 삼는 모든 각각의 매체 안에서 우리는 거짓말할 수 있다. 그러나 우리와 실재를 〈단적으로 가르는 경계〉[172]를 긋는 것은 매체의 본질이 아니다. 무슨 말이냐면, 실재하는 모든 것은 항상 이미 한 매체 안에서 나타난다. 바리온적 물질은, 이 문장이 인쇄되어 있는

(바리온적 물질로 이루어진) 종이와 마찬가지로 하나의 매체다. 아도르노는 이 통찰을 아래와 같은 매체 이론적 문구(**아도르노의 매개 격언**)로 표현했다.

> 주체와 객체라는 양극이 실체화hypostasieren될 수 없는 것과 마찬가지로 매개도 실체화될 수 없다. 매개는 오로지 주체와 객체의 배열 안에서만 유효하다. 매개는 매개된 놈들을 통해 매개된다.[173]

매체는 우리와 실재 사이에 가로놓인 필터가 아니라, 실재하는 놈이 우리에게 특정한 방식으로 나타나게 해주는 인터페이스다(96면의 〈직접 실재론〉 참조). 이 책의 다양한 판본들에 인쇄된 기호들은 실재하는 놈이다. 그 기호들은 다양한 감각 양태들에 영향을 미친다. 그 기호들이 어떻게 처리되는가는 매체에 달려 있다. 우리의 감각 양태들은, 자연과학적으로 서술될 수 있는 매체들과 맞물려 있다. 공기가 없는 공간(예컨대 달 표면)에서는 아무것도 들을 수 없고, 어둠 속에서는 아무것도 보거나 읽을 수 없다. 그렇기 때문에 빛도 하나의 매체다. 왜냐하면 빛은 정보를 코드화할 수 있으니까 말이다. 빛이 정보를 코드화할 수 없다면, 어두운 공간에 빛을 비추더라도 우리는 아무것도 볼 수 없을 것이다.

대상들이 한 매체 안에서 나타나는 방식을 일컬어 그 대상들의 뜻Sinn이라고 한다(53면 이하 참조). 우리의 감각 양태들은 뜻의 형태들이며, 그 형태들이 우리를 의미장들과 접촉하게 한다. 바꿔 말해, 제각각 오직 특정한 관점에서만 파악할 수 있는 대상 배열들과 접촉하게 한다. 뜻 없는 대상, 곧 매체 안에서 나타나지 않고 그냥 존재하기만 하는 대상은 없다. 인간에 대하여 독립적인 우주의 구역들도 매개적으로 구조화되어 있다. 왜냐하면 그 구역들 안에서 등장하는 대상들도 특정한 방식으로 연결망을 이루기 때문이다. 그렇기 때문에 우리의 감각들은 실재의 구성 요소다. 우리의 감각들은 그 자체로 실재하는 놈이면서 다른 실재하는 놈과 접촉한다. 우리의 생각감각 덕분에 우리는 이 사정도 파악할 수 있다.

또한 인간에 대하여 완전히 독립적인 뜻도 존재한다. 실재는 이를테면 인간에 의해 정신적으로 조명(照明)되는 것이 아니다. 만약에 그렇게 조명된다면, 지구상에서 인간이 발생하기 이전에는 전혀 뜻이 없었을 터이다. 실제로 그렇다면, 우리는 인간이 존재하기 이전의 실재가 어떠했는가에 대해서 결코 아무것도 알 수 없을 터이다. 왜냐하면 그 실재는 전혀 뜻이 없었을 테고 영영 매개 불가능했을 테니까 말이다.

뜻 없는 대상은 없다. **뜻 없는 대상**이란 어떤 매체 안에서도 나타나지 않는 대상, 어떤 의미에서도 정보 운반자가 아닌 대상일 터이다. 당연한 말이지만, 우리가 원리적으로 파악할 수 없는 매체 안에서 등장하는 대상들이 많이 있다. 예컨대 블랙홀 안의 모든 대상들이 그러하다. 왜냐하면 어떤 정보도 블랙홀 안에서 바깥으로 빠져나올 수 없으니까 말이다. 우리가 이 문제를 어떤 식으로든 해결할 수 있다고 하더라도, 우리로부터 너무 멀리(이를테면 약 140억 광년보다 더 멀리) 떨어져 있어서 우리가 파악할 수 없는 대상들이 여전히 있다. 그러나 이 대상들이 매체 바깥에 존재하는 것은 아니다.

이미 말한 대로(50면 참조), 한 매체나 여러 매체들 안에서 대상들이 이룬 맥락을 나는 의미장Sinnfeld이라고 부른다. 이 어법에 어울리게 하려면, 우리의 생각하기를 장감각Feldsinn으로 간주할 수 있을 것이다. 우리는 의미장들 안에 있으며 그 의미장들을 인식할 수 있다. 역시 일관된 어법으로, 의미장들의 존재를 다루는 철학 이론(곧 나의 철학 이론)을 일컬어 〈의미장 존재론〉이라고 한다. 이 이론에 따르면, 고립된 채 등장하는 벌거벗은 대상은 존재하지 않는다. 오히려 항상 특정한 매체들 안에서 등장하고 그렇기 때문에 코드화되고 탈코드화되는 대상만 존재한다. 이 코드화 및 탈코드화 과정들은 실재하며 대체로 인간에 대하여 독립적이다. 그 과정들은 우리의 도움 없이 일어난다. 그 과정들은 우리가 존재하기 이전에도 일어났다. 그 과정들은 지금 우리의 인과적 도달 범위와 인지적 도달 범위 바깥에서도 일어난다. 또한 그 과정들은 인류가 없어지더라도 여전히 일어날 것이다.

매체가 하는 일은 실재로부터 거리두기가 아니라 실재에 개입하기다. 이 원리는 우리의 정보권 매체 지형에도 타당하다. 모든 각각의 클릭은 우리 지구의 에너지 살림에 개입하는 행위다. 월드와이드웹에 필수적인 서버들이 얼마나 많은 에너지를 소비하고, 당신이 인터넷 서핑을 계속하기 위해 스마트폰을 얼마나 자주 충전하는지 생각해 보라. 온라인 포털의 모든 자막 뉴스 각각에 돈, 시간, 에너지가 든다. 당신이 읽고 정신적으로 다루는 모든 뉴스 각각이 당신이 실제로 처한 상황을 변화시킨다. 당신은 비실재적인 구멍을 통해 외부에서 우주를 들여다보는 것이 결코 아니다. 오히려 당신은 실재 안에 있다. 탈출은 없다.

우리 시대의 근본적 오류 하나는 우리의 매체 지형을 탈실재화하는 그릇된 견해다. 사람들은 뉴스 보도가 정신적 사건일 뿐 아니라 실재에 개입하기임을 간과한다. 매체들은 사람들이 무엇을 어떻게 생각하는지에 영향을 미침으로써 사람들이 무엇을 하는지에 영향을 미친다. 이 사실은 진짜 정보가 보도되느냐, 아니면 이른바 가짜 뉴스가 보도되느냐와 대체로 무관하다. 우리가 특히 심하게 간과하는 것은, 우리의 매체 지형이 우리의 행성에 지대한 영향을 미친다는 점이다. 상당한 정도로 전 지구화된 연결망을 유지하려면 시간과 돈이 든다. 바로 그렇기 때문에 일부 사람들은 단지 우리가 특정 정보들에 관심이 있다는 점 덕분에 큰 돈을 번다. 이런 일이 가능한 것은, 그 정보의 공급이 물질-에너지적 토대 위에서만 이루어질 수 있기 때문이다.

오늘날 사람들은 가짜 이데아 세계를 향해 달아난다. 그 가짜 이데아 세계는, 우리가 한순간도 지루하지 않기 위해 컴퓨터 스크린 앞에 앉으면 인포그 곧 정보사이보그 Informationscyborg로 되어 우리의 동물성으로부터 해방되고 실재로부터 멀리 벗어난다는 착각을 유도한다. 그러나 진실은 정반대다. 우리는 실재를 디지털화함으로써 변화시킨다. 왜냐하면 디지털화를 통해 우리는 새로운 매체들을 창조하고, 그 매체들은 전혀 비실재적이지 않기 때문이다.

우리의 삶은 전혀 꿈이 아니며 오히려 우리 정신적 생물들의 매우 실재적인 생활임을 우리가 마침내 이해해야만, 인간에게 더 나은 미래가 열릴 희망이 생긴다. 더 첨예화하면, 이렇게 말할 수 있다. 오늘날 즐겨 신경과학 뒤로 숨는 탈근대적 매체 이론은, 스스로 눈을 감으면 자기가 보이지 않게 된다고 믿는 꼬마와 같다. 그러나 우리가 실재를 외면하면, 실재는 아주 미미하게만 변화한다. 이것은 실재의 결정적 특징이다. 우리가 우리의 눈과 귀와 생각을 마비시킴

으로써 일으키는 유일한 변화는, 장기적으로 우리 자신이
멍청해지는 것이다. 그러면 실제로 외눈박이들이 눈먼 왕
들의 지배를 받게 될 것이다.

불가피한 매트릭스

워쇼스키 자매가 만든「매트릭스」3부작의 첫 편은 1999년
에 개봉되었다. 그 영화는 신속하게 문화적 기억에 각인되
었다. 왜냐하면 그 작품은, 실재란 대수롭지 않은 것일 수도
있다는 탈근대의 근본 의심을 정확하게 표현했기 때문이
다. 영화의 중심에는 다음과 같은 설정이 있는데, 나는 그
것을 간단히 요약하겠다.

영화의 주인공들은 우리를 우선 가상 실재(시뮬레이션)
안으로 이끈다. 그 가상 실재는 실감 나게 프로그래밍된 비
디오 게임과 유사하다. 영화 속에서 그 가상 실재의 명칭은
〈매트릭스〉다.

일반적으로 **시뮬레이션**은 다른 실재와 유사한 가상 실재
다(〈시뮬레이션〉의 어원은 라틴어 〈simulatio〉인데, 이 단
어는 〈simulare = 유사하게 만들다〉에서 파생된 것이다).
시뮬레이션은 실재한다. 그러나 시뮬레이션은 어떤 실재의
특정 측면을 모방한 결과물로서 발생하며, 그 실재 자체는
일반적으로 시뮬레이션이 아니다. 그 자체로 시뮬레이션
도 아니고 생물의 의도를 통해 발생한 것도 아닌 놈을 **기반**

실재Basiswirklichkeit의 일부라고 부르자. 기반실재는 〈근본적인 실재에 관한 죽은 꿈〉[174]이 아니다. 오히려 기반실재는 아주 쉽게 구성할 수 있는 한 범주다. 시뮬레이션도 아니고 기타 방식으로 (생물이 의도적으로 만들어 낸) 제작물도 아닌 놈이 꽤 많이 존재한다. 달, 화성, 태양계, 인간의 뇌종양, 렙톤, 소수(素數) 등이 그런 놈들이다. 어떤 놈들이 기반실재의 구성 요소일 수 있는가에 대해서는 논쟁이 가능하며, 실재로 자연과학과 철학에서 그런 논쟁이 벌어진다. 그러나 기반실재 범주가 비어 있다는 주장은 탈근대적 궤변이다.[175]

심지어 「매트릭스」에서 펼쳐지는 사고 실험도 기반실재의 존재를 의문시하는 수준에 턱없이 못 미친다. 오히려 정반대다. 그 영화 속에서 매트릭스는 음울한 기반실재와 구별되는 시뮬레이션이다. 그 영화의 기반실재는 기계들이 사람들을 발전소로 써먹는다는 것이다. 이때 인체들이 지속적으로 생명을 유지하게 만들기 위해서 기계들은 인간의 뇌를 자극하여 꿈-실재를 만들어 낸다. 그 꿈-실재는 사람들에게 완전히 실재적으로 나타난다. 즉, 그 꿈-실재는 상당히 완벽한 시뮬레이션이다. 이렇게 뇌 자극을 통해 완벽한 시뮬레이션을 만들어 낸다는 아이디어는 꽤 오래전부터 과학허구 장르를 누벼 왔다. 이와 관련해서 역시 1999년에 개봉된 데이비드 크로넨버그의 걸작 「엑시스텐

즈eXistenZ」도 언급할 만하다. 현재 이 영화 장르의 최고봉은 영국 시리즈「블랙 미러」, 그리고 이보다 약간 덜 성공한「로맨틱 컴퓨터」*다.

「매트릭스」의 주인공은 네오(키아누 리브스 분)라는 인물이다. 그는 매트릭스 내부에서 해커의 역할을 한다. 완전히 이해할 수는 없는 이유들 때문에 몇몇 인간은 기반실재에서 기계들에 맞서 자신들을 보호하는 데 성공했다. 그들은 모르페우스(로런스 피시번 분)의 지휘를 받으며 네오의 의식-영화 속에 진입하여 네오를 시뮬레이션으로부터 해방시킨다. 이는 기반실재에서 기계들에 맞선 전쟁을 도모하기 위해서다.

「매트릭스」3부작이 퍼뜨리는 신화는, 특히 1990년대에 만연했던 삶에 대한 탈근대적 태도의 모범이 되었다. 안타깝게도 그 신화는 제대로 극복되지 않았으며, 오히려 1960년대부터 1990년대까지의 프랑스 사회학과 철학에서 발원하여 아직 시작된 지 얼마 안 된 21세기에는 신경과학과 정보학에 스며들었다. 지금 내가 말하는 **신화**란, 우리 인간이 당면한 역사적·사회경제적 상황 전반에 대한 그림을 그릴 때 수단으로 삼는 이야기 구조를 뜻한다. 신화들은 본질적으로 거짓이지만 실재 안에서 그럴싸하게 들어맞는 부분들을 보유함으로써 이를 은폐한다.

* 원제는〈Electric Dreams〉.

미리 첨예화해서 말하면 이러하다. 오늘날 두드러지는 초인본주의적 인간상, 곧 우리의 삶과 사회 전체가 어쩌면 일종의 시뮬레이션이며 오로지 우리의 인간임을 기술적 진보의 모범에 맞춰야만 그 시뮬레이션을 극복할 수 있다는 견해에 토대를 둔 인간상은 위험한 환상이다. 우리는 이 환상을 꿰뚫어 보아야 한다. 안 그러면 우리는 인간의 삶의 조건들을 파괴하는 쪽으로 점점 더 깊이 빠져들 것이기 때문이다. 오래전부터 그 파괴를 경고해 온 중요한 신호 하나는 생태 위기다.

하지만 생태 위기는 무비판적으로 확산되는 한 신화를 통해 악화되는 우리 시대의 유일한 문제가 전혀 아니다. 그 신화는 더 정확히 바라보면 도덕적으로 받아들일 수 없는 전 지구적 착취 및 물질적 자원 분배의 시스템들과 밀접하게 연관되어 있다. 그 시스템들은 극단적인 빈곤과 경제적 불평등만 가져오는 것이 아니다(예컨대 브라질을 여행했거나 세계 곳곳의 수많은 빈민가를 본 적 있는 사람이라면 누구나 그런 극단적인 빈곤과 경제적 불평등을 알 것이다. 유럽의 특혜 지역들에 사는 주민은 그런 참상을 거의 상상하지 못한다). 그 시스템들은 인류에 대한 범죄들을 유발하고 우리의 가치 시스템들을 잠식한다. 이 결과들을 꾸밈없이 알게 된다면, 우리는 그것들을 받아들일 수 없을 것이다.

인공지능 시스템들과 관련 기술의 (인간을 능가하는 초

지능을 비롯한) 혁신들이 그리 멀지 않은 미래에 이런 인류의 문제들을 해결해 주리라는 오늘날의 상상은, 아랍의 봄들의 귀결과 국제적 테러를 통해 반박된 유토피아적 상상, 곧 온라인 사회관계망들이 자동으로 아랍 세계의 정치적 해방을 가져오리라는 상상보다 더 유치하고 치명적이다.

철학적 사유의 중요한 과제 하나는 우리가 실재를 직시하도록 만드는 것, 그리고 차마 눈 뜨고 못 볼 참상들 앞에서 우리의 양심을 진정시키기 위해 우리가 기어드는 가상(假象) 구조물들의 정체를 폭로하는 것이다. 이는 계몽이 맡은 철학적 사명의 일부다. 위르겐 하버마스의 말을 빌리면, 이는 〈근대라는 완성되지 않은 프로젝트〉가 짊어진 철학적 사명의 일부다.

시작된 지 얼마 지나지 않은 우리의 21세기에도 여전히 남아 있는 이른바 탈근대의 잔재를 최소한 세 가지 지적할 수 있다.

1. 우리가 사는 세계는 더 발달한 미래 문명이 프로그래밍한 컴퓨터 시뮬레이션일 수도 있다는 견해(**시뮬레이션 가설**).
2. 우리의 정신적 삶은 우리의 몸이 종들의 생존 투쟁에서 유리하기 위하여 산출하는 시뮬레이션이라는 견해.
3. 사회는 실은 실재하지 않으며 단지 일종의 (원리적으

로 우리가 언제든지 놀이 규칙을 바꿈으로써 변화시킬 수 있는) 가면 놀이라는 의미에서 사회적 구성물이라는 생각 (사회구성주의).

보드리야르를 기억하며

참 얄궂다고 할 만하게도, 사회구성주의 신화를 공격한 프랑스 사상가 장 보드리야르는 하필이면 탈근대의 주요 옹호자로 꼽히는 사회학자 겸 철학자다. 그는 「매트릭스」에서 핵심적인 역할을 한다. 무슨 말이냐면, 「매트릭스」에서 네오는 매트릭스 안에 저장 장치를 숨겨 두고 그를 쫓는 막강한 요원들에게 대항하기 위한 해킹 무기로 사용하는데, 바로 보드리야르의 저서 『시뮬라크르와 시뮬라시옹 *Simulacres et Simulation*』* 속에 그 저장 장치를 숨겨 둔다.[176] 그래서 그 책의 표지가 영화 속에서 등장한다.

하지만 영화 속의 『시뮬라크르와 시뮬라시옹』은 속 빈 껍데기일 뿐이다. 이 설정은 그 책의 실제 내용과 썩 잘 어울린다. 그 책에서 보드리야르는, 우리의 현재 상황에서 정점에 이른 세 가지 거대한 사회적 변혁들이 존재한다고 주장한다.

1. 전근대의 인간 사회들은 실재와 꽤 명확하게 구별되

* 한국어판은 『시뮬라시옹』으로 출간되었다.

는 상징들을 통해 조종되었다. 점토로 된 신상(神像)은 신의 상징이었지만, 『구약 성서』의 우상 금지에서 명확히 드러나듯이, 그 자체로 신은 아니었다. 일신교 혁명은 전근대의 핵심을 보여 준다고 할 만하다.

2. 보드리야르가 보기에 근대는 무엇보다도 먼저 산업 혁명과 연관되어 있다. 산업 혁명기에 최초로 제품들이 거듭 반복해서 제작된다. 발명자가 특허를 낸 원조 아이디어의 복제본인 그 대량 생산품들은 원본과 구별되지 않는다. 이런 틀 안에서 모형(예컨대 벤츠 S클래스나 최신 아이폰)이 존재하고, 그 모형이 대량으로 반복 제작된다. 보드리야르에 따르면 근대 사회는 대량 생산품 제작을 위한 복제 과정에 토대를 둔다. 예컨대 이케아IKEA는 모범적인 근대적 발명품이다. 이 회사의 기초는 오로지 반복 생산품으로서의 가구만 존재하고 원본 가구는 존재하지 않는다는 아이디어다. 근대 미술의 대표적 사례로 앤디 워홀을 들 수 있을 것이다. 그는 근대적 물건들의 대량 생산품 성격을 예컨대 유명한 브릴로 상자들을 통해 보여 주었다.

3. 전근대 및 근대와 비교할 때 탈근대는 완전히 공허하다. 왜냐하면 탈근대의 제품 생산은 어떤 유형의 실재 복제로부터도 멀리 떨어져 있기 때문이다. 디지털 상품시장은 이 진단에 힘을 실어 준다. 암호 화폐, 사회경제적 이익이 〈좋아요〉와 리트윗의 형태로 측정되는 사회관계망, 비디오

게임, 〈세컨드 라이프Second Life〉를 비롯한 가상 현실들은 탈근대적 시뮬레이션의 작동을 보여 주는 우리 시대의 사례들이다. 보드리야르에 따르면, 탈근대적 상징 시스템들은 더는 외부 실재와 관련 맺지 않는다. 그 시스템들은 자족적이며 그럼으로써 사회 질서들을 창출한다.

이것을 **보드리야르의 시뮬레이션 논제**라고 부르자. 이 논제에 따르면, 지구화는 공허한 기호 시스템들을 통해 추진되는 과정이며, 그 시스템들은 자기 자신들을 생산한다. 페이스북이나 인스타그램 같은 플랫폼들은 이 견해를 예증한다. 플랫폼이 사람들에게 제안하는 바는 각자가 보유한 내용을 공유하자는 것뿐이다. 그리고 그 공유에 기초하여 플랫폼은 스스로 내용을 제공하지 않으면서 부가 가치를 창출한다. 사람들이 올리는 사진들과 메시지들은 거꾸로 비매체적 실재에 영향을 미친다. 그것들이 사회관계망의 상징 시스템의 맥락 안에서 등장한다는 것만으로도, 그것들은 비매체적 실재에 영향을 미치는 것이다. 그러나 디지털 상품생산은 외견상 이제 더는 비매체적 실재에 직접 개입하지 않고 오로지 (말하자면 자기도 모르는 사이에 사회관계망의 직원이 된) 고객들의 매개를 통해 개입한다. 하이데거는 이런 상징적 삶꼴에 적합한 표현을 고안했다. 그는 우리가 〈주문하기의 직원Angestellte des Bestellens〉[177]이 되었다고 지적했다.

보드리야르는 미국 여행 경험에 크게 기대어 구성한 한 이론을 1986년에 출판한 저서 『아메리카*America*』에서 제시했는데, 만약에 그가 살아 있었다면, 도널드 트럼프를 그 이론의 완벽한 증명으로 간주할 수 있었을 것이다.[178] 트럼프는 미국 매체 시스템의 산물이다. 그는 트윗과 추문 정치로 그 시스템을 극단으로 몰아가는 듯하다. 이런 식으로 정치는 외견상 탈근대적인 (인기 텔레비전 시리즈 「사인필드 Seinfeld」에서 나온, 내가 가장 좋아하는 문구들 중 하나를 인용하면) 〈아무것도 아닌 것에 관한 쇼show about nothing〉로 된다. 보드리야르 본인은 탈근대적 시뮬레이션의 대통령으로서 리처드 닉슨을 지목한다. 현재의 미국 정부는 로널드 레이건과 더불어 1969년부터 1974년까지 집권한 닉슨의 스타일을 원거리 패스로 이어받았다. 다음과 같은 유명한 대목에서 보드리야르는 오늘날의 시뮬레이션 사업에 대한 진단을 첨예화한다.

요새 추상성은 지도의 추상성, 짝퉁의 추상성, 거울의 추상성, 개념의 추상성이 더는 아니다. 시뮬레이션은 영토의 시뮬레이션, 상응하는 존재의 시뮬레이션, 실체의 시뮬레이션이 더는 아니다. 시뮬레이션은 기원도 없고 실재성도 없는 실재의 모형들을 통한 발생이다. 시뮬레이션은 과도

하게 실재한다. 영토는 지도보다 앞서지 않으며 더 오래 살아남지도 않는다. 이제 지도가 영토에 앞선다. 시뮬라크르의 선행(先行). 지도가 영토를 낳는다.[179]

그러나 탈근대적 상상의 세계에 빠져들기에 앞서 우리는 다시 한번 브레이크를 밟을 필요가 있다. 무슨 말이냐면, 우리의 지구적 질서를 매체적 마케팅을 중심으로 서술하면, 비매체적 실재 안에서의 과정들이 그 모든 마케팅에도 불구하고 전혀 중단되지 않는다는 점을 곧바로 간과하게 된다. 트럼프는 무엇보다도 철강 산업을 옹호하는 공약들을 내세워 당선되었다.

미국의 실재는 바비 인형의 공식대로 정화된 채로 할리우드 영화들에 등장하는 미국의 모습과 전혀 다르다. 보드리야르의 진단은 스스로 미국풍 신화의 제물이 되었다. 그 신화에 따르면, 석탄, 철강, 자동차 산업, 셰일가스 채굴, 굴착 시설, 디젤게이트*로 이루어진 지저분한 실재는 머지않아 찬란하고 멋진 디지털 신세계로 바뀔 것이다. 보드리야르는 말하자면 미국산 베니어판에 속아 넘어간다. 그 얄팍한 합판의 본질은 많은 미국인들이 앞니에 장착하는 눈속임용의 하얀 껍질과 같다. 그들은 영원히 빛나는 새하얀 미소를 지을 수 있기 위해 그 껍질을 장착한다.

* 폭스바겐 자동차 배기가스 조작을 둘러싼 스캔들.

공포 시나리오

삶과 사회 전체의 디지털화가 임박했다는 환상과 사회적
실재 사이에는 거대한 간극이 있다. 그 간극을 최근에 등장
한 새로운 공포 영화 장르에서 볼 수 있다. 그 장르는 포스
트 오바마 시대의 트라우마에 대한 미국적 상징 질서의 반
응이다. 내가 생각하는 영화들을 구체적으로 거명하면, 대
런 아로노프스키의 「마더!Mother!」, 조지 클루니의 「서버비
콘Suburbicon」, 조던 필의 「겟 아웃Get Out」, 기예르모 델 토
로의 「셰이프 오브 워터The Shape of Water」, 마틴 맥도나의
「쓰리 빌보드Three Billboards Outside Ebbing, Missouri」, 알렉스
갈랜드의 「서던 리치: 소멸의 땅Annihilation」 등이다.

「겟 아웃」은 극단적인 인종주의를 보여 준다. 흑인 미술
가 크리스 워싱턴은 백인 로즈 아미티지와 사랑에 빠진다.
로즈는 크리스를 소개시키려고 부모가 사는 외딴 대농장
으로 데려온다. 애초부터 크리스는 인종주의에 부딪힐 가
능성을 염려한다. 그러나 로즈는 자신의 부모는 절대로 인
종주의자가 아니라고, 아버지는 세 번이나 오바마를 찍었
는데 인종주의자라면 그럴 수 있겠냐고 장담한다. 그 대농장
에서 영화는 공포물로 바뀌면서 흑인 미국 주민들이 전혀
새로운 방식으로 노예화될 전망을 제시한다. 로즈의 가족
들은 오래전부터 각자의 흑인 연인들에게 최면을 건 다음
에 그들의 몸에 부유한 백인 노인들의 뇌를 이식해 왔다.

이를 통해 흑인들의 몸에 그 노인들이 깃든다. 이때 특히 끔찍한 것은, 흑인 숙주의 의식이 부분적으로 존속한다는 점이다. 왜냐하면 신경계 전체가 교체되는 것이 아니기 때문이다. 따라서 흑인 숙주는 살아 있지만 아무것도 못하는 채로 배경에 남아서 타인의 의식이 자신의 몸을 조종하는 것을 함께 체험해야 한다. 이 견딜 수 없는 악몽의 시나리오는 영화 속의 희극적 요소들과 복수 이야기를 통해 완화된다. 마지막에 주인공은 용케 늦지 않게 탈출하여 그 가학적 가족을 정당방위로 살해한다.

미국 작가 수잰 콜린스의 3부작 소설 『헝거 게임*The Hunger Game*』을 영화화한 시리즈에서도 이와 유사한 구조의 상상이 펼쳐진다. 그 상상의 원조는 일본 작가 다카미 고슌의 『배틀로얄*Battle Royale*』이며, 이 소설 역시 2000년에 영화화되었다.[180] 『헝거 게임』 3부작이 그리는 디스토피아에서는 현재의 미국 영토에 〈파넴Panem〉이라는 독재 국가가 들어서 있다. 파넴은 〈카피톨Kapitol〉이라는 수도와 12개의 구역들로 이루어졌다. 수도는 그 구역들을 마음대로 지배한다. 그런 수도가 한 게임을 개최한다. 구역들 출신의 젊은 이들이 그 게임에 참가하는데, 그들은 어느 공원 안에서 생존을 위해 싸우면서 서로를 죽이도록 강제당하고, 그 모습 전체가 촬영된다. 그 독재 국가의 이름이 〈파넴〉인 것은 이 게임 때문이다. 그 이름은 로마의 구호 〈빵과 서커스panem et circenses〉를 연상시킨다. 이 구호는 로마 시인 유베날리스가 당대 로마의 상황을 한탄하며 지은 열 번째 풍자시에서 유래했다.[181]

안타깝게도, 〈헝거 게임〉의 시나리오를 구상하기 위하여 꼭 미래의 디스토피아를 내다볼 필요는 없다. 『배틀로얄』과 『헝거 게임』이 소설과 영화의 형태로 첨예화하는 그 구조의 뚜렷한 예를 예컨대 2016년 유럽축구선수권대회 폐회식에서도 볼 수 있었다. 데이비드 게타*가 등장하는 대목의 미학, 호전적인 힘, 참석자들의 통일의 다짐(예컨대 〈우리는 이 안에서 하나다. …… 우리의 심장은 함께 뛴다〉라는 가사)은 세부까지 영화 시리즈 「헝거 게임」에서 복제해 온 것 같았다. 그 행사가 열린 프랑스의 수도는 경제적·정치적·문화적으로 모든 것을 지배하는 중심부와 빈곤한 주변부를 지녔기에, 국가 간 전쟁이 상징적으로(즉, 제한적이며 대체로 피를 흘리지 않는 방식으로) 벌어지는 그런 결승전을 치르기에 이상적인 장소다.

이런 맥락에서 우리는 정신 분석과 사회학에서 유래한 개념 하나를 사용할 수 있다. 그것은 **상징 질서**symbolic order다. 이 개념은 자크 라캉이 고안했는데, 그는 이 개념을 아래 설명과 다르지만 그래도 비슷한 방식으로 사용한다. 상징 질서란 사회의 작동 방식 전반에 대해서 우리가 떠올리

* 프랑스 디제이.

는 표상들의 공적 연출öffentliche Inszenierung이다. 상징 질서는 한 사회 시스템의 자기표현의 매체다. 이 자기표현이 반드시 진실을 말하는 것은 아니다. 오히려 이 자기표현은 사회의 반동성에서, 곧 역할담당자성과 개인성 사이의 긴장에서(272면 이하 참조) 유래한 증상이다.

상징 질서의 요소들로 독일연방공화국 총리의 신년사, 스포츠 행사, 쾰른 카니발, 연방의원 선거를 앞두고 벌어지는 텔레비전 토론, 미국 대통령 취임식, 올림픽, 성탄절 장터와 같은 축제 행사들을 꼽을 수 있다. 상징 질서의 표어는 〈우리는 이 안에서 하나다〉이다.

상징 질서는 사회경제적 실재와 얽혀 있다. 왜냐하면 결국 누군가가 빵과 놀이(서커스)의 값을 치러야 하기 때문이다. 국가적 통일의 연출을 위해서는 납세자들이 비용을 대야 한다. 즉, 그 연출은 실제 경제에서 생산되는 자원들을 빨아먹는다. 상징 질서는 하늘에서 뚝 떨어지는 것이 아니라 제작되는 것이다.

우리 시대에 상징 질서가 작동하는 방식에 대한 최고의 진단들 중 하나는 프랑스 철학자 기 드보르에게서 유래했다. 그는 1967년에 출판된 획기적인 저서『스펙터클 사회La société du spectacle』에서 그 진단을 제시했다.[182] 드보르에 따르면, 상징 질서는 스펙터클의 형태를 띠는데, 그 스펙터클의 임무는, 스펙터클 참가자들에게 모든 것이 잘 돌아간다는 확신을 심어 주는 것이다. 그 스펙터클이 매일 재생산하는 사회 질서의 작동 조건들은 그 참가자들의 이익에 반하는데도 말이다. 대표적인 예로 현재의 미국 정부를 들 수 있다. 조세 시스템, 사회기반설비, 보건 시스템에 대한 트럼프 정부의 개입은 그 정부를 지지하는 유권자들에게 이익이 되지 않거나 심지어 해가 된다. 그럼에도 그 유권자들은 끊임없이 쏟아지는 헛소리의 연막탄에 현혹되어 자신들이 스스로의 이익에 반하는 투표를 한다는 것을 전혀 알아채지 못한다.

그렇기 때문에 트럼프의 헛소리가 모든 보도 매체들을 통해 전 세계로 확산되는 것은 트럼프에게 이롭다. 그의 최신 논평과 트윗을 둘러싸고 끊임없이 벌어지는 소동은 그의 정부 시스템을 돕는다. 백악관에 방문자를 위한 아이스크림이 몇 개 준비되어 있다는 것, 트럼프가 햄버거를 즐겨 먹는다는 것 등의 전혀 중요하지 않은 사항들이 보도될 때 트럼프는 말하자면 상징적으로 재선된다. 왜냐하면 그는 바로 그런 유형의 관심을 바라기 때문이다. 언론인 마이클 울프의 이른바 폭로 서적『불과 분노*Fire and Fury*』처럼 트럼프 정부를 다루는 베스트셀러는 트럼프에게 가장 큰 도움이 된다. 드보르와 그의 뒤를 이은 보드리야르가 살아 있다면 오늘날의 디지털화에서 인간이 시뮬라크르(곧 순수한 현혹)의 위임 통치에 최종적으로 굴복한 상황을 볼 것이다. 그 순수한 현혹이 사람들의 시선을 실재가 아닌 다른 곳으로 돌리는 데 성공하여, 상품 생산자들과 소비자들이 완벽하게 조종되는 지경에 이르렀다고 여기면서 말이다.

그러나 안타깝게도 드보르와 보드리야르의 진단은 상당히 과장되어 있다. 엄밀히 말하면, 그들은 스펙터클의 구조가 근대 자본주의 노동환경의 간계가 아니라 오히려 고대 로마에서 볼 수 있는 것과 같은 고도 문화들의 존재만큼 오래되었다는 점을 간과한다. 스펙터클의 기원은 노동 분업이다. 사회 집단들의 규모가 특정 수준에 도달하고 물품 거래가 특정 수준까지 발달하면 더는 피할 수 없게 되는 노동 분업이 스펙터클을 낳는다.

물품의 생산에 참여하는 모든 톱니바퀴 각각을 더는 꿰뚫어 볼 수 없게 되면, 곧바로 우리 인간들은 스스로에게 이야기를 들려주기 시작하고, 우리의 의식 안에서 그 이야기는 실재하는 과정들의 지위를 차지한다. 이런 의미에서, 이스라엘 역사학자 유발 노아 하라리가 저서 『사피엔스 Sapiens』에서 내놓는 주장, 곧 인간들은 임계 규모를 초과하는 집단의 결속을 유지하기 위하여 자신들의 삶을 이야기의 형태로 묘사해야 한다는 주장은 전적으로 옳다.[183]

자신의 생산 조건들을 더는 꿰뚫어 볼 수 없는 모든 사회 시스템의 씨줄과 날줄은 예로부터 신화다. 이 사정은 전혀 변화하지 않았다. 하지만 이 사정이 오늘날처럼 많이 거론된 적은 없다. 왜냐하면 지금 우리는 그야말로 무한한, 매체적 상징 질서들의 다양화를 체험하고 있기 때문이다. 19세기 이래로 상징 질서의 허구화가 전례 없는 물결로 밀려오는 것을 관찰할 수 있다. 19세기의 문학과 오페라는 사진과 영화라는 새로운 매체들을 예비하고 그럼으로써 디지털 상징 질서를 위한 무대를 열었다. 오늘날 그 디지털 상징 질서는 주로 텔레비전 시리즈와 소셜 미디어 들에 의해 지배된다.

멋진 신세계 — 〈심즈〉게임

2000년에 출시된 〈심즈The Sims〉는 동명 컴퓨터 게임 시리즈의 첫 편이며 역사를 통틀어 매우 많이 팔린 컴퓨터 게임 중 하나로 꼽힌다. 〈심즈Sims〉란 심들 곧 시뮬레이션된 인물들을 뜻한다. 게임을 하는 사람(게이머)은 그 인물들을 조종할 수 있다. 게이머는 심들을 위하여 도시와 사회 구조를 건설한다. 〈심즈〉 시리즈가 속한 장르는 경제 시뮬레이션이다. 왜냐하면 게이머가 도시와 국가의 설계자로서 경제적 발전과 관련된 변수들을 조종할 수 있으니까 말이다.

어쩌면 당신은 어느 발달한 문명이 개발한 거의 완벽한 〈심즈〉 버전 속의 한 인물일지도 모른다. 그렇지 않다는 것을 당신은 어떻게 알까? **완벽한 시뮬레이션**이란 그 정의에 따라서, 시뮬레이션 속 인물(심)과 실재하는 인물을 구별할 수 없는 그런 시뮬레이션이다. 우리가 우리 게임의 심들에게 의식을 부여할 수 있다면, 어쩌면 그 심들은 자신들이 지각하는 대상들이 상당히 큰 픽셀들로 이루어졌음을 알아챌지도 모른다. 더 나아가 자신들이 마주한 실재를 조직하는 알고리즘들을 발견하고 그 실재가 프로그래밍되었다는 결론에 도달할지도 모른다. 그렇다면 그 심들을 산출한 시뮬레이션은 아직 완벽하지 않은 것이다. 물론 심들이 이 모든 것을 반드시 알아채지는 않을 것이다. 왜냐하면 그들은 지각되는 대상을 실재로 간주하는 것에 익숙하니까 말이다. 그러나 우리가 프로그래밍을 통해 심들에게서 이런 알아챔의 능력을 제거하지 않는 한, 심들이 이 모든 것을 알아챌 가능성은 원리적으로 열려 있다.

우리의 삶과 온 우주가 신이나 신들에 의해 창조되었고 따라서 프로그래밍되었다는 것은 수천 년 된 종교적 상상이자 후대에는 철학적 상상이다. 더 나아가 일신교적 창조 이야기들은, 우리 인간이 인공지능이라는 것, 신이 먼저 우리의 몸을 진흙으로 빚은 다음에 거기에 인공지능 소프트웨어를 업로드했다는(불어넣었다는) 것을 추가한다.

뿐만 아니라 무려 뉴턴과 라이프니츠 같은 인물들도 실재를 그런 식으로 상상했다. 그들에 따르면 신은 자연의 법칙들과 힘들을 통하여 지속적으로 피조물에 영향을 미친다.

따라서 물리학의 과제는 신이 자연이야기Naturgeschichte를 쓰기 위하여 사용한 프로그램을 발견해 내는 것이다.

이런 사변들에 기초하여 스웨덴 철학자 닉 보스트롬은 시뮬레이션 논증을 내놓았다. 많은 토론을 유발한 그 논증은 2003년에 보스트롬의 논문 「당신은 컴퓨터 시뮬레이션 안에서 살고 있을까?Are You Living in a Computer Simulation?」에 실려 출판되었다.[184] 더 나아가 보스트롬은 저서 『슈퍼인텔리전스Superintelligence』로 세계적 명성을 얻었는데, 이 책에서 그는 (거의) 모든 분야에서 인간보다 지능이 높은 인공지능의 위험성을 논한다.[185]

보스트롬의 2003년 논문은 궁극적으로, 몇몇 간단한 전제들에 의지하여 확률론적 논증을 펼치는 시도도. 그런데 원래 논증은 몇 가지 오류를 범했고, 보스트롬은 그 오류들을 수정하려 애써 왔다.[186] 아무튼, 장황한 수학적 논의와 대단한 노력이 없더라도 보스트롬의 논증은 유지될 수 없음을 통찰할 수 있다. 비록 그 논증은 많은 주목을 받았고, 심지어 노벨물리학상 수상자 조지 스무트는 우리가 컴퓨터 시뮬레이션 안에서 살고 있을 가능성이 충분히 있다고 여기지만, 이 기회에 우리는 보스트롬의 사상이 지닌 커다란 약점들을 들춰낼 필요가 있다.[187]

우선 시뮬레이션 논증과 시뮬레이션 가설을 구별해야 한다. 보스트롬의 **시뮬레이션 논증**은, 우리가 시뮬레이션 안에 있다는 믿음이 합리적이라는 의미에서 우리가 시뮬레이션 안에서 살고 있을 개연성이 높음을 증명하려 한다. 그렇기 때문에 보스트롬은 이런 질문을 제기한다.

우리 문명이 언젠가 탈인간적posthuman 단계에 도달하여 많은 조상-시뮬레이션들을 작동시킬 가망이 상당한 정도로 있다면, 당신이 그런 시뮬레이션들 중 하나 안에서 살고 있지 않다고 단정할 수 있을까?[188]

이런 시뮬레이션 논증은 **시뮬레이션 가설**과 다르다. 후자는 우리 삶의 무대인 실재가 실은 시뮬레이션이라는 상상일 따름이다. 만일 시뮬레이션 가설이 거짓임을 보여 줄 수 있다면, 시뮬레이션 논증은 반박된다.

보스트롬은 시뮬레이션 가설을 정식화하는 과정에서 많은 오류들을 범했다. 그의 논문 첫 페이지에서 그는 어떤 납득할 만한 논증도 없이 많은 혼란스러운 철학적 전제들을 채택하는데, 그것들 모두를 애써 열거할 가치는 없다. 만약에 보스트롬이 그 전제들 가운데 단 하나라도 자연과학적으로 또한 철학적으로 투명하게 방어해 낸다면, 그는 벌써 많은 것을 이룬 셈일 테다. 그러나 그런 방어를 시도하는 대신에 그는 한 세계상 및 인간상을 무비판적으로 전제한 다음에, 그로부터 준(準)종교적인 귀결들을 끌어낸다.

보스트롬 본인이 명시적으로 말하듯이, 그의 논증은 〈특정한 전통적인 종교적 견해의 자연주의적 변주 같은 인상을 풍긴다. 일부 사람들은 그 변주가 재미있다고, 혹은 숙고를 촉진한다고 느낄 수도 있을 것이다〉.[189]

보스트롬의 원래 논증이 증명하려는 바는 아래의 세 견해 가운데 오직 하나만 참일 수 있다는 것이다(그런데 보스트롬은 왜 선택지들이 이 세 가지 밖에 없는지 설명하지 않는다).

(1) 인간 종은 〈탈인간적〉 단계에 도달하기 전에 멸종할 개연성이 높다.

(2) 모든 각각의 탈인간적 문명은 자신의 과거 진화 역사(혹은 그 역사의 변형들)의 시뮬레이션들을 상당한 개수만큼 작동시키지 않을 개연성이 매우 높다.

(3) 우리가 컴퓨터 시뮬레이션 안에서 산다는 것은 확실하다시피 하다.[190]

보스트롬의 논증에 포함된 주요 개념들은 워낙 불명확해서 논리적으로 깔끔하게 사용할 길이 없다. 〈탈인간적〉 단계란 정확히 무엇일까? 보스트롬은 순수한 과학허구 시나리오에 의지하여 그 단계를 묘사한다. 탈인간적 단계에 이르면, 실리콘 기반 컴퓨터가 의식을 획득하고 모든 인간은 멸종한다고 한다. 그런데 이때 보스트롬은 의식이 〈토대독립적〉(보스트롬 본인의 표현)이라는 견해를, 즉 생물에 속한 신경계뿐 아니라 온갖 것들이 의식을 가질 수 있다는 견해를 어떤 논증도 없이 그냥 채택한다.[191]

그러나 이 견해는 기껏해야 순수한 사변이며 엄밀히 따지면 거짓이다(172면 이하 참조). 설령 사실상 불가능한 수단을 통하여 모종의 의미에서 의식의 토대독립성이 가능하다 하더라도, 의식을 획득한 미래의 컴퓨터가 아무튼 인간처럼 행동하고 예컨대 자기 조상이나 시뮬레이션에 관심을 가져야 한다는 것은 전혀 도출되지 않는다. 모종의 확률 분포를 상정하고 거기에 비춰 보스트롬의 견해들을 평가하려면, 먼저 이 모든 문제들을 해명해야 할 것이다.

당연한 말이지만, 보스트롬의 전제들을 변형함으로써 그에게 조금 더 다가가는 것을 시도할 수 있다. 예컨대 아래 전제들을 채택할 수 있을 것이다.

(1) 매우 실재적인 시뮬레이션을 프로그래밍하는, 의식 있는 컴퓨터들이 언젠가 존재하게 되거나 그렇지 않을 것이다.

그런 컴퓨터들이 존재하게 된다고 치자. 그러면 아래 선택지들이 유효하다.

(2) 그 컴퓨터들은 아주 많은 완벽한 시뮬레이션들을 작동시키거나 그렇게 하지 않을 것이다.

그 컴퓨터들이 그런 시뮬레이션을 아주 많이(무수히) 작동시킨다고 치자. 그러면 아래 선택지들이 유효하다.

(3) 우리는 우리 자신이 그런 시뮬레이션 안에서 살고 있지 않음을 알거나 모른다.

어쨌든 채택되는 전제는, 당사자인 우리가 시뮬레이션되지 않은 실재와 구별할 수 없는 완벽한 시뮬레이션이 존재할 수 있다는 것이다. 이제 이 선택지들 앞에서 보스트롬은, 우리는 우리 자신이 시뮬레이션 안에 있지 않음을 알 수 없다고 논증해야 할 것이다. 그러나 그런 논증은 흔적조차 없다.

기껏해야 그는 다음과 같은 논증을 펼 수 있을 것이다. 우리가 속한 실재가 우리에게 나타나는 방식 곧 현상을 E로 표기하자. 실재 안의 환경을 W로, 시뮬레이션 곧 가상 안의 환경을 S로 표기하자. 더 나아가 다음을 전제하자. 〈양쪽 환경에 속한 사람들은 E에 관하여 거짓일 수도 있는 견해들을 품음으로써만 W와 S를 구별할 수 있다.〉 그런데 가상의 사례들 곧 시뮬레이션들은 거의 무한히 많다. 따라서 〈E=W〉가 성립할 확률은 매우 낮다. 따라서 우리에게 실재가 나타난다고 믿는 편보다 우리가 컴퓨터 시뮬레이션 안에 있다고 믿는 편이 더 합리적이다.

깨어 있는 걸까, 꿈속에 있는 걸까?

앞 절의 끄트머리에서 내가 요약한 논증은 인식론에서 **회의적 논증**이라고 불린다. 회의적 논증의 목표는 우리가 무언가를 원리적으로 알 수 없음을 증명하는 것이다. 가장 유명한 회의적 논증은 꿈 논증이다. 여담이지만 꿈 논증은 동서와 남북을 막론하고 다양한 문화들에서 등장한다. 유럽에서 꿈 논증은 데카르트를 통해 유명해졌다. 1641년에 출판한 저서 『성찰*Meditationes de Prima Philosophia*』에서 데카르트는 꿈 논증을 설득력 있게 무력화한다.[192] 즉, 설령 우리가 꿈꾸고 있더라도, 논리적 법칙들과 수학적 법칙들은 꿈속에서도 유효하므로, 우리는 실재에 관하여 여전히 많은 것을 알 수 있음을 데카르트는 보여 준다. 더구나 우리가 꿈꾸고 있다는 것은 꿈이 아닌 실재가 존재한다는 것을 의미한다. 우리는 잠을 자야만 꿈을 꾸고, 우리가 잠을 잔다면, 꿈이 아닌 세계가 존재하는 것이다. 그렇기 때문에 데카르트는 더욱 급진적으로 모든 것에 의심을 제기하는데, 그 의심은 비일관적이다. 왜냐하면 우리가 의심하는 동안, 우리는 우리가 의심한다는 것을 의심할 수 없기 때문이다. 우리는 모든 것을 의심할 수 없다. 그렇기 때문에 꿈 문제로부터 보편적 의심으로 나아갈 근거는 없다.

꿈 가설은, 우리 자신이 깨어 있는지 아니면 꿈꾸는지를 우리가 어느 순간에도 확실히 말할 수 없다는 것이다. 당신이 당신의 어젯밤 꿈으로 여기는 그것이 실재가 아님을 당신은 어떻게 알까? 어쩌면 당신은 지금 꿈을 꾸면서 당신이 어젯밤에 꿈을 꾸었다고 여기는 것일지도 모른다. 실은 지금 당신은 잠든 채로 어제 낮을 회상하고 있는데도 말이다.

꿈 가설을 토대로 삼아서 다양한 **꿈 논증**들이 개발되었다. 꿈 논증의 목표는 우리 자신이 깨어 있는지 아니면 꿈꾸는지를 우리가 알 수 없음을 증명하는 것이다. 꿈 논증들의 한결같은 전제는, 깨어 있는 상태에서의 현상들과 꿈 상태에서의 현상들을 구별할 수 없다는 것이다. 그렇다면 우리는 현상들을 더 정확히 조사하더라도 우리 자신이 꿈꾸는지 아니면 깨어 있는지 확인할 수 없을 것이다. 예컨대 내가 지금 내 팔을 꼬집는다 하더라도, 이 모든 것이 단지 꿈일 수도 있을 것이다.

이 대목에서 꿈은 결코 그렇게 실재적일 수 없다고 반발하는 분에게는 시뮬레이션 가설이나 완벽한 약물 가설을 들이댈 수 있다. 이때 완벽한 약물이란, 사용자를 실재적인 꿈 상태에 빠지게 만드는 약물이다. 의식 있는 삶 전체가 일종의 시뮬레이션이며, 그 시뮬레이션은 우리가 깨어 있으면서 실재 안에서 활동함을 통해서가 아니라 전혀 다른 방식으로 발생한다는 것은 적어도 논리적으로는 가능한 얘기다.

엄밀히 따지면, 우리는 실제로 그와 유사한 상황에 처해 있다. 무슨 말이냐면, 우리는 현상의 발생에 관하여 모든 것을 아는 수준에 턱없이 못 미친다. 그 모든 것을 알려면, 물리적 우주와 우리의 뇌를 완벽하게 파악해야 할뿐더러 뇌가 우리 몸과 어떻게 연결되어 있는지와 환경이 우리 몸 속의 과정들에 어떤 영향을 미치는지도 완벽하게 파악해야 할 텐데, 우리는 그 수준에서 한참 멀리 떨어져 있다. 깨어 있는 상태에서 현상들이 정확히 어떻게 발생하는지 아는 사람은 오늘날 아무도 없다.

그러나 우리는 다음과 같은 중요한 점을 안다. 즉, 깨어 있는 상태에서 우리는 실재적인 무언가와, 온통 시뮬레이션된 놈은 아닌 무언가와 접촉함을 안다. 무언가가 시뮬레이션되었다면, 그것은 제작물, 곧 생물이 의도를 가지고 만들어 낸 무언가다. 시뮬레이션은 그냥 발생하는 것이 아니라 의도된 결과물이다. 우주가, 무로부터 그냥 자생적으로 발생한 컴퓨터 게임이라는 것은 불가능하다. 이는 지금 내 연구실 구석에 달리기용 운동복이 놓여 있는데, 거기에서 갑자기 컴퓨터 게임이 발생하는 것이 불가능한 것과 마찬가지다. 마찬가지로 우리의 삶이 깨어남 없는 긴 꿈일 수도 있다는 믿음은 불합리하다. 꿈꾸는 사람은 원리적으로 깨어날 수도 있을 것이다. 그런데 우리의 삶 전체가 단지 꿈이며 오로지 꿈일 뿐이라면, 깨어 있는 상태의 가능성은 전혀 없을 터이다. 그렇다면 깨어 있음과 꿈 사이의 대비가 아예 없어질 것이다. 따라서 모든 것이 꿈이라면, 아무것도 꿈이 아니라는 결론이 나온다. 이 논증은 내가 보기에 이미 데카르트 철학에서 등장한다.

우리가 종종 꿈을 꾼다는 것으로부터 우리가 깨어 있음과 꿈을 원리적으로 구별할 수 없다는 것을 도출할 수 없음을 보여 주는 더 간단한 논증이 있다. 비트겐슈타인은 1950년과 1951년에 쓴 글(『확실성에 관하여 *Über Gewißheit*』라는 제목으로 출판됨)에서 그 논증을 다음과 같은 단 하나의 문장으로 요약했다.

〈어쩌면 나는 꿈꾸는 중일 것이다〉라는 주장은, 만일 내가 정말로 꿈꾸는 중이라면 바로 이 발언도 꿈일 테고 이 발언 속의 단어들이 의미 Bedeutung를 가진다는 것도 꿈일 터이기 때문에, 부질없다.[193]

지금 당신이 근본적인 의심을 품고 〈나의 삶 전체가 꿈일 수도 있지 않을까?〉라고 묻는다면, 그 의심이 옳을 경우, 이 질문 자체가 꿈일 테고, 이 질문의 의미도 꿈일 터이다. 결과적으로 당신은 꿈과 실재를 맞세울 수 없다. 꿈꾼 단어들이 의미를 가지고, 그 의미가 꿈꾸지 않은 단어들의 의미와 구별되지 않는다면, 꿈 안에 실재가, 적어도 언어적 실재가 있는 셈이다. 그렇다면 꿈과 실재는 완전히 맞서 있지 않다.

그러나 비트겐슈타인은 한걸음 더 나아가려 한다. 무슨 말이냐면, 단어들이 의미를 가질 수 있는 것은 오로지 누군가가 우리에게 그 의미를 가르쳐 주었기 때문이라고 그는 믿는다. 그의 유명한 사적 언어 논증private language argument은 이 믿음을 간접적으로 두둔한다. 그 논증을 정확히 어떻게 재구성해야 할지에 대해서는 철학자들 간에 갑론을박이 있다. 그렇기 때문에 여기에서 나는 내 나름으로 재구성한 사적 언어 논증을 제시하여 비트겐슈타인 연구에서 우리의 논의에 중요하지 않은 세부 사항들을 우회하려 한다.

내 버전의 **사적 언어 논증**에 따르면, 우리가 단 하나의 단어라도 옳게 사용할 수 있으려면, 우리는 그 단어를 옳지 않게 사용할 수도 있어야 한다. 그런데 우리가 우리의 언어 사용을 교정하는 다른 발화자들과 접촉할 수 없다면, 우리는 단 하나의 단어도 옳지 않게 사용할 수 없다. 단어를 옳지 않게 사용할 수 있으려면, 우리는 우리가 실수했음을 어떻게든 알아챌 수 있어야 한다. 바꿔 말해, 한 단어를 옳게 사용했다는 우리의 견해와 우리가 그 단어를 옳게 사용했는지에 관한 사실들 사이에 구별이 존재해야 한다. 만약에 우리가 지금까지 살아온 내내 꿈만 꾸었거나 매트릭스 안에서 성장했다면, 그 구별이 어디에서 유래할 수 있겠는가? 이 경우에 우리는 우리의 언어 사용의 〈옳음의 기준 Krtiterium für die Richtigkeit〉(비트겐슈타인의 표현)[194]을 보유하지 못할 것이다.

여기에서 이렇게 말하고 싶은 사람도 있을 것이다. 〈항상 내가 보기에 옳은 것이 옳다.〉 그리고 이 말은 여기에서 〈옳음〉은 거론될 수 없다는 말일 따름이다.[195]

당연한 말이지만, 이로써 비트겐슈타인이, 나의 언어사용을 이미 교정한 적 있는 타인들이 있어야만 옳은 언어사용이 존재함을 증명한 것은 아니다. 왜냐하면 이런 것은 철학적 숙고를 통해 증명될 수 없기 때문이다. 오히려 중요한 질문은 이것이다. 타인들은 존재하지 않으며 자신은 꿈꾸는 영혼의 자기대화 Selbstgespräch 속에서 스스로 자신을 교정한다고 누군가가 믿는다면, 그 이유는 무엇일까? 그 이유가 몹시 궁금한 것은, 완곡하게 말하더라도 이 견해가 상당히 극단적이기 때문이다. 우리의 개념들을 분석함으로써 이 견해를 반박할 수는 없다. 오히려 오직 타인들이 존재한다는 사실을 지적함으로써만 이 견해를 반박할 수 있다. 그 사실을 부정하는 사람은 인식론적 문제들이 아니라 전혀 다른 문제들을 지닌 것이다.

비트겐슈타인은 플라톤이 대체로 못마땅했다. 그는 플라톤을 전혀 좋아하지 않았다. 플라톤은 꿈 논증을 최초로 제시한 인물이다. 그 논증은 그의 대화편 『테아이테토스 *Theaitetos*』에 나온다. 이 작품에서 플라톤은 생각이란 〈영혼의 자기대화〉[196]라는 정의를 검토한다. 이 발상은 중대한 영향력을 발휘해 왔다. 비트겐슈타인은 자신이 교부 아우구스티누스를 정면으로 들이받는 이유를 스스로 알고 있었다. 아우구스티누스는 플라톤의 영혼관을 가톨릭 신학의 신학적 토대 속에 집어넣은 인물이다. 플라톤은 우리 인간이 선천적 관념들을 지녔다고 여긴다. 이 견해에 따르면, 생각하기의 구조는 아주 어린 나이에도 이미 갖춰져 있다. 따라서 우리는 어른들에게서 모어만 추가로 배우면 된다. 그러면 우리의 생각들과 외부 세계의 사물들을 표현할 수 있다. 어린아이를 작은 어른으로 표현하는 중세 미술의 관행은 이 같은 플라톤의 사상에서 유래한 것이다.

반면에 비트겐슈타인은, 우리가 언어를 배우면서 비로소 어떻게 생각해야 하는지를 배운다고 여긴다. 만약에 생각이 단지 영혼의 자기대화라면, 다음과 같은 질문이 제기된다. 어떻게 우리는 생각하면서 오류를 범할 수 있을까? 내가 생각하는 모든 것이 간단히 내가 그렇게 생각함을 통하여 모조리 진실인 것은 아니다. 나를 교정할 수 있는 심사자가 있어야 한다. 비트겐슈타인에 따르면, 나를 교정할 수 있는 심사자는 본래, 내가 성장한 사회 집단의 다른 구성원들, 예컨대 나의 가족들이다. 따라서 우리가 생각하는 방식은 우리가 어떤 사회 집단에 속해 있는지에 의존한다. 왜냐하면 우리가 어떤 단어들을 옳게 사용하고 어떤 단어들을 옳지 않게 사용하는지에 대한 판단을 우리의 사회 집단이 제시하기 때문이다.

그렇다고 해서 교육이 우리에게 특정한 사유 과정들을 강제한다거나 우리가 사회에 소속됨을 통하여 자유롭지 않게 된다는 뜻은 아니다. 다만, 우리가 옳은 언어사용에 관한 많은 전제들을 언젠가 배웠다는 뜻일 따름이다. 그때 우리는 권위를 받아들여야 했고, 그 권위를 문법 규칙의 형태로 내면화했다. 어느 시점엔가 우리는 누군가를 믿어야 한다. 안 그러면 우리는 어떤 말도 할 수 없고 우리 자신의 생각들을 절대로 분류할 수 없을 것이다.

이 간단한 숙고를 통하여 비트겐슈타인은 인간의 사유에 관한 전통적이며 철저히 그릇된 그림을 뒤엎는다. 우리는 우리의 은폐된 영혼의 내면 공간에서 출발하여 실재를 밝혀내야 하는 것이 아니다. 오히려 우리는 실재하는 놈으로서 실재의 한복판에 놓여 있다.

실재 전체가 시뮬레이션일 수는 없다. 만약에 실재가 시뮬레이션이라면, 실재는 누군가가 만들어 낸 제작물일 테다. 그렇다면 어떤 별도의 실재가 존재할 테고, 그 실재 안에서 우리의 가상 실재가 만들어졌을 것이다. 이와 유사한 이유에서 삶이 긴 꿈일 수도 없다. 「매트릭스」에는 실재가 등장한다. 그 실재 안에서 기계들이 실재하는 주인공들의 몸을 전기로 자극한다. 그 영화가 이렇게 실재를 배제하지 못하는 것은 우연이 아니다. 실재가 없는 상황에서 순수한 환상 기계가 자기 자신을 무(無)로부터 산출한다는 것은 원리적으로 생각조차 할 수 없다.

네덜란드를 아시나요?

시뮬레이션 논증은 꿈 논증의 탈근대적 비디오 게임 버전이다. 꿈 논증과 마찬가지로 시뮬레이션 논증은 주체-객체 분열을 무비판적으로 전제하고 그 분열로부터 회의적 귀결들을 끌어낸다. 하지만 앞선 장들에서 내가 이미 보여주었듯이, 우리는 오로지 이 분열의 건너편에서만 실재를 발견할 수 있다.

또 하나의 철학적 연습을 통해 우리의 잠과 꿈을 말끔히 떨쳐 내자! 이를 위해 다시 한번 네덜란드의 축소 모형을 생각해 보자. 그 모형이 네덜란드를 단순화한 제작물임을 통찰할 수 있으려면, 우리는 그 모형에 의존하지 않고 독립적으로 네덜란드를 경험해야 한다. 즉, 우리는 네덜란드를 익히 알아야 한다. 그래야 비로소 네덜란드 모형이 네덜란드와 구별됨을 알아챌(인식할) 수 있다. 마찬가지로 입자 물리학 표준모형의 개량이나 확장을 추구하는 물리학자는 자신의 연구 장비들과 동료 연구자들을 익히 알아야 한다. 그래야 비로소 그 표준모형의 틀 안에 놓인 무언가를 알아 챌 수 있다. 이처럼 모든 각각의 모형은 그 모형과 구별되는 무언가를 우리가 익히 안다는 것을 전제한다.

이 사실은 우리가 아무리 많은 모형들을 쌓아 놓더라도 달라지지 않는다. 그렇기 때문에, 우리가 실재를 모형들에 의존하지 않고 독립적으로는 결코 파악할 수 없다는 주장은 옳지 않다. 거꾸로, 우리가 모형들을 통하여 실재의 본질적 특징들을 파악할 수 있다는 점은, 우리가 당장 앞에 놓여 있는 모형에 의존하지 않는 어떤 경험을 늘 한다는 것을 입증한다. 모든 각각의 모형은 단지 그 모형의 속성에 불과하지 않은 무언가가 존재함을 전제한다. 이것은 모든 각각의 모형-모형에 대해서도 타당하다. 요컨대 우리는 실재로부터 원리적으로 격리되어 있을 수 없다.

좋았던 옛날의 희랍인 플라톤과 아리스토텔레스도 이미 이 통찰에 도달했다(211면 이하 참조). 그들은 다음과 같은 취지의 숙고들을 제시한다. 한 상황을 그림처럼 떠올릴 때, 우리는 생각 속에서 요소들을 배열한다. 지금 칠레 산티아고의 내 호텔 방은 상당히 지저분하다. 그럼에도 나는 저 앞에 놓인 내 손목시계를 인식하고 그 오른쪽의 물병과 마구 헤집어 놓은 여행 가방을 인식한다. 그런데 이렇게 말하는 동안에 나는 사물들을 구별하고 가리킨다. 사물들이 어떻게 배열되어 있는지를 언어적으로 표현할 때 나는 요소들 사이의 관계를 나타내는 〈그 오른쪽〉과 같은 단어들을 사용한다.

아리스토텔레스는 이 과정을 종합Synthesis이라고 불렀다. 지금도 많이 쓰이는 이 단어를 토종 독일어로 옮기면 〈Zusammen-Stellung(함께-놓기)〉(syn=zusammen, thesis=Stellung, Setzung)이 된다. 아리스토텔레스에 따르면, 이런 식으로 실재에 대해서 숙고하는 작업은 〈생각들이 통일되도록 종합하는〉 작업이다.[197] 아리스토텔레스는 이 작업을 디아노이아dia-noia라고도 불렀는데, 이 명칭을 독일어로 직역하면 〈Durchdenken(차근차근 생각하기)〉이 된다. 한 상황을 차근차근 생각할 때 우리는 요소들을 결합한다. 이 결합이 성공적으로 이루어지면, 우리는 그 상황을 인식한 것이다. 반대의 경우에는, 인식하지 못한 것이다.

그런데 아리스토텔레스와 플라톤에 따르면, 차근차근 생각하기는 생각하기의 유일한 형태일 수 없다. 무슨 말이냐면, 우리가 — 이 책에서처럼 — 숙고에 대해서 숙고할 때, 우리는 엄청난 것을 발견하게 된다. 즉, 우리가 모든 것을 오로지 모형들의 틀 안에서 인식하는 것일 수는 없음을 발견하게 된다. 만약에 우리가 모든 것을 오로지 모형들의 틀 안에서 인식한다면, 우리는 애당초 모형들을 제작할 수 없을 것이다. 우리가 익숙함을 통한 앎Wissen durch Bekannt-schaft(knowledge by acquaintance, 러셀의 표현)을 어떤 식으로도 가지고 있지 않다면, 우리는 전혀 아무것도 인식할 수 없을 것이다.[198]

우리는 의식 있는 생물 곧 정신적 생물로서 실재를 그 진면목대로 인식할 능력이 있다. 그런 인식은 오로지 우리가 두 가지 측면에서 의식을 지녔기 때문에 이루어진다. 첫째, 우리는 주관적 체험을 가진다. 주관적 체험이 없다면 우리는 어떤 내용도 가질 수 없을 것이다. 실재는 우리에게 특정한 방식으로 나타난다. 둘째, 깨어 있는 상태에서의 주관적 체험은 지각의 형태로 직접 대상들을 향하며 그것들을 자동으로 왜곡하지 않는다. 우리가 지각하는 놈, 곧 대상이 우리가 그놈을 지각하는 방식, 곧 내용과 항상 동일한 것은 아니다.

물론 실재하는 놈은 우리의 생물학적 장비들 때문에 항상 특정한 방식으로 우리에게 나타난다. 그 방식은 종마다, 개인마다, 심지어 순간마다 다를 수 있다. 그러나 그렇다고 해서 우리가 지각의 대상을 뉴런 활동을 통해 산출하는 것은 아니다. 바꿔 말하면 이러하다. 뇌는 결코 실재 자체를 파악하지 못하고 늘 전기 신호들에 기초하여 실재의 모형만 만든다는 견해는 옳을 수 없다. 그런 견해를 채택하면,

우리가 실재에 익숙하며 〈우리 자신의 의식〉이라는 사실에
는 더욱더 익숙하다는 점을 결코 설명할 수 없을 것이다.
실재의 모형들을 개발하는 우리의 능력, 또한 그런 식으로
과학을 발전시켜 현상들을 꿰뚫어 보고 지식으로 교체하
는 우리의 능력에 대한 최선의 설명은, 우리가 실재와 단박
에 접촉한다는 것을 전제한다. 바로 이 단박 접촉이 우리의
생각감각이다.

   그러므로 토노니가 의식의 자기-익숙함Selbstbekanntschaft
을 신경과학 연구의 출발점으로 삼는 것은 전적으로 옳다.
우리가 〈실재는 어떠한가〉라고 물을 때, 우리는 그 질문과
더불어 이미 하나의 실재 안에 있다. 우리는 그 실재 안에
서 그 질문을 던지는 것이다. 이것이 데카르트의 〈나는 생
각한다, 고로 존재한다〉에 담긴 지혜다. 여담이지만, 이 유
명한 문장에서 데카르트는 감각적 활동들도 생각하기(라
틴어로 〈cogitare〉)로 간주한다. 데카르트에게는 감각하기
sentir와 표상하기imaginari뿐 아니라 의지하기velle도 생각하
기다.[199] 이처럼 그는 생각하기를 순전히 합리적인 계산의
실행을 뜻하는 라틴어 〈intelligere〉로 환원하지 않는다.

   본 대학교의 철학자 옌스 로메치가 보여 주었듯이, 그렇
기 때문에 데카르트는 실은 최초의 (또한 가장 예리한 축
에 드는) 합리주의 비판자이며 또한 당대에 이미 등장하던
인공지능 연구에 대한 최초의 비판자다. 그러므로 사람들

은 주체-객체 분열을 극복하는 방법을 이미 데카르트에게서 배울 수도 있었다. 그러나 얄궂게도 데카르트는 도리어 그가 반박한 모든 것을 대표하는 인물로 되었다.[200]

물질과 무지

모형들은 그 자체로 실재의 일부다. 당신은 지금까지 300면 이상의 글을 읽고 생각하면서 나와 함께 모형들의 모형들을 제작하고 철학적 사고 실험들에 기초하여 검증해 왔다. 그 모형들은 이 탐구의 대상 영역에 위치한다. 대상 영역은 실재한다. 곧 자세히 설명하겠지만, 우리가 실재를 거론할 때의 취지는, 대상들과 사실들이 있으며 우리가 그놈들에 대해서 착각할 수 있다는 것이다. 이 착각이 가능한 것은, 우리가 그놈들에 대해서 특정한 견해를 품는다는 것이 그놈들에 관한 모든 것이 아니기 때문이다. 이 중요한 사정을 더 정확히 이해하기 위하여 잠시 과거로 돌아갈 필요가 있다.

실재를 다루는 이론은 하나가 아니라 여럿이다. 실재에 대한 숙고도 역시나 플라톤과 아리스토텔레스에게서 기원했다. 플라톤은 훗날 〈실재〉로 명명된 놈을 〈뒤나미스dynamis〉라고 부른다. 이 희랍어는 독일어 〈Dynamik(역학)〉의 어원이기도 하다.[201] 실제로 플라톤의 실재관은 역학적이다. 반면에 그의 제자 아리스토텔레스는 주로 물리학과 형이상학

392

을 다루는 저서들에서 〈뒤나미스〉와 〈에네르게이아energeia〉를 구별한다. 후자는 〈에너지Energie〉라는 단어의 어원이다. 이것은 역사적 각주에 불과하지 않다. 오히려 이것은 자연과학적 세계상의 출현을 알리는 신호탄이다.

그런데 플라톤과 아리스토텔레스는 둘 다 자연주의에 반발한다. 즉, 모든 실재를 물리학의 틀 안에서 인식할 수 있는 놈으로 환원하는 것에 반발한다. 그렇기 때문에 그들은 본격적인 물리학을 최초로 시도했을 뿐 아니라 동시에 형이상학을 내놓았다. 이 맥락에서 〈형이상학〉이란 물리적 탐구가 원리적으로 불가능한 대상들에 대한 탐구 정도를 의미한다. 이 의미를 채택하면, 모든 좋은 철학 이론은 형이상학적이다. 왜냐하면 우리가 아무튼 알 수 있는 모든 것이 물리적이라면, 철학은(또한 그 밖의 학문도) 아예 존재하지 않을 터이기 때문이다.

플라톤과 아리스토텔레스가 실재의 개념을 도입한 것은 어떤 지혜 때문이었는데, 그 지혜는 지금도 전혀 빛바래지 않았다. 플라톤이 실재를 거론하는 취지는, 어떤 놈이 다른 어떤 놈을 확립할(정당화할)begründen 능력을 지녔다는 것이다. 이 생각은 오늘날 흔히 오해된다. 플라톤이 말하는 실재는 물질적 대상들의 인과 관계가 아니다. 오히려 정반대다! 〈물질〉이라는 표현도 플라톤에게서 유래했다. 물질을 뜻하는 독일어 〈Materie〉는 라틴어 〈materia〉에서 유래했는데, 이 라틴어에는 어머니를 뜻하는 라틴어 〈mater〉가 들어 있다. 왜냐하면 자연철학을 다루는 플라톤의 작품 『티마이오스Timaios』에 따르면, 진정한 실재는 어떤 비실재에서 유래하는데, 플라톤은 그 비실재를 여성적 원리로 간주하기 때문이다. 여기에서도 보듯이, 희랍인들은 여성과 이방인에게 상당히 적대적이었다.[202] 아리스토텔레스도 물질(아리스토텔레스의 용어로는 〈휠레hyle＝관목(灌木)〉)을 단지 실재 밑에 깔려 있는 놈으로 간주한다. 이처럼 희랍의 철학 창시자들이 보기에 여성적 원리는 참된 실재에 종속되어 있다. 요컨대 역사적으로 물질에 대한 숙고는 젠더 이론적 굴레를 쓰고 있었던 셈인데, 이 문제는 우리 논의의 범위를 벗어난다.

어쨌든 플라톤과 아리스토텔레스에게 실재는 물질적인 놈이 아니었다. 오히려 그들의 견해에 따르면, 실재하는 놈이란 다른 놈을 구조적으로 제약하는 놈이다. 실재성은 일종의 권능Macht이다. 전반적으로 희랍 철학자들은 지배-피지배 모형에 기대어 사유한다. 그들이 펼친 철학의 중심 개념 하나는 아르케archê 곧 〈지배권〉(독일어로 〈Herrschaft〉혹은 〈Imperium〉)이다. 또한 〈아르케〉는 대충 시작과 기원을 의미하기도 한다. 그 철학자들에 따르면, 무언가의 시작은 그 무언가가 무엇인지를 결정하는 놈이다. 이런 관점의 흔적은 원인을 뜻하는 독일어 〈Ursache〉(Ur＋Sache＝

근원+실사[實事])에 지금도 남아 있다.

이제 현재로 돌아오자. 현재에도 우리는 방금 거론한 희랍의 유산을 여전히 짊어지고 다닌다. 빅뱅을 생각해 보라. 사람들은 기꺼이 빅뱅을 존재하는 모든 것의 기원으로, 우주의 기원으로 여긴다. 하지만 곧바로 이런 질문이 떠오른다. 빅뱅 전에는 무엇이 있었고, 빅뱅은 어떻게 유발되었을까? 즉, 사람들은 모든 원인들의 원인을 묻는다. 모든 원인들의 원인을 간단히 〈그 원인DIE URSACHE〉으로 표기하자.

우리가 〈그 원인〉을 아직 알아내지 못했다는 것은 명백한 사실이다. 엄밀히 따지면, 오늘날의 물리학적 우주론은 우리가 우주의 〈그 원인〉을 알아내는 것이 원리적으로 불가능하다고 가르친다. 왜냐하면 〈그 원인〉으로부터 오는 정보가 우리에게 도달할 수 없기 때문이다. 하지만 이 문제에 대해서는 아직 많은 연구가 필요하다. 설령 현재 형태의 빅뱅 이론이 옳다 하더라도(나는 현재의 빅뱅 이론이 옳은지 여부를 문제 삼고 싶지 않다), 〈그 원인〉이 존재한다거나 존재할 수 있다는 결론이 도출되지는 않는다. 오히려 정반대로, 그 이론을 뒷받침하는 데이터를 기초로 삼으면, 우리는 〈그 원인〉이 존재한다는 견해를 채택할 수 없다. 우주에 관한 우리의 모든 지식에 따르면, 빅뱅은 무언가의 귀결 혹은 결과일 수 있고, 그 무언가도 또 다른 무언가의 결과일 수 있다. 빅뱅 이론은 〈그 원인〉을 다루는 이론이 아니다.

더구나 단 하나의 〈그 원인〉을 전제하는 것은 어차피 정당성이 없다. 여러 요인들이 함께 빅뱅을 일으켰을 수 있고, 그 요인들도 여러 원인들로부터 귀결되었을 수 있다.

이미 고대에 이와 유사한 숙고들로부터, 물질적 우주에서 〈그 원인〉을 찾을 수는 없다는 결론이 도출되었다. 바로 이것이 플라톤과 아리스토텔레스가 자신들의 철학 전체로 데모크리토스의 유물론과 맞선 취지다. 데모크리토스는 **원자론**, 곧 존재하는 모든 것은 가장 작은 부분들로 이루어졌으며 그 부분들 사이에는 오직 순수한 허공만 있다는 이론의 창시자로 통한다. 그렇게 허공을 상정함으로써 데모크리토스는 단 하나의 물질 덩어리만 존재하는 것은 아니라고 선언한다.

오늘날 입자물리학의 표준모형은 기본 입자들의 존재를 이야기한다는 점에서만 데모크리토스를 계승한다. 하지만 가장 작은 기본 입자들이 존재하는지 여부를 우리는 모른다. 여기에서도 현재 우리의 무지가 드러난다. 우리는 우주라는 가장 큰 물리적 전체뿐 아니라 우리가 보기에 가장 작은 부분에 대해서도 무지하다. 현재의 물리학에게는 인식의 한계가 존재하는데, 그것은 플랑크 길이(약 10^{-35}미터)다. 이 규모의 대상들을 현재의 기술로 더 정확히 탐구하려면 지구보다 훨씬 더 큰 입자가속기가 필요하다.

기본 입자를 물리학으로 탐구하려면 에너지를 소비해야

한다. 실험은 우리가 우주에 물리적으로 개입하는 활동이다. 요컨대 가장 작은 대상에 대한 실험적 탐구는 현재의 지식 및 기술의 수준으로는 감당할 수 없다. 따라서 사람들은 예컨대 우주론 모형들을 더 깊이 탐구한다. 왜냐하면 빅뱅 직후 어느 순간에 플랑크 규모에 영향을 미친 에너지가 방출되었기 때문이다. 이처럼 우리가 보기에 가장 큰 대상은 우리가 보기에 가장 작은 대상에 관한 단서를 제공할 수 있다.

간단히 요약하자. 오늘날 우리는 물리적으로 가장 큰 놈이 존재하는지 여부도 모르고 물리적으로 가장 작은 놈이 존재하는지 여부도 모른다. 현재로서는 양쪽 방향 모두에 무지가 있다.

그러나 설령 우리가 물리학적 대답을 보유했다 하더라도, 그 대답은 우리가 관찰할 수 있는 우주에 국한될 것이다. 우리가 물리적으로 관찰하는 바가 물질적인 영역 전체를 아우르는지 여부를 우리는 물리학의 틀 안에서 원리적으로 알 수 없다. 게다가 지금 나는 이른바 암흑물질과 암흑에너지에 얽힌 문제들을 거론조차 하지 않았다.

물리학은 경험 과학이다. 원리적으로 종결될 수 없다는 것은 경험 과학의 본질적 특징이다. 물리학이 종결되어 〈그 원인〉에 관한 형이상학적 질문들이 최종적으로 해명되는 날은 도래하지 않을 것이다.

물론 우리는 더 나아가야 한다. 하지만 괄목할 만큼 발전한 자연과학의 틀 안에서 우리가 앞으로 무엇을 알아내건 간에, 우리는 단적으로 실재란 무엇인지를 영영 알아내지 못할 것이다. 자연과학은 실재하는 놈을 탐구하기는 하지만 단적으로 실재란 무엇인지를 탐구하지 않는다. 자연과학은 〈단적으로 실재란 무엇인가〉라는 질문을 아예 다루지 않는다. 자연과학은 항상 잘 정의된 개별 질문들에만 대답한다. 그런 식으로 자연과학은 퍼즐 조각들을 맞추고, 그렇게 맞춰진 조각들로부터 퍼즐의 특정 위치에서 무엇이 관찰될 수 있는지를 다소 확실하게 도출할 수 있다.

이런 숙고에 기초하여 미국 철학자 데이비드 켈로그 루이스는 데이비드 흄의 이름을 따서 명명한 **흄적 수반**Humean supervenience 이론을 내놓았다. 이 이론에 따르면 〈세계와 관련해서 중요한 모든 것의 귀착점은, 세계란 국지적이며 특수한 사실들의 거대한 모자이크라는 것, 단지 작은 사물 하나가 있고 그 다음에 또 다른 작은 사물이 있을 뿐이라는 것이다.〉[203] 일부 철학자들은(특히 흄 본인도 포함해서) 이런 발상에 기초하여, 실재 안에 자연법칙들은 존재하지 않고 단지 개별 사건들만 존재한다고 추측한다. 그런데도 우리가 그 사건들을 자연과학적 모형들 안에서 조립하고, 그 모형들 덕분에 우리는 다소 근거 있는 예측들을 내놓을 수 있다고 말이다. 하지만 루이스는 그렇게 추측하지 않는다. 그는 자연과학에 관한 고유한 이론을 제시했다. 그러나 여기에서 우리는 그 이론을 다루지 않을 것이다. 왜냐하면 루이스의 견해는 이른바 〈반사실적 조건문counterfactual conditional〉에 관한 복잡한 세부 연구와 어떤 가능세계 이론을 전제하기 때문이다.

루이스가 옳은지 여부는 논란거리다. 여기에서 우리가 주목하는 것은, 물리학이 괄목할 만한 발전을 이뤄 낸 것은 다름 아니라 실재를 설명하려 하지 않기 때문이라는 옳은 통찰뿐이다. 오히려 물리학은, 우주의 구조들을 점점 더 정확히 파악할 수 있기 위한 이론적 도구를 개발하는 경험 과학으로 머무는 것에 만족한다. 물리학에서 중요한 것은 실재 전체나 세계 그 자체를 파악하는 것이 아니라, 잘 정의되었으며 원리적으로 실험을 통해 대답할 수 있는 질문들에 대답하는 것이다.

바로 이것을 가련한 파우스트는 안타깝게도 이해하지 못한다. 그는 경험적 탐구의 틀 안에서는 형이상학적 질문들에 최종적으로 대답할 수 없음을 통찰하고 절망에 빠진다.

아하! 이제껏 나는 철학,
법률가 노릇, 의학,
유감스럽게도 신학까지
철저히 공부했어, 뜨거운 열정으로.

그런데 지금 내 꼴을 봐. 난 가련한 멍청이야!

과거보다 더 영리하지 않다고.

호칭은 석사, 심지어 박사인데다가

벌써 십 년째 학생들의 코를 붙들고

위로, 아래로, 비스듬히, 구불구불

끌고 다니지 —

그런데 난 알아. 우린 아무것도 알 수 없어!

정말이지 내 심장이 타버릴 것 같아.

물론 나는 그 모든 멋쟁이,

박사, 석사, 저술가, 성직자들보다 더 영리하지.

어떤 양심의 가책이나 의심도 날 괴롭히지 못해,

지옥도 악마도 두렵지 않아 —

대신에 난 모든 기쁨도 빼앗겼어.

난 무언가를 올바로 안다고 상상하지 않아.

내가 무언가를 가르쳐서

사람들을 향상시키고 전향시킬 수 있다고 상상하지 않아.

더구나 난 땅도 없고 돈도 없어,

명예도 없고 세속적인 영화도 없다고.

개라도 이렇게 더 살고 싶지는 않을 거야!

그래서 나 마법에 귀의했어.

신령의 힘과 입을 통해서

내가 몇몇 비밀을 알게 될지도 모르잖아.

내가 모르는 것을 말하느라

진땀을 흘릴 필요 더는 없어.

무엇이 가장 깊은 곳에서 세계를 결속하는지 안다고,

모든 작용력과 씨를 환히 보지만

이제 더는 말로 표현하지 않는다고,

진땀 흘리며 말할 필요 이젠 없어.[204]

실재란 무엇인가

실재(실재성)란, 대상들과 사실들이 있고, 우리가 그놈들에 대해서 특정한 견해를 품는다는 것이 그놈들에 관한 전부가 아니기 때문에, 우리가 그놈들에 관하여 착각할 수 있다는 사정을 의미한다. 실재하는 놈은 우리의 견해를 수정한다. 우리가 품은 생각의 실재성 때문에 우리는 착각할 수도 있지만 옳을 수도 있다. 이때 명심해야 할 것은, 실재란 사물이거나 사물들이 들어 있는 통이 아니라는 점이다. 오히려 실재는 양상 범주다. 양상 범주의 다른 예들로는 필연성, 가능, 불가능, 우연Kontingenz이 있다(우연성에 대해서는 412면 참조).

방금 간략히 보았듯이, 플라톤과 아리스토텔레스는 양상 범주들을 열거하고 구별하는 작업에 최초로 착수했다. 일반적으로 **범주**란 다른 개념들을 형성하기 위해서 반드시 필요한 개념을 뜻한다. 그러나 오늘날의 철학에서는 과연

범주들이 존재하는지가 논란거리다. 또한 존재한다면, 얼마나 많은 범주들이 존재하는지도 논란거리다.[205]

이런 논란의 배경을 다음과 같이 이해해 볼 수 있다. 우리가 무언가를 통해서 몇몇 놈들을 다른 놈들로부터 구별할 수 있다면, 그 무언가를 일컬어 **개념**이라고 한다. 개의 개념은 개들을 고양이들로부터, 또한 사자들과 귓바퀴들로부터 구별한다. 개의 개념을 어느 정도 아는 사람이라면 이를 안다. 개념들을 열거하는 것은 어려운 일이 아니다. 예컨대 물고기의 개념, 생선 튀김의 개념, 식품 보관용 랩의 개념, 금융 위기의 개념 등이 있다. 또한 개념이 아닌 대상들의 목록을 만드는 것도 어려운 일이 아니다. 물고기들, 생선 튀김들, 식품 보관용 랩들, 금융 위기들이 그런 대상들이다. 물고기의 개념과 물고기 한 마리는 서로 다르다.

우리는 생각 속에서 개념들을 변화시킬 수 있다. 이를테면 물고기의 개념을 생선 튀김의 개념으로 변화시킬 수 있다. 그러나 아쉽게도 물고기의 개념으로부터 생선 튀김을 만들어 낼 수는 없다(만약에 그럴 수 있다면, 기아 문제를 해결하는 것이나 예수의 기적적인 고기잡이를 재현하는 것은 아주 쉬운 일일 터이다). 또한 생선 튀김을 생각과 결합할 수도 없다. 이로써 개념들이 비(非)개념들과 구별된다는 것이 증명되었다(때때로 이론 철학은 아이들의 장난처럼 쉽다).

뿐만 아니라, 우리가 실재를 우리의 개념들을 통해 구성하지 않는다는 것도 증명되었다. 만약에 실재가 그렇게 구성된다면, 물고기의 개념이 물고기와 동일하지 않음을 알아채기가 훨씬 더 어려울 것이다.

그런데 개념들이 비개념들과 구별된다면, ── 이제 약간 더 까다로워진다 ── 개념의 개념이 존재한다는 결론이 나온다. 만약에 개념의 개념이 존재하지 않는다면, 우리는 개념들과 비개념들을 구별할 수 없을 테니까 말이다.

이 모든 것을 최초로 알아챈 인물인 플라톤은 대화편 『소피스테스Sophistes』에서(여담이지만, 이 작품의 첫머리에서 어부의 개념이 다뤄진다) 개념의 개념을 로고스Logos라고 부른다. 이 단어에서 훗날 〈논리Logik〉가 파생되었다. 요컨대 개념의 개념이 존재한다. 개념의 개념이 대체 무엇이냐는 질문은 다행히 이 대목에서는 아직 제쳐 두어도 된다. 왜냐하면 지금 우리는 일단 실재란 무엇인가를 알고자 하니까 말이다. 솔직히 이 포부만 해도 충분히 야심적이긴 하지만 말이다.

그리고 바로 이 대목에서 플라톤이 등장한다. 무슨 말이냐면, 개념의 개념은 다른 개념들과 구별되어야 한다는 것을 플라톤은 깨닫는다. 즉, 플라톤에 따르면, 개념의 개념을 다른 모든 개념들로부터 구별해 주는 특징이 존재해야 한다. 정확히 말하면, 그런 구실을 하는 일련의 특징들(구별 특징들)이 존재해야 하며, 플라톤은 그것들을 〈최고 유들oberste Gattungen〉이라고 칭한다.[206]

그리고 플라톤의 제자 아리스토텔레스는 그 구별 특징들을 〈범주들〉이라고 부른다. 〈범주Katēgoríe〉는 고소 또는 고소장을 뜻하는 희랍어 〈카테고리아kategoria〉에서 유래했다. 범주 덕분에 〈개념〉은 〈개념의 개념〉과 구별된다. 모든 개념들은 일반적으로 범주들을 통해 규정된다. 바꿔 말해, 모든 개념들은 개념의 개념과 구별된다는 점을 통하여 규정된다.

실재 범주가(무언가가 실재한다는 말이) 뜻하는 바는 무언가가 〈한 이데아에 참여한다teilhaben〉(플라톤의 표현)는 것이다. 예컨대 나는 생물의 개념에 참여하며, 당신도 마찬가지다. 그러나 생물의 개념이 무엇인지 말하기는 상당히 어렵다. 무언가가 생물이려면 어떠어떠해야 하는지를 정확히 말해 주는 보편타당한 실질적 정의를 우리는 가지고 있지 않다. 오늘날의 생명과학들은 이런 질문들에 정확하고 명료하게 대답하지 않는다. 물론 물질대사, 성장, 환경의 자극을 수용하고 반응하는 능력 등이 생물의 특징들로 열거되기는 한다. 그러나 온 우주 안의 살아 있는 물질과 살아 있지 않은 물질을 명확하게 구별할 수 있게 해주는 〈생명〉의 정의는 제시되어 있지 않다.

내가 실재함이란 더도 덜도 아니라, 내가 정신적 생물이라는 사정, 바꿔 말해 내가 인간이라는 사정이다. 어쩌면 다른 정신적 생물들도 존재할 수 있을 것이다. 그렇다면 나의 인간임을 특징짓기 위하여 추가로 다른 개념들을 덧붙여야 할 것이다. 그러나 적어도 내가 정신적 생물인 한에서, 나는 실재한다. 자동차회사 아우디Audi의 실재함이란 아우디가 특정 제품들을 생산하고 아우디의 법적 지위를 규정하는 일련의 법규들을 준수함을 뜻한다. 당신이 읽고 있는 이 책이 실재함은, 이 책이 나에 의해 씌어졌음, 이 책이 철학적 생각들을 표현함, 울슈타인 출판사가 내 원고를 교정한 다음에 나와 협의하며 출판했음을 뜻한다.

실재하는 놈은 개념들의 연결망 안에 편입되어 있다. 모든 각각의 개념은 우리를 다른 개념으로 이끈다. 따라서 한 개념을 잘 아는 사람은 다른 개념들도 잘 안다. 이 견해를 〈의미론적 총체주의semantic holism〉라고 하는데, 의미론적 총체주의에 따르면, 우리가 한 개념을 사용할 수 있으려면, 우리는 그 개념과 논리적으로 관련된 수많은 개념들을 사용할 수 있어야 한다.

오늘날의 철학에서 이 입장을 이론적으로 특히 정교하게 옹호하는 인물은 미국 철학자 로버트 보이스 브랜덤이다. 그는 입문서 『이유를 명확히 말하기Articulating Reasons』에서 의미론적 총체주의를 누구나 이해하기 쉽게 서술했다.[207] 〈하바나Havannah〉가 덩치가 아주 작은 개 품종임을 아는 사람은 그 품종이 아마도 사람들에 의해 개량되었음을 안다. 덩치가 아주 작은 개 품종임과 필시 품종 개량을 통해 생겨났음은 논리적으로 연결되어 있다. 전자로부터 후자를 추론할 수 있다. 이처럼 개념들은 연결망을 이룬다.

이런 맥락에서 플라톤은 뜻하지 않게 인터넷의 아이디어를 발견한 인물이라고 할 수 있다. 그는 우리의 개념들이 이룬 맥락을 〈이데아들의 연결〉[208]이라고 부른다. 이로써 그는 정보 시대의 논리적 기반을 향해 첫걸음을 내디딘 셈이다. 오늘날 우리가 〈정보〉라고 부르는 놈은 플라톤의 이데아론에서 말하는 이데아와 상당히 정확하게 일치한다. 정보를 뜻하는 독일어 〈Information〉을 〈In-Formation〉으로 분철해 놓고 보면, 이 단어는 〈특정한 논리적 형태Form를 지녔음〉을 뜻한다. 발신자와 수신자가 주고받는 메시지를 코드로 표기할 수 있는 것은 그 논리적 형태 덕분이다.

인터넷은 논리적 공간이다. 그 공간 안에서 우리는 한 장소에서 다른 장소로 이동할 수 있다. 왜냐하면 논리적 주소들이 있고, 그 주소들이 논리적 원리들을 통해 코드화되고 탈코드화되기 때문이다. 어쩌면 당신도 기억하겠지만, 어떤 코드든지 원리적으로 해킹될 수 있으며 해커로부터 정보를 영원히 보호하는 방화벽은 존재할 수 없다는 사실을 나는 이미 여러 번 강조했는데, 바로 이런 사정이 그 이유다. 코드화될 수 있는 놈은 또한 탈코드화될 수 있다.

우리가 아무리 많은 정보를 보유하고 있더라도, 실재하는 놈은 항상 추가로 정보를 제공한다. 수신자가 정보를 해석할 수 있으려면, 무언가가 생략되어야 한다. 해석 가능한 정보는 개념적 형태를 띤다. 개념적 형태는 추상적이다. 즉, 개념적 형태는 비개념적인 놈에서 무언가를 떼어 버린다(〈추상적〉을 뜻하는 독일어 〈abstrakt〉는 〈떼어 버리다〉를 뜻하는 라틴어 〈abstrahere〉에서 유래했다). 그렇기 때문에 개념적 사유는 전혀 동일하지 않은 대상들을 관련짓고 실제로 같지 않은 놈들을 특정 관점에서 같게 놓을 수 있다. 나의 왼손은 여러 세부 사항에서 나의 오른손과 구별된다. 나의 왼손과 하이디 클룸*의 오른손이 구별된다는 것은 굳이 말할 필요도 없다. 그럼에도 나의 양손과 클룸의 양손은 모두 손이다. 오직 실재하는 상황이 단순화될 수 있을 때만 정보가 우리 앞에 놓여 있게 된다.

실재라는 잡종

실재는 양면을 지녔다. 한편으로 실재에 속한 놈은 반드시 어떤 개념에 참여해야 한다. 다른 한편으로, 우리가 무언가에 대해서 착각할 수 없다면, 그 무언가는 실재하지 않는다. 이 양면을 다음과 같이 더 뚜렷하게 대비시킬 수 있다. 한쪽에는 헤겔이 옹호하는 절대적 관념론의 입장이 있

* 독일 여성 모델.

다. 그는 이 입장을 이런 유명한 문장(헤겔의 이중 문장)으로 요약한다.

이성적인 것은 실재적이며, 실재적인 것은 이성적이다.[209]

관념론의 핵심 발상에 따르면, 오로지 정보를 내보이는 놈만이 실재한다. 바꿔 말해, 어떤 시스템의 관점에서 원리적으로 해석 가능한 놈만이 실재한다. 이 핵심 발상은 우리의 정보 시대를 떠받치는 주요 주춧돌이다. 디지털 혁명과 그것이 약속하는 총체적 연결은 관념론의 기술적 구현이라고 해도 과언이 아니다.

그러나 이것은 실재의 한 측면에 불과하다. 관념론자들이, 실재를 파악하고 우리의 표상에 맞게 변형하는 우리의 능력을 서술하는 작업에 매달리는 것은 우연이 아니다. 이른바 〈초인본주의Transhumanism〉라는 가장 급진적인 버전에서 관념론은 심지어 우리의 신체적 본성의 극복을 추구한다. 반면에 현재 철학계에서 라이프치히 관념론 학파(주요 인물은 제임스 코넌트, 안드레아 케른, 제바스티안 룈, 피르민 슈테켈러-바이토퍼)는 관념론을 인본주의와 결합한다. 그들이 말하는 인본주의는 우리의 자기의식적이며 인간적인 생명을 개념의 개념의 원천으로 여긴다.[210]

초인본주의는 니체의 초인 환상을 기술의 진보를 통해 실현하려는 시도다. 초인본주의는 인간이 순수한 정보로서 실존하는, 더 높은 실존 형태를 추구한다. 초인본주의가 추구하는 인간은 비생물학적 정보권 안에서 살 것이다. 스파이크 존즈의 영화 「그녀」에 나오는 완벽한 인공지능 〈사만다〉를 생각해 보라. 혹은 〈블랙 미러〉나 「로맨틱 컴퓨터」 같은 미래주의적 상상들을 생각해 보라. 관념론은 초인본주의의 세계관을 간접적으로 뒷받침한다. 물론 헤겔과 현재의 독일 관념론자들(대표적으로 라이프치히 대학교와 하이델베르크 대학교의 철학자들)은 인간을, 능가할 수 없는 우주의 절정으로 여기면서 실재를 근본적으로 인간에 정박하려 하지만 말이다.[211]

실재의 또 다른 측면, 즉 우리가 실재에 대해서 착각할 수 있다는 점은 절대적 관념론의 틀 안에서는 당연히 적절하게 파악되지 않는다. 그렇기 때문에 관념론에 맞서서 예로부터 늘 실재론이 존재한다.

실재론은, 우리가 우리의 견해를 실재하는 사정에 맞춰야 한다는 것을 실재의 결정적 특징으로 간주한다. 실재하는 놈이 우리의 인식 장치에 완벽하게 맞춰져 있는 것은 아니다. 심지어 실재하는 놈은 우리에게 나타나는 모습과 전혀 다를 수도 있다. 그렇기 때문에 실재론은, 실재하는 놈을 이해하되, 실재하는 놈은 우리를 늘 놀라게 할 수 있다는 사정에 맞게 이해한다. 실재론에 따르면, 실재는 인식

가능하며 우리가 항상 착각하는 것은 아니라는 점은 명백하다. 하지만 그렇다고 해서, 실재가 우리에게 맞춰져 있다는 뜻은 아니다. 단지 우리가 실재의 일부를 인식하고 다른 일부를 인식하지 못한다는 뜻이다. 신실재론은, 〈실재는 원리적으로 인식 가능한가〉라는 질문을 극복한다. 왜냐하면 신실재론은 실재란 모든 것을 포괄하는 대상 영역이라는 생각을 일관되게 거부하기 때문이다. 반대로 실재성이 하나의 양상 범주인 한에서, 실재는 원리적으로 인식 가능하다.

이와 관련해서 현재의 프랑스 철학에서는 하이데거의 후기 철학에 기대어 〈사건Ereignis〉이 거론된다. 〈사건〉에 관해서는 하이데거 역시 앙리 베르그송의 영향을 받았다. 하지만 그는 베르그송으로부터 거리를 둔다. 독일에서 베르그송은 과소평가되는데, 다름 아니라 하이데거가 그를 험담했기 때문이다. 베르그송은 당대에 아인슈타인 등과 대등하게 논쟁했으며 뛰어난 글솜씨로 1927년에 노벨문학상을 받았다. 베르그송과 아인슈타인이 친한 사이가 아니었다는 점도 베르그송의 평판이 (실은 부당하게) 깎이는 원인이 되었다.

실재론에 따르면, 실재는 사건의 성격을 띤다. 바꿔 말해, 실재가 어떻게 전개될지는 원리적으로 결코 완벽하게 예언할 수 없다. 실재하는 놈의 구조를 우리의 모형으로 파악하려 할 때, 그 모형이 그놈에 아무리 잘 맞춰져 있다 하더라도, 그 모형을 통해 실재가 완벽하게 투명해지는 일은 결코 일어나지 않을 것이다. 물론 실재는 철저히 구조화되어 있을 수도 있다. 그러나 정확히 어떻게 구조화되어 있는지를 우리는 원리적으로 결코 완벽하게 알아내지 못할 것이다. 그렇기 때문에 하이데거는 전통적인 철학이 실재를 파악한다는 것 자체도 신뢰하지 않는다. 왜냐하면 그렇다면 전통적인 철학은 하이데거가 보기에 사건이 들어설 공간을 남겨 두지 않기 때문이다. 그리하여 그는 철학을 기꺼이 극복하고 스스로 〈다른 시작anderer Anfang〉이라고 부른 전혀 다른 사유로 대체하고자 한다. 이 대목에서도 우리는 그를 따르지 말아야 한다.

사건과 실재론의 도달 범위에 대한 숙고는 지난 몇 십 년 동안 현재의 철학을 처음엔 사변적 실재론으로, 이어서 신실재론으로 이끌었다. 프랑스 철학자 캉탱 메이야수는 획기적인 저서 『유한성 이후Après la finitude』에서 사건 논제를 첨예하게 부각했다.[212] 메이야수의 **사변적 실재론**에 따르면, 실재는 매 순간 이제껏 우리에게 나타난 모습과 근본적으로 달라질 수 있다. 어떤 이유도 없이 지금 내 소파 옆에서 알라딘이 튀어나와 옳다고 여겨지는 모든 자연법칙들을 위반할 수도 있다. 우주가 갑자기 멈출 수도 있고, 새로운 신이 무로부터 발생할 수도 있다. 메이야슈에 따르면, 우리가 확실히 인식할 수 있는 것은 오로지 실재의 근본적 우연성뿐이다.

우연성Kontingenz이란 다를-수-있음이다. 우연적인 놈은 지금 이대로일 수도 있고 다를 수도 있다. 바꿔 말해, 지금 그놈이 이러이러하다면, 아무튼 필연적으로 이러이러한 것은 아니다. 메이야수에 따르면, 유일한 필연성은 우연성의 필연성뿐이다.

그러나 절대적 관념론자들과 마찬가지로 사변적 실재론자들도 실재의 한 측면을 과장한다. 한쪽(절대적 관념론자들)은 실재의 인식 가능성을 과대평가하고, 다른 쪽(사변적 실재론자들)은 실재의 인식 가능성을 과소평가한다.

그렇기 때문에 신실재론은 중간 위치를 선택한다. 신실재론에 따르면, 실재는 잡종Zwitterwesen이다. 〈잡종〉을 뜻하는 라틴어 〈neutrum〉을 〈ne-utrum〉으로 분철해 놓고 보면, 이 단어는 〈이쪽도 아니고 저쪽도 아닌 놈〉을 뜻한다. 그래서 나는 인식론에 대한 나 자신의 기여를 **중립적 실재론** neutral Realismus이라고도 부른다. 중립적 실재론이란, 실재는 인간에게 온전히 인식 가능하지도 않고 인간의 인식에서 원리적으로 벗어나 있지도 않다는 입장이다.[213] 실재는 실재다. 나와 함께 신실재론을 옹호하는 프랑스 철학자 조슬랭 브누아가 반어적으로 말했듯이, 〈이것이 실재의 정의(定義)다〉.[214] 실재는 우리가 실재에 대한 우리의 견해를 간단히 바꾸는 것을 통하여 제거되지 않는다. 바로 그렇기 때문에 우리는 실재에 대해서 착각할 수 있다.

물고기, 물고기, 물고기

〈물고기〉라는 표현은 적어도 세 가지 방식으로 사용될 수 있다.

1. 〈물고기〉는 세 글자로 된 한 단어를 가리킬 수 있다. 이런 의미에서 우리는 〈물고기〉를 적을 수 있다.

2. 〈물고기〉라는 단어는 물고기의 개념을 표현할 수 있다. 예컨대 이런 문장에서 그러하다. 〈돌고래는 물고기가 아니다.〉

3. 물고기의 개념은 물고기들에 관한 생각 속에서 특정한 생물들 곧 물고기들을 가리킨다. 이렇게 개념은 무언가의 경계선으로 둘러싸는데, 그 무언가를 〈실사(實事)Sache〉라고 부르자.

추가로 용어 정리가 필요하다. 〈단어〉는 우리가 적을 수 있고 다른 언어로 번역할 수 있는 무언가다. 〈물고기〉는 영어로 〈fish〉, 스페인어로 〈pescado〉다. 개념은 생각의 한 요소인데, 이 요소 덕분에 논리적 관계들이 맺어질 수 있다 (133면 참조). 예컨대 물고기의 개념은 포유동물의 개념과 구별된다. 물고기의 개념은 여러 종들을 아우른다. 이 밖에도 많은 논리적 관계들이 성립한다. 요컨대 단어로 표기할 수 있는 실사는 생각의 부분인 개념이 다루는 바다.

우리는 실사를 개념들 안에서 숙고하고, 이 숙고를 단어들로 표현한다. 우리의 생각은 개념적으로 포맷되어 있지만 언어적으로 포맷되어 있지는 않다. 우리는 스페인어나 독일어로 생각하지 않는다. 물론 예컨대 스페인어로 꿈을 꾸는 경우는 때때로 있지만 말이다. 생각은 말이 없다.

우리가 모어로 사용하는 자연 언어 — 예컨대 나에게는 독일어 — 는 우리의 생각하기에 영향을 미친다. 그러나 자연 언어가 우리의 생각하기를 제한하는 것은 아니다. 그렇기 때문에 우리는 외국어를 배우고 늘 새로운 문장들을 고안할 수 있다. 당신이 지금 읽는 책에 등장하는 문장들 중 대다수는 과거에 발설되거나 인쇄된 일이 전혀 없다. 매일 무수한 독일어 사용자들이 이제껏 누구도 사용한 적 없는 문장을 무수히 사용한다.

이것은 언어가 우리의 생각들을 제한하지 않기 때문에 가능한 일이다. 물론 자연 언어와 생각하기는 결정적인 연관성이 있는데, 그 연관성의 핵심은, 자연 언어의 도움으로 우리가 생각들의 윤곽을 더 잘 그리고 흔히 불분명하게 뒤섞여 떠오르는 다양한 생각들을 명확히 구별한다는 점이다. 그렇기 때문에 시(詩)가 냉철한 진술보다 더 정확할 수도 있다. 왜냐하면 시는 생각들의 뉘앙스를 더 정확히 파악

414

할 수 있게 해주기 때문이다. 한 예로 라이너 마리아 릴케의 『두이노의 비가*Duineser Elegien*』 제8편에 등장하는 더없이 정확한 표현을 보자.

자궁에서 나왔는데 날아야 하는 놈은
얼마나 당혹스러울까. 자기 자신에 경악한 듯,
찻잔에 금이 갈 때처럼,
쏜살 같이 공중을 가로지른다.
그렇게 박쥐의 궤적이
저녁의 도자기에 균열을 낸다.

그리고 우리, 구경꾼들, 늘, 어디에서나,
그 모든 것을 마주하며 결코 벗어나지 못한다!
그 모든 것이 우리를 넘치도록 채운다.
우리는 그것을 정리한다. 그것은 깨져 흩어진다.
우리는 다시 정리하며 스스로 깨져 흩어진다.[215]

이 시에서 릴케는 박쥐로 산다는 것은 어떤 것인지 묘사한다. 지난 세기의 가장 유명한 철학 논문들 중 하나인 「박쥐로 산다는 것은 어떤 것일까?What is it like to be a bat?」에서 미국 철학자 토머스 네이글은, 박쥐로 산다는 것이 어떤 것일지를 그로서는 상상할 수 없다고 주장한다.[216] 왜냐하면 그 상상을 위한 언어를 그가 보유하지 않았기 때문이라고 네이글은 말한다. 당연히 우리 중 누구도 지금 박쥐일수 없으며 박쥐의 체험을 말하자면 박쥐의 내면에서 똑같이 느낄 수 없다. 먼 미래에 우리가 외과 수술을 통해 우리의 의식적 삶의 신경생리학적 토대에 개입하여 우리가 정말 박쥐로 된 환각이나 꿈을 일으킬 수 있게 된다면, 그런 똑같이 느끼기를 거론할 수 있게 될지도 모르겠다. 그러나이런 얘기는 순전히 과학허구이며, 엄밀히 따지면 그 외과수술은 우리에게 박쥐로 된 느낌을 주는 것을 넘어서 우리를 박쥐로 만들 것이다.

그러나 위 시에서 릴케는, 그의 언어적 표현을 제한적으로 이해한다면 불가능할 듯한 무언가를 해낸다. 즉, 어떤느낌을 포획한다. 릴케가 〈도자기〉에 비유하는 어느 저녁의 단조로움을 박쥐의 비행이 깨뜨린다. 이 상황은 많은 것을 연상시킨다. 여름 저녁에 누군가가 테라스에 말없이 앉아 도자기 잔에 담긴 차를 마시는 장면이 쉽게 떠오른다. 왠지 그가 느긋하게 차를 마신다는 느낌이 든다. 갑자기 박쥐 한 마리가 나타나고, 그는 깜짝 놀란다. 어쩌면 찻잔이떨어져 깨지기까지 할 것이다. 하지만 우리의 느긋한, 말하자면 평탄한 체험이 박쥐를 통해 자연발생적으로 깨지는것으로 충분하다. 체험된 실재의 표면이 그렇게 깨지는 것을 릴케는 박쥐의 당혹감에 빗댄다. 박쥐는 자신의 체험의 흔적을 우리의 체험 안에 남긴다. 내가 인용한 연의 첫머리에서 언급되는 모기도 마찬가지다.

> 오, 작은 피조물의 더없는 행복이여,
> 자기를 품은 자궁 안에 늘 머무르는 피조물.
> 오, 짝짓기 할 때조차도 여전히 안에서 뛰노는
> 모기의 행복이여: 만물이 자궁이므로.[217]

시적 표현은 일련의 생각들이 더 명확하게 발설되도록 돕는다. 시 쓰기는 흐릿하게 만들기가 아니다. 오히려 흔히 정반대로 이제껏 발설되지 못한 생각들을 꺼내 놓는 시도다. 이런 식으로 시 쓰기는 우리의 생각하기를 확장한다. 그야말로 우리의 말문을 막기 때문에 우리가 의식적으로 파악할 수 없는 무수한 생각들이 우리의 생각하기 안에서 북적거리고, 시 쓰기는 그런 생각하기를 확장한다.

몇 페이지 전부터 우리 논의의 중심에 놓인 개념의 개념은 적절한 언어가 발견되었을 때 비로소 파악된다. 〈개념 Begriff〉은 원래 은유적 표현이며 〈움켜쥐기greifen〉와 관련이 있다. 우리는 생각을 〈붙잡을〉 수 있고 실재에 〈접근〉(Zugriff 혹은 Zugang)할 수 있다. 〈은유Methapher〉라는 단어 자체도 은유적 표현이다.

이미 보았듯이, 철학과 과학의 많은 표현들은 은유적이

다. 생각하기의 역사에서는 새로운 생각을 명확히 발설하기 위하여 새로운 표현을 만들어 내는 것이 불가피하다. 그 표현은 본래 은유, 곧 생각과 문장 사이를 잇는 다리다. 은유의 어원인 희랍어 〈metapherein〉을 직역하면 〈너머로-운반하기Über-Tragung〉다. 요컨대 은유는 (내가 지금 논하는 은유의 개념을 은유법으로 설명하자면) 무언가를 한쪽 물가에서 반대쪽 물가로 운반한다. 한쪽 물가는 실재하는 생각들, 반대쪽 물가는 실재하는 언어다. 은유가 없으면 우리는 새로운 생각을 표현할 수 없다.

생각이 표현되고 나면, 곧바로 우리는 그것을 번역할 수 있다. 그렇기 때문에 우리는 자연 언어 문장들의 번역으로 간주할 수 있는 형식적 시스템들을 개발할 수 있다. 나는 〈둘 더하기 둘은 넷이다〉라는 문장을 〈2 + 2 = 4〉라는 문장으로 번역할 수 있다. 그러나 2 + 2 = 4라는 생각은 전혀 다르게 표현될 수도 있다. 예컨대 손가락 세기를 통해서, 혹은 사과 두 개와 배 두 개를 늘어놓기를 통해서 표현될 수 있다.

우리의 표현 능력은 언어 능력과 관련이 있다. 그러나 그렇다고 해서 언어가 우리의 생각하기 방식을 결정한다는 결론을 내려서는 안 된다. 〈나의 언어의 한계는 나의 세계의 한계를 의미한다〉라는 비트겐슈타인의 유명한 문장은 옳지 않다.[218] 여담이지만, 비트겐슈타인 본인도 나중에 이 문장의 오류를 깨달았으며 그래서 우리의 언어 사용에 더 잘 부합하는 새로운 언어철학을 내놓았다.

개념의 개념 같은 중대한 개념들은 우리에게 오직 은유로만 표현된다. 그렇기 때문에 고대 그리스뿐 아니라 고대 중국과 인도에서도 최초의 철학적 진술들은 오늘날의 기준에서 보면 한결같이 시적이다. 토막글로만 전승된 서양의 가장 오래된 철학 이론들은 모두 운문이나 수수께끼 격언Rätselspruch으로 발언한다. 소크라테스 이전 철학자들은 적절한 언어, 곧 철학의 언어를 처음으로 고안해야 했다. 그런 다음에야 플라톤과 아리스토텔레스가 이 활동을 〈철학〉으로 명명하고 체계화할 수 있었다. 그 과정에서 그들은 새로운 생각들을 표현하기 위하여 다시금 새로운 은유들을 사용했는데, 플라톤의 대화편들에서 거듭 등장하는 출생의 은유들이 이 사실을 전해 준다. 낭만주의 철학자 프리드리히 빌헬름 요제프 셸링은 한걸음 더 나아가 생각하기 자체를 말하자면 상설 분만실ständiger Kreißsaal로 묘사한다.

모든 출생은 어둠으로부터 빛으로의 출생이다. 씨앗은 땅 속으로 들어가 암흑 속에서 죽어야 한다. 이는 더 아름다운 빛모습이 솟아나 햇빛을 받으며 펼쳐지기 위해서다. 인간은 자궁 안에서 형성된다. 그리고 무(無)지성의 어둠Dunkeln des Verstandlosen으로부터(느낌, 그리움, 더없이 멋진 인식의

어머니로부터) 비로소 환한 생각들이 성장한다.[219]

생각의 명확한 표현의 모범은 형식적·수학적 논리라는
견해는 20세기에 이론 철학에서 널리 퍼진 커다란 오류다.
특히 두드러지게 눈에 띄는 점은 이것인데, 이 견해가 옳음
을 증명하는, 명확성Klarheit에 관한 이론은 단 하나도 없다.

대체 명확성이란 무엇일까? 철학사에서 이 질문에 대한
연구에 결정적으로 기여한 인물들로 데카르트, 라이프니
츠, 비트겐슈타인을 꼽을 수 있다. 안타깝게도 이들의 이론
에서와 달리 현재의 철학에서 〈명확성〉이라는 표현은 대개
매우 불명확하게 사용된다. 〈명확성〉이라는 단어를 그렇게
자명한 듯이 불명확하게 다루는 관행의 바탕에 깔린 오류
의 정체를 쉽게 지목할 수 있다. 그 오류는, 오늘날 우리가
발달된 형식적 도구들(계산법들)을 보유한 것에서 비롯된
다. 그 도구들은 생각들 사이의 논리적 관계를 추상적인 층
위에서 명확하게 밝혀 준다.

이 대목에서 학교 수업에서 나올 법한 간단한 사례 하나
를 생각해 보자. 교육 과정의 어느 단계에서 우리는 $2 + 3 =
3 + 2, 7 + 4 = 4 + 7, 5 + 1 = 1 + 5$가 어떤 공통점을 지녔음
을 배운다. 그 공통점을 〈$a + b = b + a$〉로 표현할 수 있다.
이 대수학적 표현은 기존에 우리에게 은폐되어 있던 무언
가를 보여 준다. 그 무언가는 우리가 알아채기도 전에 수에

관한 우리의 생각들을 규정해 온 한 수학 법칙이다. $a + b = b + a$를 이해하면, 우리는 명확성에 도달한다. 이런 식으로 우리는 많은 생각 노동을 면할 수 있게 된다.

이 과정을 〈추상화Abstraktion〉라고 부를 수 있다. 추상화란 여러 사례들에 기초하여 일반적 규칙을 파악하기다. 우리는 추상화할 수 있기 때문에 추상적 생각을 표현할 수 있다. 추상화는 하나의 번역 과정이다. 우리는 기존에 다르게 표현했던 생각들을 형식 언어로 번역한다.

그러나 반대 방향의 생각하기 과정도 존재하며, 그 과정은 최소한 추상화에 못지않게 중요하다. 그 과정을 〈구체화Konkretion〉라고 부르자. **구체화**란 규칙이나 이론적 관계를 예증하기에 적합한 사례를 발견하는 과정이다.

철학의 과제는 추상화에 국한되지 않는다. 구체화도 똑같이 중요하다. 철학적 사유의 중요한 의의(意義) 하나는 추상적 생각들의 나라와 구체적 생각들의 나라 사이를 외교적으로 매개하는 것이다.

칸트는 감탄을 자아내는 논문 「사유 안에서 방향 잡기란 무엇인가?Was heißt: sich im Denken orientieren?」에서 그 두 나라의 차이를 나름의 방식으로 언급하는 것으로 말문을 연다.

우리가 우리의 개념들을 아무리 높은 곳에 놓고 감성으

로부터 아무리 잘 추상화하더라도, 그 개념들에는 여전히 그림의 성격을 띤 표상들이 붙어 있다. 그 표상들의 고유한 임무는 경험에서 도출되지 않은 그 개념들을 경험에 사용할 수 있게 만드는 것이다. 만약에 우리의 개념들 아래에 (궁극적으로 항상 어떤 가능한 경험의 사례여야 하는) 어떤 직관이 놓여 있지 않다면, 어떻게 우리가 그 개념에 뜻Sinn과 의미Bedeutung를 부여하겠는가? 훗날 우리가 이런 구체적 지성 활동으로부터 그림의 혼입을 — 처음엔 감각을 통한 우연적 지각의 혼입을, 그 다음엔 심지어 무릇 순수한 감각적 직관의 혼입을 — 제거한다면, 저 순수한 지성 개념이 남을 것이며, 이제 그 개념의 범위는 확장되어 무릇 생각하기의 한 규칙을 포함할 것이다. 일반 논리학도 그런 식으로 발생했다. 그리고 몇몇 발견법적인heuristisch 사유 방법들은 어쩌면 우리 지성과 이성의 경험적 사용 안에 여전히 숨어 있을 것이며, 우리가 그 방법들을 저 경험으로부터 조심스럽게 끄집어낼 줄 안다면, 그 방법들은 아마도 몇몇 유용한 원칙들을 보태 줌으로써 심지어 추상적 사유에서도 철학을 풍부하게 할 수 있을 것이다.[220]

철학은 수학처럼 추상적이지도 않고 시 쓰기처럼 구체적이지도 않다. 비록 20세기의 몇몇 사상가들은 철학을 수학이나 시 쓰기와 동일시하려 했지만 말이다. 양쪽으로 엇나간 그 극단적 입장들을 대표하는 유명 사상가들이 있다. 대표적으로 러셀과 루돌프 카르납은 철학을 수학과 동일시했고, 비트겐슈타인과 하이데거는 철학을 시 쓰기와 동일시했다. 러셀은 철학을 일종의 수학으로 간주했고 그래서 〈수리철학mathematical philosophy〉이라는, 오해를 유발하는 표현을 고안했다. 반면에 하이데거는 시 쓰기와 생각하기를 동일시하려 했다. 그럼으로써 그는, 자신은 〈단지 바보! 단지 시인!〉이라고 말한 니체의 유산을 이어받으려 했다.[221] 러셀은 철학을 추상화에 귀의시키려 했고, 하이데거는 구체화에 귀의시키려 했다. 볼프람 호그레베는 훌륭하게 완성된 간략한 저서에서 그러한 하이데거의 시도를 〈위험하게 삶에 밀착하기〉라고 분석했다.[222]

양쪽 전략 모두 허용할 수 없으며 제각각 나쁜 환원주의다. **나쁜 환원주의**는 한 사유 유형을 다른 사유 유형으로 환원한다. 이때 둘째 유형은 본질적인 것을 누락하고 따라서 현혹된 관점으로 귀결된다. 내가 『나는 뇌가 아니다』에서 〈신경중심주의〉라고 칭한 입장은 오늘날 창궐하는 특히 나쁜 환원주의의 한 예다. 신경중심주의는 사유 과정과 뇌 과정을 동일시한다. 예컨대 과거에 하인리히 하이네가 그랬듯이, 요새 내가 밤에 (2017년 9월의 총선 이후 정부가 위기에 처한) 독일을 생각하면 잠이 싹 달아난다. 독일을 생각하기는 어떤 뇌 과정과 동일할 수 없다. 무슨 말이냐면,

당신이 독일을 생각하면, 그 생각 안에서 독일이 등장한다. 독일은 독일에 관한 생각의 일부다. 그렇지 않다면, 그 생각은 다른 무언가에 관한 생각일 터이다. 그러나 독일은 내 뇌의 일부가 아니다. 내 두개골 속에는 독일이 들어갈 자리가 결코 없다. 내 두개골 속에 들어가기에는 독일의 영토가 너무 크다.

생각하기를 〈수학적 생각을 추상적으로 붙잡기〉로 환원하는 것, 혹은 거꾸로 사유를 〈추상적 생각의 구체화를 통해 (예들에 비추어) 이해하기〉로 환원하는 것은 허용할 수 없는, 따라서 나쁜 환원주의의 오류를 범하는 것이다. 설령 오늘날 전문 철학자 공동체의 몇몇 구성원들이 기꺼이 수학자나 시인이 되어 버렸다 하더라도, 철학은 여전히 철학이다.

가물거리는 실재

다시 실재로 돌아가자! 이미 명확해졌듯이, 물고기는 물고기와 같지 않다. 단어, 개념, 사태의 구별(413면 참조)을 이제 실재에 적용해 보자. 〈실재〉라는 단어는 실재의 개념을 표현한다. 사태로서의 실재를 나는 〈실재하는 놈das Wirkliche〉이라고 부른다. 이는 오늘날 만연한 어떤 혼란을 피하기 위해서다. 그 혼란은 세계상의 제작이다. **세계상이란 존재하는 모든 것이 존재하는 모든 것과 어떻게 관련되**

어 있는지에 관한 견해다. 세계상은 만물에 관한 이론에 열
중한다. 세계상은 사람들이 어떤 실재하는 놈(예컨대 바리
온적 물질이나 유전자)을 끄집어내어 움켜쥐고 그놈을 기
초로 삼아서 다른 모든 실재하는 놈이 어떠한지에 관한 그
림을 그리는 것을 통하여 발생한다. 요컨대 사람들은 어떤
실재하는 놈을 보편타당한 표준으로 간주한다. 세계상은
단 하나의 실재가 존재한다고 여기면서 그 실재를 거대한
통과 동일시하거나 최소한 모든 실재하는 놈이 공유한 기
본 특징과 동일시한다.

오늘날 특히 널리 퍼진 두 가지 세계상이 있다. 하나는
투박한 유물론, 다른 하나는 종교적 근본주의다. **투박한 유
물론**에 따르면, 실재는 오로지 물질-에너지적 구조들로만
이루어졌다. **종교적 근본주의**는, 물질-에너지적 구조들은
신이 우리의 영혼을 시험하기 위하여 연출하는 감각적 가
상의 세계에 불과하다고 여긴다. 따라서 감각적 세계 너머
에 다른 세계가 있다는 것이 종교적 근본주의의 견해다. 일
찍이 니체는 그 다른 세계를 조롱하는 투로 〈배후 세계
Hinterwelt〉라고 칭한 바 있다.[223]

서로 싸우는 이 양쪽 진영은 모두 틀렸다. 왜냐하면 양쪽
모두 다음과 같은 오류를 범하기 때문이다. 즉, 양 진영은
정말로 실재하는 무언가를 선별한 다음에 (상당히 임의적
인) 그 선별에 기초하여 자신들이 모든 실재하는 놈의 표준

을 발견했다고 결론짓는다. 이 결론을 토대로 그들은 세계상을 제작한다. 그리하여 이런 틀 안에서 〈유일무이한 실재〉라는 거대한 대상 영역의 표상이 발생한다. 모든 사물들을 포괄하는 단 하나의 총체적 집단으로서의 실재가 존재한다고 믿는 사람은 개념과 사태를 혼동하는 것이다.

실재의 개념은 그 자체로 실재한다. 더 나아가 실재는 당연히 실재하는 놈이다. 왜냐하면 우리가 실재에 대하여 착각할 수 있으니까 말이다. 실재에 관한 다양한 배타적 이론들이 존재하므로, 그 이론들 가운데 하나는 옳고 나머지는 틀릴 가능성이 있다(신실재론이 옳은 것은 당연하고). 따라서 실재는 실재하는 놈일뿐더러 단지 실재하는 놈으로 머물지 않는다. 왜냐하면 실재가 없다면, 우리는 아무것도 생각할 수 없을 테니까 말이다.

투박한 유물론은 때때로, 오직 원인-결과 관계로 묶여 있는 놈만 실재한다는 견해를 내세운다. 실재를 뜻하는 독일어 〈Wirklichkeit〉를 〈Wirk-lichkeit〉로 분철해 놓고 보면, 오직 다른 놈에게 작용할einwirken 수 있는 놈만 실재한다는 생각을 하게 된다. 원인-결과 관계를 가리키는 전문용어는 **인과성**이다. 요컨대 투박한 유물론은 실재성을 인과성으로 환원한다. 그러나 이 환원은 막다른 길로 접어드는 것과 같다. 왜냐하면 인과성으로부터 실재성을 역추론하려면, 인과성에 관한 이론(인과 이론)이 필요하기 때문이다. 서로 경쟁하는 인과 이론들이 존재하며, 그것들은 철학뿐 아니라 자연과학과 사회과학에서도 개발되고 논의된다.[224] 여기에서 모든 인과 이론들을 살펴볼 수는 없다. 하지만 그 이론들에서 나온, 실재성과 관련해서 중요한 최종 결론은 이것이다. 〈인과성을 한 물질적 사물이 다른 물질적 사물을 이리저리 밀치는 것으로 이해해서는 안 된다〉(186면 이하 참조). 왜냐하면 인과성이 모든 사례에서 에너지 전달 과정인 것은 아니기 때문이다.

아무튼 두 시스템 A와 B 사이의 인과 관계는 한낱 상관성 그 이상이다. 이를 간단한 예에서 확인할 수 있다. 내가 태어난 이래로 매일 아침 해가 뜬다. 내가 태어난 이래로 나는 거의 매일 무언가를 먹는다. 그러나 매일 해가 뜨는 것은 내가 매일 빵을 먹는 원인이 아니다(물론 태양이 없으면 빵도 없겠지만). 이처럼 일출은 내가 영양을 섭취한다는 사실과 상관성이 있지만, 일출이 그 사실을 일으키는 원인은 아니다. 거꾸로 나의 영양 섭취가 일출을 일으키는 원인인 것도 아니다. 규칙적으로 함께 일어나는 모든 일들이 원인-결과 관계로 묶여 있는 것은 아니다. 그렇기 때문에 사람들은 한낱 상관성(사건들의 규칙적인 공동 발생)과 진짜 인과성을 구별한다.

진짜 인과성은 물리적 영역 바깥에도 존재한다. 1970년대에 스티븐 호킹과 함께 시공의 구조에 관한 책을 써서 많은 주목을 받은 남아프리카공화국의 우주론자 조지 프랜시스 레이너 엘리스는 최근에 위에서 아래로 향하는 인과성(하향 인과성)의 존재를 지적했다.[225] 예컨대 법정의 징역형 선고는 해당 피고인이 특정 장소(교도소)에 있게 되는 결과를 일으킬 수 있다. 요컨대 판결이라는 추상적 사건이 물질의 시공적 분포를 변화시킬 수 있다. 따라서 인과성이 항상 물질적인 놈에서 정신적인 놈으로(아래에서 위로) 향한다는 것은 옳지 않다. 오직 물질적이 놈만 존재한다는 것은 더욱더 옳지 않다. 이 터무니없는 견해에 도달하려면, 먼저 어떤 그릇된 인과 이론을 채택해야 하는데, 그 이론은 우리를 오도하여 물질-에너지적인 놈만 실재하는 놈으로 인정하도록 만든다. 맥락은 그 안에 편입된 요소들의 행동에 영향을 미친다. 이것은 우주에 대해서도 타당하다. 우주는 간단히 기본 입자들로 이루어지지 않았다. 왜냐하면 기본 입자들도 빅뱅의 초기 조건들로부터 유래했으며, 그 조건들은 위로부터 아래를(전체로부터 부분들을) 향해 조직화되어 있는 맥락을 형성하기 때문이다.

결론적으로 진짜 자연과학, 사회과학, 정신과학은 유물론적 세계상을 전혀 뒷받침하지 않는다. 뿐만 아니라 그 과학들은 유물론적 세계상에 의존하지도 않는다. 투박한 유물론은 많은 추종자들을 거느렸지만, 그렇다고 해서 그 세계상이 진지하게 취급해야 할 과학적 이론인 것은 아니다.

투박한 유물론은 오히려 일종의 미신, 기껏해야 과학적 성과들로부터 사이비과학적 결론들을 끌어내는 미신이다.[226]

자연과학이나 사회과학, 또는 정신과학의 성과로부터 실재 전체의 구조에 관한 형이상학적 귀결이 나오는 일은 결코 없다. 그렇기 때문에 오늘날 여전히 만연한 자연주의, 곧 모든 실재를 자연과학적 포맷에 맞추려 하고 그럼으로써 투박한 유물론을 지원하는 자연주의는 진정한 과학적 주장이 아니라 사이비과학이다.

하지만 그렇다고 해서 반대편의 종교적 근본주의에 귀의하는 것은 이미 오래전부터 허용되지 않는 선택이다. 유물론이 틀렸다는 것으로부터 신이 물질이나 우주를 존재하게 만든 원인이라는 결론이 나온다는 믿음 역시 미신의 한 형태다. 일신교 종교들과 다신교 종교들(예컨대 힌두교)의 창조 이야기들은 우주의 발생에 관한 과학적 이론을 포함하고 있지 않다. 왜냐하면 자연과학적 탐구의 대상 영역으로서 우주의 개념은 고전적 창조 이야기들이 만들어질 당시에 전혀 알려져 있지 않았기 때문이다.

이 대목에서, 종교적 경전들의 저자는 신이나 신들로부터 직접 영감을 받았다는 점을 강조하며 반발하는 것은 도움이 되지 않을 것이다. 그 저자들은 유물론적 세계상을 가지고 있지 않았다. 또한 신도 그런 세계상을 가지고 있지 않다. 따라서 종교적 근본주의자의 입장에 따르더라도, 창조 이야기의 핵심은 순전히 물질적인 우주의 발생을 서술하는 것일 수 없다. 창조 이야기는 운문으로 된 물리학이 아니다. 엄밀히 따지면, 유일무이하게 타당한 창조 이야기가 단적으로 존재하는 것은 어차피 아니다. 오히려 이를테면 『성서』나 『쿠란』에 나오는 다양한 창조 이야기들이 개별적으로 존재할 따름이다. 예컨대 힌두교의 바탕에 깔린 다채로운 창조 이야기들은 거론할 필요도 없을 것이다.

수많은 전근대의 고도 문화들에서 나타나는 창조 이야기와 창조 신화의 의미를 더 정확히 밝혀내는 것은 신학, 종교철학, 문학, 종교학, 정신과학, 기타 몇몇 학문의 과제다. 여기에서 나는 종교철학에 붙박이고 싶지 않다. 다만, 몇 가지를 지적하고 싶다. 일신교 종교들이 믿는 신이 우리가 전혀 이해할 수 없는 행위를 통해 마치 마술사처럼 모자 속에서 바리온적 물질과 암흑물질을 꺼낸다는 믿음은 미신의 한 형태다. 태초에 신이 하늘과 땅을 창조했다는 것은, 태초에 신이 바리온적 물질과 암흑물질을 창조했다는 것을 의미하지 않는다. 어떤 종교의 경전도 바리온적 물질이나 암흑물질을 언급하지 않는다. 따라서 일신교가 신을 창조자로 지목할 때 하고자 하는 말은 신이 순수하게 물질적인 실재를 창조했다는 것이 전혀 아니다. 왜냐하면 신은 또한 생물과 인간의 창조자로 간주되며, 많은 신자들은 인간에게 불멸의 영혼이 있다고 인정하니까 말이다. 불멸의 영혼은 바리온적 물질과 암흑물질로 이루어지지 않았을 터이다.

요컨대 과학적이라고 자부하는 한 세계상과 종교적이라고 자부하는 또 하나의 세계상이 벌이는 싸움, 현재 특히 미국에서 상당한 열기와 사회정치적 귀결들을 동반하고 벌어지는 그 싸움은 두 형태의 미신 사이의 싸움이다. 진짜 과학과 진짜 종교는 유물론적 세계상(이나 다른 세계상)에 얽매이지 않는다. 물질뿐 아니라 많은 것들이 실재한다. 이를 **실재하는 놈의 비균질성**Heterogenität des Wirklichen이라고 부르자(희랍어에서 〈heteros =다름, 다양함〉, 〈genos = 유형〉). 실재하는 놈의 유형은 다양하다. 그럼에도 우리는 하나의 동질적인 실재의 개념을 지녔다. 그 개념의 핵심은, 우리가 실재하는 놈에 대해서 착각할 수도 있지만 또한 실재하는 놈을 파악할 수도 있다는 것이다. 우리는 몇몇 실재하는 놈을 인식했고 다른 실재하는 놈들을 아직 인식하지 못했다. 많은 실재하는 놈들을 우리는 영영 인식하지 못할 것이다. 그런 놈들은 다양한 이유에서 우리에게는 영영 인식 불가능하다.

카이사르의 머리카락은 몇 개?

더없이 일상적으로 실재하지만 우리의 인식을 영원히 벗어나 있는 사항들도 있다. 율리우스 카이사르를 생각해 보라. 이 인물은 기원전 49년 1월 10일에 루비콘강을 건넌 것으로 추정된다. 이 사건은 로마 내전의 역사와 밀접한 관련이 있다. 그러니 카이사르가 반대편 물가에 발을 디디는 순간에 그의 머리카락이 바람에 흩날리는 모습을 최대한 세밀하게 상상해 보자. 그 순간에 카이사르가 완전히 대머리가 아니었다면, 그는 우리가 영영 모르는 개수의 머리카락들을 가지고 있었다. 또한 완전히 대머리였다 하더라도, 그의 머리카락 개수는 정확히 0으로 정해져 있었다. 요컨대 카이사르가 루비콘강을 건넌 순간 그의 머리카락 개수는 실재하지만 우리의 인식을 영원히 벗어나 있다. 나는 그 역사적 순간에 아무도 카이사르의 머리카락 개수를 세어 보지 않았다고 전제하고서 이렇게 말하는 것이다. 혹시 누군가가 세어 보았을 수도 있겠지만, 아무튼 그 개수에 관한 보고는 망실되어 우리에게 전해지지 않는다.

또 다른 예를 보자. 이 예에서는 굳이 로마 역사를 되짚을 필요가 없다. 내가 이 문장을 쓰는 지금, 인도에는 하수로 덮개들이 존재한다. 그런데 지금 인도에는 얼마나 많은 하수로 덮개들이 존재할까? 나는 이 문장을 2018년 2월 1일 오전 11시 39분(중부유럽 표준시)에 쓰고 있다. 바로 이 시각에 인도에 얼마나 많은 하수로 덮개들이 존재했는지 당신이 알아내려 한다고 해보자. 그리 많은 상상력을 발휘하지 않더라도, 하수로 덮개들의 정확한 개수를 알아내기는 불가능하리라는 것을 금세 깨달을 수 있을 것이다. 설령 당신이 그 개수를 알아낸다 하더라도, 중국의 하수로 덮개 개수, 북한의 하수로 덮개 개수, 함부르크, 로마 등의 하수로 덮개 개수를 묻는 질문이 여전히 남아 있다. 요컨대 지구에 존재하는 하수로 덮개들의 개수는 꽤 정확하게 정해져 있지만, 그 개수가 정확히 몇 개인지는 아무도 모른다는 점을 우리는 안다.

어쩌면 당신은 나의 취지를 벌써 알아챘을 것이다. 굳이 초월적 사항들을 들먹이지 않더라도, 우리 인간에게는 인식 불가능한 사실들이 아주 많이 존재한다. 매우 일상적인 사건들도 고려해야 할 요인들의 복잡성 때문에 우리에게는 인식 불가능한 채로 남아 있다.

우리는 이런 무지를 우회하는 방법들을 개발했다. 인구 조사가 등장한 이래로 관료제의 한 기능은 중요한 사실들을 최대한 많이 기록하는 것이다. 디지털 시대에는 이 기능의 수행이 부분적으로 더 쉬워졌다. 왜냐하면 개수를 알아내는 작업을 더 적은 비용으로 더 쉽게 할 수 있게 되었기 때문이다. 이미 최초의 고도 문화들도 사회경제적으로 중요한 대상들의 개수와 관련 사실들에 관한 데이터를 점토판에 기록했다. 물론 그 기록은 전혀 완벽하지 않지만 말이다.

오늘날 우리를 상품들의 홍수로 휩쓰는 지구화된 경제 질서의 한 귀결은 한눈에 굽어보기가 전혀 불가능한 노동 분업이다. 지구적 기업 집단들은 이 상황을 이용한다. 즉, 관료제의 감시와 규제를 피해서, 기록되지 않은 사실들을 창출하려 애쓴다. 디지털 시대의 멋진 신세계를 독점하다시피 한 캘리포니아의 거대 기업집단들이 생산하는 새로운 상품들(예컨대 소셜 미디어, 숙소 교환이나 차량 공유 같은 공유경제 상품 등)에 대해서는 국가적 감시 시스템이 아직 충분히 마련되어 있지 않다. 이런 식으로 그 기업집단들은 지식의 우위로부터 이익을 취한다. 현재 그들은 특정한 사실들(예컨대 알고리즘들, 또는 고객인 우리를 노리는 합법적 함정들)을 독점적으로 안다. 그리하여 그들은 말 그대로 떼돈을 번다.

현재 정부들이 어떤 상황에 처해 있는지 생각해 보라. 한 예로 독일 정부를 보자. 당연한 말이지만, 〈독일〉이라는 사회 시스템 전체를 한눈에 굽어볼 수 있는 정부 관료는 단 한 명도 없다. 특정 시점(時點)의 독일에 관한 모든 것을 근사적으로나마 아는 사람도 없다. 그렇기 때문에 모든 정부는 광범위한 무지의 조건 아래에서 작동한다. 그러므로 제대로 작동하는 정부는 다양한 부처(部處)들, 기관들, 위원회들, 부서들을 필요로 한다. 즉, 관료제 장치를 필요로 한다. 이 장치는 주어진 정보들을 (부분적으로 정부가 정하는) 중요성 기준에 따라 선별한다. 이는 거꾸로 정부가 사실들의 창출에 개입할 수 있기 위해서다. 이때 정부는 특정한 가치관을 따를 것이며, 그 가치관은 부분적으로 정당의 프로그램을 통해 정해질 것이다. 각각의 층위에 속한 사람은 아무도 모르는 것들이 무한히 많음을 알지만, 그래도 지식이 전달된다는 전제가 모든 층위에서 통용되기 때문에, 이 구조는 붕괴하지 않고 유지된다.

이 상황에서 벗어날 길은 없다. 지난 세기에 유럽에서 사람들이 전체주의적 국가 모형들에 열광하며 인도주의를 파괴한 주요 원인 하나는, 전체주의가 모든 사회적 상호 작용을 완벽하게 감시하고 통제함으로써 전지(全知)적인 관료제를 이뤄 내겠다고 약속한 것에 있다. 그런 식으로 전체주의는 질서를 약속한다. 그러나 사회적 전지는 원리적으로 불가능하다. 사회학자 니클라스 루만은 〈민주관료제 Demobürokratie〉라는 표현을 고안했다.[227] 민주관료제는 독일의 연방주의 이념에 적합한 구조라고 할 수 있다. 민주관료제는 (파리나 런던처럼) 국가 전체를 조종하는 단일한 권력 중심의 환상을 밀어내고 다양한 중심들과 결정 과정들을 채택한다.

이 구조는, 적절히 선별되고 아주 다양한 층위들을 거쳐 전달되는 지식을 산출하는 한에서만 제대로 작동한다. 그렇기 때문에 교육 정책이 중요한 역할을 하며, 따라서 독일이 대체로 강력한 국립 학교 및 대학교 시스템을 보유한 것도 합리적이라고 할 만하다. 왜냐하면 현재의 지구적 경제 상황에서 우리는 정부가 지식을 갖추고 민주주의가 이상적으로 작동할 경우 그 지식을 이용하여 사회경제적 질서를 해치는 개입으로부터 시민들을 보호하리라고 기대하니까 말이다. 디지털 시대에는 특히 디지털 개입이 중요한 문제로 떠오른다. 심지어 2016년 미국 대통령 선거도 사이버 전쟁의 틀 안에서 치러졌으며 다양한 행위 주체들이 선거 결과에 영향을 미치기 위해 그 전쟁에 가담했다고 많은 사람들은 생각한다. 현재 미국은 이 생각이 옳은지 여부를 조사 중이다.

철학자로서 나는 이 문제에 관하여 정확한 판단을 자부할 수 없다. 지금 내가 다루려는 것은 다만 지식과 권력의 원리적 연관성이다. 사회적·정치적 실재에 관한 숙고 안에 어떤 함정들이 존재하는지를 더 명확하게 보여 주는 것은 생각감각의 과제다. 이때 결정적인 것은, 우리가 지식 사회 안에서 산다는 점이다. 지식 사회는 학문, 기술, 관료제를 통해 경제적 부가 가치를 창출한다. 이 부가 가치를 합리적으로 활용할 수 있으려면 반드시 다른 지식 형태들도 참조되어야 한다.

자연과학과 기술이 가치에 관한 질문들에 아랑곳없이 전진하게 놔두면, 머지않아 또 다시 원자 폭탄이나 디젤게이트가 들이닥칠 것이다. 하룬 파로키의 영향력이 큰 1969년 작 영화 「꺼지지 않는 불꽃Nicht löschbares Feuer」은 베트남 전쟁을 배경으로 삼아서 학문의 책임을 특히 인상적으로 보여 준다. 가치에 관한 질문들은 자연과학적·기술적 방식으로 처리될 수 없다. 〈우리는 인간으로서 누구이며 누구이고자 하는가〉, 〈우리는 다른 동물 종들을, 우리의 행성을, 다른 언어를 사용하는 낯선 인간들을, 대기권이라는 매우 성기고 취약한 지붕 아래에 모여 사는 다양한 생물들을 어떻게 대해야 하는가〉라는 질문은 오로지 정신과학적·철학적 지식의 도움을 받아야만 대답할 수 있다. 예컨대 독일이 무엇인지 아는 사람은 아무도 없다. 좋든 싫든, 독일은 한눈에 굽어볼 수 없을 만큼 복잡하며 무언가로 환원할 수도 없다. 이런 점에서 독일은 카이사르의 머리카락들이나 인도의 하수로 덮개들과 유사하다. 지구화 과정의 복잡성에 대해서는 따로 말할 필요도 없을 것이다. 서양이나 동양의 본질을 탐색하는 것을 통해 그 과정을 되돌릴 수는 없다. 왜냐하면 그런 본질은 전혀 존재하지 않으니까 말이다.

사실에 관한 프레게의 우아한 이론

이 책에서 이미 여러 번 언급된(117면 이하 참조) 프레게는 역사를 통틀어 가장 위대한 논리학자들 중 하나다. 수학자로서 그는 현대 기호논리학의 탄생에, 바꿔 말해 오늘날 우리가 수학의 추상적 생각들을 표현하기 위하여 사용하는 수학적 기호 시스템에 결정적으로 기여했다. 프레게는 생각들 사이의 논리적 관계를 더 일목요연하게 표현할 수 있기 위하여 고유한 표기법을 고안했다. 그는 그 표기법을 〈개념표기법Begriffsschrift〉이라고 부른다.[228]

프레게의 개념표기법이 없었다면, 오늘날의 디지털 혁명도 없을 것이다. 프레게의 결정적인 기여로 19세기에 논리학의 형식화가 이루어진 덕분에 새로운 코드화 가능성들이 생겨났고, 그 코드화를 통해 사람들은 처음으로 생각들 사이의 논리적 관계를 단순하고 프로그래밍 가능한 방식으로 표현할 수 있게 되었다.

또한 프레게는 생각하기를 다룬 가장 중요한 문헌들 중 하나를 썼다. 그것은 1918년에 출판된 외견상 초라한 소논문 「생각Der Gedanke」이다. 거기에서 프레게는 우리가 생각하기에 대해서는 은유적으로만 이야기할 수 있다고 인정하는데, 사람들은 이 대목을 간과하곤 한다. 프레게에 따르면 〈생각하기〉란 〈생각을 붙잡기〉다.[229] 이를 **프레게의 생각하기 이론**이라고 부르자. 그 이론에서 프레게는 생각을 대하는 태도를 세 가지로 구분하는데, 그 구분은 우리에게 요긴하다.

1. 생각을 붙잡기 – 생각하기
2. 생각의 진실성을 인정하기 – 판단하기
3. 이 판단을 알리기 – 주장하기[230]

이 간단한 구분의 바탕에는 생각에 대한 프레게의 천재적인 생각이 깔려 있다. 프레게에 따르면, 생각은 〈진실 능력을 갖춘 구조물Gebilde〉이다. 진실 능력을 갖춘 놈이 반드시 진실인 것은 전혀 아니다. 진실 능력을 갖춘 놈은 진실일 수 있는 놈일 따름이다.

이런 식으로 생각을 정의할 의도는 없지만, 무언가에서 아무튼 진실성을 따질 수 있다면, 나는 그 무언가를 〈생각〉이라고 부른다. 따라서 나는 거짓인 것도 진실인 것과 마찬가지로 생각으로 간주한다. 따라서 나는 이렇게 말할 수 있다. 생각은 문장의 뜻Sinn이다. 그러나 모든 각각의 문장의 뜻이 생각이라고 주장하는 것은 아니다. 그 자체로 뜻 없는 생각이 뜻 있는 문장의 옷을 입으면 우리가 더 잘 파악할 수 있게 된다. 그럴 때 우리는 그 문장이 생각을 표현한다고 말한다.[231]

말은 장황하지만 뜻은 간단하다. **생각**이란 진실이거나 거짓인 무언가다(117면 이하 참조). 생각을 붙잡을 때 우리는 무언가에 대해서 숙고한다. 당장 〈북경과 뉴델리 중에 어느 쪽 인구가 더 많은가〉라는 질문을 숙고해 보라. 당신이 나의 요청대로 숙고했다면, 당신은 한 생각을 붙잡은 것이다. 그 생각은 북경, 뉴델리, 인구 등을 다룬다. 그 생각이 예컨대 한국어로 당신의 의식에 떠올랐다면, 어쩌면 당신은 들릴락 말락 한 (아마도 당신의 목소리처럼 들리는) 목소리가 당신의 의식 흐름 안에 등장하여 〈북경과 뉴델리 중에 어느 쪽 인구가 더 많을까?〉라고 속삭인다는 인상을 받았을 것이다. 생각의 흥미로운 특징은 우리가 생각을 여러 방식으로 붙잡을 수 있다는 점이다. 우리는 생각을 다양한 문장들, 언어들, 온갖 유형의 기호 시스템들로 붙잡을 수 있다. 문장

(문1) 북경은 뉴델리보다 더 많은 인구를 보유했다.

와 문장

(문2) 뉴델리보다 북경에 더 많은 사람들이 산다.

는 유사한 생각을 표현한다. 그 생각은 실사들을 다룬다. 우리는 그 생각을 질문의 형태로도 붙잡을 수 있고 주장의 형태로도 붙잡을 수 있다.

이런 토대 위에서 프레게는 사실에 관한 가장 우아한 이론들 중 하나를 제시한다. 많은 동시대인들을 감탄시킨 특유의 간결한 표현과 예리한 논리로 프레게는 탈사실적 시대가 아무튼 도래할 수 있다는 생각을 한 페이지도 안 되는

논증을 통해 반박한다. 아래 인용문을 반복해서 꼼꼼히 읽어 보라. 그러면 나의 설명을 듣지 않아도 이미 한걸음 전진하게 될 것이다.

생각을 붙잡기는 특정한 정신적 능력, 곧 생각하기 능력과 대응해야 한다.[*] 생각할 때 우리는 생각을 산출하지 않고 붙잡는다. 바꿔 말해, 내가 생각이라고 부르는 놈은 진실과 아주 밀접한 관련이 있다. 내가 진실로 인정하는 놈에 대해서 나는, 내가 그놈의 진실성을 인정함과 전혀 상관없이, 또한 내가 그놈을 생각하는지 여부와도 전혀 상관없이, 그놈은 진실이라고 판단한다. 한 생각이 진실임은 그 생각이 생각됨을 포함하지 않는다. 자연과학자는 학문의 토대를 확고히 해야 함을 강조하려 할 때 〈사실! 사실! 사실!〉이라고 외친다. 사실이란 무엇일까? 사실이란 진실인(참인) 생각이다. 틀림없이 자연과학자는 사람들의 가변적 의식 상태에 의존하는 무언가를 학문의 확고한 토대로 인정하지 않을 것이다. 학문의 일은 진실인 생각들을 창조하는 것이 아니라 발견하는 것이다. 천문학자는 특정한 수학적 진실을, 적어도 지구에는 그 진실을 인식할 사람이 아직 없던 까마득한 과거에 발생하여 이미 오래전에 사라진 사건들을 연구할 때 적용할 수 있다. 그가 이렇게 할 수 있는 것은 생각

[*] 이것이 생각하기의 의미다! ─ 원주.

의 진실임이 무시간적이기zeitlos 때문이다. 저 진실은 발견 되었을 때 비로소 발생한 것일 리 없다.[232]

이제 프레게와 더불어 우리는 이렇게 확언할 수 있다. 〈실재는 본질적으로 생각들로, 더 정확히 말하면 진실인 생각들로 이루어졌다.〉 프레게에 따르면, 생각이 없으면 실재하는 놈도 없다. 이런 측면에서 보면, 그는 관념론자 다. 그러나 그가 말하는 생각은 의식내용이 아니다. 생각은 생각하는 생물에 속해 있지 않다. 오히려 생각은 객관적으 로 존재하는 구조이며, 대상들은 그 구조를 통해 서로 관계 맺는다. 생각을 붙잡을 때 우리는 착각할 수 있다. 왜냐하 면 실재하는 놈은 우리의 견해와 다를 수 있기 때문이다. 생각은 거짓일 수 있다. 이런 측면에서 보면, 프레게는 실 재론자다.

2 + 2 = 5라는 생각은 거짓이다. 내가 이 생각을 진실로 간주한다면, 나는 오류를 범하는 것이다. 생각 자체가 오류 를 범하지는 않는다. 생각이 거짓일 따름이다. 우리 인간은 오류를 범할 수 있다. 왜냐하면 우리는 주장을 제기하기 때 문이다. 특정한 생각이 진실 혹은 거짓이라고 내가 주장하 면, 나는 오류를 범할 수 있다. 오류 가능성은 우리의 인간 적 사유를 통해 등장한다. 프레게가 생각하기를 생각을 보 유하기로 이해한 것은 옳다. 그러나 우리의 일부 생각이 거

짓이라는 점과 우리의 오류 가능성은 동일하지 않음을 프레게는 아쉽게도 간과한다. 생각이 거짓임은 아직 오류가 아니다. 오류는 우리의 생각감각이 흐려지거나 숙련될 수 있을 때 비로소 등장한다.

라이프치히 대학교의 철학자 제바스티안 뢰들은, 누군가가 어떻게 그리고 왜 착각하는가에 대해서는 설명이 존재하지만, 진실인 생각을 붙잡는 이유에 대해서는 그것의 진실성 외에 다른 설명은 존재하지 않는다고 지적하는데, 이것은 전적으로 옳은 지적이다.[233] 특정한 상황에서 내가 착각한다면, 그 원인은 내가 계산을 잘못하는 것, 오류로 밝혀진 견해를 고수하는 것, 제대로 살펴보지 않거나 선입견에 눈이 먼 것 등에 있다. 특정한 상황에서 착각하는 방식은 무수히 많은 반면, 옳은 견해를 품는 방식은 단 하나뿐이다. 당신이 진실인 생각을 생각할 경우, 그 생각이 진실이고 당신이 착각하지 않는 이유는, 당신이 그 특정한 생각을 생각한다는 것 외에는 전혀 없다. 성공 사례에서는 장황한 설명이 필요하지 않다. 진실을 말하는 사람은 변명을 늘어놓을 필요가 없다.

앎의 한계에 관하여

우리는 오류를 범할 수 있으므로, 사실들은 존재해야 한다. 우리가 그릇되게 파악할 수 있는 사실들이 존재하지 않는다면, 오류를 범하는 것은 불가능하다. 이런 방식으로 우리는 급진적 회의주의를 간단히 반박할 수 있다. 급진적 회의주의란 우리가 아예 아무것도 알 수 없다는 견해다. 만약에 이 견해가 진실이라면, 우리는 당연히 이 견해가 진실이라는 것도 알지 못한다. 그러나 이 유명한 난점은 잠시 제쳐 두고, 만약에 급진적 회의주의가 진실이라면 어떻게 될지 상상해 보자. 그렇다면 우리는 모든 각각의 판단에서 착각할 것이다. 이때 판단하기란 한 생각을 진실로 간주하는 사유 행위를 실행하기를 뜻한다. 한 생각을 진실로 간주한다는 것은, 그 생각의 진실성을 입증하는 방법을 상상한다는 것을 전제한다. 그렇지 않다면 우리는 그 생각을 전혀 이해하지 못한 것일 테니까 말이다.

내가 말하려는 바는 이것이다. 다음과 같은 평범한 생각을 예로 들자.

파리의 하늘은 오늘(2018년 2월 2일 현지시각 오후3시 52분) 흐리지만, 지금 루 쉬제르가에는 비가 오지 않는다.

나는 현재 내가 일하는 아파트 바깥을 내다봄으로써 위 생각이 진실임을 쉽게 입증할 수 있다. 그 생각을 입증하는 방법은 많다(심지어 무한정 많다). 당신이 그 생각을 이해하면, 곧바로 당신에게 이런저런 입증 방법들이 떠오른다.

한 생각을 이해한다 함은 그 생각이 진실인지 여부를 알아내는 방법을 떠올릴 수 있다는 뜻이니까 말이다.

여담이지만, 이것은 종교철학의 핵심 사상이기도 하다. 이 사상에 기초하여 옥스퍼드 대학교의 철학자 마이클 앤서니 어들리 더멧 경은 저서 『생각과 실재*Thought and Reality*』에서, 우리는 신의 관점을 상상할 수 있고 상상해야 한다는 견해로까지 나아갔다.[234] 왜냐하면 어떤 인간도 그 진실성을 결코 입증하거나 반박할 수 없는 생각들이 무한정 많이 존재하기 때문이다. 그럼에도 우리는 그 생각들에 관한 문장들을 구성하고 이해할 수 있다. 예컨대 우리는 아래와 같은 **매우 일반적인 사실 문장(S.A.T.S)**을 이해할 수 있다.

어떤 인간도 결코 입증하거나 반박할 수 없는 생각들이 무한정 많이 존재한다.

(S.A.T.S.)가 말하는 바는, 우리 인간은 알 수 있는 모든 것을 알지는 못한다는 것과 그리 다르지 않다. 바꿔 말해 그 문장은 우리가 전지적이지 않음을 진술할 따름이다. 요컨대 우리가 전지적이지 않음을 이해하려면, 우리는 아무도 영영 입증하거나 반박하지 못할 문장들을 이해해야 한다.

그런데 더멧에 따르면, 이 사정은, 누군가가(이를테면 신이) 이 문장들을 입증하거나 반박할 수 있음을 우리가 상상할 수 있다는 것을 의미한다. 따라서 문장들에 대한 우리 이해의 범위는 실제 인식의 범위보다 무한정 더 넓다. 바로 그렇기 때문에 인식의 진보가 존재하는 것이다. 또한 우리 생각의 범위도 검증 가능한 인식의 범위보다 훨씬 더 넓다. 이를 전제하지 않으면, 우리의 지식 획득을 설명할 길이 없다.

이런 숙고에 기초하여 더멧은 신의 존재를 증명하는데, 그 증명을 반드시 받아들여야 하는 것은 아니다. 기껏해야 더멧의 신 증명은, 모든 각각의 사실에 대해서 그 사실이 성립함을 아는 놈을 우리가 생각할 수 있다는 것을 보여 줄 따름이다. 그것으로부터 그런 놈의 존재가 귀결되는 것은 당연히 아니다. 더구나 그런 놈의 존재를 어떻게든 증명할 수 있다 하더라도(실은 증명할 수 없다!), 그런 놈이 신이라는 것이 증명되는 것은 전혀 아니다. 아무튼 신이라는 주제는 우리의 논의를 벗어나므로, 나는 일단 세속적인 사안들로 편안히 복귀하고 싶다.

요컨대 우리는 우리 자신이 모든 것을 알지는 못함을 안다. 또한 우리는, 한 문장을 이해하려면 그 문장을 입증하거나 반박하는 방법을 상상할 수 있어야 함을 안다.

더멧은 프레게가 말한 생각의 개념에 이해를 다루는 이론을 보충한 업적으로 철학계에서 유명해졌다. 만약에 우리가 문장을 이해할 수 없다면, 우리는 어떻게 생각을 붙잡아야 할까?

이해Verstehen를 다루는 이론을 전문 용어로 **해석학**이라고 한다. 언어적 의미를 다루는 이론을 가리키는 전문 용어는 **의미론**이다. 해석학을 배제한 합리적 의미론은 존재하지 않는다. 언어적 의미를 다루는 이론을, 우리가 단어들과 문장들을 아무튼 이해할 수 있다는 사정으로부터 깨끗이 분리할 수는 없다, 이런 맥락에서 후기의 더멧은 하이델베르크 대학교의 철학자 한스게오르크 가다머에게 동조한다. 가다머는 평생 동안 앎의 한계가 존재함을 지적해 온 철학자다. 그러나 앎의 한계는 실재를 고정된 두 개의 영역, 곧 알 수 있는 영역과 알 수 없는 영역으로 갈라놓지 않는다. 오늘 알지 못하는 것을 우리는 당장 내일 알게 될 수도 있다. 앎의 안정적인 한계는 존재하지 않는다. 바로 그렇기 때문에 우리는 우리 자신이 이미 아는 바와 아직 모르는 바를 결코 정확히 알지 못한다.

언어로 의미Bedeutung를 전달하는 활동에 관한 희랍어 표현이 등장하는 가장 오래된 문헌들 중 하나는 철학자 헤라클레이토스의 토막글Fragment이다. 〈93번 토막글〉에 이런 문장이 나온다.

델포이에서 이루어지는 신탁의 주인은 무언가를 말하거나 숨기지 않고 암시한다semainei.[235]

언어로 의미를 전달하기는 수수께끼 격언을 말하기와 유사하다. 바꿔 말해 임의의 누군가가 하는 모든 말은 이해될 수도 있고 오해될 수도 있다. 표현에 대한 오해를 완전히 예방하는 것은 불가능하다. 그러므로 완벽하게 명확한 표현, 바꿔 말해 아무도 오해할 수 없는 언어적 내용을 지닌 표현은 존재하지 않는다. 따라서 우리의 생각하기와 말하기는 실재한다. 우리는 우리가 생각하고 말하는 바에 대해서 착각할 수 있다. 실재하는 사태, 예컨대 〈생각하기가 다루는 사태가 어떠한가〉라는 질문 앞에서는 결코 누구도 오류 가능성을 배제할 수 없다.

생각하기의 실재성은 두개골 속에 기초를 두지 않는다

생각하기는 우리의 두개골 속에서 일어나는 과정, 우리 자신에게만 친숙한 과정이 아니다. 무슨 말이냐면, 생각하기가 생각을 붙잡기인 한에서, 생각하기는 우리의 정신적 사유물(私有物)이 아닌 구조들을 가져야 한다. 생각하기는 실재하는 무언가다. 생각하기는 실제로 일어난다. 그래서 우리는 때때로 타인이 무엇을 어떻게 생각하는지를 그 타인 자신보다 더 잘 이해한다. 이를 전제하지 않으면, 심리학이라는 학문 분야 전체가 붕괴할 것이며, 자신의 사유 과정들을 변화시키기를 원하는 사람의 정신적 삶에 심리 치료를 통해 개입할 가능성도 완전히 사라질 것이다.

우리가 무언가를 숙고하는 방식은 여러 효과들을 일으킨다. 특히 자기 탐구의 영역에서 그 효과들이 두드러진다. 우리 정신적 삶의 특정 시점에서 우리가 누구인지는, 〈우리가 우리 자신과 우리를 둘러싼 사회적 환경과 자연적(비사회적) 환경을 어떻게 숙고하는가〉와 밀접한 관련이 있다.

이 간단한 사실은 오늘날 만연한 생각하기에 대한 한 견해를 위태롭게 만든다. 프로이트의 영향력이 큰 몇몇 발언들과 관찰들 때문에, 더 일반적으로는 19세기 후반기 이래의 경험심리학과 신경과학의 발전 때문에, 사람들은 우리의 사유 과정들이 그것들에 대한 우리의 믿음과 늘 일치하는 것은 전혀 아님을 인정하게 되었다. 우리는 말하자면 정신적 시선을 우리의 내면으로 돌림으로써 우리의 사유 과정들을 환히 꿰뚫어 볼 수 없다.

이를 그리 어렵지 않게 이해할 수 있다. 내가 지금 쓰는 모든 각각의 문장은 어딘가에서 나온다. 이 문단의 문장들은 내가 그것들을 타이핑하기 전부터 내 스크린에 표시되어 있지 않았다. 만약에 그랬다면, 나는 이 책을 쓰는 수고를 덜 수 있었을 것이다. 그렇다면 이 문단의 문장들은 어디에서 나올까?

곧장 떠오르는 대답은, 내가 그 문장들을 타이핑하기 전에 (혹은 타이핑하는 동안에) 나의 정신적 내면 공간(내 영혼의 고요한 방)에서 구성했다는 것이다. 하지만 그렇다면 그 구성은 또 어떻게 이루어질까? 그 문장들이 나의 정신적 내면 공간에 떠오르기 전에 내가 그것들을 마주함을 통해서 그 구성이 이루어지는 것은 확실히 아니다. 바꿔 말해, 나는 그 문장들을 나의 정신적인 눈앞으로 의도적으로 불러냄을 통해서 구성할 수는 없다. 왜냐하면 그러려면 내가 어떤 문장을 불러내려 하는지를 내가 미리 알아야 하니까 말이다. 이 경우에 나는 문장들이 나의 내면 공간에 있기도 전에 그것들을 붙잡아야 한다.

다시 천천히 생각해 보자. 여기에 (〈여기에〉로 시작하는) 한 문장이 있다. 나는 그 문장을 타이핑했다(그리고 그 문장은 인쇄소에서 아주 많이 복제되었다). 그 문장이 나에게 떠올랐다. 그런데 이 말은 내가 그 문장을 내 영혼에 적었다거나 타이핑하기 전에 혼잣말로 중얼거렸다는 뜻일 수 없다. 그런 뜻이라면, 내가 그 문장을 정신적으로 적기 전에, 먼저 그 문장이 나에게 떠올라야 할 테니까 말이다.

이런 사정에 비춰 보면, 어떻게 내가 언어로 코드화된 내 생각의 저자일 수 있는지가 문득 의문스럽게 느껴진다. 자연학자 겸 수학자 게오르크 크리스토프 리히텐베르크는 이를 다음과 같은 유명한 아포리즘으로 예리하게 표현했다.

〈번개 친다Es blitzt〉라고 말하는 것과 마찬가지로 〈생각한다Es denkt〉라고 말해야 마땅하다. 〈코기토cogito〉를 〈내가 생각한다〉라고 번역한다면, 〈코기토〉라는 말도 이미 지나치다. 〈나〉를 전제하는 것, 〈나〉를 상정하는 것은 실용적 필요에 따른 조치다.[236]

셸링은 리히텐베르크보다 더 나아간다. 뮌헨에서 한 강의 「최근 철학의 역사에 관하여」에서 그는 이렇게 잘라 말한다. 〈내 안에서 생각이 일어난다. 내 안에서 생각이 이루어진다. 이것이 순수한 사실Faktum이다.〉[237]

우리 자신의 생각하기가 실재하는 무언가라 하더라도, 우리는 타인의 생각하기에 대해서 착각할 수 있는 것과 마찬가지로 우리 자신의 생각하기에 대해서도 착각할 수 있다. 우리 자신이 무엇을 어떻게 생각하는가에 대해서 우리가 이러저러하게 생각한다는 것은, 우리 자신이 무엇을 어떻게 생각하는가에 관한 전부가 아니다. 내가 어떤 특정한 생각 G를 생각한다면, 내가 생각하는 바가 G′이 아니라 G라는 것을 내가 G와 더불어 추가로 생각하지 않을 경우, 나는 내가 G를 생각한다는 것을 확인할 수 없다. 그렇기 때문에 우리는 우리 자신의 생각하기를 낯선 무언가로, 우리 안에서 일어나는 일로 체험할 수 있다. 우리의 생각하기는 일어나는 일의 한 부분이지, 실재로부터 유리된 비현실적 과정이 아니다. 생각하기는 말하자면 정신적 호흡이다.

그러나 리히텐베르크와 셸링은, 그렇기 때문에 우리는

결코 우리 자신을 통제할 수 없다는 과장된 주장으로 나아
간다. 이 과장은 심층심리학에서부터 오늘날의 신경과학
과 인지과학에서까지 반복된다. 우리가 생각하는 바가 우
리 안에서 떠오른다는 것은 옳다. 왜냐하면 우리는 우리의
사유 과정들의 배후로 가서 그 과정들을 통제할 수 없으니
까 말이다. 그러나 그렇다고 우리의 사유 과정들이 모두 저
절로(우리의 의도와 상관없이) 일어나는 것은 아니다.

우리가 의식이 있는 한에서, 생각하기는 끊임없이 일어
난다. 게다가 정신 분석이 옳다면, 무의식적 사유 과정들이
추가로 존재한다. 무의식적 사유 과정들은 우리의 의식에
반영되지만, 우리는 이를 알아채지 못한다. 생각하기는 실
재하는 무언가이기 때문에, 생각하기의 발생 조건들은 우
리에게 완전히 알려져 있지 않다. 특정한 생각이 정확히 어
떻게 우리에게 떠오르고 처리되는지, 바꿔 말해 구체적 사
유 과정이 정확히 어떻게 진행되는지는 오직 또 다른 생각
을 통해서만 파악될 수 있다. 어떤 생각도 자기 자신을 현
행범으로 체포하지 못한다.

양송이버섯과 샴페인, 그리고 생각하기를 생각하기

19세기에 심층심리학에서 무의식이 발견된 이래로, 우
리의 사유 과정은 우리가 그것에 대해서 보고할 때 품는 견
해와는 전혀 다르게 진행됨을 사람들은 대체로 인정한다.

이 인정은 우리의 〈나〉가 〈자기 집의 주인〉이 아님을 정신 분석이 증명했다는 통념에 부합한다.[238] 경험심리학이 발전하여 정신 분석 등을 낳은 이래로 실제로 우리는, 우리의 모든 사유 과정이 전제들을 가지며, 생각하기를 실행할 때 우리는 그 전제들을 꿰뚫어 보지 못함을 당연히 안다. 이로부터 다음과 같은 결론을 내리고 싶은 충동이 들 만하다. 〈우리의 의식적인 생각하기와 체험하기는 우리의 몸과 몸의 무의식적 과정들이 산출하는 일종의 시뮬레이션이다. 몸과 몸의 무의식적 과정들은 말하자면 자기 자신들을 관찰하기 위하여 그 시뮬레이션을 산출한다.〉

니체는 〈정신적인 것을 몸의 기호 언어로〉 규정함으로써 이런 견해에 결정적으로 기여했다.[239] 우리의 사유 과정은 어쩌면 우리의 몸이 자신을 조종하기 위하여 생산하는 기호일까? 지금 나는 예컨대 목마름을 느낀다. 조만간(필시 얼마 지나지 않아) 나는 냉장고로 가서 무언가를 마실 것이다. ─ 실제로 나는 그렇게 했고 이제 다시 책상 앞에 앉아 있다. 방금 전에 내 안에서 목마름 인상이 서서히 떠올랐을 때, 나의 생각들은 그 인상을 향하도록 조종되었는데, 이는 내가 의도한 바가 아니었다. 나의 의식 안에서 목마름은 임의의 대상처럼 떠오르지 않았다. 오히려 특정한 자극 문턱을 넘는 순간부터 목마름이 나의 주의를 끌어당겼다.

우리가 〈무엇을 숙고하는가〉와 〈관심 사항을 어떻게 숙고하는가〉는 완벽하게 통제되지 않는다. 어떤 의미에서 우리는 끊임없이 분산되는 주의를 다시 그러모아 대상에 머물게 한다. 그러면서 우리는 계속 다시 다른 관점에서 그 대상을 탐구한다. 우리의 정신적 삶 전체는 다양한 긴장들의 무대이며, 그 긴장들의 구조를 심리학적 실험과 이론을 통해 탐구할 수 있다.

사정이 이러한 것에는 깊은 철학적 이유가 있다. 그 자체로 생각이 아닌 무언가(이를테면 양송이버섯이나 샴페인)를 숙고하면서 동시에 그 자체로 생각이 아닌 무언가를 숙고하는 생각을 숙고하는 것은 원리적으로 불가능하다. 그 자체로 생각이 아닌 대상을 비(非)생각이라고 부르자. 비생각을 숙고할 때 당신은 명백히 당신 자신의 생각을 숙고하지 않는다.

거의 모든 경우에 우리는 비생각을 숙고한다. 심지어 생각을 숙고하면서 일과를 보내는 직업 철학자도 간간이 비생각을 숙고한다(〈누가 전화를 거는 것일까?〉, 〈내 메모장이 어디에 있지?〉, 〈내 노트북이 다운되는 것이 지긋지긋해!〉, 〈이런, 커피 잔이 엎어졌네.〉) 물론 비생각에 대한 숙고가 우리의 정신적 장치에서 일어나는 일의 전부는 아니다. 우리가 즉각 간단한 문장들로 옮길 수 있는 생각은 전형적인 사유 과정과 거리가 멀다. 우리의 실제 사유 과정은 거의 늘 불분명한 탐색 과정에 더 가깝다.

이와 관련해서 아리스토텔레스는 〈오렉시스orexis〉라는 결정적인 표현을 고안했다. 이 표현은 대충 〈욕망〉을 뜻한다. 이 표현과 연결된 동사 〈오레고마이oregomai〉는 〈무언가를 향해 손을 뻗다〉를 뜻한다. 그후 중세 라틴어 철학에서 〈오렉시스〉는 오늘날에도 쓰이는 용어인 〈지향성 Intentionalität〉(145면 참조)으로 바뀌었다. 우리 인간은 삶의 매 순간에 무언가를 추구한다. 꿈 없이 잠잘 때에도 우리 몸은 꿈 없음 상태를 붙들고 유지한다. 지금 나는, 생각에 대한 생각을 표현하려는 내 의도의 일부인 이 문장의 완성을 추구한다. 당연한 말이지만, 나는 이 책에서 나의 무고한 의도들만, 혹은 우리 인간이 욕망하는 것들 가운데 무해한 예들만 언급한다. 정신 분석에 따르면, 내가 무엇을 배제하는가를 결정하는 요인들 가운데 중요한 것 하나는 나의 무의식이 나의 생각 세계에 미치는 영향이다. 여기에서 내가 나의 사유 과정으로부터 추출하여 보고하는 바는 다행히 프로이센이나 북한의 검열을 받지 않지만 심리적 검열은 받는다. 이것은 결함이 아니라, 일상적 과제들을 수행하는 데 필요한 심리적 정상(正常)성을 내가 충분히 갖추었다는 증표다.

여담이지만, 프로이트의 사례 서술들은 대개 독자가 흥미를 느끼기 시작하는 대목에서 중단된다. 이것은 프로이트의 글에서 나타나는 전형적인 특징이다. 이처럼 심리학적 이론 구성 분야에서도 텍스트 생산은 심리적 검열을 거친다. 더 나아가 모든 심리 치료와 심리학적 실험은 모든 참가자들이 검열에 종속되어 있음을 전제한다. 프로이트가 말하는 〈나das Ich〉는 검열이 이루어지는 장소이며, 그 검열을 통해 심리적 힘들의 우열과 균형이 발생한다. 이런 식으로 프로이트의 이론은 정상적인 사유 과정에 대한 견해를 제시한다. 〈건강을 서술하려면, 우리가 알아낸, 혹은 (이 표현이 더 좋다면) 밝혀낸, 혹은 짐작한 영혼 장치의 심급들과 관련지으면서 오직 메타 심리학적으로만 서술할 수 있다.〉[240]

당신도 기억하겠지만, 현재의 철학에서 〈지향성〉은 우리의 생각이 대상을 향한다는 것을 뜻한다. 그리고 지향성 이론은 주로 비생각에 대한 생각에 관심을 기울인다 (145면 참조). 한마디 덧붙이자면, 아리스토텔레스의 욕망 이론과 생각하기에 관한 현대적 이론 사이의 관련성은 철학 분야에서 프로이트의 스승인 프란츠 브렌타노에 의해 뚜렷해졌다. 브렌타노는 빈 대학교에서 가르쳤다. 현대 심리학 전체를 떠받치는 주춧돌은 다음과 같은 간단한 통찰이다. 〈우리의 생각 행위는 무언가를 향한다. 그러나 그 행위를 체험하는 것만으로는 왜 그 행위가 바로 그 무언가를 향하는지를 추론할 수 없다.〉 비생각을 생각할 때, 생각하는 놈은 자기 자신을 부분적으로 모른다.

그러나 우리는 이런 상황에 머물면서 우리 자신의 무의식 속에 웅크리고 있을 수 없다. 우리는 말하자면 무의식의 제물이 아니다. 의식적인 생각하기는, 무의식이 모종의 이유로 작동시키는 시뮬레이션이 아니다. 만약에 모든 사유과정이 우리가 원리적으로 접근할 수 없는 충동에 의해 통제된다면, 바꿔 말해 우리가 그야말로 단 한순간도 자기 집의 주인이 아니라면, 그러하다는 것을 누군가가 어떻게 알아낼 수 있는지를 도무지 이해할 길이 없을 것이다.

이 대목에서 **생각하기에 관한 소외 이론**이라는 용어를 도입하자. 이 이론에 따르면, 우리의 모든 사유 과정은 우리 몸에서 일어나는 무의식적 과정들과 무의식적 기본 태도에 의해 결정된다. 그 무의식적 기본 태도는 유년기 초기에 유전적으로, 또는 운동과 감각을 통한 뇌 배선을 통해, 또는 기타 온갖 방식으로 확정된다. 이 모형에 따르면, 우리가 생각할 때 떠오르는 것은 실은 항상 우리에게는 상당히 예상 밖일 터이다. 우리가 합리적으로 통제 가능한 우리 자신의 정신적 삶을 꾸려 간다는 인상은, 우리의 생각이 자신의 참된 발생 과정을 결코 완벽하게 꿰뚫어 보지 못하기 때문에 발생하는 환상에 불과할 터이다.

그런데 문제는 이것이다. 이 이론을 이 이론 자신에 적용하면, 이 이론은 무너진다. 정말로 우리의 모든 사유 과정이 무의식적 충동에 의해 조종된다면, 사유 과정에 대한 사유 과정도 마찬가지일 것이다. 그렇다면 당신이 어떤 심리학적 발견을 하는 것은 단지 행운일 뿐이고, 당신은 그 발견에 실은 어떤 기여도 할 수 없을 것이다. 아무튼 당신은 심리학자가 되거나 되지 않을 것이다. 만일 당신이 당신 자신의 삶의 사정들 때문에 심리학자가 된다면, 당신이 심리학을 연구할 때 당신에게는 무언가가 다소 우연히 떠오르거나 떠오르지 않을 것이다.

실제로 이러하다면, 당신은 예컨대 심리학이라는 과목을 (또한 그 밖에 어떤 과목도) 가르칠 수 없을 것이다. 방법들도, 기준들도, 보편타당한 지식들도 없을 테고, 오직 개별 연구자들의 자의적인 착상들만 있을 것이다. 어쩌면 일부 연구자는 카리스마가 있어서 다른 연구자들의 추종을 받을 것이다. 왜냐하면 그들은 짐승 떼처럼 우두머리에게 굴복하기를 은밀히 원하기 때문이다.

학문적 지식을 획득하는 활동을 자존심 대결로 설명하는 것이 어느 정도 그럴싸함을 나는 부인하지 않는다. 학문적 자기주장 활동에 포함된 힘겨루기는 부분적으로 오직 심리학적으로만 설명할 수 있다. 프랑크푸르트 대학교의 철학자 악셀 호네트는 헤겔에게 기대어 그 힘겨루기를 〈인정 투쟁〉[241]으로 칭한 바 있다. 그러나 노동사회학이나 지식 사회학은 어떻게 이론이 구성되는지 설명하지 못한다. 기껏해야 그 분야들은, 연구 결과들과 생각 시스템들이 어떤 사회적·심리적 조건 아래에서 받아들여지는가를 설명할 따름이며, 이 설명은 진실의 문제와 거의 상관이 없다.

지식을 향한 모든 각각의 의지를 권력을 향한 의지로 환원하는 이 모든 태도들은 그 자체로 문제가 많은 〈생각하기에 관한 소외 이론〉에서 유래한다. 생각하기를 비생각을 숙고하기로 환원하는 사람은 무의식의 논리에 속박된다. 왜냐하면 비생각을 생각할 때 우리는 실제로 생물물리학적 변수들에 의존하니까 말이다. 그 변수들이 없으면, 생물로서 우리 인간은 아예 아무것도 생각하거나 인식할 수 없다. 그 변수들의 작동을 완전히 굽어보고 인식하는 것은 원리적으로 불가능하다.

반면에 우리가 비생각이 아니라 생각을 숙고할 때, 바꿔 말해 철학할 때는 모든 것이 전혀 달라진다. 좋았던 옛날의 희랍 철학과 독일 관념론의 시대에 우리 조상들은 심지어 철학자들을 신적인 존재로까지 여겼다. 왜냐하면 철학자들은 숙고하기를 숙고하는 가운데 인간적 삶의 일상적 염려-구조를 벗어나기 때문이다. 이런 식으로 철학자는 중세 수도사의 모범이 되었다. 고대 철학의 소중한 지식들이 중세 수도원들에서 수백 년에 걸쳐 전승되고 거듭 새롭게 해석되어 결국 근대 계몽의 물결을 일으킨 것은 우연이 아니다.

우리의 마음에 들든 말든, 유럽 중세는 근대의 정신적·문화적 토대이며, 더불어 이슬람 제국과 심지어 아시아에서 유래한 무수한 〈비유럽적〉 영향들도 감안해야 한다. 독일어권에서 이 같은 근대의 전사(前史)를 재구성한 주요 저자들은 한스 블루멘베르크, 쿠르트 플라슈, 그리고 본 대학교에서 중세 철학을 가르치는 나의 동료들(특히 루트거 호네펠더와 부터 고리스)이다. 저자의 사후인 2018년에야 출판된 〈성의 역사〉의 마지막 권 『육체의 고백 *Les aveux de la chair*』에서 푸코는 우리의 근대적 심리 상황 전체를 중세의 관행들에서 도출한다. 그에 따르면, 그의 시대의 사회학과 심리분석 전체는, 자기를 근대인으로 — 특히, 이제 더는 중세인이 아닌 놈으로 — 간주하는 고백연습들 Geständnisübungen의 메아리다.[242] 푸코가 옳다면, 근대와 중세의 구분은 위태로워진다.

이 대목에서 무엇보다도 중요한 것은 플라톤과 아리스토텔레스가 깨달은 다음과 같은 사실, 곧 숙고하기를 숙고하기는 비생각을 숙고하기와 전혀 다르게 작동한다는 사실이다. 『형이상학』과 『영혼에 관하여』로 전승된 저술에서 아리스토텔레스는 생각하기에 대한 생각하기를 다루는 이론을 펼치는데, 기본 특징들에서 그 이론을 능가하는 이론은 아직 나오지 않았다. 아리스토텔레스의 『형이상학』 12권 9장은 철학을 통틀어 가장 영향력이 큰 문장들 가운데 몇 개를 포함하고 있다. 거듭 말하지만, 그 문장들은 수천 년 전부터 지금까지 생각하기에 대하여 말해진 (내가 말하는 바도 포함해서) 모든 것 안에 스며들어 있다.

거기에서 아리스토텔레스는 이런 질문을 던진다. 대체 왜 우리는 생각하기를 가치 있게 여길까? 생각해 보면, 오늘날에도 인간은 생각하기 능력, 곧 지능을 자신의 대표적 특징으로 간주한다. 그렇기 때문에 우리는 인공지능에 관한 연구와 기술의 진보 앞에서 불편함을 느낀다. 왜냐하면 인간의 특권이 갑자기 비인간에게로 이전되기 때문이다. 우리의 제작물들은, 과거에 우리가 인간의 독점적 권리로 여겼던 분야들에서 외견상 우리를 능가한다.

그런데 과연 생각하기의 어떤 측면이 그토록 특별할까? 아리스토텔레스를 인용하면, 생각하기는 왜 그야말로 〈모든 현상들 가운데 가장 신적인 현상〉[243]으로 간주될까? 아리스토텔레스는 사유 과정의 세 측면을 구분한다.

1. 생각하는 놈(누스nous)
2. 생각되는 놈(누메논noumenon)
3. 생각 활동(노에시스noesis)

생각되는 놈은 우리가 생각하기를 높게 평가하는 이유일 수 없다. 왜냐하면 우리는 〈가장 나쁜 것〉[244]에 대해서도 숙고하니까 말이다. 예컨대 우리는 전체주의적 독재자, 물고문, 잔인한 폭력, 그리고 피해자들에 대한 예의 때문에 내가 여기에서 아예 언급하고 싶지 않은 많은 것들도 숙고한다. 이와 관련해서 아리스토텔레스는 이렇게 간결하게 말한다. 〈몇 가지 것들은 보는 편보다 안 보는 편이 더 낫다.〉[245] 요컨대 우리가 줄곧 끔찍한 것을 숙고한다면, 생각하기는 전혀 기쁜 일이 아닐 것이다. 따라서 우리가 생각하기를 높게 평가하는 이유는 생각하는 놈에 있거나 생각 활동에 있는 것이 틀림없다.

그리고 여기에서 아리스토텔레스는, 우리의 생각하기는 최선의 경우에 자기 자신을 생각한다는 주목할 만한 결론에 도달한다. 우리가 생각하는 놈으로서의 우리 자신을 (예컨대 생각하는 놈, 생각되는 놈, 생각 활동을 구분함으로써) 생각한다면, 우리는 생각하기라는 실재를 파악하는 것이다. 〈요컨대 그가 최선일 때 그는 자기 자신을 생각하며, 생각하기는 생각하기를 생각하기다.〉[246] 생각하기에 대한 생각하기를 **순수한 생각하기**라고 부르자. 순수한 생각하기란 생각 활동이 자신을 생각 활동으로서 붙잡기다. 순수한 생각하기는, 우리가 비생각이 아니라 생각하기 자체의 형태(형식)를 다룰 때 성취된다. 철학하기란 순수한 생각하기의 관점에서 다른 모든 생각들을 탐구하는 이론을 구성하기다.

당신이 이 책을 여기까지 읽었다면, 당신은 이미 생각하기를 숙고하는 일에 익숙해졌을 것이다. 따라서 당신은 어쩌면 방금 인용한 아리스토텔레스의 문장을 다소 즉각적으로 이해할 것이다. 그렇다면 당신은, 모든 생각하기가 비생각을 다루는 것은 아니며 따라서 모든 생각이 무의식적 과정들에 의해 설명될 수 있는 것도 아님을 명확히 깨달았어야 마땅하다. 우리는 우리 자신이 생각하기에 관한 이론들을 개발할 수 있음을 받아들여야 한다. 그 이론들은 무의식적 힘들이 가지고 노는 공이 아니다. 왜냐하면 그 이론들이 그런 공이라면, 우리는 진짜 지식 획득과 지적으로 포장된 권력 투쟁을 구별할 기준을 전혀 보유하지 못할 것이기 때문이다.

이 지적은 푸코와 그의 스승 니체에게도 유효하다. 그들은 무의식적 권력 의지나 지하(地下)의 규율 관행들이 우리의 모든 의식적 생각하기에 구조를 부여한다고 주장하지만, 그들 자신이 어떻게 그런 무의식적 권력 의지와 지하의 규율 관행들에 대한 통찰에 이르렀는지 설명할 수 없다. 그렇게 주장할 때 그들은 예외적인 지위를 자신들의 몫으로 요구하는 것이다. 여담이지만 니체는 그런 예외적인 지위를 뻔뻔스럽게 요구하면서 노예 제도를 정당화한다.[247]

요컨대 우리 앞에 두 가지 선택지가 있다. 첫째, 우리가 이성적·정신적 생물로서 때로는 우리의 이기적 이해 관심보다 진실과 사실들을 앞세울 수 있다는 견해를 완전히 버린다. 둘째, 순수한 생각하기가 존재함을 인정한다.

그러나 순수한 생각하기는 생물의 활동이다. 인간은 단지 이성 혹은 순수한 생각하기가 아니라 생물이다. 인간이라는 생물의 생명 활동은 때때로 자신의 사유 과정에 대한 숙고의 형태를 띤다. 〈왜냐하면 순수한 생각하기의 실재는 삶이기 때문이다.〉[248]

인간은 인공지능이다

생물로서 우리는 감각 장치, 곧 기본 장치로서의 감각 능력들을 보유하고 있다. 감각 능력들이 없다면, 우리는 실재와 접촉할 수 없을 것이다. 이 기본 장치는 우리에게 전혀 완벽하게 알려져 있지 않다. 또한 우리가 그 장치를 샅샅이 알게 되는 일은 영영 없을 것이다. 왜냐하면 그 장치는 우리의 생태적 보금자리와 뗄 수 없게 얽혀 있고, 궁극적으로는 수백만 년에 걸쳐 종들이 진화하고 자신들의 생명 활동 등을 통해 형성된 대기권과 상호 작용하는 가운데 지구에 형성된, 한눈에 굽어볼 수 없는 무수한 생존 조건들과 뗄 수 없게 얽혀 있기 때문이다. 게다가 우주복사선이 진화에 미치는 영향도 고려해야 하는데, 우리는 그 영향을 부분적으로만 안다(우주복사선은 생물학적 과정들에 영향을 미친다). 또한 우리의 대기권에 영향을 미치는 지질학적 현상들도 고려하고, 특히 오늘날에는 인간이 유발하는 기후 변화도 고려해야 할 것이다.

이 모든 요인들이 우리의 의식적 실재 체험에 반영되지만, 우리는 그것들의 종합적 작용에서 그것들 각각을 꿰뚫어 보지 못한다. 우리가 실재를 결코 완벽하게 시뮬레이션할 수 없다는 것은 실재의 본질에 속한다.

그럼에도 인간은 인지적으로 자신의 보금자리에 붙박인 채로 모형들에 의지하여 어떻게든 이익을 챙기는 그런 동물이 전혀 아니다. 우리의 생물학적 성분들은 제약이 아니다. 그것들은 우리의 시야를 좁히는, 우리가 벗을 수 없는 눈가리개가 아니다. 오히려 정반대로 그것들은 우리가 생물학적 토대로부터 해방된 지능을 창출하기 위한 전제 조건이다. 그리고 그 지능은 바로 우리 자신의 인공지능이다.

인간이나 기타 생물의 지능이 얼마나 높은지 알아내는 보편적 지능지수 측정법이 존재하는지 여부는 논란거리다.[249] 우리가 인간에게 적용하는 지능 검사로 다른 생물들의 지능도 알아낼 수 있다는 것은 전혀 증명되지 않았다. 필시 인간의 지능은 다른 생물들의 지능과 구별되는 듯하다. 그 구별의 핵심은, 우리가 다른 생물들에게는 닫혀 있는 의미장들 안에서 활동한다는 점에 있다. 예컨대 우리는 지능 검사를 하는 반면에 다른 생물들은 하지 않는다. 우리는 고래들의 이주(移住)를 연구하지만, 고래들은 우리의 이주를 연구하지 않는다. 추측하건대 지구상에서 우리는 자신이 한 행성에 사는 생물임을 아는 유일한 생물일 것이다.

다른 생물들을 깎아내리려고 이런 말을 하는 것이 아니다. 나는 다만 다음과 같은 사정을 지적하려 할 따름이다. 〈우리 인간의 지능은 철저히 생물학적이지는 않다. 물론 우리가 생물이 아니라면, 우리의 지능은 존재하지 않겠지만 말이다.〉

인간은 본질적으로 역사적인geschichtlich 생물이다. 동물이 아니기를 의지하는 동물로서 인간은 자신이 체험하는 에피소드들이 어떻게 연결되는가에 관한 이야기Geschichte를 지어낸다. 그 이야기들은 수천 세대에 걸쳐 전승되어 고도 문화들로 꽃피었고, 우리는 문자가 발명된 시점 이후의 고도 문화들에 접근할 수 있다. 『길가메시 서사시The Epic of Gilgamesh』, 『구약 성서』, 호메로스와 헤시오도스의 서사시들, 인도의 『마하바라타』와 『라마야나』는 인간의 자기 탐구의 심층 구조를 보여 주며, 그 심층 구조의 세련됨은 아직까지도 거의 최고로 남아 있다. 이 서사시들의 이야기 구조들과 고도로 복잡한 언어는 평생 동안 연구하기에 부족함이 없다. 그렇기 때문에 심층심리학은 출범할 때부터 인간의 정신적 삶에 관한 단서들을 우리 조상들이 남긴 고고학적 증거들에서, 특히 우리 조상들의 이야기 패턴들에서 찾아 왔다.

위대한 서사시들은 우리가 과연 누구 혹은 무엇인지에 관한 자화상을 인간들이 어떻게 그려 왔는지 보여 준다. 그 작품들에서 인간은 촘촘한 이야기의 그물에 엮여 들어가 있는 존재로 나타나며, 그 이야기는 인간과 비인간을 구별해 주는 역할을 한다. 인간은 〈왜 인간은 한낱 동물도 아니고 돌도 아니고 신도 아닌가〉에 관한 이야기를 함으로써 인간으로 된다. 인간은 이야기꾼이다.

우리는 우리의 이야기들에서 결코 완전히 벗어날 수 없다. 그럼에도 근대에 우리는 무한에 접근하는 성취를 이뤄냈다. 무한은 이야기를 통해서가 아니라 학문적 이론 구성을 통해서 파악될 수 있다. 그런 이론 구성 과정은 위대한 신화들의 시대에 희랍에서 신화Mythos와 로고스Logos의 구별, 곧 이야기와 순수한 생각하기의 구별을 통해 이미 시작된다.

이 구별을 함으로써 인간은 기존에 없었던 새로운 형태의 지능을 발명한다. 교육과 가르침을 통해 우리는 후손들을 프로그래밍하고 우리가 우리의 패턴 인식을 최적화하기 위해 발명한 알고리즘들을 그들에게 전달한다. 오늘날 학교에서 배우는 수학은 우리의 조상들 가운데 가장 지능이 높았던 분들이 알 수 있었던 수준을 훨씬 능가한다. 왜냐하면 우리는 인공적으로 획득된 우리의 지능을 교육 시스템을 통해 전수하기 때문이다. 인류의 학문적 진보는 우리 자신이 인공지능을 지닌 것에 기초를 둔다. 무슨 말이냐면, 우리의 지능은 대부분 우리의 문화적(바꿔 말해, 사회적) 환경이 빚어낸 인공물이다. 물론 우리 각자가 인간의 인공지능에 접근하기 위한 생물학적 전제 조건들이 당연히 존재한다. 그러나 그렇다고 해서 지능이 선천적인 것은 아니다. 인간의 사유 및 이야기 영역의 바탕에 깔린 논리 구조들을 파악하는 일을 쉽거나 어렵게 만들 수 있는 생물학적 전제 조건들은 선천적이다. 생각감각은 선천적이다. 그러나 생각감각이 어떻게 발휘되고 훈련되는지는 선천적이지 않다.

우리가 비생물학적 토대에 설치한 프로그램들은 인간의 생물학적 지능과 인공적 지능 간 관계의 모형들이다. 그 프로그램들은 인간의 관계를 모방한다. 그러므로 우리는 그 프로그램들을 〈인공지능〉이 아니라 〈인공인공지능künstliche künstliche Intelligenz〉으로 불러야 마땅하다. 오늘날 인공지능으로 불리는 놈은 실은 2차 인공지능이다. 이를 **인공인공지능 논제**라고 부르자. 인공인공지능은 사유 복제본이 아니라 사유 모형이다. 그 모형은 우리가 개발한 것이다. 그 모형은 인간의 제작물이며, 인간 자신의 지능도 제작물이다.

인간은 두 가지 성분을 지녔다. 하지만 그 두 성분은 서로 영향을 주고받는다. 그렇기 때문에 이원론에서처럼 그 두 성분 각각을 분리된 두 개의 실재 영역에 배정할 수는 없다.

한 성분을 **인간동물**Menschentier이라고 부를 수 있다. 인간동물은 진화를 통해 발생한 생물 종이다. 인간동물은 오래전부터 변화하지 않았다. 우리는 여전히 우리의 조상들과 똑같은 종이다. 수천 년 전에 훗날 글로 기록될 서사시들을 읊던 음유 시인들을 타임머신에 태워 오늘날의 도쿄로 데려올 수 있다면, 우리는 그들에게 지하철 타는 법을 가르칠 수 있을 것이다. 그들은 생물학적으로 우리와 다르지 않았다. 우리는 도쿄가 일본의 수도라는 것을 코끼리들에게 설명할 수 없다. 반면에 기원전 20세기의 호모 사피엔스는 원리적으로 우리를 이해할 수 있을 것이다. 우리는 이를 실증적으로 안다. 왜냐하면 근대에 근대적 인간들과 전근대적 인간들의 접촉이 이루어졌고 지금도 여전히 이루어지고 있으니까 말이다. 안타깝게도 그 접촉은 우리의 전근대적 혹은 비근대적 동종들에게 치명적인 결과를 가져왔다. 그이유는 근대가 말 그대로 군비 경쟁의 산물이라는 점에 있다. 그 군비 경쟁은, 정치적인 적들을 굴복시키고 파괴할 목적으로 우리의 인공지능을 끊임없이 최적화하는 작업이었다.

근대 기술은 유럽 전체가 휘말린 전쟁들을 실험실로 삼아서 발생했다. 그런 전면적 유럽 전쟁은 20세기에 세계 대전으로 확대되었다. 그러나 그런 전쟁들의 전신(前身)은 근대 초기에도 있었다. 이베리아반도의 탐험가들은 〈이방인들〉을 발견하고 제국주의적 전쟁으로 정복했다. 우리의 고유한 인간적 인공지능은 안타깝게도 이야기 공간에서뿐 아니라 전쟁터에서도 발전한다. 그러므로 모든 위대한 서사시들의 주제가 전쟁인 것은 놀라운 일이 아니다. 그 작품들은 인간들 사이의 전쟁, 혹은 인간과 비인간 생물들, 신들, 막강한 상상의 동물들 사이의 전쟁을 다룬다.

인간의 두 번째 성분은, 자신이 누구 혹은 무엇인가에 관하여 인간이 그때그때 그리는 그림이다. 모든 각각의 인간은 자신이 누구 혹은 무엇이어야 하는가에 관한 지침들을 그 그림으로부터 도출한다. 그 그림을 **인간상**Menschenbild이라고 부르자. 인간은 동물이 아니기를 의지하는 동물이다. 왜냐하면 우리가 우리 자신을 인간동물과 동일시하는 것은 불가능하기 때문이다. 인간으로서 우리는 진화 과정에서 계통수의 한 가지로부터 분화한 종에 불과하지 않다. 왜냐하면 우리는 불가피하게 우리의 생각감각으로 우리 자신을 다루기 때문이다. 그 생각감각을 진화의 관점에서 완벽하게 서술할 수는 없다. 왜냐하면 그 생각감각은 역사적·사회문화적 인공물이기 때문이다. 인간의 자기 서술들, 곧 인간상들 가운데 어떤 것이 득세하느냐는 통시적으로뿐 아니라 공시적으로도 아주 큰 폭으로 가변적이다. 인간상의 변화는 느린 생물학적 선택의 원리에 종속되지 않는다. 그 변화는 〈생물은 자기 보존에 적합하도록 설계되어 있다〉라는 원리에 종속되지 않는다. (안타깝게도) 대다수의 인간상들은 인간의 자기파괴를 가져온다는 사실에서 이를 알 수 있다.

현재 진행 중인 인공인공지능의 발전도 이 규칙의 예외가 아니다. 지능의 미래에 관한 우리의 이야기는 호전적이다. 우리가 만들어 낼 수 있는 모든 지능이 인류의 절멸을 진지하게 추구할 수도 있다고 우리는 상상한다. 이 상상이 아주 많은 것을 말해 준다.

이 논의는 유럽인에게만 적용되는 것이 아니다. 아시아의 역사와 관련해서도 똑같은 논의를 펼칠 수 있다. 선불교는 칼의 문화와 밀접하게 관련되어 있다. 세계적으로 인기있는 아시아의 격투기들은 인공지능 훈련이기도 하다. 그스포츠 종목들은 감각과 운동을 통해 교육과 학습의 기초를 훈련한다. 또한 중요한 예로 2차 세계 대전이 유럽에서만 벌어진 것이 아님을 우리는 기억한다.

인공인공지능이 우리를 위협한다는, 오늘날 회자되는 이야기는 우리 자신의 폭력 환상을 우리가 발명한 기계들에 전이한 결과다. 알다시피 인공인공지능은 주로 군사적목적으로 개발되었으며 지금은 인간 사회에 대한 지구적감시망으로 기능한다. 디지털 혁명은 단순히 경제에 국한된 사건이 전혀 아니며 인간을 신체적 한계로부터 해방시키는 혁명은 더더욱 아니다. 디지털 혁명은 거대한 전쟁 기계다. 우리가 디지털 혁명에서 희망해도 좋은 최선의 것은, 다행히 지금까지 핵전쟁이 억제된 것과 유사한 방식으로,

두려운 시나리오들의 확산을 통하여 디지털 혁명이 억제되는 것이다. 무수한 종말론적 영화와 소설 덕분에 강화된 핵 공포가 인류의 자기 절멸을 막는 데 기여해 온 것처럼, 오늘날 우리는 인공인공지능의 위협을 호소하는 시나리오들이 그와 유사한 기능을 하기를 바랄 수 있을 따름이다.

인간을 위협하는 최대의 적은 여전히 인간 자신이다. 우리는 자동 무기 시스템들을 만들어 냈다. 그 시스템들 앞에서 우리는 공포를 느낀다. 왜냐하면 그것들은 우리 자신의 파괴 추구와 권력 추구의 모형들이기 때문이다.

인간의 종말 — 비극일까, 희극일까?

기계를 뜻하는 독일어 〈Maschine〉는 희랍어 〈메카네 mechane〉에서 유래했다. 이 희랍어는 기본적으로 수단을 뜻하지만, 꾀List와 요령Kunstgriff도 뜻한다. 우리의 기계들은 자연을 속이고, 다른 생물들을 속이고, 무엇보다도 다른 인간들을 속이는 기능을 한다.[250] 교육 시스템 안에서의 알고리즘 훈련을 통해 우리는 경쟁에서 이기는 수단과 방법을 습득한다. 그렇기 때문에 교육은 재화다. 몇몇 국가의 시민들은 교육을 위해 아주 많은 돈을 지불해야 한다. 독일에서 교육은 대체로 권리다. 모든 독일 시민이 교육의 권리를 지녔으며, 독일에 거주하는 외국인도 약간 제한적이긴 하지만 교육의 권리를 지녔다. 이것은 근대의 성취다. 기회의 평등은 자명한 이념이 아니다. 그 이념은 인간에게 최대의 위협은 인간이라는 통찰의 귀결이다. 그 통찰 때문에 우리는 우리 자신을 서로로부터 보호하는 사회 시스템들을 만들어 냈다. 기회의 평등은 위험의 최소화를 의미한다. 기회의 평등이 이상적으로 이루어진다면, 윤리적 행위 규범에 적합하게 자신의 생각감각을 육성할 가능성으로부터 아무도 배제되지 않을 것이다.

근대는 진정한 진보에 기초를 둔다. 진정한 진보는 산업적 가치를 지닌 학문과 기술의 결합만으로 이루어지지 않는다. 우리가 학문적으로 또 과학적으로 전진할 때 정말로 하는 일이 무엇인지를 우리 자신이 반성하지 않는다면, 아마도 우리는 조만간 우리 자신을 파괴할 것이며, 그 자기파괴의 과정에서, 선진 산업국들의 우세한 기술에 맞서 사람들이 자신을 방어할 수 없는 모든 곳에서 재앙이 일어날 것이다. 이것이 현재의 상황이다. 오늘날 우리는 이 상황에 맞서 싸워야 하며, 이 상황을 지속적으로 외면하면 안 된다.

칸트는 다음과 같은 질문을 빈번히 제기한다. 〈어떻게 인간은 한편으로《자연목적들의 사슬에 속한 한 고리에 불과》하면서도 다른 한편으로 자신의 자기 보존에 반하는 행동을 함으로써 자연으로부터 떨어져 나올 수 있을까?〉 자기 보존과 생존 의지는 인류 전체의 자연적 속성들이 아니다. 그렇기 때문에 칸트는 다음과 같은 암울한 전망을 밝힌다.

[인간 안의] 자연적 소질의 불합리성은, 인간이 스스로 자아낸 재앙에서나 타인들이 자아낸 재앙에서나, 지배자의 압력이나 전쟁의 야만성 등을 통하여 그를 심각한 곤경에 빠뜨린다. 그리고 그 자신도, 할 수 있는 한에서, 자기 종의 파괴에 가담한다. 그리하여 우리 바깥의 자연이 가장 우호적이어서 그 자연의 목적이 우리 종의 행복에 있는 경우에도, 그 목적은 지상의 자연 시스템에서 달성되지 않을 것이다. 왜냐하면 우리 안의 자연이 그 자연을 쉽사리 받아들이지 않기 때문이다.[251]

인간은 자연적으로 행복(칸트의 용어로는 〈Glückseligkeit〉)하도록 되어 있지 않다. 무슨 말이냐면, 만일 우리의 욕구 충족 시스템들이 타인들의 탈인간화를 초래한다면, 인류 전체로서의 우리는 결코 장기적으로 행복해질 수 없다. 그렇기 때문에 사회적 정의는 앞으로도 중요한 표어다. 오늘날의 브라질에서처럼 부와 기회가 편중된 부정의한 사회에서는, 칸트의 또 다른 표현을(칸트의 뜻을 약간 거슬러) 빌리자면, 인간의 행복할 자격이 위태로워진다. 왜냐하면 무고한 사람들을 직접 또는 간접으로 괴롭히고 심지어 비인간적으로 죽게 만드는 극단적 부정의로부터 의식적으로 이익을 취하는 자들은 행복할 자격이 없으니까 말이다. 그렇기 때문에 기회의 평등이라는 가치의 근거를 우리가 함께 살기 위한 전략적 계산에서만 찾을 일이 아니다. 오히려 그 근거는, 우리가 인간으로서 도덕적 통찰의 능력을 지닌 한에서, 인간성의 개념 자체에 들어 있다. 그리고 도덕적 통찰의 능력은 우리의 생각감각과 결부되어 있다.

그렇기 때문에 계몽의 주요 발상 하나는 이것이다. 〈인간성을 북돋워야만, 진정한 진보가 이루어진다.〉 인간성 북돋우기는, 철학적일 뿐 아니라 예술적이며 정신과학적인 반성을 전제해야 한다. 그리고 그 반성이 참된 사회적 정의에 대한 숙고의 기반이 되어야 한다. 오로지 이런 틀 안에서만, 우리가 디지털 혁명에 어떻게 대처해야 할지를 결정할 수 있다.

이 책에서 나는 누구나 이해할 수 있는 방식으로 생각하기의 미로를 누비는 여행을 시도했다. 이는 우리의 생각감각을 재발견하는 일과, 거침없는 기술의 진보를 동반한 산업의 소용돌이가 유발하는 사유 오류를 제거하기 시작할 수 있도록 우리의 생각감각을 조정하는 일에 우리가 함께 나설 수 있게 하기 위해서다.

이제 나는 결론을 내리면서 좋았던 옛날의 사고 실험 하나를 상기하려 한다. 그 사고 실험은 연극이다. 이를 위해 다시 한번 고대로 돌아가자. 잘 알려져 있듯이, 사상 최초의 — 노예 제도와 더불어 작동했다는 점을 비롯한 여러 이유에서 전혀 완벽하지 않았던 — 민주주의는 아테네에서 생겨났다. 그 사회는 수학, 논리학, 철학, 물리학, 정치이론, 건축에서, 그리고 무엇보다도 연극에서 자기 자신을 관찰했다. 그 결과는 **인본주의**, 곧 〈인간은 자신의 모든 행동에서 자기를 반성한다〉라는 발견이었다. 우리가 이를 알아채건 말건, 우리의 행동은 우리가 무엇인지 보여 주는 거울이다. 이 깨달음은 빛바래기는커녕 지금도 페리클레스의 시대에 못지않게 시의적절하다.

플라톤은 연극의 구조에 대하여 천재적인 해석을 제시했다. 잘 알려져 있듯이 그는 그 해석 자체를 연극의 형태로, 즉 대화편의 형태로 내놓았다. 그의 대화편 『향연』(쉬운 현대어로 〈파티〉)은 사랑과 우정을 다룬다. 그런데 구체적인 대화에서 주로 등장하는 주제는 철학이다. 왜냐하면 철학은 지혜에 대한 사랑이기 때문이다. 대화의 절정은, 진짜 비극 작가는 또한 진짜 희극 작가여야 한다는 소크라테스의 통찰이다.[252] 나는 이를 다음과 같이 해석한다. 〈인간이 누구인가는, 우리가 우리 자신을 어떻게 규정하느냐에 달려 있다. 미래가 비극일지, 아니면 희극일지는 우리의 손에 달려 있다.〉

우리가 비극을 선택한다면, 우리는 우리 자신에게 현혹되어, 기술의 진보가 더 가속화되면 오늘날의 문제들이 어떻게든 제거되리라고 믿으면서 몰락할 것이다. 그러면 우리는, 〈블랙 미러〉와 「로맨틱 컴퓨터」 같은 자기인식의 걸작들이 충격적인 사실주의로 연출하는 사회 모형을 향한 길에 우리 자신이 들어섰음을 더는 알아채지 못할 것이다.

반대로 우리가 희극을 선택한다면, 우리는 모든 사람이 인권을 온전히 보유하고 자기 결정을 실행할 수 있는 지위에 도달하는 데 필요한 조건들을 갖춰야 한다. 이를 위해서 우리는 무엇보다 먼저, 보편적인 인간성의 핵심이 존재한다는 통찰에 이르러야 한다. 그 핵심은 한낱 동물에 불과하지 않으려는 바람이다. 이 바람이 우리를 비물질적 실재와 연결한다. 그런데 오늘날 우리는 그 비물질적 실재를 기술 권력으로 뻔뻔하게 착취한다. 이 착취가 아주 잘 이루어지는 것은, 실은 극복된 19세기의 유물론적 세계상이 우리의 사유 장치에 여전히 고착되어 있기 때문이다.

우리는 인간을 제거하려는 시도인 탈인본주의에 저항해야 한다. 왜냐하면 탈인본주의는 디지털 군사 장치를 통한 인간의 자기파괴에 도움이 되는 현혹이기 때문이다. 초인을 위하여 인간을 극복하고자 하는 사람은 실은 삶을 경멸하는 것이다. 그러나 삶의 유일한 뜻Sinn은 삶 자체에 있다. 성공적인 삶이야말로 삶의 뜻이다. 성공적인 삶의 조건들은 여러 분야에서 탐구되지만, 특히 숙고에 대한 숙고에서 탐구된다. 숙고에 대한 숙고는 우리의 생각감각을 통하여, 우리가 우리의 삶으로부터 분리될 수 없다는 사실과 접촉

한다. 우리는 원래 정신적 생물이며 여전히 그러하다. 우리
는 동물이 아니기를 의지하는 정신적 생물, 그래서 너무나
자주 자신의 이성을 〈어떤 동물보다 더 동물적이기〉[253] 위
하여 사용하는 정신적 생물이다.

격정적인 맺음말

세계 전체에 대한 질문(『왜 세계는 존재하지 않는가』)에서부터 우리의 〈나〉에 대한 질문(『나는 뇌가 아니다』)을 거쳐 생각감각의 자기파악으로 이어진 3부작의 모든 부분에서 나는 강력하지만 오류투성이인 한 세계상 및 인간상과 그것의 철학적 기반에 맞서 반론을 제기했다. 그러는 사이에 신실재론은 빛바래기는커녕 더 시의적절해졌다. 돌이켜보면, 대표성의 위기와 윤리적 보편주의에 대한 불신은 오늘날의 철학에서 실재론적 전환이 일어난 이후에 더욱 심화된 것처럼 보이기까지 한다.

대안적 사실과 탈사실적 시대라는 헛소리, 매체 비난, 지난 5년 동안 지구상의 많은 나라들에서 일어난 언론 자유의 폐지는 신실재론이 도덕적 사명도 지녔음을 입증한다. 인간이 실재로부터 달아나면, 인간은 자기를 성공적으로 규정할 수 없다. 그러면 인간의 적들은, 우리 인간은 피부색, 성별, 종교, 국적, 또는 문화적 전통에 따라 제각각 별개라는 거짓말을 퍼뜨림으로써 인간들 사이의 불화를 더 쉽게 조장한다. 인간들은 단지 인간들 스스로 서로를 구별하기 때문에 제각각 별개다.

정신과학적 검증이나 역사적 검증을 전혀 통과할 수 없는 구별 특징들의 목록이 오늘날 유포되고 있다. 자연발생적 민족은 어디에도 존재하지 않으며 존재한 적도 없음을, 역사에 밝은 사람들은 안다. 또한 명확한 문화적 정체성은 어디에도 존재하지 않으며 존재한 적도 없다는 것도 안다. 예컨대 빅토르 오르반*처럼 유럽의 기반은 기독교라는 믿음을 표명하는 사람은 유럽과 기독교의 역사에 대해서 자신이 아무것도 모름을 드러내는 것이다. 기독교는 서아시아에서 한 유대인에 의해 창시되었으며, 그 유대인은 유럽의 제국에 의해 처형되었고, 그후 그 제국은 수백 년에 걸쳐 기독교에게 정복당했다. 기독교는 정신적·인적 이주 운동의 귀결이며, 그 이주 운동은 유럽의 본질과 아무런 상관이 없다. 왜냐하면 유럽은 본질이 없으니까 말이다.

미래에 유럽이 무엇일 수 있는가는 유럽인들이 성공적으로, 또한 도덕적 기준에 적합하게 발전하느냐에 달려 있다. 유럽 문명에 결정적으로 기여한 (이슬람 세계의 많은 지식인들을 비롯한) 사람들의 후손인 온갖 주민 집단들에

* 헝가리 총리.

대한 배제는 보편적 인간 이성의 기준에 부합하지 않으며, 따라서 철학적으로(철학적으로만은 아니지만, 반드시 철학적으로도) 물리쳐야 한다. 더 나아가 누군가가 인간이고 유럽에서 인권을 가지기 위해서 반드시 유럽에 도움을 준 조상을 가져야 하는 것은 전혀 아니다. 왜냐하면 인간성은 업적에 따라 인정되는 속성이 아니기 때문이다.

유럽은 지금 위기에 처했다. 이 위기는, 여러 요인들 중에서도 특히 오늘날 벌어지는 디지털 혁명 및 사이버 전쟁과 연관된 지구적 과정들의 한 부분이다. 위기에 처한 사람은 미래가 어떻게 전개될지 모른다. 삶의 모든 위기에서 우리는 이렇게 자문한다. 〈우리는 과연 누구이며 앞으로 누구이기를 의지하는가?〉 우리는 우리 자신에 대해서 숙고한다. 만일 우리 자신에 대한 우리의 숙고에 오류가 있다면, 우리는 무사히 위기에서 벗어나지 못한다. 나는 한 명의 유럽인으로서 묻는다. 유럽인은 과연 누구이며 앞으로 누구이기를 의지하는가?

이 책을 마무리하면서 당장 유럽을 위한 비전을 제시하려 한다면, 그것은 주제넘은 짓일 것이다. 하지만 이것만큼은 반드시 명확히 해야 한다. 유럽은 기술 권력적 구성물도 아니고(많은 비판자들은 브뤼셀*이 그런 기술 권력적 구성물을 대표한다고 여기지만) 기독교적 서양도 아니다. 유럽

* 유럽연합 본부 소재지.

이 과연 무엇인지는 엄밀히 말해서 아무도 모른다. 따라서 우리가 서로에게 먼저 제기할 질문은 이것이다. 유럽은 무엇이 되어야 할까?

어느 정도 격정적인 마무리를 위하여 나는 조건 없는 보편주의의 나팔을 힘차게 불고 싶다. 보편적인 인간 본질의 핵이 존재한다. 그것은 자기를 규정하는 능력이다. 인간의 자기규정 능력은, 우리는 동물이 아니기를 의지하는 동물이라는, 우리의 — 병을 일으키는 — 자기정의로 표출된다. 모든 인간들은 공유된 — 생각감각을 비롯한 — 감각들에 기초하여 근본적으로 동일한 방식으로 실재를 경험한다. 그렇기 때문에 우리는 다른 누군가로 살면 어떠할지 상상하는 능력을 지녔다. 이 능력이 도덕의 원천이다. 나의 행위는 내가 타인일 수도 있음을 알면서 실행할 때, 바꿔 말해 내가 가하는 행위가 나 자신에게 가해질 수도 있음을 알면서 실행할 때, 도덕적으로 유의미하다.

도덕의 기반 곧 선(善)은 누구나 타인이라는 것에서 도출된다. 누구나 이방인이거나 이방인을 마주한다. 따라서 당신이 이방인을 어떻게 생각하느냐는 당신이 실제로 누구인지를 보여 준다. 바로 이것이 이웃을 자기 자신처럼 사랑하라는 기독교의 가르침에 담긴 뜻이다. 그러므로 나는 여기에서 단지 거울을 내밀 따름이다. 그 거울에서 당신은 당신 자신을 볼 수 있고, 당신 자신은 확고하고 소중한 정체성을 지녔으므로 폄하적인 이방인상을 보유할 권리가 있다는(그릇된) 견해를 당신이 얼마나 강하게 품었는지 가늠할 수 있다.

오늘날 유럽이 처한 위기는 이방인에 대한 병적인 공포의 귀결이다. 이방인 공포증은 거미 공포증이나 폐소 공포증과 마찬가지로 왜곡된 자기 표상의 발현이다. 따라서 우리의 사유 오류를 치료할 가능성들을 모색하기 위하여 생각감각을 되살리는 일이 절실히 필요하다. 이 시대는 유럽 철학을 요구한다. 그러나 이제껏 유럽이 진정으로 통일된 적이 없는 것과 마찬가지로, 유럽 철학은 이제껏 존재한 적이 없다.

감사의 말

이 책은 여러 개인들과 기관들의 도움 덕분에 만들어졌다. 그들에게 감사를 표하고 싶다. 가장 먼저 알렉산더 폰 훔볼트 재단과 파리 1대학교(팡테온-소르본)에 감사한다. 나는 중견 학자를 위한 페오도르-뤼넨 연구지원금을 받아 객원 교수로서 파리에 머물며 이 책의 원고를 완성했다. 〈생각은 감각이다〉를 낳은 연구 프로젝트의 주제는 허구적 대상들의 존재론, 바꿔 말해 〈우리가 상상하고 이야깃거리로 삼는 대상들이 어느 정도까지 실재하는가〉라는 질문이다. 신실재론의 틀은 이 질문에 답하기 위해 애쓰는 가운데 완성되었다. 주지하다시피 신실재론에서는 유니콘 같은 허구적 대상들도 환영받는다. 내가 소속된 본 대학교에도, 그곳에서의 임무들을 관대하게 면제해 주어 내가 연구지원금을 수령할 수 있게 해준 것에 대하여 감사한다.

같은 맥락에서 프랑스 국립과학연구센터CNRS, 파리 1대학교 총장 조르주 하다드 교수와 본 대학교 총장 미하엘 호흐 교수에게, 독일-프랑스 합작 신실재론 연구소Centre de Recherches sur les Nouveaux Réalismes, CRNR의 신설을 추진해 준 것에 대하여 감사한다. 그 연구소의 자금은 CNRS와 자매 대학교들에서 나온다. 그 연구소가 다루는 핵심 주제 하나는 지각에 관한 실재론적 철학에 대한 질문인데, 나는 이 주제를 프랑스 철학자들인 조슬랭 브누아, 캉탱 메이야수와 함께 즐겁게 연구할 수 있다. 아주 특별한 감사를 받아야 할 사람은 브누아다. 이미 지각의 층위에서 주체와 객체의 분열을 넘어서야 감각적인 것을 실재론적으로 이해할 수 있다는 영감을 나는 브누아 덕분에 얻었다. 이에 대하여 브누아 본인도 여러 저서에서 몇 가지 중요한 기여를 했다.

또한 〈미래 회의Congreso Futuro〉에 초청해 준 것에 대하여 칠레 공화국 상원에 진심으로 감사한다. 그 기회에 나는 줄리오 토노니와 친분을 맺을 수 있었다. 토노니는 신경과학 분야에서 자신의 비환원주의적 실재론적 의식 이론으로 주체-객체 이분법을 넘어선다. 나는 위스콘신주 매디슨에 있는 토노니의 실험실을 2018년 5월에 방문했는데, 아쉽게도 이 책의 원고는 그보다 먼저 완성되었기 때문에, 그때 우리가 나눈 심층적인 대화는 이 책에 반영할 수 없었다.

본 대학교의 과학 및 사상 센터CST와 노르트라인베스트팔렌 국제 철학 센터에서 일하는 나의 동료들에게, 이 책의 주제들에 관하여 여러 시간 동안 대화해 준 것에 감사한다. 특히 지각 이론과 생각 이론에서 실재론의 올바른 형태에 관하여 여러 달에 걸쳐 매주 여러 번 나와 토론해 준 울프-G. 마이스너, 미하엘 N. 포르스터, 옌스 로메치에게 감사한다. 더불어 본 대학교에서 트래비스의 프레게 논문 원고를 중심으로 함께 진행한 세미나에서 지적인 즐거움을 누리게 해준 조슬랭 브누아와 찰스 트래비스에게도 다시 한번 감사하고 싶다. 그 원고에서 트래비스는 생각하기의 실재성에 대한 한 언어학적 해석에 맞서 〈보이지 않는 영역〉의 존재를 옹호한다. 프레게의 배후에는 〈보이지 않는 교회unsichtbare Kirche〉[254]라는 좋았던 옛날의 프로젝트가 있음을 내가 찰스에게 누설할 날이 어쩌면 올 것이다. 〈보이지 않는 교회〉란 독일 관념론을 말한다.

나의 교수직을 보좌하는 팀, 곧 발리트 파이차다, 마린 가이어, 마리야 할바치바, 옌스 피어, 옌스 로메치, 얀 포스홀츠에게, 원고의 초기 버전들을 논평해 주고 최종 버전의 작성을 도와준 것에 대하여 감사한다.

마지막으로 울슈타인 출판사에, 특히 나의 글을 편집하는 율리카 예니케와 울리케 폰 슈텡글린에게, 내가 3부작으로 여기는 세 권의 책이 출판되는 과정을 훌륭하게 보살펴 준 것에 대하여 감사한다. 또한 원고를 개선할 방안들을 정확하게 제안하고 꼼꼼하게 편집한 카를라 스비더스키에게도 진심으로 감사한다.

1 Kant 1977b, 446면.

2 같은 곳.

3 같은 곳.

4 Hegel 1986, 74면 und Boghossian 2013.

5 간단한 표현을 위하여 나는 본문에서 〈인간Mensch〉, 〈학자 Wissenschaftler〉, 〈철학자Philosoph〉, 〈독자Leser〉 같은 문법적 남성형 단어들을 사용한다. 그러나 읽고 쓰는 대중의 한 부분이 인류를 대표한다고 암시할 생각은 전혀 없다. 아동, 혼수 환자, 트랜스젠더, 여성, 남성, 정당의 당직자, 기독교도, 무슬림, 흑인, 백인, 황인, 금발을 가진 사람, 백발을 가진 사람, 빨간 머리카락을 가진 사람이 모두 동등한 권리로 인류를 대표한다. 물론 모든 사람의 모든 견해가 다 옳은 것은 아니지만 말이다. 인간은 대단히 다채로운 (깃털 없는) 새다.

6 굵은 글씨로 된 표현들은 본문에서 최대한 정확하게 정의할 것이다. 또한 그 정의들을 「용어 설명」에서 다시 한꺼번에 수록할 것이다. 이는 내가 도입하는 가장 중요한 어휘들을 당신이 투명하게 이해할 수 있게 하기 위해서다.

7 〈우리가 우리 자신에게 무엇을 빚지고 있으며 무엇이 보편적으

로 가장 중요한가〉라는 질문은 현재의 철학적 윤리학에서 가장 중요한 두 가지 입장의 중심에 놓여 있다. 그 입장들은 토머스 M. 스캔런의 입장과 데렉 파핏의 입장이다. Scanlon 2000; Parfit 2011a, Parfit 2011b, Parfit 2016 참조.

8 더 자세한 설명은 Gabriel 2017, Gabriel 2018 참조.

9 Floridi 2011, 3면.

10 Gabriel/Thelen 2018, 58-65면.

11 Baudrillard 1981, 52면.

12 Kant 1977c 참조. 거기에서 칸트는 특히 〈검둥이〉를 노예로서 도입하는 것을 정당화한다. 왜냐하면 〈홍인종 노예(아메리카 원주민)〉는 〈밭일을 하기에는 너무 약하므로, 밭일을 위해 검둥이가 필요하다〉고 그는 말한다(같은 곳 22면). 그의 견해에 따르면 〈모든 검둥이는 악취를〉, 정확히 말해서 〈인산(燐酸)〉 냄새를 풍긴다. 칸트는 검둥이의 피부가 검은 것은 인산의 작용 때문이라고 설명한다. 〈뿐만 아니라 축축한 온기는 무릇 동물의 왕성한 발육을 촉진한다. 그리고 머지않아, 자신의 기후에 적합한 검둥이가 발생한다. 즉, 힘세고 근육이 많으며 관절이 튼튼하지만 모국의 풍부한 먹을거리 때문에 게으르고 나약하고 빈둥거리는 검둥이가 발생한다.〉

13 Linné 1773, S. 62. 더 자세한 논의는 Gabriel 2015 참조.

14 dazu Platon 1986 참조.

15 Sartre 1991, 764면.

16 Grünbein 2017, 132면.

17 Kripke 1993, 28면.

18 Lessing 1980.

19 Sloterdijk 2012, 713면.

20 Gabriel 2013; Gabriel 2016 참조.

21 Johnston 2009, 131면 이하(강조는 마르쿠스 가브리엘).

22 Adorno 1973 참조. 또한 아쉽게도 오늘날 너무 적게 읽히는 아도르노의 초기 작품 Adorno 1990 참조.

23 Quine 2003, 62면: 〈엄밀히 따지면, 근원 번역은 집안에서 시작된다.〉

24 Deutsch 2011.

25 같은 곳, 107-124면.

26 114면에 나오는 원문은 다음과 같다.〈It is a claim that something abstract—something non-physical, such as the knowledge in a gene or a theory—is affecting something physical.〉

27 Aristoteles 2011, 127면(424b22 이하).

28 Kant 1974a, 170면.

29 Hogrebe 2009.

30 Aristoteles 2011, 131면(425b12).

31 Gabriel 2015, III장.

32 『영혼에 관하여』425a27 참조. 약간 더 자세한 논의는 450a9-15.(Aristoteles 2011, 129면 참조)

33 이 인용문은『영혼에 관하여』426b3과 426b8에 대한 나의 번역이다.(Aristoteles 2011, 135면 참조)

34 Dreyfus/Taylor 2016의 접촉 이론 참조.

35 Nagel 2012.

36 Quine 1980, 474면.

37 Liu Cixin 2016; 2018.

38 인식론을 더 공부하고 싶은 독자는 Gabriel 2014 참조.

39 Gabriel 2013.

40 구성주의의 다양한 분파들과 근본적인 주장들을 훌륭하게 조망하는 문헌으로 Hacking 1999이 있다.

41 Davidson 1990, 199면, 각주16(강조는 마르쿠스 가브리엘).

42 이 인용문은 아리스토텔레스의 『형이상학』 1011b26-28을 내가 번역한 것이다.(Aristoteles 1970, 107면 이하 참조)

43 그 논의를 포괄적으로 살펴보고 싶은 독자에게는 Künne 2005를 추천한다. 최소주의에 대한 표준적인 설명은 Horwich 1999 참조.

44 Foucault 1974, 26면.

45 같은 곳, 26면 이하.

46 Foucault 1987, 1989a, 1989b und 2018.

47 Foucault 1981.

48 Frege 1966 참조.

49 Gabriel 2014a, 2014b; Koch 2006, 2016.

50 Wittgenstein 1984b, 19면 (3.144).

51 다양한 정보 이론들에 관한 기초적인 조망은 Floridi 2010 참조. 플로리디 자신의 인상적인 정보 이론은 Floridi 2011 참조. 정보에 관한 흥미로운 역사적 데이터는 Gleick 2011 참조.

52 플로리디의 논증은 상당히 기술적이지만 또한 정교하다. 어려움을 무릅쓰고 그 논증을 살펴보고 싶은 독자는 Floridi 2011의 93-107면을 읽어라.

53 Frege 1966, 50면 참조.

54 Searle 2015.

55 De la Barca 2009.

56 이 논증의 추가 세부 사항에 관심이 있는 독자는 Gabriel 2012의 2장 1절 참조. 거기에서 나는 데카르트적 회의의 세 단계를 논한다.

57 Houellebecq 2011, 34면.

58 같은 곳.

59 같은 곳, 79면 이하 참조.

60 Floridi 2011, 61면.

61 Frege 1966, 31면.

62 Houellebecq 2011, 383면 참조.

63 Searle 1980.

64 설의 논증에 대한 상세한 분석은 Dresler 2009 참조.

65 Searle 1991.

66 Searle 1991, 19-21면 참조.

67 Putnam 1982, 15-40면 참조.

68 같은 곳, 15면.

69 Travis 2018을 보라.

70 Mansfeld/Primavesi 2012, 227면에서 재인용.

71 이에 관한 토론 상황은 Schmitz 2014에 실린 논문들 참조.

72 Floridi 2011, 7-12면(강조는 마르쿠스 가브리엘).

73 인용문은 Floridi 2011, 7면의 한 대목을 내가 번역한 것이다. 원문은 다음과 같다. 〈Mental life is thus the result of a successful reaction to a primary horror vacui semantici: meaningless(in the non-existentialist sense of 'not-yet-meaningful') chaos threatens to tear the Self asunder, to drown it in an alienating otherness perceived by the Self to go on filling any semantically empty space with whatever meaning the Self can muster; as successfully as the cluster of contextual constraints, affordances, and the development of culture permit.〉

74 GA I, Bd. 2, §51.

75 Krauss 2018.

76 Freud 2010.

77 Feuerbach 1983, 90면.

78 Gabriel 2017, 2장 참조.

79 Frege 2007, 28면 참조. 〈여기에서 아직 가능한 차이들로 채색과 조명이 있다. 문예 창작과 연설은 뜻에 채색과 조명을 부여하려고 노력한다. 이 채색과 조명은 객관적이지 않다. 오히려 모든 각각의 청자와 독자가 작가나 연설자의 신호에 따라 스스로 채색과 조명을 추가해야 한다. 인간적 표상의 근친성이 없다면 예술은 당연히 불가능할 것이다. 그러나 작가의 의도가 어느 정도까지 호응을 받는지는 결코 정확히 알아낼 수 없다.〉

80 Maturana/Varela 2009.

81 Jonas 1997 참조.

82 Tetens 2015에 들어 있는 상세한 반론도 참조하라. 데닛의 세계관에 대한 반론은 Gabriel 2018 참조.

83 Tegmark 2017, 91면.

84 예컨대 Block 1978 참조.

85 맥주 캔 비유는 Searle 1982 참조.

86 Chalmers 1996.

87 Maturana 2000, 11면.

88 Aristoteles 1987, 61면(194b) 참조.

89 Deutsch 2011.

90 Kurzweil 2014.

91 Ferraris 2012.

92 Searle 2011, 2017.

93 Ferraris 2014a; Searle 2014.

94 우리가 2013년 봄 학기에 버클리에서 한 여러 차례의 공개적 논쟁에서 설은 그렇게 주장했다.

95 Ferraris 2014b, 58면.

96 문자가 등장하기 이전의 인류 역사에 관하여 오늘날 우리가 아는 역사적 세부 사항들에 대한 탁월한 조망은 Parzinger 2015 참조.

97 Lawson 2001.

98 Ganascia 2017.

99 인용문은 Ganascia 2017, 75면의 한 대목을 내가 번역한 것이다. 원문은 이러하다. 〈En conséquence, l'esprit existerait séparément et de façon totalement dissociée de la matière. Bref, poussée jusqu'au bout, le monisme consubstantiel à la science contemporaine dont les promoteurs de la Singularité technologique se réclament les conduit à admettre un dualisme tout aussi radical qu'incongru sur lequel ils fondent leur prétention.〉

100 일상적 무의미의 두드러진 예로 하나의 장르가 된 정치적 연설을 들 수 있다. 선거전 도중의 텔레비전 토론(2017년 9월의 독일을 생각해 보라)은 후보자들의 논리적 경쟁력을 증명하는 구실을 제대로 하지 못한다. 안타깝게도 이것은 오늘날의 문제다. 우리가 텔레비전 토론에서 보는 것은 오히려 오류추론들의 연쇄, 혹은 다른 당의 당원들에 대한 근거 없는 비난과 짝을 이룬 미완성의 생각들이다. 모든 말의 유일한 기능은 권력의 유지 혹은 증대다. 물론 가끔씩 실질적인 질문들이 나온다. 왜냐하면 정치는 실재하는 활동으로서 이를테면 끝없는 토론이 아니라 구체적인 자원 분배니까 말이다. 그러나 자원 분배는 가치에 관한 여러 변수들에 의해 조종되고, 안타깝게도 그 매개 변수들은 대개 논리적으로 충분히 엄밀하게 발설되지 않는다. 당면한 자원 분배 과제들은 합리적 결정 과정을 유발하는 것이 아니라 선거전을 유발한다. 이것이 좋은지 여부는 또 다른 문제이며 정치철학의 틀 안에서 탐구되어야 한다.

101 「디도서」 1장 10-14절.

102 세부 사항에 관심이 있는 독자는 예컨대 Hoffmann 2015 참조.

103 특히 Priest 2001, Koch 2006 참조. 코흐가 신실재론에 관한 토론을 거치면서 자신의 이론을 어떻게 발전시켰는지는 Koch 2016

참조.

104 Bromand/Kreis 2011, 483-487면.

105 Moore 1990.

106 2018년 2월 13일 현재 https://de.wikipedia.org/wiki/Wiener_Schnitzel

107 Leibniz 1996 참조. 또한 Gabriel 2012 참조.

108 Homolka/Heidegger, 22면.

109 같은 곳, 36면.

110 GA I, Bd. 12, 27면 이하.

111 Nachzulesen in GA I, Bd. 8.

112 GA III, Bd. 79, 68면.

113 같은 곳, 28면.

114 Putnam 1978, 18면 이하 참조.

115 Gabriel 2016b.

116 이에 관한 대중적인 설명은 Randall 2008, Greene 2006 참조.

117 〈하이데거와 반유대주의〉라는 주제에 관한 현재의 입장들에 대한 훌륭한 조망은 Homolka/Heidegger 2016 참조.

118 GA III, Bd. 79, 30면.

119 GA I, Bd. 2, 100면.

120 Kant 1974a, 23면.

121 GA II, Bd. 41, 93면.

122 GA I, Bd. 12, 21면.

123 GA I, Bd. 2, 57면.

124 Burge 2007 참조.

125 Lyotard 2007.

126 Kant 1974b, 76면.

127 Kant 2000, 114면.

128 Gabriel 2015.

129 Kant 1977a, 37면 이하.

130 Clark/Chalmers 1998; Clark 2004; Clark 2008; Clark 2016.

131 Bostrom 2016.

132 Sartre 1993, 833면 이하.

133 Tegmark 2016.

134 Platon 2014, 86면 참조.

135 Beierwaltes 2014 참조.

136 「마태복음」 10장 28절.

137 Borges 1992, 143면.

138 Ferraris 2017 참조.

139 Wittgenstein 1984a, 411면(§415).

140 Wittgenstein 1989b, 307면(§173).

141 유튜브에서 학회 동영상을 볼 수 있다. *https://www.youtube.com/watch?v=93-sYbHDtv9M* * 또한 Bostrom/Yudkowsky 2014 참조.

142 Goethe 2007, 277면.

143 같은 곳, 278면 이하.

144 Görnitz/Görnitz 2016.

145 같은 곳, 120면: 〈의식은 특수한 형태의 프로퇴포시스 Protyposis다. 바꿔 말해, 의식은 살아 있는 뇌가 담당하는 정보처리 과정의 일부로서 자기 자신을 체험하고 알 수 있는 그런 양자정보다.〉

146 같은 곳, 161면.

147 같은 곳, 160면.

148 같은 곳, 174면.

* 현재는 접속 불가능하다 ─ 편집자주.

149 같은 곳.

150 같은 곳, 175면.

151 Hegel 1986, 71면.

152 http://www.congresofuturo.cl/

153 특히 Tononi/Koch 2015 참조.

154 같은 곳, 13-15면.

155 인용문은 Tononi/Koch 2015, 7면의 한 대목을 내가 번역한 것이다. 원문은 이러하다. 〈properties that physical systems (elements in a state) must have to account for experience.〉

156 의식에 대한 코흐의 현재 입장은 예컨대 Koch 2017 참조. 더 자세한 사항은 Koch 2013 참조.

157 이 대목에서 언급해 두는데, 토노니는 내가 『나는 뇌가 아니다』에서 비판한 신경중심주의자가 아니다. 오히려 그는 신경과학적 토대 위에서 신경중심주의를 극복하는데, 이것은 패러다임 교체, 곧 근본적인 관점 변경에 해당한다. 현재의 물리학이 궁극적으로 더는 자연주의적이지 않은 것과 마찬가지로, 현재의 신경과학은 신경중심주의를 내부로부터 극복하는 중이다. 이것은 철학과 자연과학의 전혀 새로운 상호 접근으로 이어질 수도 있는 흥미로운 발전이다. 현재 나는 다양한 분야의 자연과학자들과 함께 그러한 신경중심주의 극복 프로젝트를 진행하는 중이며 바라건대 가까운 장래에 그 프로젝트의 진행 상황을 보고할 수 있을 것이다.

158 현상적 의식에 대한 기초적 서술은 Gabriel 2015 참조. 전문적 논의를 조망하고 싶은 독자는 온라인에서 쉽게 읽을 수 있는 〈스탠퍼드 철학 백과사전Stanford Encyclopedia of Philosophy〉의 〈consciousness(의식)〉항목 참조.

159 Gabriel 2014c.

160 Zhuang Zi 2013, 60면 이하 참조

161 탈만은 나에게 사적으로, 또한 이메일을 통하여, 사회적 로봇은 의식이 없고 〈웨스트월드〉는 실현가능하지 않은 허구라고 확언했다. 여기에서 나는 이것을 단지 전문가의 견해로서 전달한다.

162 Gabriel 2013; Gabriel 2016a. 신실재론에 관한 학술적 논쟁의 세부 사항에 관심이 있는 독자는 Buchheim 2016 참조.

163 Gabriel 2013, 15면.

164 같은 곳.

165 인용문은 Huxley 1986, 193면의 한 대목을 내가 번역한 것이다. 원문은 이러하다. 〈How it is that anything so remarkable as a state of consciousness comes about as a result of irritating nervous tissue, is just as unaccountable as the appearance of the Djin, when Aladdin rubbed his lamp.〉

166 우리가 모형을 통하여, 혹은 의식으로서 자연을 그저 반영한다는 견해에 대한 일반적 비판은 리처드 로티의 영향력이 큰 저서 『철학과 자연의 거울Philosophy and the Mirror of Nature』(Rorty 1987) 참조. 아쉽게도 로티는 한도를 훌쩍 넘어서 탈근대적 구성주의의 주요 옹호자가 되었다. 그는 우리가 자연의 거울이 아니라는 것으로부터 진실이나 확실한 실재 인식은 존재할 수 없다는 것을 추론하는 오류를 범했다. 전자로부터 후자가 도출되지는 않는다.

167 Wittgenstein 1984a, 363면(§265) 이하.

168 Radisch 2014.

169 Latour 2008.

170 위르겐 하버마스의 고전적 저서 『공론장의 구조 변동The Structural Transformation of the Public Sphere』 참조. 하버마스는 근대의 발생을 계몽의 매체적 구조들로부터 설명한다.(Habermas 1990)

171 Wittgenstein 1984a, 360면(§255).

172 Hegel 1986, 68면.

173 Adorno 1973, 106면.

174 Radisch 2014.

175 이 궤변의 배후에 놓인 탈근대 이론들의 과장들과 오류추론들을 특히 선명하고 정확하게 폭로하는 문헌으로 Boghossian 2013, Hacking 1999이 있다.

176 Baudrillard 1981.

177 GA III, Bd. 79, 30면.

178 Baudrillard 2004.

179 인용문은 Baudrillard 1981, 10면의 한 대목을 내가 번역한 것이다.

180 Takami 2012.

181 Juvenal 1993, 209면.

182 Debord 1996.

183 Harari 2015.

184 Bostrom 2003.

185 Bostrom 2016.

186 Bostrom/Kulcycki 2011.

187 〈당신은 시뮬레이션이며 물리학은 그것을 증명할 수 있다 You are a Simulation & Physics Can Prove It〉를 주제로 한 그의 TED 강연을 보라. 그 강연의 조회 수는 이미 수백만 회에 달한다.

188 인용문은 Bostrom 2003, 248면의 한 대목을 내가 번역한 것이다. 원문은 이러하다. 〈If there were a substantial chance that our civilization will ever get to the posthuman stage and run many ancestor-simulations, then how come you are not living in such a simulation?〉

189 인용문은 Bostrom, 243면 이하의 한 대목을 내가 번역한 것

이다. 원문은 이러하다. 〈The argument is a stimulus for formulating some methodological and metaphysical questions, and it suggests naturalistic analogies to certain traditional religious conceptions, which some may find amusing or thought-provoking.〉

190 인용문은 Bostrom, 243면의 한 대목을 내가 번역한 것이다. 원문은 이러하다. 〈(1) the human species is very likely to become extinct before reaching a «posthuman» stage; (2) any posthuman civilization is extremely unlikely to run a significant number of simulations of its evolutionary history (or variations thereof); (3) we are almost certainly living in a computer simulation.〉

191 Bostrom, 244면 이하 참조.

192 Gabriel 2012; Descartes 2009.

193 Wittgenstein 1989a,195면(§383).

194 Wittgenstein 1984a, 362면(§258).

195 같은 곳.

196 인용한 문구는 플라톤의 『소피스테스』263e3-5를 내가 번역한 것이다. Platon 1990, 177면 참조.

197 당연한 말이지만, 아리스토텔레스는 오류 불가능한 형태의 생각하기도 존재한다고 본다. 그 생각하기는 분할 불가능한 놈을 파악하기인데, 이에 대해서 아리스토텔레스는 긴 설명을 제시해야 했다. 아무튼 오류가 가능한 곳에는 명시적으로 종합이 있다. 아리스토텔레스는 『영혼에 관하여』430a26-28(Aristoteles 2011, 155면 참조)에서 이렇게 말한다. 〈분할 불가능한 놈을 생각하기는 오류가 존재하지 않는 곳에서 등장한다. 반면에 오류도 있고 진실도 있는 곳에는 생각들의 종합이 있어서 그 종합 안에서 그 생각들이 통일된다.〉 (번역은 마르쿠스 가브리엘)

198 Russell 1967, XIII장.

199 Descartes 2009, 37면, 169면 참조.

200 세부 사항에 관심이 있는 독자에게는 옌스 로메치의 획기적인 저서『진실을 향할 자유*Freiheit zur Wahrheit*』(Rometsch 2018)를 추천한다.

201 Platon 1990, 114-121면(245e-247e).

202 특히 Platon: Timaios(Platon 2003, 93면) 참조

203 인용문은 Lewis 1986, ix면의 한 대목을 내가 번역한 것이다. 원문은 이러하다. 〈It is the doctrine that all there is to the world is a vast mosaic of local matters of particular fact, just one little thing and then another.〉

204 Goethe 2014, 13면.

205 이 논란의 세부 사항을 알고 싶은 독지에게는 Westerhoff 2005를 권한다.

206 인용된 문구는『소피스테스』254c의 한 구절을 내가 번역한 것이다. Platon 1990, 143면 참조.

207 random 2004 참조.

208 인용된 문구는 플라톤의『소피스테스』259e4-6의 한 구절을 내가 번역한 것이다. Platon 1990, 163면 참조.

209 Hegel 1989, 24면.

210 Kern/Kietzmann 2017, 특히 Stekeler-Weithofer 2012 참조.

211 안톤 프리드리히 코흐의 기념비적인 저서들, 특히 Koch 2006, Koch 2016 참조.

212 Meillassoux 2014.

213 Buchheim 2016.

214 Benoist 2017, 62면 참조.

215 Rilke 2006, 710면.

216 Nagel 2016.

217 Rilke 2006, 710면(강조는 원저자).

218 Wittgenstein 1984b, 67면(5.6)(강조는 원저자).

219 Schelling 1975, 55면.

220 Kant 1977d, 267면.

221 Nietzsche 1999a, 378면.

222 Nietzsche 1999a, 378면.

223 Nietzsche 2007, 272면.

224 이 논의를 다루는 입문서로 Hütemann 2018을 권한다.

225 Ellis 2016; Ellis/Hawking 1973.

226 또한 Tetens 2015 참조.

227 Luhmann 2009, 216면.

228 Frege 1993 참조.

229 같은 곳, 35면.

230 같은 곳.

231 같은 곳, 33면.

232 같은 곳, 49면 이하.

233 Rödl 2018.

234 Dummett 2008, Dummett 2010 참조. 또한 캔터베리의 안셀무스의 유명한 신 존재 증명을 재구성하는 Gabriel 2012 참조.

235 인용문은 DK 22 B 93의 한 대목을 내가 번역한 것이다(강조는 마르쿠스 가브리엘). 또한 Mansfeld/Primavesi 2012, 252면 이하에서 이 토막글이 거론되는 것을 참조하라.

236 Lichtenberg 1971, 412면.

237 Schelling 1985, 428면.

238 Freud 1917, 7면.

239 Nietzsche 1988, 285면.

240 Freud 1982, 366면(각주3).

241 Honneth 1994.

242 Foucault 2018.

243 인용된 문구는 아리스토텔레스의 『형이상학』 1074b15 이하의 한 구절을 내가 번역한 것이다. Aristoteles 1970, 320면 참조.

244 Aristoteles 1970, 320면(1074b31) 참조.

245 같은 곳, (1074b32 이하) 참조.

246 같은 곳, (1074b33-35) 참조.

247 Nietzsche 1999b 참조.

248 인용문은 아리스토텔레스의 『형이상학』 1072a26 이하의 한 대목을 내가 번역한 것이다. Aristoteles 1970, 312면 참조.

249 Sternberg 2018 참조.

250 이와 관련해서, 부당하게 잊힌 귄터 안데르스의 저서 『인간의 진부함*Die Antiquiertheit des Menschen*』(Anders 2002) 참조.

251 Kant 1974b, 388면 이하.

252 Platon 2006, 139면(223d4-8) 참조.

253 Goethe 2014, 10면.

254 Hegel 1969, 18면.

참고 문헌

Adorno, Theodor W.: *Negative Dialektik*, in: Ders.: *Gesammelte Schriften Band 6*, Frankfurt/M.: Suhrkamp 1973.

Adorno, Theodor W.: *Metakritik der Erkenntnistheorie. Studien über Husserl und die phänomenologischen Antinomien*, Frankfurt/M.: Suhrkamp 1990.

Anders, Günther: *Die Antiquiertheit des Menschen, Band 1. Über die Seele im Zeitalter der zweiten industriellen Revolution*, Munchen: C. H. Beck 2002.

Aristoteles: *Über die Seele*. Griechisch/Deutsch, Stuttgart: Reclam 2011.

Aristoteles: *Metaphysik. Schriften zur Ersten Philosophie*, Stuttgart: Reclam 1970.

Aristoteles: *Physik. Vorlesung über Natur. Erster Halbband: Bucher I(A)-(Δ)*, Hamburg: Meiner 1987.

Baudrillard, Jean: *Simulacres et simulation*, Paris: Galilée 1981.

Baudrillard, Jean: *Amerika*, Berlin: Matthes & Seitz 2004.

Beierwaltes, Werner: *Platonismus im Christentum*, 3., erweiterte

Auflage, Frankfurt/M.: Klostermann 2014.

Benoist, Jocelyn: *L'adresse du reel*, Paris: Vrin 2017.

Block, Ned: »Troubles with functionalism«, in: *Minnesota Studies in the Philosophy of Science* 9 (1978), S. 261-325.

Boghossian, Paul: *Angst vor der Wahrheit. Ein Plädoyer gegen Relativismus und Konstruktivismus*, Berlin: Suhrkamp 2013.

Bromand, Joachim/Kreis, Guido (Hrsg.): *Gottesbeweise von Anselm bis Gödel*, Berlin: Suhrkamp 2011.

Borges, Jorge Luis: *Das Aleph*, Frankfurt/M.: Fischer 1992.

Bostrom, Nick: »Are You Living in a Computer Simulation?«, in: *Philosophical Quarterly* 53/211 (2003), S. 243-255.

Bostrom, Nick: *Superintelligenz: Szenarien einer kommenden Revolution*, Berlin: Suhrkamp 2016.

Bostrom, Nick/Kulzycki, Marcin: »A Patch for the Simulation Argument«, in: *Analysis* 71/1 (2011), S. 54-61.

Bostrom, Nick/Yudkowsky Eliezer: »The Ethics of Artificial Intelligence«, in: Frankish, Keith/Ramsey, William M.: *Cambridge Handbook of Artificial Intelligence*, Cambridge: Cambridge University Press 2014, S. 316-334.

Brandom, Robert: *Begrunden und Begreifen. Eine Einfuhrung in den Inferentialismus*, Frankfurt/M.: Suhrkamp 2004.

Buchheim, Thomas (Hg.): Neutraler Realismus: *Jahrbuchkontroversen 2*, Freiburg i. Br.: Alber 2016.

Burge, Tyler: »Self and Self-Understanding«, in: *The Journal of Philosophy* 108/6-7 (2007), S. 287-383.

Chalmers, David: *The Conscious Mind: In Search of a Fundamental Theory*, Oxford: Oxford University Press 1996.

Chalmers, David/Clark, Andy: »The Extended Mind«, in: *Analysis* 58/1 (1998), S. 7-19.

Clark, Andy: *Natural-Born Cyborgs: Minds, Technologies, and the Future of Human Intelligence*, Oxford: Oxford University Press 2004.

Clark, Andy: *Supersizing the Mind: Embodiment, Action, and Cognitive Extension*, Oxford: Oxford University Press 2008.

Clark, Andy: *Surfing Uncertainty: Prediction, Action, and the Embodied Mind*, Oxford: Oxford University Press 2016.

Cixin, Liu: *Die Drei Sonnen* (*Trisolaris*-Trilogie Band 1), Munchen: Heyne 2016.

Cixin, Liu: *Der Dunkle Wald* (*Trisolaris*-Trilogie Band 2), Munchen: Heyne 2018.

Davidson, Donald: »Was ist eigentlich ein Begriffschema?«, in: Ders.: *Wahrheit und Interpretation*, Frankfurt/M.: Suhrkamp 1990, S. 183-203.

Debord, Guy: *Die Gesellschaft des Spektakels*, Berlin: Edition Tiamat 1996.

de la Barca, Calderón: *La vida es sueno/Das Leben ist Traum*, Stuttgart: Reclam 2009.

Descartes, René: *Meditationen über die erste Philosophie. Mit sämtlichen Einwänden und Erwiderungen*, Hamburg: Meiner 2009.

Deutsch, David: *The Beginning of Infinity. Explanations That Transform the World*, London: Penguin 2011.

Die Bibel. Nach Martin Luthers Übersetzung, revidiert 2017, Stuttgart: Deutsche Bibelgesellschaft 2017.

Dresler, Martin: *Kunstliche Intelligenz, Bewusstsein und Sprache.*

Das Gedankenexperiment des »Chinesischen Zimmers«, Würzburg: Königshausen & Neumann 2009.

Dummett, Michael: *Thought and Reality*, Oxford: Oxford University Press 2008.

Dummett, Michael: *The Nature and Future of Philosophy*, New York: Columbia University Press 2010.

Ellis, George: *How Can Physics Underlie the Mind? Top-Down Causation in the Human Context*, Berlin: Springer 2016.

Ellis, George/Hawking, Stephen: *The Large Scale Structure of Space-Time*, Cambridge: Cambridge University Press 1973.

Ferraris, Maurizio: Documentality: *Why It Is Necessary to Leave Traces*, New York: Fordham University Press 2012.

Ferraris, Maurizio: *L'imbecillité est une chose sérieuse*, Paris: Presses universitaires de France 2017.

Ferraris, Maurizio: *Manifest des neuen Realismus*, Frankfurt/M.: Vittorio Klostermann 2014.

Ferraris, Maurizio: »Was ist der Neue Realismus?«, in: Markus Gabriel (Hrsg.): *Der Neue Realismus*, Berlin: Suhrkamp 2014b, S. 52-75.

Feuerbach, Ludwig: *Grundsätze der Philosophie der Zukunft*, Frankfurt/M.: Vittorio Klostermann [3]1983.

Floridi, Luciano: *Information. A Very Short Introduction*, Oxford: Oxford University Press 2010.

Floridi, Luciano: *The Philosophy of Information*, Oxford: Oxford University Press 2011.

Foucault, Michel: *Die Ordnung der Dinge. Eine Archäologie der Humanwissenschaften*, Frankfurt/M.: Suhrkamp 1974.

Foucault, Michel: *Die Archaologie des Wissens*, Frankfurt/M.: Suhrkamp 1981.

Foucault, Michel: *Histoire de la Sexualité 4: Les aveux de la chaire*, Paris: Gallimard 2018.

Foucault, Michel: *Sexualität und Wahrheit. Erster Band: Der Wille zum Wissen*, Frankfurt/M.: Suhrkamp 1987.

Foucault, Michel: *Sexualität und Wahrheit. Zweiter Band: Der Gebrauch der Luste*, Frankfurt/M.: Suhrkamp 1989a.

Foucault, Michel: *Sexualität und Wahrheit. Dritter Band: Die Sorge um sich*, Frankfurt/M.: Suhrkamp 1989b.

Frege, Gottlob: *Begriffsschrift und andere Aufsätze*, Hildesheim: Olms 1993.

Frege, Gottlob: »Der Gedanke. Eine logische Untersuchung«, in: Ders.: *Logische Untersuchungen*, Göttingen: Vandenhoeck & Ruprecht 1966, S. 30-53.

Frege, Gottlob: »Über Sinn und Bedeutung«, in: Ders.: *Funktion -Begriff-Bedeutung*, Göttingen: Vandenhoeck & Ruprecht 2007, S. 23-46.

Freud, Sigmund: »Die endliche und die unendliche Analyse«, in: Ders.: *Schriften zur Behandlungstechnik*, Frankfurt/M.: Fischer 1982, S. 351-392.

Freud, Sigmund: *Das Unbehagen in der Kultur*, Stuttgart: Reclam 2010.

Freud, Sigmund: »Eine Schwierigkeit der Psychoanalyse«, in: *Imago. Zeitschrift für Anwendung der Psychoanalyse auf die Geisteswissenschaften V* (1917), S. 1-7.

Gabriel, Markus: »Ist der Gottesbegriff des ontologischen

Beweises konsistent?«, in: Thomas Buchheim, Friedrich Hermanni, Axel Hutter, Christoph Schwöbel (Hrsg.): *Gottesbeweise als Herausforderung für die moderne Vernunft*, Tübingen: Mohr Siebeck 2012, S. 99-119.

Gabriel, Markus: *Warum es die Welt nicht gibt*, Berlin: Ullstein [8]2013.

Gabriel, Markus: *Die Erkenntnis der Welt. Eine Einführung in die Erkenntnistheorie*, Freiburg i. Br.: Alber [4]2014a.

Gabriel, Markus: *An den Grenzen der Erkenntnistheorie. Die notwendige Endlichkeit des objektiven Wissens als Lektion des Skeptizismus*, Freiburg i.Br.: Alber [2]2014b.

Gabriel, Markus: *Antike und moderne Skepsis zur Einführung*, Hamburg: Junius [2]2014c.

Gabriel, Markus: *Ich ist nicht Gehirn: Philosophie des Geistes für das 21. Jahrhundert*, Berlin: Ullstein 2015.

Gabriel, Markus: *Sinn und Existenz. Eine realistische Ontologie*, Berlin: Suhrkamp 2016a.

Gabriel, Markus: »What Kind of an Idealist (if any) is Hegel?«, in: *Hegel-Bulletin* 27/2 (2016b), S. 181-208.

Gabriel, Markus: *Neo-Existentialism*. London: Polity Press 2018.

Gabriel, Markus/Thelen, Frank: »Schöne neue Welt?«, in: *Philosophie Magazin* 02/2018, S. 58-65.

Ganascia, Jean-Gabriel: *Le mythe de la Singularité. Faut-il craindre l'intelligence artificielle?* Paris: Éditions du Seuil 2017.

Gleick, James: *The Information. A History, a Theory, a Flood*, London: HarperCollins 2011.

Goethe, Johann Wolfgang von: Faust. *Der Tragödie erster Teil*,

Stuttgart: Reclam 2014.

Goethe, Johann Wolfgang von: »Der Zauberlehrling«, in: Ders.: *Gedichte*, München: C.H. Beck 2007, S. 276-279.

Görnitz, Brigitte/Görnitz, Thomas: *Von der Quantenphysik zum Bewusstsein. Kosmos, Geist und Materie*, Berlin: Springer 2016.

Greene, Brian: *Das elegante Universum. Superstrings, verborgene Dimensionen und die Suche nach der Weltformel*, München: Goldmann 2006.

Grunbein, Durs: *Zundkerzen*, Berlin: Suhrkamp 2017.

Habermas, Jürgen: *Strukturwandel der Öffentlichkeit. Untersuchungen zu einer Kategorie der bürgerlichen Gesellschaft*, Frankfurt/M.: Suhrkamp 1990.

Hacking, Ian: *Was heißt »soziale« Konstruktion? Zur Konjunktur einer Kampfvokabel in den Wissenschaften*, Frankfurt/M.: Fischer 1999.

Harari, Yuval Noah: *Eine kurze Geschichte der Menschheit*, München: Pantheon 2015.

Hegel, Georg Wilhelm Friedrich: »Hegel an Schelling [Ende Januar 1795]«, in: Johannes Hoffmeister (Hrsg.): *Briefe von und an Hegel*, Hamburg: Meiner 1969, S. 15-18.

Hegel, Georg Wilhelm Friedrich: *Grundlinien der Philosophie des Rechts oder Naturrecht und Staatswissenschaft im Grundrisse*, in: Ders.: *Werke Band 7*, Frankfurt/M.: Suhrkamp 1989.

Hegel, Georg Wilhelm Friedrich: *Phänomenologie des Geistes*, in: Ders.: *Werke Band 3*, Frankfurt/M.: Suhrkamp 1986.

Heidegger, Martin: *Sein und Zeit, Gesamtausgabe I. Abteilung, Band 2*, Frankfurt/ M.: Vittorio Klostermann 1977.

Heidegger, Martin: *Die Frage nach dem Ding, Gesamtausgabe II. Abteilung, Band 41*, Frankfurt/M.: Vittorio Klostermann 1984.

Heidegger, Martin: *Unterwegs zur Sprache, Gesamtausgabe I. Abteilung, Band 12*, Frankfurt/M.: Vittorio Klostermann 1985.

Heidegger, Martin: *Was heißt Denken?, Gesamtausgabe I. Abteilung, Band 8*, Frankfurt/M.: Vittorio Klostermann 2002.

Heidegger, Martin: *Bremer und Freiburger Vorträge, Gesamtausgabe III. Abteilung, Band 79*, Frankfurt/M.: Vittorio Klostermann 2002.

Hogrebe, Wolfram: *Riskante Lebensnähe. Die szenische Existenz des Menschen*, Berlin: Akademie Verlag 2009.

Hoffmann, Dirk W.: *Theoretische Informatik*, 3., aktualisierte Auflage, München: Hanser 2015.

Homolka, Walter/Heidegger, Arnulf (Hrsg.): *Heidegger und der Antisemitismus. Positionen im Widerstreit*, mit Briefen von Martin und Fritz Heidegger, Freiburg i. Br.: Herder 2016.

Honneth, Axel: *Kampf um Anerkennung. Zur Grammatik sozialer Konflikte*, Frankfurt/M.: Suhrkamp 1994.

Horwich, Paul: *Truth*, Oxford: Oxford University Press [2]1999.

Houellebecq, Michel: *Karte und Gebiet*, Köln: DuMont 2011.

Huxley, Thomas: *Lessons in Elementary Physiology*. London: Macmillan 1986.

Huttemann, Andreas: *Ursachen*, Berlin: De Gruyter [2]2018.

Johnston, Mark: *Saving God. Religion after Idolatry*, Princeton: Princeton University Press 2009.

Jonas, Hans: *Das Prinzip Leben. Ansätze zu einer philosophischen Biologie*, Frankfurt/M.: Suhrkamp 1997.

Juvenal: *Satiren*, Berlin: De Gruyter 1993.

Kant, Immanuel: *Idee zu einer allgemeinen Geschichte in weltbürgerlicher Absicht*, in: Ders.: *Werkausgabe Band XI*, Frankfurt/M.: Suhrkamp 1977a, S. 33-50.

Kant, Immanuel: *Kritik der praktischen Vernunft, Werkausgabe Band VII*, Frankfurt/M.: Suhrkamp 2000.

Kant, Immanuel: *Kritik der reinen Vernunft 1, Werkausgabe Band III*, Frankfurt/ M.: Suhrkamp 1974.

Kant, Immanuel: *Kritik der Urteilskraft, Werkausgabe Band X*, Frankfurt/M.: 1974b.

Kant, Immanuel: *Immanuel Kants Logik. Ein Handbuch zu Vorlesungen*, in: Ders.: *Werkausgabe Band VI*, Frankfurt/M.: Suhrkamp 1977b, S. 419-582.

Kant, Immanuel: *Von den verschiedenen Rassen der Menschen*, in: Ders.: *Werkausgabe Band XI*, Frankfurt/M.: Suhrkamp 1977c, S. 11-30.

Kant, Immanuel: *Was heißt: sich im Denken orientieren?*, in: Ders.: *Werkausgabe Band V*, Frankfurt/M.: Suhrkamp 1977d, S. 267-283.

Kern, Andrea/Kietzmann, Christian: *Selbstbewusstes Leben. Texte zu einer transformativen Theorie der menschlichen Subjektivität*, Berlin: Suhrkamp 2017.

Koch, Anton Friedrich: *Versuch über Wahrheit und Zeit*, Paderborn: Mentis 2006.

Koch, Anton Friedrich: *Hermeneutischer Realismus*, Tübingen: Mohr Siebeck 2016.

Koch, Christof: *Bewusstsein: Bekenntnisse eines Hirnforschers*,

Wiesbaden: Springer Spektrum 2013.

Koch, Christof: »Lasst uns aufgeschlossen bleiben und sehen, inwiefern die Wissenschaft eine fundamentale Theorie des Bewusstseins entwickeln kann«, in: Matthias Eckoldt (Hrsg.): *Kann sich das Bewusstsein bewusst sein?* Heidelberg: Carl-Auer 2017, S. 179-196.

Krauss, Lawrence M.: *Ein Universum aus dem Nichts: ···und warum da trotzdem etwas ist*, Munchen: Knaus 2018.

Kripke, Saul A.: *Name und Notwendigkeit*, Frankfurt/M.: Suhrkamp 1993.

Kurzweil, Ray: *Menschheit 2.0: Die Singularitat naht*, Berlin: Lola Books 2014.

Künne, Wolfgang: *Conceptions of Truth*, Oxford: Oxford University Press 2005.

Latour, Bruno: *Wir sind nie modern gewesen. Versuch einer symmetrischen Anthropologie*, Frankfurt/M.: Suhrkamp 2008.

Lawson, Hilary: *Closure. A Story of Everything*, London/New York: Routledge 2001.

Leibniz: »Betrachtungen über die Erkenntnis, die Wahrheit und die Ideen«, in: Ders.: *Kleine Schriften zur Metaphysik*, Frankfurt/M.: Suhrkamp 1996, S. 25-47.

Lessing, Georg Ephraim: *Die Erziehung des Menschengeschlechts und andere Schriften*, Stuttgart: Reclam 1980.

Lewis, David K.: *Philosophical papers: Volume II*, Oxford: Oxford University Press 1986.

Lichtenberg, Georg Christoph: *Sudelbücher*, in: Ders.: *Schriften und Briefe Band 2*, München: Hanser 1971.

Linné, Carl von: *Des Ritters Carl von Linné Königlich Schwedischen Leibarztes [et]c. [et]c. vollständiges Natursystem: nach der zwölften lateinischen Ausgabe und nach Anleitung des hollandischen Houttuynischen Werks mit einer ausfuhrlichen Erklärung. Von den saugenden Thieren. Erster Theil, Band 1*, Nürnberg: Raspe 1773.

Luhmann, Niklas: *Soziologische Aufklärung 3. Soziales System, Gesellschaft, Organisation*, Opladen: Westdeutscher Verlag 2009.

Lyotard, Jean-François: *Libidinöse Ökonomie*, Zürich/New York: Diaphanes 2007.

Mansfeld, Jaap/Primavesi, Oliver (Hrsg.): *Die Vorsokratiker*. Griechisch/ Deutsch, Stuttgart: Reclam 2012.

Maturana, Humberto R.: *Biologie der Realitat*, Frankfurt/M.: Suhrkamp 2000.

Maturana, Humberto R./Varela, Francisco J.: *Der Baum der Erkenntnis. Die biologischen Wurzeln menschlichen Erkennens*, Frankfurt/M.: Fischer 2009.

Meillassoux, Quentin: *Nach der Endlichkeit. Versuch über die Notwendigkeit der Kontingenz*, Zürich/Berlin: Diaphanes 2014.

Moore, A. W.: *The Infinite*, London: Routledge 1990.

Nagel, Thomas: *Der Blick von Nirgendwo*, Berlin: Suhrkamp [2]2012.

Nagel, Thomas: *Wie ist es, eine Fledermaus zu sein?* Stuttgart: Reclam 2016.

Nietzsche, Friedrich: *Also sprach Zarathustra, Kritische Studienausgabe Band 4*, München: dtv 2007.

Nietzsche, Friedrich: *Dionysos-Dithyramben*, in: Ders.: *Kritische*

Studienausgabe Band 6, München: dtv 1999a, S. 375-411.

Nietzsche, Friedrich: *Homers Wettkampf. Vorrede*, in: Ders.: *Kritische Studienausgabe Band 1*, München: dtv 1999b, S. 783-792.

Nietzsche, Friedrich: *Nachgelassene Fragmente 1882-1884, Kritische Studienausgabe Band 10*, München: dtv 1988.

Parzinger, Hermann: *Die Kinder des Prometheus. Eine Geschichte der Menschheit vor der Erfindung der Schrift*, München: C. H. Beck [4] 2015.

Parfit, Derek: *On What Matters. Volume I*, Oxford: Oxford University Press 2011a.

Parfit, Derek: *On What Matters. Volume II*, Oxford: Oxford University Press 2011b.

Parfit, Derek: *On What Matters. Volume III*, Oxford: Oxford University Press 2016.

Platon: *Apologie des Sokrates*, Stuttgart: Reclam 1986.

Platon: *Der Sophist*. Griechisch/Deutsch, Stuttgart: Reclam 1990.

Platon: *Der Sophist*, Stuttgart: Reclam 1990.

Platon: *Gorgias*, Stuttgart: Reclam 2014.

Platon: *Symposion*. Griechisch/Deutsch, Stuttgart: Reclam 2006.

Platon: *Timaios*. Griechisch/Deutsch, Stuttgart: Reclam 2003.

Priest, Graham: *Beyond the Limits of Thought*, Oxford: Oxford University Press, [2]2001.

Putnam, Hilary: *Meaning and the Moral Sciences*, London: Routledge and Kegan Paul 1978.

Putnam, Hilary: *Vernunft, Wahrheit und Geschichte*, Frankfurt/ M.: Suhrkamp 1982.

Quine, Willard Van Orman: »Ontologische Relativität«, in: Ders.: *Ontologische Relativität und andere Schriften*, Frankfurt/M.: Vittorio Klostermann 2003, S. 43-84.

Quine, Willard Van Orman: *Wort und Gegenstand*, Stuttgart: Reclam 1980.

Radisch, Iris: »Was ist hinter dem Bildschirmschoner?«, in: *Die Zeit* 26/2014.

Randall, Lisa: *Verborgene Universen. Eine Reise in den extradimensionalen Raum*, Frankfurt/M.: Fischer 2008.

Rilke, Rainer Maria: »Duineser Elegien«, in: Ders.: *Die Gedichte*, Frankfurt/ M. und Leipzig: Insel 2006, S. 687-718.

Rometsch, Jens: *Freiheit zur Wahrheit. Grundlagen der Erkenntnis am Beispiel von Descartes und Locke*, Frankfurt/M.: Vittorio Klostermann 2018.

Rorty, Richard: *Der Spiegel der Natur. Eine Kritik der Philosophie*, Frankfurt/ M.: Suhrkamp 1987.

Rödl, Sebastian: *Selbstbewusstsein und Objektivität. Eine Einführung in den absoluten Idealismus*, Berlin: Suhrkamp 2018.

Russell, Bertrand: *Probleme der Philosophie*, Frankfurt/M.: Suhrkamp 1967.

Sartre, Jean-Paul: *Das Sein und das Nichts. Versuch einer phänomenologischen Ontologie*, Hamburg: Rowohlt 1993.

Scanlon, Thomas M.: *What We Owe to Each Other*, Cambridge (Mass.): Harvard University Press 2000.

Schelling, Friedrich Wilhelm Joseph: *Philosophische Untersuchungen über das Wesen der menschlichen Freiheit und die damit zusammenhangenden Gegenstande*, Frankfurt/M.: Suhrkamp

1975.

Schelling, Friedrich Wilhelm Joseph: *Zur Geschichte der neueren Philosophie*. Münchener Vorlesungen, in: Ders.: *Ausgewahlte Schriften Band 4*, Frankfurt/ M.: Suhrkamp 1985, S. 417-616.

Schmitz, Friederike (Hg.): *Tierethik. Grundlagentexte*, Berlin: Suhrkamp 2014.

Searle, John R.: »Minds, Brains, and Programs«, in: *The Behavioral and Brain Sciences 3* (1980), S. 417-457.

Searle, John R.: *Intentionalität. Eine Abhandlung zur Philosophie des Geistes*, Frankfurt/M.: Suhrkamp 1991.

Searle, John R.: »The Myth of the Computer«, in: *The New York Review of Books* 29/7 (1982), S. 3-7.

Searle, John R.: *Die Konstruktion der gesellschaftlichen Wirklichkeit. Zur Ontologie sozialer Tatsachen*, Frankfurt/M.: Suhrkamp 2011.

Searle, John R.: »Aussichten für einen neuen Realismus«, in: Gabriel, Markus (Hrsg.): *Der Neue Realismus*, Berlin: Suhrkamp 2014, S. 292-307.

Searle, John R.: *Seeing Things as They Are. A Theory of Perception*, Oxford: Oxford University Press 2015.

Searle, John R.: *Wie wir die soziale Wirklichkeit machen. Die Struktur der menschlichen Zivilisation*, Berlin: Suhrkamp 2017.

Sloterdijk, Peter: *Du mußt Dein Leben andern. Über Anthropotechnik*, Berlin: Suhrkamp 2012.

Stekeler-Weithofer, Pirmin: *Denken. Wege und Abwege in der Philosophie des Geistes*, Tübingen: Mohr Siebek 2012.

Sternberg, Robert J. (Hrsg.): *The Nature of Human Intelligence*, Cambridge: Cambridge University Press 2018.

Takami, Koushun: *Battle Royale*, Munchen: Heyne 2012.

Taylor, Charles/Dreyfus, Hubert: *Die Wiedergewinnung des Realismus*, Berlin: Suhrkamp 2016.

Tegmark, Max: *Unser mathematisches Universum: Auf der Suche nach dem Wesen der Wirklichkeit*, Berlin: Ullstein 2016.

Tegmark, Max: *Leben 3.0: Mensch sein im Zeitalter Kunstlicher Intelligenz*, Berlin: Ullstein 2017.

Tetens, Holm: *Gott denken: Ein Versuch einer rationalen Theologie*, Stuttgart: Reclam 2015.

Tononi, Giulio/Koch, Christof: »Consciousness: Here, There and Everywhere?«, in: *Philosophical Transactions of the Royal Society* B370: 20140167, http://dx.doi.org/10.1098/rstb.2014.0167, 2015.

Travis, Charles: *The Invisible Realm. Frege on the Pure Business of Being True*, i. Ersch. 2018.

Westerhoff, Jan: *Ontological Categories*, Oxford: Oxford University Press 2005.

Wittgenstein, Ludwig: *Philosophische Untersuchungen*, in: Ders.: W*erkausgabe Band 1*, Frankfurt/M.: Suhrkamp 1984a, S. 225-580.

Wittgenstein, Ludwig: *Tractatus logico-philosophicus*, in: Ders.: *Werkausgabe Band 1*, Frankfurt/M.: Suhrkamp 1984b, S. 7-85.

Wittgenstein, Ludwig: *Über Gewißheit*, in: Ders.: *Werkausgabe Band 8*, Frankfurt/M.: Suhrkamp 1989a, S. 113-257.

Wittgenstein, Ludwig: *Zettel*, in: Ders.: *Werkausgabe Band 8*,

Frankfurt/M.: Suhrkamp 1989b, S. 259-443.

Zhuang Zi: *Vom Nichtwissen*, Freiburg i. Br.: Herder 2013

용어 설명

가치 정렬Wertausrichtung(value alignment) 프로그램이나 행위자가 추구하는 목표들의 위계 시스템.

감각 양태Sinnesmodalität 대상을 오류 가능하게 접촉하고 의식의 빈틈들에도 불구하고 다시 알아채는 능력.

강한 인공지능K.I., starke 인간지능과 구별 불가능한 인공지능을 개발할 수 있다고 전제하는 사람들이 그런 인공지능을 가리키기 위해 사용하는 용어.

개념Begriff 한 생각에서 추출하여 다른 생각에도 써먹을 수 있는 무언가.

개별화 조건Individuationsbedingung 어떤 경우에 무언가가 그 무언가 자신과 동일한지를 명확히 규정하는 규칙들의 집합.

개인성Individualität 개인성은, 우리 각자가 다른 누구로도 대체할 수 없는 각자 자신이라는 명백한 사정에서 비롯된다.

객관성 대비Objektivitätskontrast 참(진실)과 참으로 여김Für-wahr-Halten의 구별. 객관성 대비는 우리가 진실과 진실에 대한 우리의 견해를 구별할 수 있는 모든 상황에서 성립한다.

객관성Objektivität 객관성이란 우리 자신이 착각할 수도 있고 옳을 수도 있다는 태도를 우리가 취할 때, 그 태도의 특징이다.

객체 층위의 실재Wirklichkeit, objektstufige 진술을 다루지 않는 진술이 다루는 바.

객체 층위의 의식Bewusstsein, objektstufiges 주변이나 우리 몸 안에 있는, 그 자체로 의식이 아닌 무언가에 대한 의식.

결합문제Bindungsproblem 우리는 고립된 질(예컨대 색깔들, 소리들, 형태들)을 지각하는 것이 아니라 오히려 하나로 통합된 경험을 한다. 그런데 다양한 감각 양태들이 우리의 뇌에서 어떻게 결합하는지는 아직 정확히 밝혀지지 않았다. 이것이 결합문제다.

경험주의Empirismus 경험주의란, 우리가 실재에 대해서 알 수 있는 모든 것은 궁극적으로 우리의 감각들이 우리에게 제공하는 데이터에 대한 해석이라는 주장이다.

계몽된 인본주의Aufgeklärter Humanismus 계몽된 인본주의는 이 책에서 서술하는 인간상을 기반으로 삼는다. 그 인간상은 모든 인간이, 외국인이든 내국인이든 친구든 이웃이든 여자든 아동이든 남자든 혼수(昏睡) 환자든 트랜스젠더든 간에 모든 인간이 온전한 의미에서 인간의 지위를 지녔음을 애당초 확고하게 못 박는 방식으로 인간의 개념을 이해한다.

고약한 모형 퇴행 Modellregress, fieser 우리가 오직 모형-모형 안에서만 실재에 대해서 무언가 경험할 수 있다면, 이 사정은 모형-모형에도 적용될 것이다. 따라서 우리는 모형-모형-모형을 가져야 할 테고, 이런 퇴행이 끝없이 이어질 것이다. 이 악성 무한 퇴행을 피하려면, 이 놀이 규칙 아래에서는 어느 지점에선가 추측에 의지하여 퇴행을 멈추는 수밖에 없다. 그러나 그렇게 하면 과학적 객관성 전체가 위태로워진다. 이 문제를 〈고약한 모형 퇴행〉이라고 한다.

고유 존재 Intrinsische Existenz(줄리오 토노니의 용어) 무언가가 고유하게 존재한다 함은, 무언가가 자신이 존재함을 안다는 것이다.

과학적 급진 지각구성주의 Konstruktivismus, radikaler wissen-schaftlicher 색깔들과 기하학적 형태들은 실은 존재하지 않으며 오로지 물리학이 외부 세계의 대상들에 대해서 가르쳐 주는 바만 존재한다는 입장. 이 입장에 따르면, 정말로 둥근 것은 존재하지 않으며, 빨간색은 없고 궁극적으로 우리에게 빨간색으로 나타나는 파장의 전자기 복사만 존재한다.

관념론의 핵심 발상 Idealismus, Hauptidee des 오로지 정보를 내보이는 놈만이 실재한다. 바꿔 말해, 어떤 지능적인 시스템의 관점에서 원리적으로 해석 가능한 놈만이 실재한다. 반면에 실재론은 어떤 지능적인 시스템도 영영 파악하지 못할 실재하는 놈이 있다고 본다.

구성 공리Komposition(줄리오 토노니의 용어) 우리의 의식적 경험은 구조를 가진다.

구실재론Realismus, Alter 실재는 사물들로 이루어졌으며 사물들을 보는 관점들을 포함하지 않는다는 견해. 실재＝관객 없는 세계.

구체화Konkretion 규칙 혹은 이론적 관계를 예증하는 적절한 사례를 발견하는 과정.

〈**그 원인URSACHE**〉 모든 원인들의 원인.

급진 지각구성주의Wahrnehmungskonstruktivismus, radikaler 우리가 보유한 개념들이 우리의 지각을 변화시킬 뿐 아니라 지각되는 사물 자체에도 관여한다는 주장.

급진적 회의주의Skeptizismus, radikaler 우리가 아예 아무것도 알 수 없다는 견해.

기능주의Funktionalismus 인간지능은 데이터 처리를 위한 규칙 시스템이며 그 목표는 특정한 문제들을 푸는 것이라는 주장. 기능주의에 따르면, 그 규칙 시스템이 반드시 생물학적 하드웨어에서 실현되어야 하는 것은 아니다.

기능주의의 핵심 문제Funktionalismus, Hauptproblem des 기능주의는 인간의 생각하기가 실제로 무엇인가에 대해서 어떤 설명도 제공하지 못한다. 이것이 기능주의의 핵심 문제다.

기반실재Basiswirklichkeit 그 자체로 시뮬레이션도 아니고 생물의 의도를 통해 발생한 것도 아닌 놈들의 영역.

기술Technik 아이디어의 실현. 기술을 통해 우리는 자연에 존재하지 않았던 사물들을 생산한다.

꿈 가설Traumhypothese 우리가 깨어 있는지 아니면 꿈꾸는지를 어떤 순간에도 확실히 판정할 수 없다는 주장.

꿈 논증Traumargumente 우리가 깨어 있는지 아니면 꿈꾸는지 알 수 없음을 증명하려는 시도. 꿈 논증들은, 깨어 있는 상태에서의 현상들과 꿈 상태에서의 현상들을 구별할 수 없음을 한결같이 전제한다.

나쁜 환원주의Reduktionismus, schlechter 나쁜 환원주의는 한 사유 유형을 다른 사유 유형으로 환원한다. 이때 둘째 유형은 본질적인 것을 누락하고 따라서 현혹된 관점으로 귀결된다.

넓은 정보 개념Weiter Begriff der Information 넓은 정보 개념에 따르면, 정보는 〈예〉 또는 〈아니오〉로 대답할 수 있는 질문이 있는 모든 곳에 있다.

논리학Logik 생각하기가 생각을 붙잡기인 한에서 생각하기의 법칙들을 다루는 학문 분야. 그런 식으로 논리학은 생각들 사이의 관계를 규정한다.

누스콥 논제Nooskopthese 우리의 생각은 하나의 감각이며 우리는 그 감각을 통해 무한을 엿보면서 수학을 비롯한 여러 방식으로 표현할 수 있다는 주장.

다중 실현가능성Multiple Realisierbarkeit 한 규칙 시스템을 다

양한 하드웨어에 설치할 수 있을 때, 그 규칙 시스템은 다중 실현가능하다.

단순한 모형-모형 Modell-Modell, einfaches 모형들의 모형. 모형-모형은 모형들을 항상 두 부분으로 분해한다. 즉, 모형과 모형이 단순화하는 실재로 분해한다.

단어Wort 우리가 적고 다른 언어로 번역할 수 있는 무언가.

단어꼬리표Wortetikett 표현과 달리, 단어꼬리표는 우리가 언어적 맥락에서 사용하는 음성 계열이나 그 밖에 기호 계열을 뜻한다. 우리는 그 기호 계열을 가지고 의미를 표현하는 것 외에 다른 일(예컨대 기호들을 아름답게 배열하기)도 할 수 있다.

더 높은 층위의 의식 Bewusstsein, höherstufiges 의식에 대한 의식.

데카르트의 코기토 Cartesisches Cogito ⟨나는 생각한다, 고로 존재한다.⟩

동어반복Tautologien 필연적으로 참인 생각.

둘째 인간학적 주요 문장 Hauptsatz, zweiter anthropologischer 인간은 자유로운 정신적 생물이다.

디지털화Digitalisierung 19세기 후반과 20세기에 이루어진 논리적 통찰들을 새로 개발된 기술에 기초하여 실현하는 과정.

뜻 없는 대상 Gegenstande, sinnlose 어떤 매체 안에서도 나타나지 않는 대상, 곧 어떤 의미에서도 정보 운반자가 아닌 대상.

뜻 없는 생각 Gedanke, sinnloser 동어반복이거나 모순인 생각.

뜻 있는 생각 Gedanke, sinnvoller 필연적으로 진실도 아니고 필연적으로 거짓도 아닌 생각.

마술적 지칭 이론 Magische Theorie der Bezugnahme 사람들이 전혀 모르는 무언가와 정신적으로 관련 맺을(가리킬) 수 있다는 견해. 이 견해가 옳다면, 개미들도 처칠이 누구인지 전혀 모르면서 모래 위에 처칠의 캐리커처를 우연히 그릴 수 있을 것이다(힐러리 퍼트넘이 제시한 예).

매우 일반적인 사실 문장 Sehr allgemeiner Tatsachensatz(S.A.T. S.) 어떤 인간도 결코 입증하거나 반박할 수 없는 생각들이 무한정 많이 존재한다.

매체Medium 정보를 한 코드에서 다른 코드로 옮기는 인터페이스.

메이야수의 사변적 실재론 Meillassoux' Spekulativer Realismus 메이야수의 사변적 실재론에 따르면, 실재는 매 순간 이제껏 우리에게 나타난 모습과 근본적으로 달라질 수 있다.

메타 인지 Metakognition 전통적으로 철학에서는 메타 인지를 간단히 자기의식, 곧 의식에 대한 의식이라고 부른다.

모순Kontradiktionen 필연적으로 거짓인 생각.

모형Modell 실재 상황의 단순화된 표현.

문명Zivilisation 게임 규칙의 명시적 정식화를 통한 인간적 공동생활의 조직화 결과.

문제Problem 행위자가 특정 목표 곧 해결에 도달하기 위하여 풀고자 하는 과제.

물활론Animismus 자연의 모든 것에 영혼이 깃들어 있다는 믿음. 오늘날 이 믿음은 〈범심론〉으로도 불린다.

배제 공리 Exklusion(줄리오 토노니의 용어) 의식은 완벽하게 특정되어 있다는 것, 바꿔 말해 확정적이라는 것이다. 지금 의식이 무엇이라면, 의식은 그 무엇일 따름이며 그 이상도 그 이하도 아니다.

범심론Panpsychismus 실재하는 모든 것은 일종의 의식을 드러낸다는 견해.

범용 인공지능K.I., universelle 범용 인공지능이란 때에 따라 적절하게 지능적 활동의 유형을 바꿀 수 있는 인공지능을 말한다.

범주Kategorie 어떤 개념이 없으면 우리가 다른 개념들을 형성할 수 없을 경우, 그 개념을 〈범주〉라고 한다.

보드리야르의 시뮬레이션 논제 Baudrillards Simulationsthese 지구화는 공허한 기호 시스템들을 통해 추진되는 과정이며 그 시스템들은 자기 자신들을 생산한다는 견해.

불명확성Unschärfe(모호성) 우리의 자연 언어는 형식적 시스템이 아니다. 거의 모든(짐작하건대 심지어 모든) 표현들의 의미는 정확하게 정의되어 있지 않다. 언어철학에서는 이를 〈불명확성〉이라고 부른다.

비생각Nichtgedanken 그 자체로 생각이 아닌 대상.

비유물론Immaterialismus 생각하기란 생각을 붙잡기다. 생각은 뇌의 상태도 아니고 물리적으로 측정 가능한 모종의 정보처리도 아니다. 그럼에도 인간은 생물로서 살아 있고 뇌의 상태나 더 일반적인 신체 상태가 적당해야만 생각을 보유할 수 있다.

빌려준 지향성 논제 These der geliehenen Intentionalität(존 설) 생각과 문장이(또한 텍스트와 컴퓨터 프로그램이) 무언가를 다룬다면, 그것은 오로지 우리가 그것들에 우리의 지향성, 곧 실재를 향하는 능력을 빌려주기 때문이다.

삐딱한 실현의 문제 Problem der schrägen Realisierungen 얼핏 상상할 수 있는 모든 것이 실제로 가능한 것은 아님을 보여 주는 문제.

사물Ding 시공간적으로 펼쳐져 있는 중시적mesoscopic 대상. 우리가 신경 말단을 통해 접촉하는 대상들이 바로 사물이다. 통상적인 의미에서 그 대상들은 우리가 그것들을 지각하는 원인이다.

사실성Faktivität 지각의 사실성이란, 누군가가 무언가를 지각함으로부터 실재가 그 지각의 내용과 일치함이 도출된다는 것이다. 객관성과 사실성은 연결되어 있다. 사물들이 실제로 어떠한지 우리가 인식할 수 있는 모든 상황에서 우리는 또한 착각할 수도 있다.

사유 어휘 Noetisches Vokabular(어원은 희랍어 noein＝생각하다) 한 언어 혹은 한 발화자의 사유단어들을 뭉뚱그려 〈사유 어휘〉라고 한다.

사유단어Denkwörter 예컨대 생각, 지능, 총명함, 영리함, 견해, 숙고, 추측 등. 사유 단어들은 생각을 붙잡기와 관련된 다양한 사항들을 표현한다.

사이버네틱스Kybernetik 사이버네틱스의 기본 발상은 많은 과정들을 제어 과정으로 서술할 수 있으며 그 제어 과정에 대응하는 제어회로를 설계할 수 있다는 것이다.

사적 언어 논증Privatsprachenargument 우리가 단 하나의 단어라도 옳게 사용할 수 있으려면, 우리는 그 단어를 옳지 않게 사용할 수도 있어야 한다. 그런데 우리가 우리의 언어 사용을 교정하는 다른 발화자들과 접촉할 수 없다면, 우리는 단 하나의 단어도 옳지 않게 사용할 수 없다.

사회 구성주의Sozialkonstruktivismus 사회는 본래 실재하지 않으며 단지 일종의 (원리적으로 우리가 언제든지 놀이 규칙을 바꿈으로써 변화시킬 수 있는) 가면 놀이라는 의미에서 사회적 구성물이라는 생각.

사회존재론Sozialontologie 〈대체 왜 일부 대상들과 사실들은 《사회적》인 것으로 취급되는가〉라는 질문을 다루는 철학 분야.

상징 질서Symbolische Ordnung 사회의 작동 방식 전반에 대해서 우리가 떠올리는 표상들의 공적 연출.

색깔 구성주의Farbkonstruktivismus 색깔들은 실재하지 않으며, 오히려 우리가 예컨대 뇌 과정들을 통해 색깔들을 산출한다는 믿음.

생각Gedanke 참(진실)이거나 거짓인 무언가.

생각의 내용 Inhalt eines Gedankens 생각이 자신의 대상을 다루는 방식.

생각하기에 관한 소외 이론 Entfremdungstheorie des Denkens 이 이론에 따르면, 우리의 모든 사유 과정은 우리 몸에서 일어나는 무의식적 과정들과 무의식적 기본 태도에 의해 결정된다. 그 무의식적 기본 태도는 유년기 초기에 유전적으로, 또는 운동과 감각을 통한 뇌 배선을 통해, 또는 기타 온갖 방식으로 확정된다.

생각하기의 대상 Gegenstand eines Gedankens 생각이 다루는 놈.

생물학적 외재주의 Biologischer Externalismus 우리가 우리의 사유 과정을 서술하고 파악할 때 수단으로 삼는 표현들은 본질적으로, 생물학적 성분을 지닌 무언가를 가리킨다는 견해.

생물학적 자연주의 Biologischer Naturalismus (인간의) 모든 정신적 상태를 뉴런 활동과 동일시하는 견해.

생활세계Lebenswelt 우리를 둘러싼 사물들과 사람들에 대한 우리의 일상적 이해, 그리고 우리가 도로 교통에서 즉각 사망하지 않게 해주고 언젠가 먹을거리를 스스로 구하게 해주고 결국 이런저런 일들을 추가로 할 수 있게 해주는 최소한의 교육을 받자마자 속하게 되는 문화적 상황에 대한 우리의 일상적 이해.

선언Disjunktion 〈A 또는 B〉(A와 B는 진술)라는 형태의 진술.

세계상Weltbild 존재하는 모든 것이 존재하는 모든 것과 어떻게 관련되어 있는지에 관한 견해.

소마-세마 논제Sôma-sêma-These(플라톤)(어원은 희랍어 soma = 몸, sema = 무덤) 플라톤에 따르면, 우리의 몸은 영혼의 감옥 혹은 무덤이다.

속성Eigenschaft 무언가와 또 다른 무언가가 어떤 것을 통하여 구별된다면, 그 어떤 것을 일컬어 〈속성〉이라고 한다.

순수한 생각하기Reines Denken 생각 활동이 자기를 생각 활동으로서 파악하기. 순수한 생각하기는, 우리가 비생각이 아니라 생각하기 자체의 형태(형식)를 다룰 때 성취된다.

시뮬레이션 가설Simulationshypothese 우리 삶의 무대인 실재가 실은 시뮬레이션이라는 견해. 만일 시뮬레이션 가설이 거짓임을 보여 줄 수 있다면, 시뮬레이션 논증은 반박된다.

시뮬레이션 논증Simulationsargument(닉 보스트롬) 우리가 시뮬레이션 안에 있다는 믿음이 합리적이라는 의미에서 우리가 시뮬레이션 안에서 살고 있을 개연성이 높음을 증명하려는 시도.

시뮬레이션Simulation(어원은 라틴어 simulare = 유사하게 만들다) 다른 실재와 닮은 가상 실재.

신실재론Realismus, Neuer 신실재론의 주장은 이러하다. (1) 우리는 대상들과 사실들을 그것들이 실제로 있는 그대로 파악할 수 있다. (2) 무한히 많은 의미장들이 존재하며, 그 의미장들 안에 대상들과 사실들이 존재한다.

신화Mythologie 우리 인간이 그때그때의 역사적·사회경제적 전반 상황에 관한 그림을 그릴 때 수단으로 삼는 이야기 구조.

실사Sache 생각의 부분인 개념이 다루는 바.

실재(성)Wirklichkeit 우리가 그것들에 대해서 특정한 견해를 품는다는 것이 그것들에 관한 모든 것이 아니기 때문에 우리가 그것들에 대해서 착각할 수 있는 그런 대상들과 사실들이 존재한다는 사정. 실재하는 놈은 실재에 대한 우리의 견해를 수정한다.

실재론Realismus 실재론은, 우리가 우리의 견해를 실재하는 사정에 맞춰야 한다는 것을 실재의 결정적 특징으로 간주한다.

실재하는 놈Wirkliches 어떤 놈이 우리에게 그놈에 대해서 우리가 어떻게 숙고해야 착각하지 않는지를 대개 간단히 알려줄 수 없기 때문에, 우리가 그 놈에 대해서 착각할 수 있다면, 그놈은 실재하는 놈이다.

실재하는 놈의 비균질성Die Heterogenität des Wirklichen (어원은 희랍어 〈heteros = 다름, 다양함〉, 〈genos = 유형〉). 실재하는 놈의 유형은 다양하다.

실존주의Existenzialismus 실존주의에 따르면, 인간의 삶은 외부에서 정한 절대적인 뜻을 갖지 않는다. 오히려 우리가 당면한 맥락 안에서 우리의 삶에 뜻을 부여하는 것이다.

아도르노의 매개 격언Adornos Vermittlungsspruch 〈주체와 객체라는 양극이 실체화될 수 없는 것과 마찬가지로 매개도 실체화될 수 없다. 매개는 오로지 주체와 객체의 배열 안에서만 유효하다. 매개는 매개된 놈들을 통해 매개된다.〉

아리스토텔레스의 참의 정의 Aristoteles' Wahrheitsdefinition 〈실재인 바를 실재가 아니라고 말하거나 실재가 아닌 바를 실재라고 말하는 것은 오류 또는 거짓말이며, 실재인 바를 실재라고 말하거나 실재가 아닌 바를 실재가 아니라고 말하는 것은 참이다. 따라서 무언가가 실재라고 주장하거나 실재가 아니라고 주장하는 사람은 참을 말하는 것이든지 아니면 오류를 범하거나 거짓말을 하는 것이다.〉

알고리즘Algorithmus 한 과정을 잘 정의된 특정 단계들을 거쳐 실행해야 한다는 규칙. 그렇게 과정을 실행하면 통제된 결과, 곧 문제 해결에 도달하게 된다.

〈**어디에도 발 딛지 않은 관점**Blick von Nirgendwo〉 객관성이란 우리가 완전히 중립적인 관점을 채택한다는 뜻이라는 견해를 대표하는 문구. 어디에도 발 딛지 않은 관점을 요구하는 사람들은 참된 객관성은 철저히 비주관적이라고 전제한다.

언어적 전환 Linguistische Wende 실재 탐구로부터 실재 탐구를 위한 우리의 언어적 도구들에 대한 탐구로의 전환.

역할담당자Person 우리가 타인들에게 누구이기를 바라는지에 관하여 우리 자신이 그리는 그림.

역할담당자성Personalität 습득되었으며 상황에 따라 가변적인 역할 수행. 역할담당자성을 통해 우리는 사회적 경쟁에서 전략적 이득을 쟁취하거나 고수한다.

역할담당자화 기계 Personalisierungsmaschinen 자기 연출의 실현과 상품화를 위한 수단의 구실을 하는 시스템.

연속적 차이 Kontinuierliche Unterschiede 강도적 차이로도 불린다. 예컨대 두 책의 빨간색 표지는 서로 다른 강도의 빨간색을 띨 수 있다. 우리의 빨간색 체험은 연속적이다. 다양한 정도 또는 강도의 빨간색이 존재한다. 이는 한 소리가 상대적으로 더 크거나 더 작을 수 있지만 그렇다고 해서 명확히 구별되는 두 구역(큰 소리의 구역, 작은 소리의 구역)이 존재하지는 않는 것과 마찬가지다.

온건 지각구성주의 Wahrnehmungskonstruktivismus, bescheidener 우리의 개념이 우리의 지각을 변화시킨다는 견해.

완벽한 시뮬레이션 Perfekte Simulation 실재와 구별할 수 없는 시뮬레이션.

외재주의Externalismus 특정 표현들은 무언가를 가리키는데, 이때 발화자는 자신이 그 표현들을 매개로 다루는 그 무언가가 정확히 어떠한지 몰라도 발화자로서 자격이 있다는 견해.

우리 삶의 비지향적 환경 Nicht-intentionale Umgebung unseres Lebens 누군가가 그것들의 존립을 미리 계획하지 않은 채로 존립하는 사실들.

우연Kontingenz 다를-수-있음. 우연적인 놈은 지금 이대로일 수도 있고 다를 수도 있다. 바꿔 말해, 지금 그놈이 이러이러하다면, 아무튼 필연적으로 이러이러한 것은 아니다.

우주Universum 물리학의 대상 영역.

원자론Atomismus 존재하는 모든 것은 가장 작은 부분들로 이루어졌으며 그 부분들 사이에는 (기껏해야) 오직 순수한 허공만 있다는 이론. 그렇게 허공을 상정함으로써 원자론은 단하나의 물질 덩어리만 존재하지 않는 이유를 설명한다.

웨트웨어Wetware 우리의 신경계를 이루는 축축한 물질.

유니웨어Uniware(괴르니츠/괴르니츠) 브리기테 괴르니츠와 토마스 괴르니츠에 따르면, 생물은 소프트웨어와 하드웨어의 통일체, 곧 유니웨어다.

유물론Materialismus 존재하는 모든 것은 물질로 이루어졌다는 이론. 우리 인생의 궁극적인 뜻은 재화(자동차, 집, 일시적인 섹스파트너나 반려자, 스마트폰)를 축적하고 그 재화를 만끽하며 없애기(화석연료 소비, 화려한 사치, 유명 식당에서의 외식)에 있다는 윤리적 견해와 짝을 이룬다.

유아론Solipsismus 그때그때의 고유한(나 자신의) 의식만 존재하며 나머지는 그 의식의 내용으로 간주될 수 있다는 견해.

윤리학Ethik 〈어떤 삶이 좋은 삶이냐〉라는 질문을 주로 다루는 철학 분야이며, 금지된 행위, 반드시 해야 하는 행위, 허용된 행위를 구별하고 이 행위 유형들 사이의 논리적 관계들을 설정한다.

은유Metapher(어원은 희랍어 metaphérein = 옮기다) 한 진술 형

태를 다른 진술 형태로 옮기기.

의미론Semantik 언어적 의미를 다루는 이론.

의미론적 외재주의 Externalismus, semantischer 의미론적 외재주의의 기초는, 진술 속의 많은 요소들이 (우리는 그 요소들의 도움으로, 진술이 아닌 무언가를 가리킬 수 있는데) 자신들의 방향을 말하자면 외부로부터 얻는다는 것이다. 〈의미는 우리의 머릿속에 있지 않다.〉(힐러리 퍼트넘Hilary Putnam)

의미론적 원자 Semantische Atome 더 이상 분해할 수 없는 단순한 의미 성분.

의미론적 전체주의 Holismus, semantischer 우리가 한 개념을 사용할 수 있으려면, 우리는 그 개념과 논리적으로 관련이 있는 수많은 개념들을 사용할 수 있어야 한다는 주장.

의미장Sinnfeld 의미장이란 대상들의 배열이며, 그 배열 안에서 대상들은 특정한 방식으로 연결된다. 나는 대상들의 연결 방식을 뜻Sinn이라고 부른다.*

의인화Anthropomorphismus 비인간적 영역에 인간적 구조들을 그릇되게 투사하기. 대표적인 예로, 동물계를 우리에게 친근하게 느껴지는 생물들(가축, 얼룩말 등)과 우리에게 중요하지 않거나 심지어 섬뜩하게 느껴지는 생물들(뱀, 무좀균, 곤충 등)로 세분하는 것을 들 수 있다.

---

* 저자의 전작들의 번역판을 감안하여 〈의미장〉이라는 번역어를 고수했지만, 이 책의 번역 원칙에 맞추려면 〈뜻장〉으로 옮겨야 옳다.

이 책의 둘째 주요 주장Hauptthese des Buchs, zweite 생물학적 외재주의.

이 책의 첫째 주요 주장Hauptthese des Buchs, erste 우리 인간의 생각은 청각, 촉각, 미각, 평형 감각, 기타 오늘날 우리 인간을 비롯한 생물들의 감각 시스템으로 알려진 다양한 능력과 마찬가지로 하나의 감각이다.

이데올로기Ideologie 사회경제적 기능을 수행하는 인간에 대한 일그러진 견해. 대체로 이데올로기는 궁극적으로 부당한 자원 분배를 암묵적으로 정당화한다.

이른바 인공지능(AI)과 인간지능(HI) 사이의 관계에 관한 주요 문장 Hauptsatz über das Verhältnis von sogenannter künstlicher Intelligenz(K.I.) und menschlicher Intelligenz(M.I.) 인공지능과 인간지능 사이의 관계는 지도와 영토 사이의 관계와 같다. 인공지능에서 관건은 사유가 아니라 사유 모형이다.

이산적 차이Diskrete Unterschiede 명료한 경계를 사이에 두고 나뉜 두 구역의 차이.

인간동물Menschentier 진화를 통해 발생한 한 생물학적 종. 인간동물은 오래전부터 변화하지 않았다. 지금도 우리는 고인류학적으로 연구된 우리의 많은 조상들과 똑같은 종이다.

인간상Menschenbild 우리가 누구 혹은 무엇인가에 관하여 우리 자신이 그리는 그림. 모든 각각의 인간은 자신이 누구 혹은 무엇이어야 하는가에 관한 지침들을 그 그림으로부터 도출한다.

인간학Anthropologie 〈인간이 다른 생물들 및 우주의 생명 없는 영역과 정확히 어떻게 구별되는가〉라는 질문을 다루는 학문 분야.

인간학적 구성주의 Anthropologischer Konstruktivismus 인간학적 구성주의에 따르면, 인간은 스스로 자신을 생산하며 이 자기 구성으로부터 독립적인 우리에 관한 진실은 존재하지 않는다.

인공인공지능 논제K.K.I.-These 우리 자신의 지능은 인공지능이다. 반면에 통상 인공지능으로 불리는 시스템들은 우리 자신의 지능을 모방하는 모형일 따름이다. 그 모형, 곧 인공인공지능은 사유 복제본이 아니라 사유 모형이다.

인과성Kausalität 원인-결과 관계를 가리키는 전문 용어.

인본주의Humanismus 인간은 자신의 모든 행동에서 자기를 반성한다는 발견. 우리가 이를 알아채건 말건, 우리의 행동은 우리가 무엇인지 보여 주는 거울이다.

인식 가능성 원리 Prinzip der Erkennbarkeit 우주는 적어도 우리가 우주를 자연과학적으로 옳게 파악한 정도까지는 인식 가능하다는 원리.

인식론Erkenntnistheorie 철학의 한 분야이며 주로 다음 질문들을 다룬다. (인간적) 인식이란 무엇이며, 인식의 범위는 어디까지일까? 우리는 무엇을 알 수 있을까(혹은 인식할 수 있을까)?

인지 침투 Kognitive Durchdringung, cognitive penetration 우리의
감각 양태들이 서로에게 영향을 미치는 것(예컨대 비행기가
상승할 때 승객들은 자신이 위를 쳐다본다고 느낀다. 승객의
시야에서는 어떤 변화도 일어나지 않는데도 말이다. 왜냐하
면 평형 감각이 우리의 시야에 침투하기 때문이다).

인포그Inforg 오로지 디지털 정보로만 이루어진 사이보그.

일관성Konsistent 생각 시스템에서 명시적 모순이 등장하지
도 않고 도출 가능하지도 않을 때, 그 시스템을 일관성이 있다
고 한다.

자기의식Selbstbewusstsein 의식에 대한 의식.

자아중심 색인 Ego-zentrischer Index(타일러 버지의 용어) 한 생
물의 환경이 그 생물에게 나타나는 방식.

자연주의Naturalismus 표준적인 형태의 자연주의는 인간과
우리의 생각하기에 대해서 이렇게 주장한다. 〈우리는 자연과
학적으로 완벽하게 서술 가능하며 따라서 원리적으로는 또한
완벽하게 모방 가능하다.〉

전체주의Holismus(어원은 희랍어 holon＝전체) 우주의 모든 사
건들과 구조들을 우주 전체의 구조로 환원하는 입장. 전체주
의는 환원주의와 대비된다. 환원주의는 원칙적으로 모든 복
잡한 구조들을 단순한 구조들의 상호 작용을 통해 설명하려
한다. 완벽하게 환원주의적인 이론에서의 궁극적 설명은 우
주의 최소 구성 요소들에 대한 설명일 터이다.

접촉 이론 Kontakttheorie 휴버트 드레이퍼스와 찰스 테일러가 공저『실재론 되찾기』에서 도입한 이론. 이 이론에 따르면, 우리는 지각을 통해 어떤 낯선 외부 세계에 접근해야 하는 것이 아니다. 오히려 지각 덕분에 우리는 이미 실재와 접촉하고 있다.

정보 공리 Information 모든 각각의 의식적 경험은 다른 모든 각각의 의식적 경험과 다르다는 사정. 모든 각각의 의식적 경험은 대단히 개별적인 것으로서, 나나 타인이 언젠가 하게 될 모든 각각의 다른 경험과 구별된다.

정보권Die Infosphäre(루치아노 플로리디가 고안한 용어) 우리의 디지털 환경.

정보통합이론 Theorie der integrierten Information(Integrated Information Theory, IIT) 줄리오 토노니가 내놓은 의식 이론. 정보통합이론에 따르면, 의식은 부분들로 분해할 수 없으며 높은 정보 밀도를 나타내는 대단히 통합적인 현상이다.

정신Geist 인간은 누구인가에 관한 표상에 비추어 삶을 꾸려 가는 능력.

정지 문제 Halteproblem 어떤 프로그램도 무한 순환에 빠지지 않도록 보증해 주는 프로그램을 작성하기는 불가능하다는 것.

정합성Kohärent 생각 시스템의 부분들이 유의미하게 연관되어 있을 때, 그 시스템을 정합성이 있다고 한다.

존재 보편화 Existenzgeneralisierung 이 논리 법칙에 따라서 예

컨대 다음과 같이 추론할 수 있다. 대상 a가 속성 F를 가졌다면, 속성 F를 가진 무언가가 존재한다.

종교적 근본주의 Fundamentalismus, religiöser 종교적 근본주의는, 물질-에너지적 구조들은 신이 우리의 영혼을 시험하기 위하여 연출하는 감각적 가상의 세계에 불과하다고 여긴다.

주관성Subjektivität 주관성의 핵심은 우리가 착각할 수 있는 방식이다.

주체Subjekt 개별적인 정신적 생물.

주체-객체 분열 Subjekt-Objekt-Spaltung 이 분열의 정체는, 우리가 실재 안에 편입되어 있는 것이 아니라 생각하는 주체로서 실재의 건너편에 위치한다는 그릇된 견해다. 이 오류는, 한편에는 주체에 대하여 독립적인 실재(객체 혹은 객관적인 놈)가 존재하고 다른 한편에는 그 실재를 마주한 주체가 존재한다는 견해에서 유래한다.

중국어 방 논증 Chinesisches Zimmer(chinese room argument) 컴퓨터는 이해하는 능력과 생각하는 능력을 보유하지 못했기 때문에 정보를 지능적인 방식으로 처리할 수 없음을 증명하기 위한 사고 실험.

중립적 실재론 Realismus, Neutraler 실재는 인간에게 온전히 인식 가능하지도 않고 인간의 인식에서 원리적으로 벗어나 있지도 않다는 입장.

지각선별주의Wahrnehmungsselektionismus 우리가 기존에 획

득하여 보유한 개념들과 기타 (고등 영장류로서 우리의 감각 생리학적 장비를 포함한) 장비들 덕분에 항상 이러저러한 것을 다른 것과 구별하면서만 지각한다는 견해.

지각의 인과 이론 Kausale Theorie der Wahrnehmung 이 이론에 따르면, 우리 의식 혹은 신체 표면 바깥에 위치한 외부 세계에 우리의 감각 기관들을 자극하는 사물들이 있다. 감각 자극들은 유기체 내부에서 가공되며 뇌에서 이루어지는 정보처리 덕분에 인상들로 변환된다.

지능Intelligenz 생각하는 능력.

지칭(가리킴) Referenz 무언가와 언어적으로 관련 맺기.

지향성Intentionalität(어원은 라틴어 intendere = 향하다, 겨냥하다, **방향을 조종하다**) 정신적 상태들은 그 자체로 반드시 정신적 상태는 아닌 무언가를 향한다는 사정.

진술Aussagen 우리가 어떤 문장을 발설함으로써 실재를 확언한다고 주장할 때, 그 문장을 〈진술Aussage〉*이라고 한다.

진실 논증 Wahrheitsargument 진실 논증의 출발점은 우리가 무언가를 실재로 여길 경우 그 무언가를 문장들로 표현할 수 있다는 것이다. 우리가 어떤 문장을 발설함으로써 실재를 확언한다고 주장할 때, 그 문장을 〈진술〉(진술 참조)이라고 부를 수 있다. 진술은 대개 진실이거나 거짓이거나 둘 중 하나다 (무의미한 진술은 제쳐 두자). 아무튼 진술에서 관건은 진실

* 논리학에서 익숙한 명칭은 〈명제〉.

인가 여부다. 따라서 우리의 모든 진술들과 문장들이 거짓일 수는 없다.

진실 능력 Wahrheitsfähigkeit 한 생각이 진실일 수도 있고 거 짓일 수도 있을 때, 그 생각은 진실 능력을 갖췄다. 진실 능력 을 갖춘 생각은 무언가를 다룬다. 뜻 있는 생각이 다루는 놈을 그 생각의 대상이라고 하고, 그놈을 다루는 방식을 그 생각의 뜻Sinn이라고 한다.

집합Menge 대상들의 무리.

참의 투명성 Alethische Transparnz (어원은 희랍어 aletheia＝참[진 실]) 무언가가 참이라는 말은 다만 한 주장을 강조할 뿐이지, 그 주장을 변화시키지 않는다. 따라서 〈비가 온다는 것은 참 이다〉라는 진술은 〈비가 온다〉와 궁극적으로 같다.

첫째 인간학적 주요 문장 Hauptsatz, erster anthropologischer 인간 은 동물이 아니기를 의지하는 동물이다.

초급진 구성주의 Konstruktivismus, superradikaler 이 입장에 따 르면, 물리학이나 자연과학들의 시스템도 실재 자체를 서술 하지 못한다. 왜냐하면 이 과학들도 인간 정신이나 뇌의 구성 물, 혹은 (가끔 들려오는 주장에 따르면) 특정한 사회적 (학 문) 시스템의 구성물에 불과하기 때문이다.

초인본주의Transhumanismus 니체의 초인 환상을 기술적 진 보를 통해 실현하려는 시도.

최선의 설명을 위한 추론 Schluss auf die beste Erklärung 주어진

데이터에 기초하여 개연성이 가장 높은 원인이나 원인 계열을 추론하기.

최소주의Minimalismus 진술의 참은, 쉽게 이해할 수 있으며 참으로 간주되는 소수의 원리들이 진술의 참이란 무엇인지를 확정하는 것에 달려 있다고 보는 진리 이론.

추상화Abstraktion 여러 사례들에 기초하여 일반적인 규칙을 파악하기

컴퓨터Computer 우리가 제작했으며 그것의 상태 변화가 프로그램을 통해 제어되는 시스템.

퀄레Quale(복수형은 〈퀄리아Qualia〉) 낱낱의 질 체험.

테크놀로기Technologie 기술적 인공물의 제작을 대하는 태도.

토노니의 공리들Tononis Axiome 토노니는 자신의 의식 이론을 위한 공리 다섯 개를 제시한다. 그것들은 고유 존재 공리, 구성 공리, 정보 공리, 통합 공리, 배제 공리다.

토대독립성Substratunabhängigkeit 토대독립성 논제란, 제각각 전혀 다른 물질적 토대를 지닌 사물들이 동일한 기능을 수행할 수 있다는 견해.

통합 공리Integration(줄리오 토노니의 용어) 모든 각각의 의식적 경험은 구조를 가지며, 그 구조를 간단히 그것의 부분들로 환원할 수는 없다.

투박한 유물론Materialismus, grober 실재는 오로지 물질-에너지적 구조들로 이루어졌다는 견해.

투사 논제 Projektionsthese 우리의 의미 부여가 없었다면 실재가 지니지 못했을 의미를 우리가 실재에 부여한다는 주장.

튜링 기계 Turingmaschine 원래 〈컴퓨터〉는 〈계산하는 놈〉, 주로 계산하는 사람을 뜻했다. 그 명칭이 인간 컴퓨터와 특정 속성들을 공유한 기계들에 적용된 것은 튜링 이후의 일이다. 튜링은 컴퓨터의 원조인 튜링 기계를 이론적으로 서술함으로써 정보학의 기본 법칙들을 세웠다.

특이점Singularität 우리의 인공지능 시스템들이 충분히 발전하여 우리가 없어도 자동으로 스스로를 계속 발전시키는 수준에 도달하는 시점.

틀Ge-Stell 실재 전체는 계산 가능하며 따라서 우리의 목적들을 위해 활용될 수 있다는 견해, 그리고 그렇기 때문에 존재하는 모든 것을 인간이 자유롭게 활용할 수 있도록 만드는 것이 바람직하다는 견해.

프레게의 생각 이론 Denktheorie, Freges 생각하기란 생각을 붙잡기라고 보는 이론.

프로그램Programm(어원은 희랍어 pro = 앞서, graphein = 쓰다) 〈프로그램〉을 독일어로 직역하면 Vorschrift(지시)가 된다. 사람이 이해할 수 있는 단계들을 거쳐 수행할 수 있는 모든 행위 지시는 프로그램이다.

학습Lernen 옛 문제들을 풀기 위해 새 문제들을 체계적으로 도입하는 활동.

해석학Hermeneutik 이해를 다루는 이론.

행복Glück 성공적인 삶을 가리키는 이름. 목록으로 정리할 만한 행복의 보편타당한 기준들은 존재하지 않는다.

헤겔의 이중 문장 Hegels Doppelsatz 〈이성적인 것은 실재적이며, 실재적인 것은 이성적이다.〉

현상Phänomen 매개나 선별을 전혀 거치지 않고 우리에게 나타나는 무언가.

현상적 의식 Bewusstsein, phänomenales 우리 몸 전체의 매 순간의 상태 곧 배경잡음. 무수히 많은 요소들이 그 배경잡음에 기여한다. 예컨대 통속적으로 거론되는 〈뱃속 뇌Bauchhirn〉, 곧 우리의 소화관 안에 위치한 내장 신경계도 그런 요인들 중 하나다.

형이상학Metaphysik 실재 전체를 다루는 이론이며 실재하는 세계(존재)와 가상, 그리고 우리 인간이 빠져 있다는 기만을 구분한다.

확장된 정신 Die These vom erweiterten Geist (extended mind) **논제** 우리의 심리적 정신적 실재는 이미 오래전부터 우리의 몸에 국한되지 않고 우리의 사유 장치들 속으로 확장되고 있다는 견해.

회의적 논증 Skeptisches Argument 우리가 어떤 특정한 것을 원리적으로 알 수 없음을 증명하려는 시도.

흄적 수반 Humesche Supervenienz 〈세계와 관련해서 중요한

모든 것의 귀착점은, 세계란 국지적이며 특수한 사실들의 거대한 모자이크라는 것, 단지 작은 사물 하나가 있고 추가로 또 다른 사물이 있을 뿐이라는 것이다.〉(데이비드 루이스)

GOTT 임의의 프로그램이 종료될지 여부를 알아내는 프로그램.

옮긴이의 말:
탈근대적 구성주의와 인공지능 테크놀로기에 맞선
근대적 인본주의의 반론

1

이 책이 제기하는 질문과 대답은 외견상 명쾌하다. 저자는 〈생각하기란 무엇인가〉라는 질문을 던지고 〈우리 인간의 생각하기는 일종의 감각하기다〉라는 대답을 내놓는다. 문제는 이 외견상의 명쾌함과 그 바탕에 깔린 철학적 숙고의 깊이와 폭이 이루는 뚜렷한 대비다. 솔직히 필자는 저자 마르쿠스 가브리엘의 저 명쾌하고 파격적인 대답을 완전히 이해하지 못한 채 지금도 곱씹는 중이다.

아무튼 왜 파격적일까? 철학사와 일상을 막론하고 사람들이 대체로 강조하는 것은 감각과 생각의 대립이다. 감각은 원초적, 개별적, 순간적, 개인적인 반면, 생각은 매개적, 일반적, 지속적, 공적이라고들 한다. 그래서 일찍이 희랍 철학자들은 감각을 오류의 원천으로, 생각을 참된 앎의 원천으로 여겼다. 근대 인식론을 대표하는 철학자 칸트도 앎을 이루는 두 성분으로 직관과 개념을 지목하고 양자의 이질성을 강조했다는 점에서 감각과 생각을 동일시하는 가브리엘과는 영 거리가 먼 것처럼 보인다.

그러나 이 책처럼 〈생각하기〉라는 주제를 정면으로 다루는 논의는 그리 많지 않다는 점을 유념하자. 더 기본적인 주제를 다루는 철학일수록 더 어려운 경향이 있다. 우리는 생각하기, 생각, 개념, 감각, 뜻, 의미, 대상과 같은 인식론의 주요 단어들을 곧잘 사용하지만, 이 단어들을 제대로 이해하고 있을까? 필자뿐 아니라 철학에 조예가 있는 독자의 대다수도 그렇다고 자부하기 어려울 것이다. 그러므로 우리가 막연히 아는 것들을 일단 내려놓고, 저자의 탄탄하면서도 과감한 논의에 귀를 기울일 필요가 있다.

어쩌면 저자를 〈생각감각Denksinn〉이라는 신조어로 이끈 문제의식을 살펴보는 것이 우리의 이해에 도움이 될 성싶다. 오늘날 우리의 삶이 직면한 두 가지 문제가 저자로 하여금 〈생각하기란 무엇인가〉라는 근본적인 질문을 새삼 제기하게 만들었다. 첫째 문제는 〈1960년대부터 1990년대까지의 프랑스 사회학과 철학에서 발원하여〉 지금도 맥이 끊이지 않은 탈근대적 구성주의, 둘째 문제는 지금 뜨거운 화제인 인공지능, 더 정확히 말하면 인공지능에 대한 우리의 이해와 평가다. 가브리엘은 이 두 가지 문제가 우리의 삶을 침식한다고 경고한다.

이 진단의 배후에는 〈인간은 동물이 아니기를 의지하는 동물이다〉라는 문장으로 요약되는 인본주의적 인간상이 있다. 저자는 구성주의와 인공지능이 왜곡하는 생각하기의 참뜻을 되찾고 생각감각을 되살림으로써 계몽된 인본주의를 지켜내려 한다. 결국 〈생각이란 무엇인가〉라는 질문이 〈인간은 누구 혹은 무엇인가〉라는 질문으로 확장되는 것인데, 이는 불가피한 진행으로 느껴진다. 오래전부터 우리는 생각하는 능력을 우리의 고유한 특징으로 여겨 왔으니까 말이다.

2

구성주의란 〈우리가 실재를 구성하며, 따라서 있는 그대로의 실재(실재 그 자체)를 결코 파악할 수 없다〉는 견해, 〈우리의 매체들이 실재를 늘 이러저러하게 위조한다〉는 견해다. 얼핏 생각하면 이것은 건강한 비판적 관점처럼 보인다. 실제로 온갖 미디어의 사실 왜곡은 우리가 늘 경험하는 일상사가 아닌가. 더구나 학식이 얕은 민중은 자기네가 늘 있는 그대로의 실재와 접촉한다고 순박하게 믿을지 몰라도, 학식이 높은 지식인이라면 그런 순박한 믿음을 깨부수는 도끼와도 같은 구성주의를 마땅히 채택해야 하지 않을까?

이 대목에서 가브리엘은 순박한 민중의 편에 서서 실재론을 주창한다. 물론 그는 철학적인 이유에서, 곧 구성주의가 비일관적이라는 이유에서 반대편의 실재론을 채택하는 것이지만, 필자는 이 결정에서 상식에 대한 존중, 무릇 평범한 인간의 삶에 대한 존중을 느낀다. 가브리엘에 따르면 〈우리의 삶은 전혀 꿈이 아니며 오히려 우리 정신적 생물들의 매우 실재적인 생활임을 우리가 마침내 이해해야만, 인간에게 더 나은 미래가 열릴 희망이 생긴다〉.

문제는 구성주의가 〈실재로부터의 소외〉를 유발할 위험이 있다는 점이다. 물론 구성주의자는 〈실재로부터의 소외〉가 이미 엄연한 사실이며 자신은 그 사실을 발설할 뿐이라고 항변할 테지만, 새로운 실재론자 가브리엘은 그 항변에서 〈실재란 대수롭지 않은 것일 수도 있다는 탈근대의 근본 의심〉을 읽어 낸다. 근거도 없고 일관성도 없는 그 의심이 〈실재로부터의 소외〉를 최소한 심화한다는 것이 가브리엘의 예리한 진단이다.

필자는 전적으로 동의한다. 실재가 대수롭지 않다면, 참과 거짓도 대수롭지 않을 테고, 생각은 마냥 화려하게 펼쳐지면 그만일 텐데, 그렇다면 우리의 삶도 대수롭지 않을까? 절대로 그럴 수 없다고, 누구에게나 삶은 더없이 절실하다고 필자는 확신한다. 살면서 우리는 이런저런 것이 참이라고 주장하고, 그럴 때 우리는 실재하는 놈을 다룬다. 물론 그 주장은 얼마든지 틀렸을 수 있다. 그러나 우리의 오류는 우리가 실재로부터 격리되었음을 입증하기는커녕 도리어 우리가 늘 실재와 접촉하고 있음을 입증한다. 우리가 무언가에 대해서 착각할 수 있다는 것은 그 무언가가 실재하기 위한 필수조건이다. 가브리엘이 두 권의 전작에 이어 이 책까지 3부작으로 제시하는 이른바 〈신실재론(새로운 실재론)〉의 핵심을 말해 주는 아래 인용문을 보라.

실재(실재성)란, 대상들과 사실들이 있고, 우리가 그놈들에 대해서 특정한 견해를 품는다는 것이 그놈들에 관한 전부가 아니기 때문에, 우리가 그놈들에 관하여 착각할 수 있다는 사정을 의미한다. 실재하는 놈은 우리의 견해를 수정한다. 우리가 품은 생각의 실재성 때문에 우리는 착각할 수도 있지만 옳을 수도 있다.

어쩌면 인식 가능성에 초점을 맞춘 다음 인용문이 가브리엘의 실재 개념을 쉽게 이해하는 데 더 요긴할 수도 있을 것이다.

나는 인식론에 대한 나 자신의 기여를 〈중립적 실재론〉이라고도 부른다. 중립적 실재론이란, 실재는 인간에게 온전히 인식 가능하지도 않고 인간의 인식에서 원리적으로 벗어나 있지도 않다는 입장이다.

따지고 보면, 탈근대적 구성주의는 실재가 인간의 인식에서 원리적으로 벗어나 있다는 견해와 맥이 통한다. 바꿔 말해 가브리엘이 〈구(舊)실재론〉이라고 부르는 오랜 옛날의 형이상학과 맥이 통한다. 반면에 신실재론은 실재에 대한 부분적인(매체의 〈왜곡〉이 아니라 〈선별〉을 거친) 인식을 긍정하며, 우리의 모든 인식은 그런 부분적인 인식임을 일깨운다. 선별 없는 앎은 불가능하며, 어떤 선별도 특권적인 지위를 차지하지 못한다. 맹인들이 코끼리를 만지는 상황을 이야기하는 어느 불경의 비유에 빗대면, 모든 맹인 각각은 있는 그대로의 실재와 접촉하고 그 실재를 부분적으로 파악한다. 어떤 놈도(부처도, 가브리엘에 따르면 심지어 신도) 실재 전체를 파악할 수는 없다.

3

인공지능이라는 두 번째 문제를 다룰 때, 가브리엘의 신실재론은 〈인간은 동물이 아니기를 의지하는 동물〉이라는 인간상을 앞세워 오직 생물만 생각할 수 있다는 주장으로 나아간다. 어쩌면 구성주의와 대비하면서 신실재론을 펼치는 부분보다 최근의 기술적 발전을 감안하면서 인공지능을 비판하는 이 대목이 더 많은 독자의 관심을 끌지도 모르겠다. 어쩌면 가브리엘은 〈생각하는 기계〉의 등장을 기정사실로 전제하고 호들갑을 떠는 사람들의 환호와 반감과 공포에 철학적 진정제를 주사하고 싶었을 것이다. 〈당신들은《생각하기》가 정확히 무엇인지 알면서《생각하는 기계》를 운운하는 것인가〉라고 묻고 싶었을 것이다.

이 주제에 대해서 〈인공지능은 전혀 생각하지 못한다〉라는 명쾌한 결론을 제시하고, 이 결론에서 생각이란 무엇인지와 인간이란 어떤 존재인지까지 되짚으면서, 언어철학, 신경과학, 논리학을 누비면서 이 정도의 깊이와 설득력을 갖추고 정당화하는 연구를 필자는 아직 보지 못했다.

가브리엘이 보기에 생각하기는 생존을 추구하는 생물만 할 수 있는 활동이다. 이 견해에 동의할 수 없는 독자가 있다면, 필시 그는 〈생각하기〉를 〈규칙에 따른 기호 변환 작업〉 정도로 간주할 것이다. 그러나 가브리엘은 생각하기가 〈무한〉을 탐사하는 작업이자 〈의미장〉과 접촉하는 활동이며, 〈개념들〉을 붙잡는 활동이라고 말한다. 이 말의 뜻을 간단히 설명하기는 어렵다. 아무튼 핵심은 이것이다. 생각하기는 인간을 비롯한 생물이 자신을 둘러싼 무한 안에서 방향을 잡고 살아나가기 위해서 진화시킨 능력이다.

4

전작인 『나는 뇌가 아니다』에서 저자는 인간이 평범한 동물로 환원되는 것에 반발했다. 반면에 이 책에서 그는 인간이 기계와 동일시되는 것에 반발하면서 인간의 동물성을 강조한다. 그러므로 우리는 〈인간은 동물이 아니기를 의지하는 동물이다〉라는 문장에 담긴 역설을 주목하게 된다. 인간은 엄연히 동물이다. 그러나 그것이 다가 아니다. 인간은 동물이 아니기를 의지하는 동물, 〈인간은 누구인가?〉라는 질문을 늘 제기하고 답하는 동물, 바꿔 말해 늘 〈자화상〉을 품고 거기에 적합하게 삶을 꾸려가는 정신적 동물이다. 쉽게 말하면, 우리의 길은 동물과 기계 사이로 난 좁은 길이다. 가브리엘은 여전히 꿋꿋하게 인간의 길을 이야기하는 인본주의자다. 그는 이 책에서 다음과 같은 인간상을 서술했다고 말한다.

그 인간상은 모든 인간이, 외국인이든 내국인이든 친구든 이웃이든 여자든 아동이든 남자든 혼수(昏睡) 환자든 트랜스젠더든 간에 모든 인간이 온전한 의미에서 인간의 지위를 지녔음을 애당초 확고하게 못 박는 방식으로 인간의 개념을 이해한다.

이 인간상은 가브리엘이 주창하는 〈계몽된 인본주의〉의
기반이다. 또한 이 인간상은 인간의 지위에 관한 절대적 보
편주의로서 진정한 의미의 근대를 대표한다. 가브리엘은
인본주의자, 보편주의자, 계몽주의자, 근대주의자다.

일부 독자는 고개를 가로젓고 혀를 내두르기까지 할지도
모른다. 탈근대의 나팔이 울려 퍼진 지 어언 30년이거늘,
이 개명 천지에 웬 근대 타령이란 말인가 하고 탄식할지도
모른다. 그러나 최근의 전 세계적 난민 문제만 봐도 안다.
근대적 보편주의는 미완의 프로젝트일지언정 철 지난 유
행곡은 절대로 아니다.

우리 사회는 철학, 특히 이른바 서양 철학을 희귀한 간식
이나 특별한 장신구처럼 소비해 온 경향이 있다. 그러다 보
니 화끈한 철학, 치우친 철학, 극단과 너머와 탈출을 추구
하는 철학이 인기를 끌곤 한다. 그러나 진짜 철학은 동물이
아니기를 의지하는 동물이 자연스럽고 절실하게 하는 활동
임을, 우리가 우리의 자화상을 그리고 수정하면서 장하고
또 딱하게 꾸려 가는 삶 자체와 그리 다르지 않음을 상기할
필요가 있다.

가브리엘은 화끈하지 않다. 실재를 정의할 때도 이해 가
능성과 이해 불가능성 둘 다를 균형 있게 고려하지 않는가.
이런 미적지근함은 아리스토텔레스를 연상케 한다. 미적
지근한 철학의 묵직한 힘을 느끼게 해주는 책이다. 근본적

이고 난해한 주제, 매우 다양한 논의 맥락, 워낙 날렵해서
때때로 따라가기 힘든 논증 때문에 책장을 술술 넘기기는
어렵겠지만, 간식이나 장신구가 아니라 밥이며 국인 철학
을 원하는 모든 분께 적극적으로 추천한다. 여러 번 읽고
참조할 만한 진짜 철학 책이다.

전대호

인명 찾아보기

옮긴이 **전대호** 서울대학교 물리학과와 동 대학원 철학과에서 박사 과정을 수료했고, 독일 쾰른 대학교에서 철학을 공부했다. 1993년 조선일보 신춘문예 시 부문에 당선되어 등단했으며, 현재는 철학 및 과학 분야의 전문 번역가로 활동 중이다. 지은 책으로『철학은 뿔이다』,『정신현상학 강독 1』, 시집『가끔 중세를 꿈꾼다』,『성찰』이 있다. 옮긴 책으로는『나는 뇌가 아니다』,『더 브레인』,『신은 주사위 놀이를 하지 않는다』,『유물론』,『인터스텔라의 과학』,『로지코믹스』,『위대한 설계』,『물은 왜 H_2O인가?』외 다수 있다.

생각이란 무엇인가 인간의 생각감각에 대하여

발행일   2021년 11월 15일 초판 1쇄
          2023년 11월 15일 초판 4쇄

지은이   마르쿠스 가브리엘
옮긴이   전대호
발행인   홍예빈·홍유진
발행처   주식회사 열린책들

경기도 파주시 문발로 253 파주출판도시
전화 031-955-4000 팩스 031-955-4004
홈페이지 www.openbooks.co.kr 이메일 humanity@openbooks.co.kr

ISBN 978-89-329-2190-7 03100